国际儒学联合会教育系列丛书

书指导委员会主任　滕文生　张岂之　李学勤
主编　钱逊　执行总主编　于建福
国际儒学联合会
国家教育行政学院国学教育研究中心　组编

冯焕珍　编著

钱穆先生推荐的中国人必读的九部书

六祖坛经

济南出版社
汉唐书局

图书在版编目（CIP）数据

六祖坛经 / 冯焕珍编著 . -- 济南：济南出版社，
2025.3. -- ISBN 978-7-5488-5497-5

Ⅰ . B946.5

中国国家版本馆 CIP 数据核字第 2024J5B031 号

六祖坛经

冯焕珍　编著

出 版 人　谢金岭
图书策划　冀瑞雪
责任编辑　孙育臣
图书审读　黄夏年　纪华传　张圣洁
装帧设计　李海峰　谭　正

出版发行　济南出版社
地　　址　济南市二环南路 1 号（250002）
总 编 室　0531-86131715
印　　刷　山东成信彩印有限公司
版　　次　2025 年 3 月第 1 版
印　　次　2025 年 3 月第 1 次印刷
开　　本　170 mm×240 mm　16 开
印　　张　20.25
字　　数　380 千
书　　号　ISBN 978-7-5488-5497-5
定　　价　66.00 元

如有印装质量问题 请与出版社出版部联系调换
电话：0531-86131736

版权所有　盗版必究

丛书指导委员会

主　　　任　滕文生　张岂之　李学勤

委　　　员　张立文　陈　来　郭齐勇　周桂钿　董金裕
　　　　　　张学智　李存山　朱汉民　杨朝明　桂晓风
　　　　　　牛喜平　王志民　王大千

丛书编写委员会

总　主　编　钱　逊
执行总主编　于建福
委　　　员　（按姓氏笔画排序）
　　　　　　于述胜　于建福　王钧林　冯焕珍　朱荣智　刘长允
　　　　　　刘嘉庚　李　山　杨　明　杨朝明　吴　光　张　践
　　　　　　张圣洁　张新科　单承彬　耿建华　钱　逊　殷　慧
　　　　　　黄朴民　常　森　舒大刚　温海明　颜炳罡　冀瑞雪

本书作者　冯焕珍

丛书审读委员会

主　　任　牟钟鉴

委　　员　（按姓氏笔画排序）

马世年　马恒君　王　杰　王　珏　王殿卿　朱汉民
刘示范　刘志伟　孙尚勇　纪华传　杜　勇　李岩(男)
杨海峥　吴　光　张　涛　陈　昇　陈　曦　周海生
赵生群　钟书林　俞家庆　骆承烈　郭齐家　黄夏年
韩　星　踪训国

总　序

党的十八大以来，以习近平同志为核心的党中央多次强调要大力弘扬中华优秀传统文化。习近平同志指出，"优秀传统文化是一个国家、一个民族传承和发展的根本，如果丢掉了，就割断了精神命脉"；"中华民族有着五千多年的文明史，创造和传承下来丰富的优秀文化传统"，"我们决不可抛弃中华民族的优秀文化传统，恰恰相反，我们要很好传承和弘扬，因为这是我们民族的'根'和'魂'，丢了这个'根'和'魂'，就没有根基了"。习近平同志的这些论述，是指导我们弘扬中华优秀传统文化，做好中华优秀传统文化的传承和教育工作的重要南针。近几年来，在习近平新时代中国特色社会主义思想指引下，国人文化自信得到彰显，中华优秀传统文化得以广泛弘扬，国家文化软实力和中华文化影响力大幅提升。

教育工作的光荣任务就是传授知识传承文化，而学校则是传授知识传承文化的主要场所。历史的经验反复说明，要做好教育工作，既取决于教师的文化知识积累和讲授水平，又取决于学校课程的合理设置和教材的编写质量。要做好传承中华优秀传统文化的教育工作，亦复如是。

习近平同志在视察北师大谈到有关教材编写工作时指出："我很不赞成把古代经典诗词和散文从课本中去掉，'去中国化'是很悲哀的。应该把这些经典嵌在学生脑子里，成为中华民族文化的基因。"中共中央办公厅、国务院办公厅颁布的《关于实施中华优秀传统文化传承发展工程的意见》，要求按照一体化、分学段、有序推进的原则，把中华优秀传统文化贯穿于启蒙教育、基础教育、职业教育、高等教育、继续教育各领域，以幼儿、小学、中学教材为重点，构建中华文化课程和教材体系，并要求实施中华文化经典诵读工程。教育部颁布的《完善中华优秀传统文化教育指导纲要》，要求从小学到大学，都要分学段由浅入深地贯穿中华优秀传统文化的教育，在小学、中学、大学的课程设置中要强化中华传统文化的教育内容；在教师培训、研修和资格考试中也要增加中华传统文化的内容，并要求修订中华传统文化的相关教材，组织编写中华优秀传统文化的普及读物。

从幼儿园、小学到中学和大学，各级各类学校的教师都需要具备基本的中华传统文化素养，方能成为合格传道、授业、解惑的"师者"。自己不懂，何以教人？"以其昏昏，使人昭昭"是不行的，正所谓"工欲善其事，必先利其器"。要提高教师的传统文化素养，编写一套供广大教师学习和传授的中华传统文化经典教师读本，很有必要，也是当前亟需的。为此，国家教育行政学院国学教育研究中心、国际儒学联合会联合济南出版社，共同推出这套《中华传统文化经典教师读本》系列丛书。

这套丛书第一辑包括《论语》（上下册）、《孟子》（上下册）、《大学》（朱熹本）、《大学》（古本）、《中庸》、《三字经》、《百家姓》、《千字文》、《弟子规》、《声律启蒙》、《龙文鞭影》共10种读本合13册，已由济南出版社·汉唐书局出版。第二辑包括《周易》（上下册）、《诗经》（上下册）、《孝经》、《孔子家语》（上下册）、《老子》、《庄子》（上下册）、《荀子》、《孙子兵法》、《史记》（9册）、《近思录》、《传习录》、《六祖坛经》、《颜氏家训》、《笠翁对韵》、《千家诗》（上下册）15种读本，成熟一部出版一部，汉唐书局现已出版13种。由于文本内容各异，在编写体例上也不尽相同。每册大致按照原文、注释、大意、解读这样的体例进行编写。简介主要是扼要地介绍经典文本的基本情况；原文注重选择流传较广、认可度高的经典底本；注释、译文力求做到准确、精练和通俗易懂；解读是编者对经典文本的内容及其思想价值的综合理解和阐释。同时，书中还设置了"教学引导""释疑解惑""成语探源""思考辨析题""知识扩展""延伸阅读""生活实践"等栏目，为教师们制定教学方案提供参考。

编写这样的教师读本，是一个新的尝试。是否符合需要，还要在教师的自修与教学实践中进行检验。令人欣慰的是，第一辑出版后，深受读者欢迎，也赢得多方好评。祈望读者能把学习和使用这套丛书的体会与意见及时反馈给我们，以便进一步修订，使之能够真正成为广大教师爱读爱用之书。

  文化兴则国运兴，文化强则民族强。没有高度的文化自信，没有文化的繁荣兴盛，就没有中华民族伟大复兴。具有里程碑意义的党的十九大确立的"习近平新时代中国特色社会主义思想"，为中华优秀传统文化传承发展提供了精神支柱和力量源泉。传承和发展中华优秀传统文化，恰逢其时，时不我待，任重道远。作为新时代学人，我们应按党的十九大报告提出的要求，深入挖掘和阐发中华优秀传统文化，尤其是经典中蕴含的思想观念、人文精神、道德规范，结合时代要求继承创新，让中华文化展现出永久魅力和时代风采。

编委会
2024 年 9 月

漢唐書局

目 录

篇章体例
- 原文
- 注释
- 大意
- 解读

前言	1
行由第一	1
般若第二	40
疑问第三	70
定慧第四	88
坐禅第五	99
忏悔第六	107
机缘第七	134
顿渐第八	191
宣诏第九	215
付嘱第十	223
附录	270

漢書局書

前　言

六祖惠能是被西方尊为"东方三圣"的圣人之一，他宣说的《六祖坛经》是汉传佛教大乘宗派禅宗的根本经典，也是中华优秀传统文化的重要组成部分。20世纪60年代，中国台湾掀起复兴中华文化运动，期间钱穆先生曾做题为"复兴中华文化人人必读的几部书"的讲演，讲演中列举中国人必读的九部传统经典，《六祖坛经》是唯一入选的佛教经典。近年来，国家提倡弘扬优秀传统文化，袁行霈先生应运主持重大文化建设工程"中华传统文化百部经典"，《六祖坛经》也赫然在目。这充分说明，《六祖坛经》的思想具有重要的地位与价值，它不但有助于我们理解旧传统，而且有益于我们建设新文化，值得我们认真学习、消化与借鉴。《六祖坛经》为什么具有如此重要的地位与价值？这与六祖创立的佛教新宗派具有莫大关系。

佛教是佛陀创立的宗教。佛陀根本唯有一不思议身，为利众生而开出法、报、化三身：法身是诸法实相之身，又有法性身、法界身、如来藏身或毗卢遮那佛等名号；报身即依法身显现的酬答誓愿之身，又有实报身、相好庄严身或卢舍那佛等名号；化身即依法、报二身示现的应化身，又有丈六身、释迦牟尼佛等名号。三身是即一即三、即三即一的关系。从佛陀施教维度看，法身同时总说一切教法；报化二身别说诸乘教法，体现在人间者主要有圆、渐和顿三种佛乘教法。佛先依报身宣说度化利根菩萨的佛乘圆教，即"圆融不碍行布，行布不碍圆融"的华严教法；再依化身宣说度化中下根众生的佛乘渐教，即由人天、声闻、缘觉、菩萨到佛诸乘渐次成佛的佛乘教法；在化身佛度化的中下根众生中，固然存在与顿悟成佛法门相应的众生，佛陀自会当机为其宣说佛乘顿教。中下根众生无论从佛乘渐教还是佛乘顿教信入佛法，一旦证悟了自性，都与利根菩萨殊途同归，同契报身佛身土不二的境界，最后圆满不思议佛身。

佛陀虽然时常宣说佛乘顿教，但此教法要成为一个大乘佛教宗派，得等到六祖惠能大师出现。在佛教中，成立一个宗派需要具备四个条件：首先，要有独特的宗旨教相；其次，须有独特的观行法门；再次，得有修学与传承的团体；最后，还要有传宗所依的宗经。对禅宗顿教来说，前三个要素六祖之前已相继具足，其宗经却要待《六祖坛经》出现，这就是为什么说六祖创立了禅宗顿教。禅宗顿教虽为六祖新创，但其实际上是对佛乘顿教的回归与继承，因此，也可以直接称之为佛乘顿教。有人会问：既然禅宗顿教"实际上是对佛乘顿教的回归与继承"，那么，直接依佛乘顿教为宗经不就行了，有什么必要别立《六祖坛经》为宗经呢？这是众生根器带来的结果。首先，《六祖坛经》是集中宣说佛乘顿教的经典，更便于修学者把握；其次，《六祖坛经》概念不多、文字通俗、文句简短，更契合中国人"好简"的特性。话说回来，禅宗顿教虽然以《六祖坛经》为宗经，但该宗秉持正见者不会偏废佛经，像《华严》《楞伽》《金刚》《维摩》《圆觉》《楞严》《法华》《涅槃》等都是该宗非常重视的佛经。

六祖惠能大师（638—713），俗姓卢，父名行瑫，本贯范阳，被贬岭南新州（今广东云浮市新兴县），与当地李氏女成婚。唐贞观十二年二月八日诞生，法号惠能。因惠与慧通，又名慧能。六祖幼年丧父，与母亲相依为命，主要靠打柴维持生计。龙朔元年（661），六祖二十四岁时，一天卖柴给当地某居士，拿到钱刚转身离开，听到居士念诵《金刚经》。六祖一闻当下心开，便问他所诵何经，从哪里请来。居士说从黄梅五祖弘忍处请来，并告诉他：五祖大师奉劝人们，只要受持《金刚经》，就能见性成佛。六祖深感有缘，安顿好母亲，便北上蕲州黄梅（今湖北黄冈市黄梅县），求见五祖。

经过一个月左右的时间，六祖终于抵达黄梅东山寺（又称东禅寺，今五祖寺）。师徒初次相见，五祖就提出三个重要问题来勘验六祖的根器，六祖一一做出了精彩的回答。一、你是哪里人？想求什么？"弟子是岭南人，新州百姓。远来礼师，唯求作佛，不求余物。"（《六祖坛经》。以下凡引自该经的文字，不再注明）二、你是岭南人，又是南蛮，如何能成佛？"人虽有南北，佛性本无南北，獦獠身与和尚不同，佛性有何差别！"三、到碓房舂米去吧。六祖毫无怨言，一头扎进了槽厂。三次酬对，不仅显示六祖见地圆融、行持高深，而且尊师重道、心直口快，不同凡响。

六祖踏碓八个多月，未曾到过东禅寺法堂，以至五祖将要传付衣法这样的大事，都是因为一个童子经过槽厂念诵神秀呈心偈才有所闻。神秀当时是东禅寺的首座和尚、教授师，大家都认为禅门中土第六代祖师的位置非他莫属，都等着他呈偈表达见解。神秀不能辜负众望，经过冥思苦想写了一首偈："身是菩提树，心如明镜台；时时勤拂拭，勿使惹尘埃。"六祖知道此偈并未见到自性，于是有针对性地作了一偈："菩提本无树，明镜亦非台；本来无一物，何处惹尘埃？"两相比较，神秀的偈颂将身与心、烦恼与菩提都视为实法，与佛法的空性见敌体相违；六祖的偈颂则凸显自性一尘不染的清净性，与佛法的空性见若合符节，五祖自然更属意六祖。

为了勘验六祖的修持境界，五祖暗示他再去方丈室接受教诫。据《六祖坛经》记载，六祖于呈偈次日三更前往五祖丈室，五祖为他说《金刚经》，当讲到"应无所住而生其心"一语时，六祖言下大悟万法不离自性，于是向五祖禀报道："何期自性本自清净！何期自性本不生灭！何期自性本自具足！何期自性本无动摇！何期自性能生万法！"一连五个"何期"，将自性真空妙有相即的境界淋漓尽致地呈现了出来。五祖见六祖应答圆满，当即传付衣法，禅门中土第六代祖师自此诞生。

领受禅宗衣钵后，六祖遵照五祖嘱咐，当夜便离开东山寺向南而去，但刚到大庾岭就被追杀他的惠明赶上了。惠明本想抢夺禅宗衣钵，旋知衣钵为禅宗表法，而禅道不可力取，于是转念向六祖求法，竟因此成为六祖度化的第一个弟子。六祖来到曹溪宝林寺（今南华寺），又被心怀嫉恨者加害，"遂怀宝迷邦，销声异域"，度过了一段"众生为净土，杂居止于编人；世事是度门，混农商于劳侣"的隐修生涯（王维《能禅师碑》）。隐修的十五年中，六祖主要在岭南道的四会、怀集之间活动，据传还到过象州（今广西来宾市象州县）一带。

仪凤元年（676）正月八日，广州法性寺（今光孝寺）的印宗法师举办《涅槃经》法会，六祖观察因缘成熟，便到了法性寺。据说，当时正好风吹幡动，引起两位僧人争论，一人说是风动，一人说是幡动，互不相让。六祖对他们说："不是风动，不是幡动，仁者心动。"这句话非对佛法有真切体悟者不能道，因此他的话一出口，便令会众大为惊讶。印宗法师早就听说禅宗衣钵传人已经南来，料想或许就是此人，一问之下，果然是禅宗中土第六代祖师现前。印宗法师延请六祖登上法座，向他请益佛法奥义，六祖就借其宣讲的《涅槃经》开示禅宗顿教的三大法义：佛性即自性，自性是空有相即的不二实性；一切众生皆有佛性，皆能成佛，禅宗顿教的核心是明心见性，而不是禅定解脱。印宗法师大为赞叹，愿事六祖为师，并为六祖薙发、授戒。史称，梁天监元年（502）天竺智药三藏曾在法性寺戒坛旁种下一棵菩提树，并预言一百七十年后有肉身菩萨在此树下开演佛法、传佛心印，六祖此时登坛受戒、开演顿教禅法，正好应证了智药三藏的预言。

仪凤二年（677）春天，六祖离开法性寺前往曹溪宝林寺，当时印宗法师率千余人相送，荆州通应律师与学者数百人前往依止六祖。宝林寺由智药三藏开山，他因此地山水很像天竺宝林山而称之为宝林，并劝当地村民在此山兴建梵刹，说一百七十年后会有大智慧人在此地演化。六祖此时来山大弘禅宗顿教，与其预言也相吻合。

由于六祖宗教双美，普受教内外推重。神龙元年（705）上元日，武则天、唐中宗在老安国师、神秀大师的举荐下，特派内使薛简前来岭南迎请六祖到宫中供养，六祖以老疾辞谢皇帝诏命，而为来使简要开示了禅宗顿教法要。皇帝非但不以为忤，反而厚加恩赐，除奉送磨衲袈裟、水晶钵等法物，还敕韶州刺史修葺宝林寺，并赐其旧居为国恩寺，以奖谕六祖为国修道的高德懿行。

晚年，六祖预知行将往生，先为弟子楷定禅师的标准，开示禅师接引众生的方法。太极元年（712），命弟子前往新州造塔，以便来年叶落归根；先天二年（713）七月，六祖告诉弟子，自己当年八月将入灭，希望尽快回到新州故里，借此机缘确立《六祖坛经》为传宗宗经，开示本宗修行心要，预言身后宗门大事，宣告本宗传承法统。先天二年（713）八月初三，在国恩寺斋罢，六祖向大众交代完后事，再次为学人提挈禅宗顿教法要，最后宣说了四句临终偈："兀兀不修善，腾腾不造恶。寂寂断见闻，荡荡心无著。"说偈罢，端坐至中夜，遂告入灭。

六祖圆寂装龛后，新州、广州和韶州的官员与四众弟子争相迎请神龛供养，不知如何是好，于是决定在六祖神龛前焚香，依香烟指向来判断，结果香烟直指曹溪。四众弟子遂于当年十一月十三日，将六祖神龛与衣钵等法物迁往曹溪。次年七月打开神龛，六祖真身舍利完好如初，由弟子方辩以香泥涂身、铁叶固颈，供养于宝林寺，迄今依然栩栩如生。

六祖早年在家闻经开心，二十四岁以行者身份在东禅寺修行八个月、得法受衣，三十九岁剃发出家、开堂说法。四十岁驻锡曹溪，每法筵一举，听众成百上千，还不时到位于韶州城内的大梵寺说法，令此地成为当时岭南佛教的中心。至七十六岁入灭，前后说法三十七年，见载嗣法弟子有四十三人，虽未见载于史传而明心见性或蒙受法雨滋润者不胜枚举。生前皇帝屡加褒赐，身后三地争请供养，唐宪宗赐谥大鉴禅师、塔号灵照，宋太宗加谥大鉴真空禅师、诏新师塔曰太平兴国之塔，宋仁宗迎师真身、衣钵入大内供养，并加谥大鉴真空普觉禅师，宋神宗加谥大鉴真空普觉圆明禅师，王维、柳宗元和刘禹锡三大文学家铭碑志纪。

六祖所说禅法，由法海等弟子集记成帙，题名为《六祖坛经》，成为汉传佛教中力量强大、传承久远、影响深广的禅宗顿教一脉传宗的根本经典。世传六祖尚有《金刚般若波罗蜜经序》与《金刚经解义》或《金刚经口诀》（皆见《大藏新纂卍续藏经》第24册），但一般并不认为真是六祖著述，因此，研习六祖思想只需以《六祖坛经》为依据即可。

《六祖坛经》有不少异名，如《南宗顿教最上大乘摩诃般若波罗蜜经六祖惠能大师于韶州大梵寺施法坛经》《曹溪山第六祖惠能大师说见性顿教直了成佛决定无疑法》《曹溪山第六祖惠能大师说见性顿教直了成佛决定无疑法宝记坛经》《法宝坛经》《六祖大师法宝坛经》《法宝记》《六祖法宝记》《法宝坛经记》等，第一个为敦煌写本经题，其他则是世传本经题。其中，施法指说法，法宝指佛、法、僧三宝中的法宝，坛又叫曼荼（或作茶）罗，指众圣集会的坛场或道场，经指契经。所谓《施法坛经》或《法宝坛经》，意思都是"在贤圣云集的坛场宣说的经"。本书中，除引用文献所见书名外，统称《六祖坛经》。

《六祖坛经》有不同传本。关于这个问题，杨曾文、邓文宽、白光、黄连忠等先生都做过比较深入细致的研究，有兴趣者可以参看，此处仅做粗略介绍。《六祖坛经》，可以分为敦煌本与世传本两个传本系统。敦煌本即20世纪在敦煌石窟发现的《六祖坛经》写本，共有五个，即旅顺博物馆藏旅博519号（简称旅博本）、大英博物馆藏S.5475号（简称英博本）、敦煌博物馆藏敦博077号（简称敦博本）、国家图书馆藏BD.04548号（简称国图甲本）与BD.08958号写本（简称国图乙本）。其中前三个是全本，后两个是残本。三个全本中，卷首均题"南宗顿教最上大乘摩诃般若波罗蜜经六祖惠能大师于韶州大梵寺施法坛经一卷"，署"兼受无相戒弘法弟子法海集记"，内文未分品目。

世传本有惠昕、契嵩、德异、宗宝四个本子。惠昕本，唐代惠昕禅师感慨"古本文繁，披览之徒，初忻后厌"（释惠昕《〈六祖坛经〉序》），遂删削经文，开为两卷，名《六祖坛经》，分别标为缘起说法、悟法传衣、为时众说定慧、教授坐禅、说法传香忏悔发愿、说一体三身佛相、说摩诃般若波罗蜜、问答功德及西方相状、诸宗难问、南北二宗见性与教示十僧传法十一门，于唐贞元三年（787）编成（此处采用的是《八桂资鉴》2020年第2期所刊吴孝斌先生《惠昕本〈坛经〉与南宁罗秀山》一文考订结论）。契嵩本，由宋代契嵩禅师据"曹溪古本校之，勒成三卷"（郎简《〈六祖法宝记〉序》），成书于宋至和三年（1056）。德异本，元代比丘德异"惜乎《坛经》为后人节略太多，不见六祖大全之旨"（释德异《〈六祖法宝坛经〉序》），后寻得其早年所见古本全文，遂编成一卷，名《六祖大师法宝坛经》，署"门人法海集"，开列悟法传衣、释功德净土、定慧一体、教授坐禅、传香忏悔、参请机缘、南顿北渐、唐朝征诏、法门对示、付嘱流通十门，刊于元至元二十七年（1290）。宗宝本，元代比丘宗宝见世传《六祖坛经》"三本不同，互有得失，其板亦已漫灭，因取其本校雠，讹者正之，略者详之，复增入弟子请益机缘"（释宗宝《〈六祖大师法宝坛经〉跋》），编成一卷，亦名《六祖大师法宝坛经》，分为行由、般若、疑问、定慧、坐禅、忏悔、机缘、顿渐、宣诏、付嘱十品，于元至元二十八年（1291）成书。惠昕、郎简与德异《〈坛经〉序》提及的古本是否同一个本子，目前尚难有充足理由进行判定，三人编定《六祖坛经》时所据可能为不同传本。宗宝不仅据前述三本编成新本，而且广泛搜罗散见于灯录史传中的六祖机缘语句，使其成为世传本《六祖坛经》中流行最广、影响最大的本子，应该作为一个独立的传本。

据《六祖坛经》记载，《六祖坛经》有一个传宗本，且此本在六祖生前已经存在。有人认为《六祖坛经》一开始只有传宗本，敦煌写本与世传本《六祖坛经》所依古本都来自传宗本，由此本分化为敦煌与世传两个传本系统。敦煌传本系统由传宗本演为敦煌写本，世传本系统由传宗本演为文繁古本，再演为惠昕本、契嵩本，最后由契嵩本演为德异本和宗宝本。有人认为它们一开始就属于两个传本系统，并不存在共同依据的传宗本。应该说，第二种判断稍近实际情况。考虑到唐时日本遣唐僧曾在中国南北不同地区取得《六祖坛经》、朝鲜古刊本中有《六祖坛经》、惠昕删削《六祖坛经》时所据文繁古本时间甚早等情况，我们甚至有理由推断：《六祖坛经》一开始不止两个传本，而是有多本并传，敦煌本传自传宗本，世传本来自其他集记本。尽管这样的推断尚缺乏充分证据，但起码可以让我们对所谓《六祖坛经》"一本单传，愈古愈真"的说法保持警觉，避免得出轻毁敦煌本外诸本《六祖坛经》的论断。我们还应知道，不同传本乃至同一传本的《六祖坛经》，其文字或内容在流传过程中有种种异同、不断有人整理校勘，这是极为正常的事情，不能动辄称之为伪窜，更不能认为传经人都是实用主义者，只要有需要就不惜增删改动经文。

现存各本《六祖坛经》虽有分不分品、文字广略的区别，但思想上并无少许差别，都集中记述了六祖倡扬的禅宗顿教禅法。这种禅法以自性为所依体、自心为所观境、般若为能观智、顿悟为观行法，不仅能够将传统佛教的各种法门化为直指法门，而且自心面对的一切境相都能开显为直指法门。对此，我们可以先依宗宝本提挈《六祖坛经》的结构与内容，再从总体上概述其主要思想。

据宗宝本《六祖坛经》，其结构如下：全经为六祖在大梵寺、宝林寺与国恩寺说法的汇集，其编排一如佛经，有序分、正宗分与流通分三部分。具体到各品，《行由》品为序分，相当于文章的序言；《般若》《疑问》《定慧》《坐禅》《忏悔》《机缘》《顿渐》《宣诏》八品为正宗分，相当于文章的正文；《付嘱》品为流通分，相当于文章的结语。《行由》品，历叙六祖生活、悟道、得法、说法因缘，标举"菩提自性，本来清净，但用此心，直了成佛"四句宗要；《般若》品，推尊般若为佛法总持，强调般若乃至三藏十二部经为众生自性本有，显示本宗唯信自性佛、唯传见性法、唯修般若行的顿教面目；《疑问》品，区分功德与福德，显明自性净土，开示在家人修行的内容与方法，透显"活在当下"的精神；《定慧》品，阐明定慧等持思想，详示"三无"行法与一行三昧；《坐禅》品，提持本宗禅法不是渐修禅，而是顿悟禅；《忏悔》品，开示本宗如何依自性修习焚香、忏悔、发愿、皈依等法门，令众生明心见性；《机缘》品，记录六祖与弟子的机缘语句，全面展示六祖当机接引众生的慈悲与智慧；《顿渐》品，说明佛法唯有一种，学人有利有钝，顿悟与渐修不由佛法立，非从地域分，而由学人有；《宣诏》品，彰显六祖一心弘扬顿教、淡泊名闻利养的精神；《付嘱》品，六祖召集弟子付嘱大事，了却一生因缘，奄然进入大般涅槃，为后世树立典范。

总体上看，《六祖坛经》是以直指人心（无念）为宗旨、见性成佛为归趣的佛乘顿教了义经典，其主要思想可分为所观境、能观智、观行法、观行位、所证果五个方面。禅宗顿教的所观境即众生心。此心包括自性与自心两义，自性是自心的真实本性，自心是自性显现的具体心念，两者不一不异。自性与佛性、中道、真如、法性、法界、实相等无二无别，都指境智如如之境，是所有佛乘教法共许的根本见地，只不过禅宗顿教从众生心点出此真性，彰显了其佛乘顿教特色。自性中的如如智是实相般若，即如实照见如如境的能力；自性中的如如境是自性净土，即实相般若显现的世界。在这个世界中，"若一切如来、应、正等觉真如，若一切有情真如，若一切法真如，无二无别，是一真如。如是真如无别异故，无坏无尽，不可分别"（《大般若波罗蜜多经》卷三〇六），可谓万法如如平等。

不过，由于参禅者从未现证自性，因此不能以自性作为其所观境，能作为其所观境者是众生心的自心义，即众生当下具体的一念心。此一念心是真心、妄心，还是非真非妄之心？从所空说是妄心，《六祖坛经》中的恶毒心、攀缘心、邪迷心、不善心、贡高心、诳妄心等都是妄心；从所显说是真心，《六祖坛经》中的本心、真心、直心、智慧心、真如心等都是真心；从理体与圣果说是非真非妄心，这就是心性不二之心。

禅宗顿教的能观智是融摄六度万行的般若。可以毫不夸张地说，真正掌握了般若，就窥破了禅宗顿教修行的秘密。六祖推尊般若为佛法总持："摩诃般若波罗蜜，最尊最上最第一，无住无往亦无来，三世诸佛从中出。"他登坛说法，每每先教弟子"总净心念摩诃般若波罗蜜多"，告诉弟子自己所说是令他们"直了成佛"的"摩诃般若波罗蜜法"。摩诃的意思是大，摩诃般若即大般若，因只有修习大乘教法的菩萨才能真正达般若，故称大般若，其实就是般若，这无疑握得了佛教枢机。佛教千言万语，无非要为众生提供一种智慧、自在与慈悲的生活，而这种生活只有般若才能提供，连佛都须依般若成就，所谓"甚深般若波罗蜜多，能示世间诸法实相，能生诸佛，名诸佛母"（《大般若波罗蜜多经》卷五一〇）。如果依境、行、果将佛法分成三个部分，就能更好地显示般若的地位。境，是一切众生本具的自性，般若是自性具有的如实观照世界的能力，也是一切众生皆能成佛的根本依据，佛陀称之为实相般若；行，是佛陀已修、众生正修或将修的观行法门，其中最根本的法门是般若，其他法门不得般若统摄就不是成佛法门，佛陀称之为观行般若；果，是佛陀已证、众生正证或将证的自性，开为法身、般若、解脱三德或常、乐、我、净四德，三德或四德是一体不二的如来秘密藏，没有般若德便没有其余诸德，古德称之为果地般若或果德般若。

禅宗顿教的观行法是顿悟成佛法。这方面，该宗与教下各派的不同非常明显。虽然大乘佛教的能观智都是般若，但禅宗顿教与教下各派在运用般若时体现出两个明显差异：

一、教下各派皆须依教起观，同时也多从外到内层层破除所执境界，到最后一观才破除妄心证见自性，属于渐修法门，禅宗不必依教起观，也无须层层递进除障破执，唯依般若观破妄心顿悟自性，属于顿悟法门。

二、与此相关，教下各派皆有具体修行法门，如四念处、八正道、三十七道品、六波罗蜜等。禅宗则以"无门为法门"，没有教下那种次第观行法门，反过来则一切法都可以成为明心见性的法门。

之所以如此，就因为禅宗顿教采用的是顿悟法门。六祖说"若起正真般若观照，一刹那间妄念俱灭，若识自性，一悟即至佛地"，"自性心地，以智慧观照，内外明澈，识自本心"。参禅者但起般若观照，觉知自心照而常寂、寂而常照的自性，当下即破妄显真，顿悟本来面目而成佛，可谓透顶透底、立竿见影的观法。禅宗开出的种种法门，都是此法的随缘运用。

禅宗顿教的观行位指观行的阶位。禅宗顿教修行者虽然始终用般若法门观行，但以明心见性为标准，可以区分为前后两段功夫：明心见性前，参禅者依信解力为基础，运用佛祖开示的观行般若观照自心，只要自心生起妄念，当下即行观空，直至明心见性；明心见性后，参禅者依般若力为总持观照自心、断除无明习气，只要泛起无明习气，当下即便荡涤，终归大般涅槃。如果将参禅者分为上、中、下不同根器，并从理事两面来把握，顿悟法门有如下四义：

从理体上说，"前念且不是凡，后念且不是圣；前念不是佛，后念不是众生。所以一切色是佛色，一切声是佛声，举著一理，一切理皆然"（释希运《黄檗断际禅师宛陵录》），非顿非渐。

从事上看，对上根器者说，"前念迷即凡夫，后念悟即佛；前念著境即烦恼，后念离境即菩提"，"一悟即至佛地"，有顿无渐；对中根器者说，"须顿见佛性，渐修因缘，不离是生而得解脱"（释神会《菩提达摩南宗定是非论》），有顿有渐；对下根器者说，"此宗难得其妙，切须子细用心，可中顿悟正因，便是出尘阶渐……生生若能不退，佛阶决定可期"（释灵祐《沩山警策》），顿渐交参。

参禅者以第一义为见地，二、三、四义为用功方式。可见，禅宗顿教的观法虽然号称顿悟法门，但是对中、下根器者来说依然是一个须念念观照的、漫长的修行过程。

禅宗顿教的所证果指明心见性后的境界。禅宗顿教的明心见性是什么境界？根本上很难说，宗门中人也很少透露，为令后学起信而作方便说，可依六祖对心性关系的论述加以把握。六祖曾说："心是地，性是王，王居心地上，性在王在，性去王无；性在身心存，性去身心坏。佛向性中作，莫向身外求，自性迷即是众生，自性觉即是佛。"此处，心是自心、性是自性，明心见性指依般若观照明了自心的本性。据教下修行阶位，现证自性属于菩萨初地，可知

◎ 前言

明心见性者起码是圣位菩萨；考虑到参禅者根器各有差异，实际上明心见性者从初地到佛地都有。后来的禅宗三关说，也宜依此判准来把握。

《六祖坛经》的顿教禅法思想，既非常契合佛陀的本怀，又十分切合人们好简的特性，具有非常珍贵的价值。《六祖坛经》的价值，首先在于它为人类打开了一条快捷地开启智慧、自在、慈悲生命的坦途。人类作为有情众生的一类，常常会面临情感、思想与意志带来的种种痛苦：情感上，恩爱易逝而冤仇难解，常常摇荡心神，令人难以忍受；思想上，所知有限而未知无限，往往煎迫理性，令人紧张不安；意志上，意志漫无目的而力量强大，暗中操控自己，令人六神无主。这些痛苦来自人能意识到自己会死亡，正因为人能意识到自己会死亡，才会产生前面种种痛苦。死亡问题，在一般人看来是无法解决的，海德格尔甚至说："死作为此在的终结乃是此在最本己的、无所关联的、确知的、而作为其本身则不确定的、不可逾越的可能性。死，作为此在的终结存在，存在在这一存在者向其终结的存在之中。"（孙周兴、王庆节主编《海德格尔文集》本《存在与时间》第357页）在这里，死亡是人与生俱来的不可逾越的终点，人只能"向死存在"，只能在死亡这个魔鬼的淫威下生活。有的人寄望于神灵拯救，以为现生虽然痛苦，但是死后便能回归神灵怀抱永享幸福。如此等等，不一而足。

佛陀认为此等看法都未能真正认识宇宙人生的真相——自性，而认识不到这个真相的根本原因则是没有智慧。佛陀正是为了令众生开启智慧、显明自性，才出世宣说了诸乘教法。但是，由于化身佛应世时众生根器比较下劣，他们多只能接受佛乘渐教教法。因此，虽然佛陀时时开示佛乘顿教禅法，但与之相应的众生少，未能得到广泛弘扬，须在临涅槃前特别付嘱摩诃迦叶。

佛教传到中国后，到六祖出世前，虽然已经开出许多大乘宗派，但是他们提倡的要么仍然是佛乘渐教教法，要么虽然是佛乘顿教，但所依经典众多、所阐教理深广，一般人很难在短期内通达，要借教修观、开启智慧、断除烦恼，同样不易。一方面，六祖大悟自心本来面目，深契佛祖心印，证知佛法总持是智慧，众生迷悟在自心，只要掌握了智慧，就可以尽量减少对教理的依傍，而直指众生自心，破其无明，开其智慧；另一方面，六祖以目不识丁而能大悟自性，坚信芸芸众生同样可以做到，并由此开出了禅宗顿教。

六祖所创本于自性又归于自性的禅宗顿教，超越了各种教理体系的框架，打破了各种修行法门的程式，淡化了各种宗教仪轨的色彩，将修行落实到现实生活中，使人们能念念在生活中修行，同时也能念念在修行中生活，无疑是一条快捷开启智慧之路。禅宗顿教的智慧性保证了其超越性，禅宗顿教的易行性彰显了其实操性，禅宗顿教的非宗教性则体现了其普适性。因此可以说，禅宗顿教具有超宗教、超国族、超文化、超时空的价值，对任何人来说，都不失为安身立命的良师益友。只要对《六祖坛经》的思想抱有信心、有所相应，则其人就如握有一粒灵丹，可将生活中的一切点化为禅，啖禅食、饮禅茶、穿禅衣、睡禅床、吟禅诗、听禅乐，过一种"行亦禅，坐亦禅，语默动静体安然"的禅道人生。

《六祖坛经》的另一重要价值，在于它作为禅宗顿教宗经，持续有力地推动着本宗的开展。《六祖坛经》在禅宗顿教中的宗经地位是由六祖亲自确立的，这在各本《六祖坛经》中都有明确记载。如敦煌本说："若论宗旨，传授《坛经》，以此为依约……无《坛经》禀承，非南宗弟子也。""十弟子！以后传法，递相教授一卷《坛经》，不失本宗。不禀受《坛经》，非我宗旨。"宗宝本也说："吾于大梵寺说法，以至于今，抄录流行，目曰《法宝坛经》。""后代得吾法者，将此顿教法门，于同见同行发愿受持，如事佛故，终身而不退者，定入圣位。"禅宗史证明，确如德异禅师所言："五派同源，历遍炉锤，规模广大，原其五家纲要，尽出《坛经》。"（释德异《〈六祖法宝记〉序》）

在《六祖坛经》思想的指引下，经过几代传承，到贞元十二年（796），唐德宗"敕皇太子集诸禅师楷定禅门宗旨"，"立神会禅师为第七祖"（释宗密《圆觉经大疏释义钞》卷三），六祖的地位得到巩固，禅宗顿教开始走向兴盛；及至沩仰、临济、曹洞、云门与法眼五家兴起，分灯禅大行其道，禅宗顿教一脉遂成为徒众最多、力量最大、影响最广的汉传大乘佛教宗派。同时，因《坛经》的推动，汉传佛教还形成了禅教良性互动的格局：禅门行人偏废经教时，教下就会批评其轻经慢教；教下学人轻忽禅道时，禅门就会呵斥其死于教下。宗门内，若有人痴禅暗证，便会被斥为盲修瞎练；若有人徒逞口舌，又会被贬为知解宗徒。汉传佛教界由此形成禅教一味的共识，使中国佛教能够在禅教平衡的健康关系中向前开展，一直持续到今天。

《六祖坛经》的价值，还在于它为此后新一期中华文明提供了丰富的思想资源。对此，太虚大师曾有明见："禅风之所播，不唯遍及佛教之各宗，且儒家宋明理学，道家之性命双修，亦无不受禅宗之酝酿而成者。故禅宗者，中国唐宋以来道德文化之根源也，而其枢要则在黄梅五祖之能毅然决然以传能大师为六祖耳。"（释太虚《黄梅在佛教史上之地位及此后地方人士之责任》）钱穆先生也有高见："在后代中国学术思想史上有两大伟人，对中国文化有其极大之影响，一为唐代禅宗六祖惠能，一为南宋儒家朱熹……惠能实际上可说是唐代禅宗的开山祖师，朱子则是宋代理学之集大成者。一儒一释，开出此下中国学术思想种种门路，亦可谓此下中国学术思想莫不由此两人导源。"（钱穆《〈六祖坛经〉大义》）不仅如此，《六祖坛经》的思想进入中国文学艺术，便令中国的文学、诗歌、音乐、书法、绘画充满了禅味；进入中国人的生活，便令中国人的动静营为洋溢着禅趣。

此外，《六祖坛经》早在唐末就走出中国，对高丽、日本和越南的宗教文化持续发挥着影响。及至现代，《六祖坛经》更是越洋跨海，进入欧美等国家的文化之中，为他们带去了源于中国的快捷开启智慧之道。

凡此种种都表明，学习《六祖坛经》对任何人来说都是十分有意义的精神历练。它是开启众生智慧的坦途，是认识中国佛教、中华文化与国人生活的钥匙，是文明互鉴的宝鉴。

本书采用原文、注释、大意、解读相结合的结构。

原文：原文依宗宝本，以《禅宗全书》收录手抄本为底本、《大正藏》本为校本；分段与标点间出己意，尤其是为免繁冗而取消了《行由》品第一重引号和所有偈颂引号；经文中的异体、俗体、古今、通假字，径改为正体字，不出注；底本讹、倒、衍、脱之处，据校本勘正。

注释：侧重佛教义理与禅法，兼顾文献与历史；以有助于理解原文为要，当略则略，当详则详。

大意：《六祖坛经》文字浅白但需翻译，一则本套丛书有此要求，二则对经文有异解，三则学人领会各有深浅；大意以信、达、雅为期，既有依文直译，也有依义意译，偈颂保持韵文体不变，要在存其大义。

解读：禅宗顿教特彰行门，并非不立文字，只求不执文字，故仍可解读；解读以教入禅、以禅证教，既顾及一般知识，也不离自家体会，力求透彻明了；《坛经》思想一本自性又回归自性，解读时虽顾及避让，且有互见之例，但难免重复。

敦煌本为现存《六祖坛经》最早传本，具有独特的地位，本书解读时也有所参照，特将全文附录书后。附录经文校点通例如下：一、以敦煌诸本中抄写最完整、错漏最少的旅博本为底本，以其余四本为校本；二、底本中的异体字、俗体字、古今字、通假字与错别字，径直改为正体字，不出注；三、底本讹、脱、衍、倒等异文，一一校对并出校记；四、为求简洁明了，底本文字无误而校本文字有误者，不出校记；五、底本文字或文义确需增删改补，依先校本、次宗宝本、后文义的原则校正，校正后的文字用"〔〕"标出；六、校本中的异文适当注明；七、标点方面，同样取消六祖忆述得法因缘部分第一重双引号，以及所有偈颂引号。

笔者自觉颇尽其心，至于效果如何，自然须由读者裁断。本书能够与读者相见，有赖国际儒联的充分信任，济南出版社冀瑞雪、冯文龙和孙育臣三位老师的耐心等待、悉心帮助和细心编辑，宋婕教授在接洽方面和詹嘉玲、陈源鸿、王觐、朱婧同学在资料方面的协助，还有钟丝苑、周思华、邢艳菲、李仲鹏、曹清清诸位同学的读校，在此均表谢意。

行由第一

　　行指行历,由即缘由。本品主要叙述六祖惠能闻经悟道、北上求法、承传衣钵、南下隐修和出世弘法五个故事。五个故事都由六祖亲口道来,不仅非常真实,而且极为生动,充满现场感。闻经悟道突出六祖的深厚善根,北上求法凸显六祖的高远志向,承传衣钵彰显六祖的超迈智慧,南下隐修表显六祖的沉稳品格,出世弘法显示六祖的应机善巧。最重要的是,本品以"菩提自性,本来清净,但用此心,直了成佛"一偈,开门见山地宣示了佛教的根本主张和禅宗顿教的法门宗要。

[1] 时大师①至宝林②，韶州③韦刺史④与官僚入山请师出，于城中大梵寺⑤讲堂，为众开缘⑥说法。师升座⑦次，刺史官僚三十余人，儒宗⑧学士三十余人，僧⑨尼⑩道俗一千余人，同时作礼⑪，愿闻法要。

◎ **注释** ①〔大师〕梵文 śāstṛ，佛教中指能摧破邪外见解、引导众生离苦得乐的圣者。《瑜伽师地论》卷八十二："能善教诫声闻弟子一切应作不应作事，故名大师；又能化导无量众生令苦寂灭，故名大师，又为摧灭邪秽外道出现世间，故名大师。"此处指六祖。②〔宝林〕六祖驻锡的宝林寺，始建于梁天监之际，宋太平兴国三年（978）改称南华寺。③〔韶州〕州是唐朝前、中期最高地方行政建制，韶州为贞观年间改设，治所在今广东韶关市曲江区。④〔韦刺史〕韦璩，敦煌本作韦据，韶州刺史，生平不详，唐玄宗先天二年（713）到韶州任。刺史，州级行政长官。⑤〔大梵寺〕位于韶州治所（今韶关市曲江区），始建于南北朝，后为纪念六祖改称大鉴寺。⑥〔开缘〕举行法会。⑦〔座〕法师说法时坐的法座，又称狮子座。⑧〔儒宗〕儒门耆宿。⑨〔僧〕梵文 Saṃgha，音译全称僧伽，指四个以上出家人结成的修行团体。此处指比丘，即已受具足戒的出家男众。⑩〔尼〕梵文 Bhikṣuṇī，音译全称比丘尼，指已受具足戒的出家女众。⑪〔作礼〕施礼，佛门主要有接足、问讯等礼。

◎ **大意** 当时，惠能大师到了宝林寺，韶州刺史韦璩偕众官僚前往，礼请大师出山，在韶州城内的大梵寺举行法会，为大众说法。大师登上狮子座后，下面列坐韦刺史与官僚三十多人，儒门耆宿与饱学之士三十多人，比丘、比丘尼等僧俗一千多人，同时向大师施礼，祈愿听闻禅法心要。

◎ **解读** 佛教认为，众生有种种痛苦，原因是没有认识到自性这个真相；而未能认识这个真相，根本症结不是他们没有认识此真相的智慧，而是其智慧被无明遮蔽，只能以分别心认识世界的假相。佛陀洞察到这个事实，怀着对众生的悲悯，出世传授开启智慧的佛法，于是有了佛教。佛陀应世时，佛法由佛所说，清晰可辨，但佛陀圆寂后，则存在如何取信后世的问题。为了解决这个问题，佛陀入灭前特别交代侍者阿难："如来灭后，结集法藏，一切经初，当安'如是我闻：一时佛住某方某处，与诸四众，而说是经'。"（《大般涅槃经后分》卷一）这就是所谓所说法（经法）、记录人（阿难）、说法时（时）、说法者（佛）、说法地（某方某处）、闻法众（诸四众）的"六事成就"。

《六祖坛经》开卷这段经文，是编辑者所加，各本都有，而文字互有差异。敦煌本指出，六祖所说法为摩诃般若波罗蜜法，所授戒为无相戒，由六祖弟子法海记录，名为《六祖坛经》。这段经文依佛经正信序行文，也具足"六事"：所说法为禅宗顿教，记录人为六祖弟子法海，说法时为韦刺史等礼请六祖到大梵寺时，说法者为六祖，说法地在大梵寺，闻法众指道俗一千余人，目的是令后人深信《六祖坛经》为六祖所说。有学者曾经怀疑《六祖坛经》是六祖弟子神会所作，甚至是禅宗四祖道信门下牛头宗某位禅师所作，但这些论断多是猜测，并没有可靠的依据。

据这段经文可知，现存《六祖坛经》有一部分是韦璩礼请六祖说法的记录，但整部《六祖坛经》应该是六祖禅法的总体展示，也是禅宗顿教禅法的全面汇集。同样，尽管通行的宗宝本《六祖坛经》有两万四千字左右，比现存最早的敦煌本《六祖坛经》多了差不多一万字，我们也不能证明《六祖坛经》最初只有一个敦煌本，多出的文字为后人增益，更可能是《六祖坛经》一开始就有或详或略的不同传本。基于这种认识，判断《六祖坛经》的真伪时，不宜先存有《六祖坛经》"一本单传，愈古愈真"的臆想，以为多出的文字都是后人伪窜添加，还应结合其思想做出论断，即依"六事成就"中的所说法来判断，这是佛教判断经典真伪的更根本的标准。从这个标准看，《六祖坛经》不同传本虽有字数多少、文字异同、内容详略的区别，但其思想并没有任何差异，都是六祖的思想，因此《六祖坛经》并无真伪问题。

还有一点值得注意，就是韦璩等听法者对六祖非常恭敬。他们为什么如此恭敬？一方面，六祖是觉悟者，是能引导众生转识成智、离苦得乐的大师，应该恭敬；另一方面，佛教信众要学习佛法、获得智慧，有一个亲近善友（老师）、听闻佛法、如理思维、依教奉行的过程，亲近善友是第一环，如果不恭敬自己的老师，便难以理解甚至听闻到佛法，更不用说践行佛法了。"道之所存，师之所存也"（韩愈《师说》），佛教中人对法师或禅师恭敬，根本上是恭敬他们所传授的佛道。现代文明割裂了本为一体两面的"智慧之学"（本于无分别智的彻底解除痛苦的学问）与"理性之学"（本于分别识的局部改善生活的学问）而偏废前者，这是许多人师道观念日益淡薄的原因之一，好在国家大力倡导继承和弘扬优秀传统文化，以便能培养出更多融通两学、知行合一、值得恭敬的老师。

[2] 大师告众曰：善知识①！菩提②自性③，本来清净④，但用此心，直了⑤成佛⑥。

◎ **注释** ①〔善知识〕梵文为 kalyāṇa-mitra，义为传授正道、令人得益的法师，六祖借以称呼闻法大众，相当于佛经中的"善男子、善女人"，是一种敬语。②〔菩提〕梵文为 bodhi，旧译作道，新译作觉，实即智慧。菩提有共与不共两义，共义指佛、菩萨与声闻、缘觉共同具有的智慧，即洞察诸法真性的根本智；不共义指佛、菩萨独具的智慧，即明辨诸法差别性相因果的后得智，两者又以佛具有的智慧最圆满，称为无上菩提。《大智度论》卷八："三种道皆是菩提：一者佛道，二者声闻道，三者辟支佛道。辟支佛道、声闻道虽得菩提，而不称为菩提；佛功德中菩提，称为菩提。"③〔自性〕梵文为 sva-bhāva 或 sva-lakṣaṇa，一指外道所执不变自性，一指佛教所说法性或佛性，六祖用来指与法性、空性、佛性同义的自性。④〔清净〕众生心远离种种烦恼障与所知障的状态。⑤〔直了〕直下了悟，即顿悟。⑥〔佛〕梵文 Buddha，音译全称佛陀，指自利利他、觉行圆满的觉悟者。

◎ **大意** 惠能大师教示大众道：善知识！智慧自性，本来清净，只要用本具智慧之心修行，就能顿悟成佛。

◎ **解读** 此处，在"善知识"一语后，敦煌、惠昕诸本都有六祖领众"净心念摩诃般若波罗蜜法"的仪式，显示六祖专提般若观照法门。经文正文虽然只有一句话，但简明扼要地表明了佛教的根本主张和禅宗顿教的法门宗要。佛教的根本主张有四个方面：

一、诸法实相是一切法的真相，此实相言语道断、心行处灭，不可思议，方便施于语言，则可以空有不二等概念来表达。空指事物没有任何永恒不变的实体，有指事物是依各种因缘（条件）起灭的现象。同一个法，从性质上称为毕竟空，从现象上称为缘起有，缘起有与自性空无二无别，如《摩诃般若波罗蜜多心经》所谓"色不异空，空不异色；色即是空，空即是色。受、想、行、识，亦复如是"。色相当于物质，受、想、行、识相当于精神，物质与精神的真相都是空有不二，这个真相不生不灭、不垢不净、不增不减。

二、认识这个真相的主体是智慧而不是心识。心识即理性，其根本特性是分别性，即在二元对立世界观的基础上对认识对象进行种种对立区分的性质；智慧的根本特性是无分别性，即在非二元对立世界观的基础上直观洞察对象的性质。佛教认为，只有智慧才能洞察诸法的真相，而心识只能认识诸法的假象。

三、一切众生本来具足智慧。众生为世界万法中的一法，其根本性质自然也是空性；同时，与无情众生不同，有情众生还有洞察空性的能力，此能力即智慧，它为一切众生本有。虽然一切众生本有智慧，但只有佛才圆满显现了智慧。凡夫因被无明遮蔽，把诸法当成有实体的现象，并在此基础上形成心识，只能在我、法二执中认识诸法，智慧不得显现；二乘（声闻、缘觉）虽依佛陀宣说的道理认识诸法，但因根器所限，不能领会佛法深义，只能破除我执，开显少分智慧；菩萨虽通达佛法深义，能断除我法二执现行、开显与佛同样的智慧，但未能彻底断除心识余留的习气，其智慧不能如佛陀圆满。

四、认识诸法真相的目的是成就智慧、自在、慈悲的生命与安乐、祥和的生活世界。智慧，是如实体知诸法真相的能力；自在，是得到智慧后超越种种身心束缚的解脱状态，与孔子"从心所欲不逾矩"和庄子"逍遥游"的境界相通，是比现代人通过改善外在环境获得的自由更完全彻底的自由；慈悲，是从智慧与解脱中爆发出的度尽一切众生的愿望和行动，是没有任何条件、不求任何回报的利他心行。这样的目的，唯有成佛才能完全实现。凡夫没有智慧，认识不到诸法的真相，自己深陷种种烦恼束缚不得自在，自然无法生起度化众生的慈悲心；小乘虽有小智，但只能自利，同样不能慈悲利他；菩萨虽具有与佛陀一样的智慧，能自利利他，但不如佛陀圆满。

上述四个方面，套用哲学的概念，第一方面是智慧洞察到的世界观，第三方面是智慧建立的人生观，第四方面是智慧实现的价值观，第二方面是这一切的基础，因为没有智慧一切皆不成就。佛经就说："般若波罗蜜者，是诸佛之母，为世间之大明导。"（《放光般若经》卷十一）六祖的"菩提自性，本来清净"一语，正是紧扣智慧所做的开示，凸显智慧没有任何烦恼的清净性质。如果说这句话没有明确点明智慧为众生心本具，《六祖坛经》中的"菩提般若之智，世人本自有之"无疑对此做出了肯定的回答。这表明，禅宗顿教的根本见地、最终目的与佛教是完全一致的,只因智慧是佛法总持,而禅宗顿教提倡顿悟法门,才特重智慧而已。

既然如此,为什么现实中佛不是众生、众生不是佛呢?区别在于众生有妄想颠倒执着,所谓"无一众生而不具有如来智慧,但以妄想颠倒执著而不证得"(唐译八十卷本《大方广佛华严经》卷五十一)。众生一念无明是妄想;因无明遮蔽,将本无实体之法误认为有实体之法,陷入颠倒;依颠倒见生活,必顺心意则贪、违心意则瞋,深陷执着痛苦。佛陀为了将众生从妄想颠倒执着中救拔出来,遂应其根器开出不同层次的教法,令其转识成智、转凡成圣,直到圆满成佛。

佛陀根本唯有一不思议身,为利众生而开出法、报、化三身。法身是诸法实相之身,又有法性身、法界身、如来藏身或毗卢遮那佛等名号;报身即依法身显现的酬答誓愿之身,又有实报身、相好庄严身或卢舍那佛等名号;化身即依法、报二身示现的应化身,又有丈六身、释迦牟尼佛等名号。三身即一即三,即三即一。从佛陀施教度众的角度看,法身同时总说诸乘教法,报、化二身别说诸乘教法,体现在人间者主要有圆、渐和顿三种教法。佛陀先依报身宣说度化利根菩萨的佛乘圆教,即"圆融不碍行布,行布不碍圆融"的华严教法;再依化身宣说度化中下根众生的佛乘渐教,即由人天、声闻、缘觉、菩萨到佛诸乘渐次成佛的佛乘教法;在化身佛度化的中下根众生中,固然存在与顿悟成佛法门相应的众生,佛陀自会当机为其宣说佛乘顿教,禅宗顿教就是传承佛乘顿教的佛教宗派。

六祖的"但用此心,直了成佛"一语,正是禅宗顿教法门的典型体现。"此心"指众生本具的智慧心,众生只要依此心修行就能顿悟成佛。道理何在?智慧心是言语道断、心行处灭之心,是无形无相而又妙用无穷之心,诸法真相即此心所现境界,实际上与此心无二无别,因此只要依《六祖坛经》开示的各种无相法门修行,便不必走渐修之路,而能够依顿悟法门见性成佛。这既是整部《六祖坛经》的法要,也是禅宗顿教的宗要。

[3] 善知识!且听惠能行由得法①事意。惠能严父本贯范阳②,左降③流④于岭南⑤,作新州百姓。此身不幸,父又早亡,老母孤遗⑥,

移来南海⑦，艰辛贫乏，于市卖柴。

◎ **注释** ①〔得法〕指六祖证得佛法与得到五祖传法。②〔范阳〕唐高祖武德七年（624）改涿县为范阳县，属幽州。今为河北涿州。③〔左降〕因获罪遭到朝廷贬谪。④〔流〕流放。⑤〔岭南〕唐代岭南道，泛指五岭之南的地区，相当于今广东全部、广西东部地区。⑥〔孤遗〕孤苦伶仃。⑦〔南海〕泛指岭南。

◎ **大意** 善知识！请听惠能讲述自己的人生经历、证得佛法和受法传衣的故事。惠能的父亲本来寄籍幽州范阳，因事被朝廷贬谪，流放到岭南，成为新州百姓。惠能很不幸，父亲早亡，留下孤儿寡母，母子移居南海，贫穷困苦，惠能靠卖柴养母持家。

◎ **解读** 据《六祖大师缘记外记》记载，六祖俗姓卢，父讳行瑫，唐武德三年（620）九月被流放到新州。母李氏，于唐贞观十二年（638）二月八日子时生下六祖。到拂晓，二僧来访，对六祖父亲说："夜来生儿，专为安名，可上惠下能也。"六祖父亲问为什么取名惠能，僧人说："惠者，以法惠济众生；能者，能作佛事。"六祖三岁父丧，其父被葬于住宅旁边，母亲守节不移，独立抚养六祖。六祖稍长，靠卖柴供养母亲。

　　六祖自我介绍时，说自己的父亲是被贬谪到岭南而后成为新州百姓，他自己自然是在新州出生。父亲去世后，他随母亲移居南海。此处的南海到底指哪里？有人认为是广州，其实应该是泛指岭南。对此，我们有必要稍微辨析一下。中国陆上的南海，其地理位置位于"五岭之南、涨海之北"（《旧唐书》卷四十一），五岭即越城岭、都庞岭、萌渚岭、骑田岭、大庾岭，涨海即南海，这片区域相当于唐代岭南道地区。

　　作为行政区划的南海，最初为秦置南海、桂林、象三郡之一，郡治番禺（今属广州），辖地东南临南海，西到贺州（今属广西），北至南岭，包括今粤东、粤北、粤中与粤西一部分地区；汉武帝平南越，将秦三郡分为九郡，南海郡为其中之一，属交趾部（汉末改称交州），郡治仍在番禺，领番禺、中宿（今广东清远市）、博罗、龙川、四会、揭阳六县，辖地变小；隋大业三年（607）罢番州复南海郡，领南海、曲江、始兴、翁源、增城、宝安、乐昌、四会、化蒙（今属广东广宁县）、清远、含洭（今属广东英德市）、政宾（今属广东清远市）、怀集、新会、义宁十五县；唐武德四年（621）废南海郡，置广州都督府，南海县为所辖县；天宝元年（742）改广州为南海郡，郡治番禺。因历代南海郡或南海县治所都在今天的广州，故有人认为六祖所谓的"移来南海"指随母亲迁居到广州。但史乘叙述六祖出生地时，往往以南海为泛指，例如赞宁就说："释惠能，姓卢氏，南海新兴人也。"（《宋高僧传》卷八）另外，相关文献也未见六祖与母亲曾在广州生活的记载。考虑到六祖与其母亲相依为命的情况，他母亲不大可能带他迁到广州，因此，"移来南海"一语要么是六祖感叹他家自父亲播迁到南海，要么是指他与母亲在新州范围内迁移居所。

六祖生长的新州瘴气毒重，自然环境非常恶劣，直到南宋还有"大法场"（周去非《岭外代答》卷四）之称。加上他幼小时父亲就去世了，靠卖柴供养母亲、维持生计，说明他早年生活颇为艰辛。生存环境的恶劣、人生遭际的不幸，对人的成长来说都是逆缘。在这样的环境中，很多人碌碌无为，一些人甚至自暴自弃；对求道者来说，这却是必要的磨炼。孟子说："天将降大任于是人也，必先苦其心志，劳其筋骨，饿其体肤，空乏其身，行拂乱其所为，所以动心忍性，曾益其所不能。"（《孟子·告子下》）这是求道者的必经之路，只有通过艰难困苦的磨炼，才能"曾益其所不能"，承受常人难以抵抗的压力，肩负常人难以承担的使命，反思常人难以企及的问题，达成常人难以实现的目标。

[4] 时有一客买柴，使令送至客店。客收去，惠能得钱，却出门外。见一客诵经，惠能一闻经语，心即开悟①，遂问客诵何经，客曰："《金刚经》②。"复问："从何所来，持此经典？"客云："我从蕲州③黄梅县④东禅寺⑤来。其寺是五祖忍大师⑥在彼主化，门人一千有余。我到彼中礼拜，听受此经。大师常劝僧俗，但持《金刚经》，即自见性，直了成佛。"

惠能闻说，宿昔有缘，乃蒙一客取银十两与惠能，令充老母衣粮，教便往黄梅参礼五祖。惠能安置母毕，即便辞违，不经三十余日，便至黄梅，礼拜五祖。

◎ **注释** ①〔开悟〕明心见性、证悟佛道。②〔《金刚经》〕梵文经名 Vajracchedikā-Prajñāpāramitā-Sūtra 汉译的简称,梵文本今存。该经古代前后有六个汉译本,前三本分别由姚秦鸠摩罗什、元魏菩提留支、陈真谛译,均名《金刚般若波罗蜜经》;第四本由隋达摩笈多译,名《金刚能断般若波罗蜜经》;第五本由唐释玄奘译,为《大般若经》第九会《能断金刚分》;第六本由唐释义净译,名《佛说能断金刚般若波罗蜜多经》。该经由序、正、流通分构成,从"如是我闻"到"敷座而坐"是序分,从"尔时须菩提在大众中即从座起"到"应作如是观"是正宗分,从"佛说是经已"到"信受奉行"是流通分。该经以无相为宗、实相为趣,包纳佛陀的身教与言传两种说法方式,序分为身教,正宗分为言传。言传又有两周说法,从"尔时须菩提在大众中即从座起"到"果报亦不可思议"为第一周,是佛为利根菩萨所说法;从"尔时须菩提白佛言"到"应作如是观"为第二周,是佛为钝根菩萨所说法。该经提持的般若囊括了实相、观照和文字三义,三义都可用金刚宝石来譬喻:实相般若如金刚坚固不坏,观照般若如金刚无坚不摧,文字般若如金刚通体光明。若论功用,该经遣妄执则无相不尽,显实相则性相全彰。禅宗顿教特重《金刚经》,史称四祖道信禅师已提倡弟子依此经印心。《六祖坛经》明文记载,五祖"大师常劝僧俗,但持《金刚经》,即自见性,直了成佛",五祖向六祖传法时传授的是此经,六祖对弟子说法时也明确推尊此经:"若欲入甚深法界及般若三昧者,须修般若行,持诵《金刚般若经》即得见性。当知此经功德无量无边,经中分明赞叹,莫能具说……若大乘人,若最上乘人,闻说《金刚经》,心开悟解。"三代祖师皆依《金刚经》印心。③〔蕲州〕唐高祖武德四年(621)改隋蕲春郡为蕲州,领蕲春、蕲水、罗田、黄梅、沛水五县。④〔黄梅县〕蕲州所辖县,即今湖北黄冈市黄梅县。⑤〔东禅寺〕又叫东山寺,今为湖北黄梅县五祖寺,禅宗五祖弘忍弘扬禅法、付法六祖的道场。⑥〔五祖忍大师〕弘忍禅师,禅宗中土五祖。又见《付嘱》品解读。

◎ **大意** 当时有个客人买柴,命惠能将柴送到他居住的客舍。惠能把柴交给客人,收了钱退出门外。惠能见一客人在诵经,一听他诵的经文,当下就证悟了佛道。惠能问他诵的是什么经,他说:"是《金刚经》。"惠能又问:"您持诵这部经是从哪里请来的?"客人说:"我从蕲州黄梅县东禅寺请来的。这个寺院是五祖弘忍大师住持弘化的道场,他门下有一千多徒众。我到东禅寺礼拜五祖,从他那里听受这部佛经。五祖大师经常劝诫僧俗,说只要持诵《金刚经》,就能见到自性,顿悟成佛。"

惠能听他这么说，深知自己过去与《金刚经》和五祖有缘，渴望前往拜师学习。于是，有个客官布施十两银子给惠能，充作母亲衣食之资，敦促惠能马上去黄梅礼五祖为师。惠能安置好母亲，便辞别老母，经三十多天跋涉，抵达黄梅，礼拜五祖。

◎ **解读** 经文的主要内容有三方面：一是六祖听《金刚经》证悟自性，二是当时禅宗印心的经典是《金刚经》，三是求佛道与尽孝道的关系。

六祖闻经悟道的叙述，敦煌本说是"心便明悟"，与"开悟"含义并无不同；契嵩本具体说，六祖是听闻《金刚经》中的"应无所住而生其心"一语开悟的。开悟指对诸法实相的觉悟，诸法实相即法界真相，《金刚经》称为实相，六祖称为本心、真心或本性、自性。《金刚经》把众生的执着称为我、人、众生、寿者四相，认为众生不能觉悟自性皆为此四相所障，而四相之生皆因众生心有所住，有所住则必然执着四相；要觉悟自性，关键是觉悟心无所住，觉悟心无所住则明了本心，明了本心则觉悟自性、现证佛道。

从佛教修行系统看，对自性的觉悟包括解悟、证悟与彻悟三个不同层次。解悟是对佛教理论实现融会贯通的理解，证悟是亲身体悟佛教理论归趣的自性，彻悟是完全透彻地体悟自性，前者还处于凡夫境界，后两者则优入圣者境界，不过证悟处于未圆满位，彻悟臻于圆满位。六祖此时的"开悟"属于哪个层次呢？有人说是解悟，有人说是彻悟，这两种判断都不准确。如果说是解悟，则不能理解六祖初见五祖时为什么能说"弟子自心常生智慧"；如果说是彻悟，则很难解释为什么后来还有六祖听五祖说《金刚经》大悟"一切万法不离自性"的事情发生；如果说是证悟，则不会出现这样的问题，因此六祖此次觉悟应该是证悟。

依佛经教示，菩萨道修行者从信仰佛教到证悟自性，需要经过漫长艰苦的修行过程，六祖一听到《金刚经》经文就能证悟自性，的确稀有难得。许多人因此产生误解，要么以为六祖是天纵之才，要么认为佛道很容易成就，甚至指责佛教故弄玄虚。其实，如果我们了解佛教的生命观，就不会发出这种似是而非的议论。一般人认为，生命只有一次，此生开始前等于零，此生结束后也归于零，仅在此生内观察其身心状况与生存环境，并用分别心识加以解释，一切不能解释者都付诸天赋、宿命甚至神定。佛教认为这种生命观是不完整的，实际上生命无始无终，此生之前已度过漫长的生命历程，此生之后还有漫长的生命道路。在这无始无终的生命长河中，人的身心状况与生存环境都是以自己为根本原因、外界为辅助条件得到的结果，随其行为差异而呈现出不同的生命品质，行恶则感得不如意的身心与生存环境，行善则感得如意的身心与生存环境，行令自己超越善恶之行则感得个体自在的身心与生存环境，行令一切众生超越善恶之行则得到自他自在的身心与生存环境。从这种生命观看，六祖一听《金刚经》即开悟，根本原因不是他拥有天赋上智，而是他过去累积了足够的福德与智慧，否则他听到《金刚经》同样不知所云，甚至连听闻《金刚经》的机会都没有。这种从因果观出发的解释，与六祖"宿昔有缘"之说一致，既不会神化六祖，又不至误解佛教，固然更加合理。

六祖有机会听到《金刚经》，除了他已准备好听此经的机缘，还有一个重要原因，即禅宗顿教一脉已开始用《金刚经》印心。佛道的超越性决定了佛教在教育过程中很注重师资传承，因为只有证悟自性者才知道如何引导弟子走向觉悟。禅宗顿教作为顿悟教门，较少依靠经教修习，更多依靠禅师教化，更强调师资传承。但是，对参禅者来说，有三个情况很现实：一是禅师不可能日夜陪伴在身边，二是宗门内的师父并非全是禅师，三是存在伪禅师。凡此种种情况，都会令参禅者进道无门，甚至反增障碍。

为了尽量避免这种现象，禅宗中土初祖菩提达摩采取了"藉教悟宗"的办法。当初他传法给二祖慧可时，就一并把《楞伽经》付给了他，说"有《楞伽经》四卷，仁者依行，自然度脱"（释净觉《楞伽师资记》）。《楞伽经》现存三个译本，菩提达摩祖师嘱咐弟子用来印心的是刘宋求那跋陀罗译本，全名《楞伽阿跋多罗宝经》，共计四卷。该经以佛心为宗旨、自觉圣智为归趣，采用转识成智的理论结构，对佛教轮回与解脱的教化体系进行了完整、系统和清晰的阐述，非常适合佛教修行人用来鉴别自己的修行成就。菩提达摩开启此法后，历代传承达摩禅法者都依《楞伽经》判断、印证自己的修学境界。到了五祖弘忍时代，佛教越来越兴盛，参禅者教理基础越来越扎实，于是改用顿教色彩更明显、篇幅更简短的《金刚经》来印心，故有"但持《金刚经》，即自见性，直了成佛"的开示。

六祖一听客人介绍《金刚经》的来历，就对此经与五祖生起了信仰、追求之心，决定出家礼拜五祖为师，表明他与顿悟法门真有缘；往后我们也会看到，六祖的思想确实深受《金刚经》和弘忍大师的启发。但是，儒家孝道观认为，

"身体发肤，受之父母，不敢毁伤"（《孝经·开宗明义》），更说"不孝有三，无后为大"（《孟子·离娄上》），六祖割亲出家，岂不是有违孝道吗？这涉及儒家与佛教孝道观的异同问题。

儒家与佛教都强调子女应该孝敬父母。儒家说孝敬父母是"天之经也，地之义也"（《孝经·三才》），无须多说；佛经说，"父母者，十月怀抱，推干去湿，乳哺长大，教诲技艺，随时将养"（《大方便佛报恩经》卷三），身为子女，"假使左肩担父，右肩担母，行至百年，复种种供养，犹不能报父母之恩"（《杂宝藏经》卷二），同样强调父母恩重如山，理当孝敬报恩。

不过，儒、佛两家眼中的父母颇有差异。儒家信奉一世生命观，仅以现世父母为父母，其孝行仅及于现世父母；佛教信奉三世六道轮回的生命观，相信一切众生都曾经是自己的父母，因此认为人的孝行虽然应从现世父母开始，但必须普及一切众生。同时，对于什么才是圆满的孝道，两家的看法也互有差异。儒家没有佛教那样的出世追求，故以生养死葬、光宗耀祖为孝道极致；佛教有此追求，故坚持"亲得离尘垢，子道方成就"，以化度父母断烦恼开智慧为大孝。

这样，两家的孝道观体现在行孝方式上自然会有相应的差别：儒家注重日常侍奉父母，佛教则强调让父母获得精神解脱。让父母解脱的前提是先解脱自己，解脱自己的方法有在家与出家两条路，所以许多因缘具足的佛教徒就走上了出家之路。选择出家的僧人，当然难以像儒者那样侍奉父母，但不能因此认为他们不孝敬父母。首先，他们会尽其所能安顿好父母，六祖就是一个例子；其次，即使出家后，他们也会尽力照顾父母；更重要的是，他们要从精神深处解除父母的痛苦。依此看，佛教的孝道观自有其殊胜处。

[5] 祖问曰："汝何方人？欲求何物？"惠能对曰："弟子是岭南新州百姓，远来礼师，唯求作佛，不求余物。"

祖言："汝是岭南人，又是獦獠①，若为堪作佛？"惠能曰："人虽有南北，佛性本无南北；獦獠身与和尚②不同，佛性③有何差别！"

五祖更欲与语，且见徒众总在左右，乃令随众作务。惠能曰：

◎ 行由第一

"启和尚！弟子自心常生智慧，不离自性即是福田④，未审和尚教作何务？"祖云："这獦獠根性⑤大利！汝更勿言，著槽厂⑥去。"惠能退至后院，有一行者⑦差惠能破柴、踏碓。

经八月余，祖一日忽见惠能，曰："吾思汝之见可用，恐有恶人害汝，遂不与汝言，汝知之否？"惠能曰："弟子亦知师意，不敢行至堂⑧前，令人不觉。"

◎ **注释** ①〔獦獠〕指有人祭与食人习俗的南方少数民族獠人。②〔和尚〕梵文 upādhyāya，音译作邬波驮耶、优婆陀诃、郁波第耶夜，意译作亲教师、力生、近诵、依学、大众之师，又作和上、和阇、和社、殟社、鹘社、乌社，指出家人的亲教师。唐义净《南海寄归内法传》卷三："邬波是其亲近，波字长唤中有阿字，阿驮耶义当教读，言和尚者非也。西方泛唤博士皆名乌社，斯非典语。若依梵本经律之文，咸云邬波驮耶，译为亲教师。北方诸国皆唤和社，致令传译习彼讹音。"据此，和尚是北天竺"和社"等音的讹转。后为出家人对长老比丘的尊称。③〔佛性〕梵文 buddha-dhātu 或 buddha-gotra，又作如来性、觉性，即佛陀的本性，六祖多称本性、真性、自性。④〔福田〕指众生累积福德、成就智慧与慈悲的田地，分敬田、恩田与悲田三种。佛、法、僧三宝是敬田；父母、师长是恩田，是众生成佛应种的福田；贫穷下贱、孤苦伶仃者是悲田，是佛菩萨圆满慈悲心应种的福田。六祖此处以自性具足的佛、法、僧三宝为福田。⑤〔根性〕梵文 indriya，根是能生业力的种子，性是趣善趣恶的业力，即生善造恶的能力。⑥〔槽厂〕寺院中的杂工房。⑦〔行者〕未剃发而依寺修行者。⑧〔堂〕寺院中供养佛菩萨、举行法会或活动的殿堂，或坐禅的禅堂，是寺院建筑的主体。

◎ **大意** 五祖问："你是哪里人？想求什么？"惠能答道："弟子是岭南新州百姓，远道前来拜师，不求其他东西，只求成佛。"

五祖质问道："你是岭南人，又是南蛮，如何能成佛？"惠能反问道："人虽有南北之分，但佛性没有地域差别；南蛮与和尚的身体是有不同，佛性有什么差别！"

五祖想再和惠能说几句话，但发现徒弟、信众一直跟在身边，就命他跟随大众劳动。惠能说："启禀和尚！弟子心中常有智慧，不离菩提自性就是福田，不知和尚教弟子做什么活？"五祖心想："这南蛮子根性太伶俐了！"于是对惠能说："你不要再说了，到杂工房干活去。"惠能退出，来到后院，有个行者安排惠能劈柴和舂米。

八个多月后的一天，五祖忽然召见惠能，说："我觉得你的见地不错，担心有恶念的人伤害你，才不跟你说话，你知道吗？"惠能说："弟子也知道师父的心意，不敢到殿堂前露面，为的是不让人察觉。"

◎ **解读** 依据经文，既然五祖后来对六祖说"恐有恶人害汝，遂不与汝言"，他就不会当着众人的面赞叹六祖，因此"祖云：'这獦獠根性大利！汝更勿言，著槽厂去'"一语不太通。考敦煌本，此处的叙述是"大师更不言"，与前后语境契合。但在没有任何证据的情况下，我们不能说这句话是后人窜入的文字，宁愿归结为抄写或刊刻导致的讹误，因此只在翻译时做了权宜处理。

此处，六祖通过现身说法的方式，透露了在佛教界取得成就需要的四大要素，即崇高的理想、正确的见地、坚定的信仰、踏实的践履。

佛教认为，众生对诸法真相的迷执有深浅、造业有善恶，由此获得地狱、饿鬼、畜生、人、阿修罗、天六类身体，生活在相应的世界之中，感受智愚不等、苦乐不均的果报。为了将众生从颠倒、造业、受苦、轮回的世界中度化出来，佛教随众生不同根性建立了声闻、缘觉、菩萨三乘教法，信仰和修行声闻、缘觉乘教法可成为自我解脱的罗汉，信仰和修行菩萨乘教法可成为自利利他的菩萨和佛（佛是菩萨圆满后的称谓）。人作为六道众生的一种，最高的理想是追求成佛，追求其他的结果都不圆满，甚至不能超越迷执和痛苦。六祖初见五祖，五祖为了考察六祖的志向，首先问他"欲求何物"，而他的"唯求作佛"之答，表明他的理想就是佛教的终极目的。

有远大的理想，如果没有正确的见地作为基础，则不过是目标模糊乃至无的放矢的空想，所以五祖的第二道考题直奔佛教最重视的见地而来。但五祖所谓"汝是岭南人，又是獦獠，若为堪作佛"之说，内容比较隐晦，有必要解释一下。"獦獠"，獦与猎相通，此处义为猎头，獠指獠人，獦獠即猎头獠人。古代相当长的一段时间内，我国南方广大地区生活着一个叫獠的少数民族。他们有猎取人头祭神和食人肉的习俗，正史中称之为南蛮别种，划归蛮夷之类。五祖称六祖为獦獠，并无贬视獠人和六祖之意，而是想借此话头考察他是否建立起了成佛的正确思想。佛教认为，众生要成佛，必须"诸恶莫作，众善奉行"，如果反其道而行之，只能在六道中轮转；杀生是大恶业，众生犯了杀生罪，不但不能成佛，反而会堕入三恶道之中。但佛教的根本思想是一切众生皆有佛性、皆能成佛，即使恶贯满盈的众生，只要他发起离恶向善的心行，都能走上成佛之路。五祖从成佛的实际要求发问，六祖则以佛教的根本思想作答，既没有陷入五祖设置的陷阱，又与大乘佛教思想完全契合，表明他完全确立起了成佛的正确见地。

佛教是一种净化精神的智慧，特别强调身心的修行。正确的思想虽然很重要，但如果没有对此思想的信仰，则不能走上修行之路，因此可以说信仰是把佛教理论化为修行实践的根本动力。佛教信仰的对象是佛、法、僧三宝，佛是圆满觉悟者，法是佛陀教法，僧是追随佛陀、依佛陀教法修行觉悟的圣人，三者是引导众生转识成智的珍宝，故佛教称之为三宝。佛教认为，众生只有信仰三宝，才能走上成佛之路。从五祖与六祖的问答中，我们分明感受到六祖对三宝坚定的信仰。如果他对佛陀没有坚定的信仰，五祖问他"欲求何物"时，他就不会毫不犹豫地说出"唯求作佛"的追求；如果他对佛法没有坚定的信仰，五祖质问他"若为堪作佛"时，他就不能清楚明白地表达众生佛性本无差别的慧见；如果他对五祖（代表僧）没有坚定的信仰，他就不会远涉千里去黄梅拜五祖为师，与五祖之间更不会有心心相印的感应。

当然，众生要成佛，除了高尚的理想、正确的见地和坚定的信仰，还需要付诸踏实的修行，如果三天打鱼两天晒网，也无法实现理想。这方面，六祖也是佛教徒的表率。何以见得？五祖虽知六祖已证悟自性，是个可用之才，但他是寺院中没有任何资历的行者，为了保护他，不能过早重用他，所以让他随众劳动。有人疑惑：佛门净地，怎么会有人害他？寺院是净地固然不假，但其中有些修行者尚未断烦恼，他们时有恶念甚至恶行，并非什么可怪之事。当然，五祖命六祖随众劳动，还有一个用意，就是要继续考验他，看他是不是真能尊师重道、依教奉行，能不能踏踏实实地在日常事务中修炼佛道。事实证明，六祖确实尊师重道、依教奉行，天天在杂工房劈柴舂米，一干就是八个多月，连寺院殿堂都没去过，充分反映了他踏实践履的作风。

六祖具有的这些素质，对任何想成就一番事业的人都有非常重要的启示作用，我们追求的目标可能与六祖不同，需要的素质却大致是一样的。

[6] 祖一日唤诸门人："总来！吾向汝说，世人生死事大，汝等终日只求福田，不求出离生死苦海。自性若迷，福何可救？汝等各去自看智慧，取自本心般若①之性，各作一偈②来呈吾看，若悟大意，付汝衣法③，为第六代祖。火急速去，不得迟滞，思量④即不中用，见性之人，言下须见。若如此者，轮刀上阵亦得见之。"

◎ **注释** ①〔般若〕梵文 prajñā 的音译，意译为智慧，与菩提同义。②〔偈〕有广狭二义。广义包括十二部经中的伽陀（梵文 gāthā）与祇夜（梵文 geya），前者是直接讲述佛教义理的韵文，叫孤起偈，后者是重复前面散文义理的韵文，叫重诵偈。狭义的偈指孤起偈。③〔衣法〕得到禅宗顿教传承的信物。衣，指禅宗祖师代代相传的袈裟。法，指禅宗顿教代代相传的佛祖心印，一般以传法偈作为表法。④〔思量〕用分别心识思考。

◎ **大意** 一天五祖召集众弟子："大家都来！我跟你们说，世人生死事大，你们一天到晚只求世俗善德，不求出离生死苦海。如果不见自性，世俗善德怎能救度自己？你们各自下去，看看自己有多少智慧，依自性智慧的清净本性，各作一首偈给我看，如果有谁已明心见性，我就把禅宗顿教的衣法传给他，亲自证明他是第六代祖师。你们赶紧去，不得迟疑，不得用分别心思考，明心见性的人，一听就明白了。如果是根性伶俐者，即使抡刀上阵也不碍明心见性。"

◎ **解读** 六祖忆述五祖弘忍大师推举嗣法弟子的情形，要点有佛教徒如何正确用功、明心见性者的特点以及推举嗣法弟子的方式等。

五祖首先告诫弟子，众生的痛苦根本是由生死问题带来的。所谓生死问题即生命的生来死去问题，也就是生命的真相问题。如果不明白生命的真相，就会由此产生无量无边的痛苦，如果觉悟了生死的真相，则一切痛苦都会烟消云散。生死是人痛苦或幸福的枢机，生死事大，人人都要以解决生死问题为头等大事。要解决生死问题，不能只顾累积世俗善德，还要明心见性。我们要注意，五祖不是反对弟子累积世俗善德，而是要他们分清本末，以明心见性为根本，只有觉悟了生命的真相，知道生命本无生死，生死因凡夫妄想、执着而有，才能超越生死苦海。

禅师安禅接众、培养弟子，是为佛法后继有人，因此，如果弟子有明心见性者，就有责任把他推举出来，弟子也有义务承担弘法事业。但是，自性言语道断、心行处灭，"非分别思量之所能解"（《方广大庄严经》卷十），如何知道谁明心见性了？禅师已明心见性，不仅对无分别智慧与分别心识的差异有真切体会，而且能当机取材点化弟子，故对弟子的境界洞若观火。五祖弘忍正是这样的禅师，不说他在别处的思想，他说的"思量即不中用，见性之人，言下须见。若如此者，轮刀上阵亦得见之"数语，就深刻揭示了迷执者与觉悟者的区别。迷执者滞于分别心识，执着种种差别境界，起心动念、言谈举止都用分别心识思考，一定会犹豫不决、顾此失彼；觉悟者已转识成智，空掉对种种差别境界的执着，无论是在一帆风顺还是生死攸关之时，其思想言行都是智慧的直接显现，既不假思索，又恰到好处。弟子汇报修学心得，最能反映其修行的真实状态。五祖用这种方式选择继承人，实际上是佛陀"依法不依人"这一教示的善巧运用，是选出合格继承人的最好方式。

有人会问，既然五祖早就知道弟子的境界，直接指定六祖为嗣法弟子岂不更简单，用得着浪费时间搞这么一个活动吗？道理上可以这样说，事实上不能这么做，这里存在善巧与否问题。尽管五祖毫无偏私，但他如果直接指定谁是六祖，已断除烦恼的弟子不会有意见，未断除烦恼的弟子却会抱怨他私相授受、以佛法做人情。禅师做事理事圆融，既不会执事废理，也不会执理废事，更不会认为这是浪费时间。很多人处理问题时，只顾及高效、快捷等利益因素，而不考虑善巧与否，结果往往事倍功半，甚至事与愿违。

[7] 众得处分，退而递相谓曰："我等众人，不须澄心用意作偈，将呈和尚，有何所益？神秀①上座②现为教授师③，必是他得，我辈谩④作偈颂，枉用心力。"余人闻语，总皆息心，咸言："我等以后依止⑤秀师，何烦作偈？"

神秀思维："诸人不呈偈者，为我与他为教授师。我须作偈，将呈和尚；若不呈偈，和尚如何知我心中见解深浅？我呈偈意，求法即善，觅祖即恶，却同凡心夺其圣位奚别？若不呈偈，终不得法。大难，大难！"

五祖堂前有步廊三间，拟请供奉⑥卢珍⑦画《楞伽》⑧变相⑨及五祖血脉图⑩，流传供养。神秀作偈成已，数度欲呈，行至堂前，心中恍惚，遍身汗流，拟呈不得。前后经四日，一十三度呈偈不得。秀乃思维："不如向廊下书著，从他和尚看见，忽若道好，即出礼拜，云是秀作；若道不堪，枉向山中数年，受人礼拜，更修何道！"

是夜三更，不使人知，自执灯书偈于南廊壁间，呈心所见。偈曰：

身是菩提树，心如明镜台；

时时勤拂拭，勿使惹尘埃。

秀书偈了，便却归房，人总不知。秀复思维："五祖明日见偈欢喜，即我与法有缘；若言不堪，自是我迷，宿业障重，不合得法。"圣意⑪难测，房中思想，坐卧不安，直至五更。

祖已知神秀入门未得，不见自性。天明，祖唤卢供奉来，向南廊壁间绘画图相。忽见其偈，报言："供奉，却不用画，劳尔远来。《经》云：'凡所有相，皆是虚妄。'但留此偈，与人诵持。依此偈修，免堕恶道⑫；依此偈修，有大利益。"令门人炷香礼敬，尽诵此偈，即得见性。门人诵偈，皆叹善哉。

祖三更唤秀入堂，问曰："偈是汝作否？"秀言："实是秀作。不敢妄求祖位，望和尚慈悲⑬，看弟子有少智慧否？"祖曰："汝作此偈，未见本性，只到门外，未入门内，如此见解，觅无上菩提了不可得。无上菩提⑭，须得言下识自本心、见自本性不生不灭，于一切时中念念自见万法无滞，一真一切真，万境自如如⑮，如如之心，即是真实。若如是见，即是无上菩提之自性也。汝且去，一两

◎ 行由第一

日思维，更作一偈，将来吾看。汝偈若入得门，付汝衣法。"

神秀作礼而出。又经数日，作偈不成，心中恍惚，神思不安，犹如梦中，行坐不乐。

◎ **注释** ①〔神秀〕神秀禅师（606—706），五祖弘忍上首弟子，禅宗渐教代表。据张悦《大通禅师碑铭》，武德八年（625），神秀于洛阳天宫寺受具足戒，神龙二年（706）二月二十八日夜坐化于此寺，僧腊八十，世寿一百有余。据《旧唐书》记载，他一生未尝聚徒开堂传法，武则天、唐高宗、唐中宗曾将其请入官供养，时人称为"两京法主，三帝门师"。他圆寂当年，武则天赐其号"大通禅师"。②〔上座〕梵文 sthavira，音译悉他薛罗或悉提那，又称长老、上腊、首座、尚座、住位等，指法腊高而居上位的僧尼。③〔教授师〕教授弟子威仪、作法等仪轨的出家师，又称教授阿阇梨。④〔谩〕轻慢，不尊重人。⑤〔依止〕归向有力、有德者而不离。⑥〔供奉〕唐朝设置的内廷官职。⑦〔卢珍〕内供奉，善画人物与佛教经变，生平不详。⑧〔《楞伽》〕即《楞伽经》，是梵文经名 Laṅkāvatāra-Sūtra 汉译的简称，梵文本今存。该经古代前后有四译，现存三译，分别是刘宋天竺三藏求那跋陀罗译四卷《楞伽阿跋多罗宝经》，元魏天竺三藏菩提留支译十卷《入楞伽经》，唐于阗三藏实叉难陀译七卷《大乘入楞伽经》。第一个译本只有《一切佛语心》一品，二、三两个译本则分多品，如唐译本，有《罗婆那王劝请》《集一切法》《无常》《现证》《如来常无常》《刹那》《变化》《食肉》《陀罗尼》《偈颂》十品，比前者多出的内容主要是第一、九与十诸品。按佛经序言（序分）、正文（正宗）和流通（结语）的三分结构，该经诸本传来未尽，第二、三两个译本缺流通分，第一个译本序与流通分皆缺。楞伽（laṅkā）为山名，阿跋多罗（āvatāra）义为入，意思是佛入楞伽山所说的宝经。该经以佛语心为宗、自觉圣智为趣，佛语心即佛心、智慧心，亦即禅宗的本心、真心；自觉圣趣境界即智慧心现证的如来藏境界，亦即禅宗的自性境界。一言以蔽之，通过佛智慧证入自性。该经特别之处在于，它是通过八识、二无我、五法、三自性的法义来组织教观系统：八识指藏识（阿赖耶识）、现识（末那识）、分别事识（意识）与前五识（眼、耳、鼻、舌、身），二无我指人无我（我空）和法无我（法空），五法指名（假名）、相（妄相）、妄想（妄心）、正智（般若）、如如（真如），三自性指妄想性（遍计所执性）、缘起性（依他起性）与真实性（圆成实性）。众生的本心是佛心、本性是佛性，因一念妄心起，智慧当体异化为八识，诸识所对之法当体异化为我法二执的妄相和假名，其性质当体异化为染污依他起性和遍计所执性；反之，如果一念智慧心起，八识当体全是智慧，诸识从前执取之法当体显现为我法皆空的如如境，其性质当体回归清净依他起性与圆成实性。经中对众生自性被遮蔽的因缘、心识运作的过程、心识清净的情况、四种禅的关系以及教法正邪、禅教关系等问题的论述特别详细，对参禅者印证自己的见地、行法与境界都是重要的准绳，所以菩提达摩祖师付法给二祖慧可时，即随授此经说："我观汉地，唯有此经，仁者依行，自得度世。"（释道宣《续高僧传》卷十六）此后直到六祖时代，禅宗内还存在宗奉此经的"楞伽师""楞伽宗"。⑨〔变相〕略称变，意为转变，指将佛教故事及经典中的譬喻、神奇事迹表现为绘画、浮雕或雕塑等视觉形象。⑩〔五祖血脉图〕菩提达摩、慧可、僧璨、道信到弘忍五代禅宗祖师的法脉传承图。⑪〔圣意〕圣贤的意旨，此处指五祖的意旨。⑫〔恶道〕地狱、饿鬼和畜生三种众生及其生活世界。⑬〔慈悲〕慈的梵文是 maitreya 或 maitrī，意为给予众生快乐；悲的梵文是 karuṇā，意为拔除众生痛苦。慈与悲合称为慈悲，是菩萨精神的集中体现。⑭〔无上菩提〕梵文 anuttara-samyak-saṃbodhi，音译全称阿耨多罗三藐三菩提，略称阿耨三菩提、阿耨菩提；意译无上正等正觉、无上正等觉、无上正真道、无上正遍知。在《六祖坛经》中与摩诃般若、般若、菩提同义。⑮〔如如〕诸法本性空寂，此如彼、彼如此，平等不二，称为如如。

◎ **大意** 大众听得五祖安排，回去后相互说："我等众人就不必殚精竭虑作偈呈送给老和尚了，有什么用处呢？神秀长老现在是教授师，祖位一定是他的，我们轻率地作偈，不过是吃力不讨好罢了。"其他人听他们这么说，就都死了这份心，都说："我们往后就在神秀师门下修行，哪里还需劳烦作偈？"

神秀想："大家不向和尚呈偈，只因为我是教授师，我必须作首偈送给老和尚；如果不呈偈，和尚怎么知道我心中见解的深浅？我呈偈的用意，如果是为求法，自然是善举；如果是为谋求祖位，那就是恶行，与凡夫夺取圣人名位有什么两样？如果不呈偈，终究不能得到五祖传法。太难了，太难了！"

五祖堂前有三间回廊，打算请内供奉卢珍将《楞伽经》的故事画成壁画流传后世，让信众供养。神秀作好偈，几次想呈给五祖，但走到殿堂前，心神不定，全身大汗淋漓，想呈都呈不了。前后经过了四天，他尝试了十三次，都没法呈偈。神秀于是想："不如把偈写在回廊壁上，让和尚自己看，他如果说写得好，就出来顶礼，说是神秀所作；如果说写得不好，这几年在寺院里就枉受别人礼拜了，还修什么道！"

当晚三更半夜，神秀自己掌灯，不让人知道，将偈写在南廊的墙壁上，呈上自己的心得。偈文说：

> 身是菩提树，心如明镜台；
>
> 时时勤拂拭，勿使惹尘埃。

神秀把偈写在廊壁上后，就回到了寮房，没有人知道。神秀又想："五祖明天见到偈颂，如果心里欢喜，说明我与禅宗有缘；如果说不合格，自然是我迷执心性，过去业障太重，不应该得到禅宗传承。"五祖的意旨很难揣测，他在房中思来想去，坐卧不安，直到天亮。

五祖早已知道神秀未入禅门、未见自性。天亮后，五祖请供奉到南廊画《楞伽经》变相，忽然看见神秀的偈颂，就对卢珍说："供奉，不用画了，麻烦你远道来一趟。《金刚经》说：'世间所有相，无不是虚妄。'且留下此偈供人诵持，大家依此偈所说道理修行，不会堕三恶道；依此偈所说道理修行，能得到大利益。"五祖命徒弟焚香礼敬偈颂，说大家诵持此偈，就能够明心见性。徒弟们诵持此偈，纷纷说好。

三更时分，五祖将神秀叫到法堂，问道："偈是不是你写的？"神秀说："确实是神秀所写。神秀不敢妄求祖位，万望和尚慈悲，看看弟子有没有点智慧？"五祖说："你写这首偈，未见菩提自性，刚到门外，还没有入门，像这样的见解，想得到无上智慧，根本不可能。得到无上智慧的人，必须当下证悟自性不生不灭，无论何时都能念念洞悉万法没有滞碍，一法真一切法真，一切境界平等不二，平等不二的心就是真相。这样的心性，就是具有无上智慧的自性。你暂且回去思考一两天，再写一首偈来给我看，如果你的偈见到了自性，就把祖师袈裟和禅宗心印付与你。"

神秀受教，礼拜五祖而去。又过了几天，神秀写不出偈颂，神志不定，心神不安，行坐不乐，如在梦中。

◎ **解读** 佛教是转识成智的学问，未获得智慧的学人不知什么是智慧，必须接受先知先觉者（佛教称为善知识）的教育引导，学人转烦恼为菩提、离生死得涅槃，"如是一切，皆以信受善知识教之所致耳"（唐译八十卷本《大方广佛华严经》卷七十七）。因此，善知识在佛教中具有极高地位，佛教自古就有尊师重道的传统。神秀当时是东禅寺上座，已是与五祖分座说法的教授师，一寺僧人听说五祖即将传法，都不敢觊觎祖位而属望于神秀，正是这种精神的体现。其实，不只学习佛教知识，学习任何知识都应该尊师重道，无师道尊严则学人无恭敬心，学人无恭敬心则其道德难以提升、学业难有长进。

神秀虽知大众把希望寄托在自己身上，但不知自己未开智慧，因为开了智慧的人始终从自性清净心说法，说的法是不住两边的中道，而神秀说的法则是住于两边的边见。神秀偈中的"惹"，敦煌本作"有"，惠昕本作"染"，意思都是污染，指不要让清净心受到污染。此偈中，"身"象征法身，"心"喻指智慧，"拂拭"代表修行，"尘埃"譬喻烦恼，法身、智慧、烦恼、修行全被他当成了实法，与佛教诸法自性本空的根本主张相违背。

另外，开了智慧的人，既不会像他那样揣测五祖的心思，也不会像他那样犹豫不决、不敢承担，而是把住便行、勇于承担。有人怀疑是否存在这种境界，认为只是胆识大小的问题。胆识大当然是对当机立断、勇敢承担者的要求，但是这大胆识来自何处？如果来自鲁莽，必然狼藉不堪；只有来自智慧，才能处事得当。因此，智慧的存在是无可置疑的事实。那时的神秀，因为尚未开智慧，只能表现出如此见识与心行。值得注意的是，尽管神秀未开智慧，但他身上表现出的是佛教徒普遍具有的尊师重道、先人后己等可贵品质。

五祖身上体现出的，纯然是对学生的呵护与策励等师德。五祖看见神秀写在廊壁上的偈颂，并不因其未见自性而让画师将之洗掉，而是改变画壁画的计划，并且毫不吝啬地加以赞叹，令弟子焚香礼敬，称许依此偈修行能够明心见性，这是他对学生的呵护。

既然神秀偈未见自性，五祖是否曲为呵护呢？不是。这里的关键在于准确理解五祖与童子评价神秀偈的话。五祖对神秀偈的评价恰到好处，神秀偈虽未见性，但在善恶相对的世界中，如果依此偈提示的法门"时时勤拂拭"，也能够离恶向善、止恶修善，得到相应善报，转生人间天上，固然能"免堕恶道"而"有大利益"。五祖的评价，在敦煌本中有"汝等尽诵此偈者，方得见性"一语，与童子"尽诵此偈，即得见性"之说一样，都应该作未来能见性解。修行者依神秀偈修行转生天道后，发现此道众生仍然不免轮回，便会以此善德为基础，建立中道见，修习般若行，进而明心见性。

同时，五祖私下召见神秀，一方面严厉呵斥他的实体见，一方面告诉他什么是中道见，并鼓励他重写一首偈颂，令神秀感佩不已，这是五祖对学生的策励。韩愈说"道之所存，师之所存也"，师只有开示道、践行道才有尊严，五祖堪称师道的典范。现代教师也应该好好学习五祖的师范。

[8] 复两日，有一童子①于碓坊②过，唱诵其偈，惠能一闻，便知此偈未见本性。虽未蒙教授，早识大意，遂问童子曰："诵者何偈？"童子曰："尔这獦獠不知？大师言，'世人生死事大，欲得传付衣法'，令门人作偈来看，若悟大意，即付衣法，为第六祖。神秀上座于南廊壁上书'无相'偈，大师令人皆诵，'依此偈修，免堕恶道；依此偈修，有大利益'。"

惠能曰："上人，我此踏碓八个余月，未曾行到堂前，望上人引至偈前礼拜。"童子引至偈前礼拜。惠能曰："惠能不识字，请上人为读。"时有江州别驾③，姓张名日用，便高声读。

惠能闻已，遂言："亦有一偈，望别驾为书。"别驾言："汝亦作偈？其事希有！"惠能向别驾言："欲学无上菩提，不得轻于初学。下下人有上上智，上上人有没意智。若轻人，即有无量无边罪！"别驾言："汝但诵偈，吾为汝书，汝若得法，先须度吾。勿忘此言！"

惠能偈曰：

菩提本无树，明镜亦非台；

本来无一物，何处惹尘埃。

书此偈已，徒众总惊，无不嗟讶，各相谓言："奇哉！不得以貌取人。何得多时使他肉身菩萨！"祖见众人惊怪，恐人损害，遂将鞋擦了偈，曰："亦未见性。"众以为然。

次日，祖潜至碓坊，见能腰石舂米，语曰："求道之人，为法忘躯，当如是乎？"乃问曰："米熟也未？"惠能曰："米熟久矣，犹欠筛在。"祖以杖击碓三下而去。

惠能即会祖意，三鼓入室。祖以袈裟遮围，不令人见，为说《金刚经》。至"应无所住而生其心"，惠能言下大悟一切万法不离自性，遂启祖言："何期自性本自清净！何期自性本不生灭！何期自性本自具足！何期自性本无动摇！何期自性能生万法！"祖知悟本性，谓惠能曰："不识本心，学法无益；若识自本心，见自本性，即名丈夫④、天人师⑤、佛。"

三更受法，人尽不知，便传顿教及衣钵，云："汝为第六代祖，善自护念，广度有情，流布将来，无令断绝。听吾偈曰：

有情⑥来下种，因地果还生；

无情⑦既无种，无性亦无生。"

祖复曰："昔达摩⑧大师初来此土，人未之信，故传此衣以为信体，代代相承；法则以心传心，皆令自悟自解。自古佛佛唯传本体，师师密付本心。衣为争端，止汝勿传，若传此衣，命如悬丝。汝须速去，恐人害汝。"惠能启曰："向甚处去？"祖云："逢怀⑨则止，遇会⑩则藏。"

惠能三更领得衣钵，云："能本是南中人，素不知此山路，如何出得江口？"五祖言："汝不须忧，吾自送汝。"

祖相送，直至九江驿。祖令上船，五祖把橹自摇。惠能言："请和尚坐，弟子合摇橹。"祖云："合是吾渡汝。"惠能云："迷时师度，悟了自度，度名虽一，用处不同。惠能生在边方，语音不正，蒙师传法，今已得悟，只合自性自度。"祖云："如是，如是。以后佛法由汝大行。汝去三年，吾方逝世。汝今好去，努力向南，不宜速说佛法，难起。"惠能辞违祖已，发足南行。

◎ **注释** ①〔童子〕梵文 kumāra 或 kumāraka，音译作鸠摩罗或鸠摩罗伽，指四岁或八岁以上、未满二十岁且未剃发得度的男子。②〔碓坊〕舂米的房子。③〔别驾〕州刺史佐官。④〔丈夫〕梵文 Puruṣa-damya-sārathi，全称调御丈夫，音译富楼沙昙藐娑罗提，指可化导一切丈夫的调御师，是佛十号之一。⑤〔天人师〕梵文 Śāstā deva-manuṣyāṇām，音译舍多提婆魔瓷舍喃，又作天人教师，指佛陀是指导诸天与人类断恶修善、不舍道法、趣向菩提的恩师，为如来十号之一。⑥〔有情〕梵文 sattva，音译萨多婆、萨埵缚、萨埵，泛指六道有情识的众生。⑦〔无情〕山川大地、花草树木等无情识的众生。⑧〔达摩〕菩提达摩（？—536），梵文 Bodhidharma，略称达摩或达磨，禅宗西天第二十八祖，中土初祖。介绍又见《付嘱》品解读。⑨〔怀〕怀集，今属广东肇庆市辖县。⑩〔会〕四会，因境内四水（西江、北江、绥江和龙江）汇流而得名，今属广东肇庆市辖县。

◎ **大意** 过了两天，有个童子唱着偈颂从碓坊旁经过，惠能一听，便知这个偈颂没有见到自性。惠能虽然没有听人讲授这个偈颂，但已知其主要思想，于是问童子："你诵的是什么偈颂？"童子说："你这个南蛮子不知道吗？弘忍大师说，'世人生死事大，想把祖传袈裟和禅宗心法传下去'，让门人作偈呈心，只要有人觉悟佛法大意，就把衣法传给他，将他立为第六代祖师。神秀上座在寺院南廊壁上写了一首'无相'偈，大师令大家持诵，说'依此偈所说道理修行，不会堕三恶道；依此偈所说道理修行，能得到大利益'。"

惠能说："上人，我在这里踏碓八个多月，还没有去过殿堂，盼望上人引我到偈前礼拜。"童子遂把惠能引到偈前礼拜。惠能说："惠能不识字，请上人为我读一读。"当时江州别驾张日用在场，便高声诵读偈颂。

惠能听罢，就说："我也有一偈，盼别驾为我写到廊壁上。"别驾说："你也写偈颂？真是稀罕事！"惠能对别驾说："修学无上菩提，不应该看不起初学者。下等人往往有上等智慧，上等人往往会没出息。如果看不起人，便有无量无边罪过！"别驾说："你诵偈，我为你写，你如果得到心法，请务必先度我。请不要忘记此话！"

惠能偈颂说道：

菩提本无树，明镜亦非台；
本来无一物，何处惹尘埃。

写好偈颂，大众讶异，无不惊叹，相互告知："太奇妙了！真不能以貌取人。不用多久，他就会成为肉身菩萨！"五祖见众人大惊小怪，担心有人伤害惠能，就用鞋擦掉偈颂，说："也没有见到本性。"大众信以为真。

第二天，五祖悄悄到碓坊，看见惠能腰上捆着石头舂米，对惠能说："求菩提道者，为法忘躯，应该这样吧？"于是问道："米熟了吗？"惠能说："米熟很久了，还没有筛。"五祖用禅杖击碓三下而去。

惠能领会五祖心意，三更时分进入方丈室。五祖用袈裟围住，不让人见，为惠能说《金刚经》。他讲到"应无所住而生其心"这句经文，惠能听闻之下，大悟一切万法不离自性，于是向五祖禀报说："没想到自性本来清净！没想到自性本无生灭！没想到自性本来具足！没想到自性本无动摇！没想到自性能生万法！"五祖知道惠能已悟自性，于是付嘱道："不认识自己的本心，学佛法得不到利益；若认识自己的本心，见到自己的本性，就叫作丈夫、天人师、佛。"

惠能三更受五祖付法，没有人知道。五祖将禅宗顿教的心法与表信的衣钵付与惠能，说："你是禅宗第六代祖师，要善于保护自己，顾念禅法，广度有情众生，将禅法传布将来，不可断了禅宗血脉。听我说付法偈：

有情来下种，因地果还生；

无情既无种，无性亦无生。"

五祖又说："从前菩提达摩大师初来中土，佛教徒众不信禅宗，所以将此衣作为信物代代相传；禅法是以心传心，让弟子自己参悟和解脱。自古以来，佛佛只传诸法实相，师师密付清净本心。衣钵易起争端，到你为止，不再下传，若往下传，命如悬丝。你必须马上离开这里，我担心有人伤害你。"惠能问五祖："到哪里去？"五祖说："止于怀集，藏于四会。"

惠能三更领受衣钵，说："惠能本是南方人，素来不知山路，如何能到江口？"五祖说："你不用担心，我亲自送你。"

五祖将惠能送到九江驿，令惠能上船，五祖亲自摇橹。惠能说："请和尚坐，弟子应该摇橹。"五祖说："应该是我渡你。"惠能说："弟子迷执时由师度，觉悟后应该自度。'度'字虽然一样，但作用不同。惠能生在偏远地区，语言不雅正，承蒙师父传法，如今已经开悟，只应顺自性度自己。"五祖说："如是，如是。以后佛法由你盛行于世。你去后三年我才往生。你现在安心去，尽量向南走，不宜过早说法，还会有磨难。"惠能辞别五祖，便徒步南行。

◎ **解读** 六祖在东禅寺初次出场，就表现出一个证悟自性的圣者形象。首先，他对人极为恭敬。作为寺院的一个行者，六祖没有什么地位，一般人瞧不起他，别驾对他不屑一顾，童子对他也以獦獠相称，他却尊称他们为"上人"，还慈心规劝别驾不要轻视人。上人是什么人呢？佛经说，"若菩萨摩诃萨一心行阿耨多罗三藐三菩提，心不散乱，是名上人"（《摩诃般若波罗蜜经》卷十七），只有一心追求无上智慧的人才是上人。六祖以上人称呼他见到的人，表明他深知一切众生皆有佛性、皆能成佛，于其中绝不可有高下心。

更重要的是，六祖说出了深契中道的关键一偈。六祖所说偈，习称呈心偈或得法偈，此偈敦煌本有两首："菩提本无树，明镜亦无台；佛性常清净，何处有尘埃？""心是菩提树，身为明镜台；明镜本清净，何处染尘埃？"两首偈中，菩提树指本心，大家都很清楚，但明镜台何所指，人们未必明了，依据六祖"心是地，性是王，王居心地上"之说，此处明镜台指的不是五蕴和合体，而是自性这个心体。六祖之偈旨在揭示，尽管凡夫受无明遮蔽自性不得显现，但此自性始终本性空寂、清净无染，任何烦恼尘埃都污染不了。由于神秀偈未能揭示这一真相，六祖便从对治神秀偈入手宣说此偈，其中的"佛性常清净""明镜本清净"和"本来无一物"三句偈语，所用概念虽然有别，但思想完全一样，因为"清净"和"无一物"指的都是自性毕竟性空，不会受任何我法二相尘埃污染。

有人说，六祖的呈心偈偏堕于空，不即于有，未彻悟自性，要到五祖为他说《金刚经》，他大悟万法不离自性而说出五个"何期"时，才臻于空有不二的悟境。如果从文字表达的全面与否来看，这种说法似乎有道理。五个"何期"中，"何期自性本自清净""何期自性本不生灭"与"何期自性本无动摇"显自性之体性空，"何期自性本自具足"显自性之相圆满，"何期自性能生万法"显自性之用无尽，正是性相不二、空有如如的圆满表达，而呈心偈则偏重强调自性之体性空一面。但是，从佛教思想看，毕竟空即缘起有，缘起有即毕竟空，是否同时将两方面说出来，并不成为问题。从这个角度看，就知道六祖的呈心偈彰显的空本为即有之空而非离有之空，他是为对治神秀的实体见才未同时展现即空之有这一面，因此其呈心偈完全显示他此时已经明心见性。如果从修行所破的对象看，这是破除了我法二执现行烦恼的境界。六祖此次开悟与在家时那次开悟是什么关系？境界虽有差异，但根本上都是同一证悟境界的显现。五祖要等到六祖说出五个"何期"后才付与大法，主要原因并非六祖呈心偈不圆满，而是为其嗣法确立合法性，让东禅寺大众心服口服。

六祖大悟自性后，五祖毫不犹豫地予以印可，并将禅宗顿教祖位传给了他。禅宗顿教传承祖位的方式，历来都以衣钵和付法偈两样信物表信，五祖也如此。但五祖深知，传法的实质是传佛心印，禅宗顿教将在六祖时代大兴，再像从前那样同时传衣钵，不仅不能满足禅宗顿教发展的需要，反而容易引起争端，遂告诫六祖不要再传衣钵。对禅宗顿教的兴盛来说，这确实是一种大智慧的抉择。

五祖传给六祖的心印是什么？这在其付法偈中有所透露："有情来下种，因地果还生；无情既无种，无性亦无生。"有人认为，这是说有情众生皆有佛性，只要因缘和合，播下种子，就能成佛；无情众生没有佛性，没有成佛种子，也不能成佛。此说依因果立论，固然没有问题，但这只是佛乘渐教方便之法，不是佛乘顿教无上妙法，对六祖来说是常识，无须五祖特别付嘱。通观《六祖坛经》可知，这里的"有情"指情识，"种"指烦恼种子，"性"指实体性，整首付法偈的深义是：有贪嗔痴心就有造业种子，有造业种子就会感得苦乐等果；没有贪嗔痴心就没有造业种子，没有造业种子就不会感得苦乐等果，就当体性相皆空，当体不生不灭。《大般若经》卷七说："知诸有情本性非有情性故，修行般若波罗蜜多。"五祖付嘱六祖的心法，正是禅宗顿教依般若契入的自性。这是佛陀灵山拈花、迦叶微笑的秘密，也是历代禅宗祖师不传而传、不受而受的心印。

六祖此时的表现，还有两点值得注意：一是独立自主，二是继续修行。六祖大悟自性后，破除了我法二执现行，见到了自己的本来面目，开启了根本智慧，三业都从智慧心发出，不再有颠倒梦想，不再依傍别人，敢说"迷时师度，悟时自度"，表明他已成为顶天立地的大丈夫。尽管如此，要承担广度众生的使命，不能光靠根本智慧，还要靠差别智慧，而差别智慧需通过破除烦恼习气获得。烦恼习气是与生俱来的无明，其具体表现是俱生我法二执，这种执着虽然不妨碍烦恼的解脱，但会妨碍智慧的圆满，必须进一步彻底断除。五祖与六祖都深知这一点，因此五祖嘱咐他"逢怀则止，遇会则藏"，他便毫不犹豫地到怀集、四会一带隐修了十多年。

[9] 两月中间，至大庾岭①。逐后数百人来，欲夺衣钵。一僧俗姓陈，名惠明，先是四品将军，性行粗慥，极意参寻。为众人先，趁及惠能。惠能掷下衣钵于石上，曰："此衣表信，可力争耶？"能隐草莽中。惠明至，提掇不动，乃唤云："行者，行者！我为法来，不为衣来。"

惠能遂出，坐磐石上。惠明作礼云："望行者为我说法。"惠能曰："汝既为法而来，可屏息诸缘，勿生一念，吾为汝说。"明良久，惠能曰："不思善、不思恶，正与么时，那个是明上座本来面目②？"惠明言下大悟。复问云："上来密语密意③外，还更有密意否？"惠能云："与汝说者，即非密也。汝若返照，密在汝边。"

明曰："惠明虽在黄梅，实未省自己面目。今蒙指示，如人饮水，冷暖自知。今行者即惠明师也。"惠能曰："汝若如是，吾与汝同师黄梅，善自护持。"明又问："惠明今后向甚处去？"惠能曰："逢袁则止，遇蒙则居。"明礼辞。

◎ **注释** ①〔大庾岭〕南岭中的"五岭"之一，其中代表性地段即庾岭（大庾岭的一段），因岭中多梅花，亦称梅岭，据传有唐张九龄开凿的梅岭关古道。②〔本来面目〕指众生的自性，与佛性、如来藏等概念同义。③〔密语密意〕蕴含隐秘难测的意趣之语为密语，密语蕴含的隐秘难测之意趣为密意。

◎ **大意** 奔走了两个月，惠能来到大庾岭。数百人紧随其后追赶，妄想抢夺惠能手中的衣钵。有一僧人俗姓陈，名叫惠明，早先当过四品将军，举止粗慥鲁莽，修学很用功。他一路领先，最先追上惠能。惠能把衣钵丢到路边的石头上，对惠明说："这袈裟信物，能凭强力争夺吗？"说完隐藏在草丛中。惠明急忙上前拽袈裟，发现根本拽不动，便喊道："行者，行者！我是为求佛法来的，不是为抢夺袈裟来的。"

惠能这才出来，坐在磐石上。惠明向惠能施礼道："希望行者为我开示佛法。"惠能说："你既然为求佛法而来，请摒除各种外缘，不要有任何念头，我为你开示佛法。"惠明静默良久，惠能说："不思善、不思恶，正当此时，哪个是你的本来面目？"惠明一听，大悟自性。惠明又问："除您刚才的密语密意，还有其他密意吗？"惠能说："跟你说过的东西，不是什么秘密。你如果反观自心，秘密在你身上。"

惠明说："惠明虽然在黄梅参禅，其实并未见到自己的本来面目。如今承您开示，如人饮水，冷暖自知。现在您就是惠明的师父。"惠能说："你如果有这份心，我们同以黄梅五祖为师，各自善护自心吧。"惠明又问道："惠明今后到哪里去好？"惠能说："到袁州可以停下来，到蒙山可以住下来。"惠明于是礼辞而去，后来果然安禅蒙山，世称道明禅师。

◎ **解读** 六祖被同门追逼一事，学界和佛界都有质疑者，以为佛门不应有此等事。事实如何，确实非历史文献可以考证，但《六祖坛经》诸本都有记载，敦煌本只是说其他人追到半途就回去了，只有惠明继续追了上来，想必这不会是六祖门徒为显六祖奇特编造的故事。从佛理和事相看，此事也不是不可想象。从佛理说，僧人虽然立志断烦恼、求解脱，但这是一个漫长的过程，并不意味着一出家就断除了烦恼，只要还有烦恼，在重要关头引发贪瞋业行是很正常的。从事相讲，佛陀、提婆、达摩、慧思等都曾遭到同道毒害，对于神秀门下未断烦恼的弟子来说，在如此重要的场合，因难以接受如此出人意表的结果而不满，甚至愤而追杀，也在意料之中。

面对惠明抢夺袈裟的行为，六祖的态度非常淡然，原因何在？首先，六祖已大悟自性，知道一切法本性皆空，不会生起任何烦恼；其次，六祖很清楚，一切果都有相应的因，祖位需要相应的德行与智慧相配，如果德行智慧不相匹配，就算夺得象征祖位的袈裟，也没有任何意义。惠明虽然想争夺衣钵，但他毕竟是出家修行人，他提不起袈裟，当下也明白，这是祖位的象征，德不配位，不可力取，于是放下贪瞋之心，转念向六祖求法。

六祖见惠明回心，自然会应机度化他。六祖度化惠明的过程，充分显示了他对般若观照法门的纯熟。关于般若波罗蜜，待《般若》品再详说，此处仅从观行角度略提其特点。一是空掉二元对立念头。二元对立念头是众生执着外境的心念，六祖请惠明"不思善、不思恶"，就是叫他一念不生，先体会从二元对立执着中解脱出来的轻安。二是进一步空掉一念不生的境界。一念不生是"百物不思"的顽空境，如果执着此境，便会沦为外道。六祖追问"那个是明上座本来面目",正是为了让惠明走出这个境界。这里的"那"通"哪"。有人把这句话理解成"那个就是惠明本来面目",以为一念不生就是自性,从文字上讲犯了以"那"解"哪"的错误,从禅道上讲则有混淆顽空境与自性境的过失。三是惠明大悟自性。经过六祖的开示引导,惠明终于大悟自性,故六祖以"密在汝边"一语予以印证。

[**10**] 惠能后至曹溪①,又被恶人寻逐,乃于四会避难猎人队中,凡经一十五载,时与猎人随宜说法。猎人常令守网,每见生命,尽放之。每至饭时,以菜寄煮肉锅。或问,则对曰:"但吃肉边菜。"

◎ **注释** ①〔曹溪〕敦煌本作漕溪,位于韶州府东南三十里,是六祖驻锡弘法道场宝林寺所在地,后世常常将其作为禅宗顿教的代称。

◎ **大意** 惠能来至曹溪,又被恶人追逐,便避难于四会猎人队中,前后历时十五年,时常随缘为猎人讲说佛法。猎人安排惠能看守猎网,惠能只要见到网中有活物,都放生了。到吃饭时,惠能就把蔬菜放在肉锅中煮来吃。有人问起,惠能就说:"只吃肉边菜。"

◎ **解读** 六祖在四会期间,一方面是躲避恶人加害,另一方面是洗涤烦恼习气。从经文记载,六祖荡涤烦恼习气的主要功夫是修习慈悲心。

佛教主张,众生的生命不生不灭,只因不知诸法真相而造业受苦、轮回六道,或因造恶业而沦坠为地狱、饿鬼或畜生三恶道众生,或因造善业而转生为人、阿修罗或天三善道众生;圣人则是觉悟诸法真相者,其中依偏空见和出离心成就者为声闻、缘觉,依中道见和菩提心成就者为佛、菩萨。佛、菩萨的菩提心中,最重要的内容是平等心和慈悲心,平等心表现为一视同仁地对待万物的精神,慈悲心表现为无条件为众生拔苦与乐的愿行。禅宗顿教作为传佛心印宗,毫无疑问属于大乘佛教宗派,明心见性的六祖具有的慈悲心,自然不是凡夫依众生为缘才能发起的世俗仁爱心,也不是明心见性前的菩萨道修行者依佛法道理为缘发起的世俗慈悲心,而是佛、菩萨发自自性的真实慈悲心。因此,六祖避难猎人队中，无论是宣说佛法、放生护生、吃肉边菜，还是其他日常活动，可以说都是在修行圆满佛、菩萨的慈悲心。

[11] 一日思维，时当弘法，不可终遁。遂出至广州法性寺①，值印宗法师讲《涅槃经》②。时有风吹幡③动，一僧曰风动，一僧曰幡动，议论不已。惠能进曰："不是风动，不是幡动，仁者心动。"一众骇然！印宗④延至上席，征诘奥义。见惠能言简理当，不由文字，宗云："行者定非常人。久闻黄梅衣法南来，莫是行者否？"惠能曰："不敢！"宗于是作礼，告请传来衣钵出示大众。

宗复问曰："黄梅付嘱，如何指授？"惠能曰："指授即无，唯论见性，不论禅定解脱。"宗曰："何不论禅定⑤解脱⑥？"谓曰："为是二法，不是佛法，佛法是不二之法。"宗又问："如何是佛法不二之法？"惠能曰："法师讲《涅槃经》，明佛性⑦是佛法不二⑧之法。如高贵德王菩萨白佛言：'犯四重禁⑨、作五逆罪⑩，及一阐提⑪等，当断善根佛性否？'佛言：'善根⑫有二，一者常，二者无常，佛性非常非无常，是故不断，名为不二；一者善，二者不善，佛性非善非不善，是名不二；蕴⑬之与界⑭，凡夫见二，智者了达其性无二，无二之性即是佛性。'"印宗闻说，欢喜合掌言："某甲讲经犹如瓦砾，仁者论义犹如真金。"于是为惠能剃发，愿事为师。惠能遂于菩提树⑮下开"东山法门"⑯。

◎ **注释** ①〔法性寺〕位于广州，由刘宋中天竺三藏求那跋陀罗建立，又名制旨寺、制心寺，宋孝宗时改名光孝寺，沿用至今。②〔《涅槃经》〕有南传与北传之别，北传又有小本与大本之殊，大本还有南北之分。此处《涅槃经》指北传大本北本《大般涅槃经》，梵文名 Mahā-Parinirvāṇa-Sūtra，又作《大涅槃经》或《大经》。

◎ 行由第一

该经由北凉天竺三藏昙无谶译，全经四十卷十三品：《寿命品》《金刚身品》《名字功德品》《如来性品》《一切大众所问品》《现病品》《圣行品》《梵行品》《婴儿行品》《光明遍照高贵德王菩萨品》《狮子吼菩萨品》《迦叶菩萨品》《憍陈如品》。该经传到南方，慧严与慧观、谢灵运等人，依法显译北传小本六卷《泥洹经》"加之品目，文有过质，颇亦治改"（释慧皎《高僧传》卷七），再制成三十六卷，分为二十五品，称为南本，与此相对，昙无谶译本则称为北本。《涅槃经》是佛陀一期应化最后垂教，与最初宣说的《华严经》和前文所述《法华经》一样，都是佛乘教法。该经和盘托出了佛陀施教的真实意趣，即如来甚深秘密藏："一切众生悉有佛性；佛、法、众僧无有差别，三宝性相常、乐、我、净；一切诸佛无有毕竟入涅槃者，常住无变。"（《大般涅槃经》卷二十一）佛性指众生成佛的体性和因性，是大般涅槃在理体和因行两位的名称，大般涅槃则是佛性在果位的果德，虽说有体性、因行和果德三位的差异，究竟唯一不生不灭的佛性或大般涅槃。"一切众生悉有佛性"，意味着一切众生自性即是清净涅槃；佛、法、僧三宝"无有差别"，指三宝性相无非不可思议的大般涅槃，方便显示则为常（如来法身常住）、乐（如来涅槃大乐）、我（如来大自在我）、净（如来清净佛法）四德；"一切诸佛无有毕竟入涅槃者"，指一切佛不入声闻灰身灭智的无余涅槃，而安住常恒不变的大般涅槃。可以说，全经就是以佛（自）性为宗旨、涅槃为归趣。这个秘密藏，经中有时又用法身（常）、般若（我）与解脱（乐、净）三德来表示，所以天台宗灌顶大师这样彰显该经的宗趣："法身摄一切法，不纵不横，以当其体；般若摄一切法，如一面三目，以当其宗；解脱摄一切法，如三点伊，以当其用。"（《大般涅槃经玄义》卷下）③〔幡〕梵文 patākā，音译波多迦、波哆迦；或梵文 ketu，音译计都。旌旗的总称。原为武将统领军旅、显扬军威之物，佛教借用来显示佛、菩萨降魔的威德，与"幢"同为佛、菩萨的供具。佛经说造幡有降魔延寿、离苦得乐等福德，故在佛教法事中颇为常见，隋代时幡已是汉传佛寺常用供具。从使用场所分，有金堂幡、讲堂幡、弥勒堂幡等堂幡，此处的幡为讲堂幡。④〔印宗〕吴郡（今江苏苏州）人，精研《大般涅槃经》。唐咸亨元年（670）抵京师长安，敕居大敬爱寺，固辞不往。往蕲春谒弘忍大师，后住广州法性寺。先天二年（713）终于会稽山妙喜寺，寿八十有七。著《心要集》，盛行于世。⑤〔禅定〕色界与无色界的八种禅定境界。禅指色界四禅，即初禅、二禅、三禅、四禅。定指无色界四定，即空无边处定、识无边处定、无所有处定、非想非非想处定。⑥〔解脱〕八解脱，即内有色想观外色解脱、内无色想观外色解脱、净解脱身作证具足住、空无边处解脱、识无边处解脱、无所有处解脱、非想非非想处解脱、灭受想定解脱身作证具足住，前七者为共世间解脱，末者为出世间解脱。⑦〔佛性〕梵文 buddha-dhātu 或 buddha-gotra，又称如来性、觉性、如来藏，六祖常常称为本性或自性。⑧〔不二〕诸法实相或中道的异名。二指二边，有为法常是一边，有为法无常是一边。不二则意味着：有为法本性空故不落常一边，缘起有故不滞无常一边，诸法非有非无，是为中道。⑨〔四重禁〕佛为佛教徒制定的四种禁制或四重禁戒，有在家出家之分。在家居士应禁止者，为杀生、偷盗、邪淫、妄语；出家信众应禁止者，第一、二、三条为淫、杀、盗，第四条为大妄语，即未得谓得、未证言证。⑩〔五逆罪〕又作五重罪，指罪大恶极的罪业，具体内容有大小乘之分。小乘五逆罪，指杀父、杀母、杀阿罗汉、出佛身血、破和合僧；大乘五逆罪，指践踏三宝与三宝物、毁谤佛陀教法、妨碍出家人修行或杀害出家人、犯小乘五逆罪之一、拨无因果并行十恶业。犯此罪业，将堕无间地狱，故称五无间业。⑪〔一阐提〕梵文 icchantika，又译作一阐底迦、一颠迦、一阐提柯、阐提，原意为"正有欲求的人"，指断绝一切善根者。⑫〔善根〕梵文 kuśala-mūla，又称善本或德本，有世间与出世间的区别，世间善根指无贪、无瞋、无痴三善根，出世间善根指信、进、念、定、慧五善根。此处指出世间善根。⑬〔蕴〕梵文 skandha，旧译作阴，新译称蕴。阴是覆盖的意思，指色心等法阴覆佛性。蕴是积集的意思，指色心等法各由自类积成的五蕴（梵文 pañca-skandha）：色蕴（梵文 rūpa-skandha），即一切色法，受蕴（梵文 vedanā-skandha），六识、六根接触外境领纳的苦、乐、不苦不乐等觉受；想蕴（梵文 saṃjñā-skandha），六识、六根接触外境生起的构画境相与为之命名的心识活动；行蕴（梵文 saṃskāra-skandha），色、受、想、识外的一切心识作用；识蕴（梵文 vijñāna-skandha），即眼、耳、鼻、舌、身、意、末那、阿赖耶诸识。众生是由五蕴和合成的身心综合体，众生因不知其和合性、执着其实体性而痛苦，小乘通过析取空观知五蕴和合的众生性空而现证我空，大乘通过当体空观更知五蕴性空而现证我法皆空。⑭〔界〕梵文 dhātu，音译驮都，有差别、性与因等含义，差别指诸法不相杂乱，性指诸法各有不同体性，因指生其他法的因缘。此处，界为种类、种族的意思，指十八界（梵文 aṣṭādaśa dhātavaḥ），即眼、耳、鼻、舌、身、意能引发认识功能的六根，六根所对色、声、香、味、触、法六境，与两者接触产生的眼、耳、鼻、舌、身、意六识。十八界中，除去六识便是十二处，六识实际上是由十二处的意处展开而来，因此十八界或十二处能囊括一切法。⑮〔菩提树〕梵文本名 aśvattha，译作钵多、贝多、阿说他、阿沛多，意译为吉祥、元吉，果实叫毕钵罗（梵文 pippala），故亦称毕钵罗树。因释迦牟尼佛在此树下证得无上菩提，遂称菩提树（梵文 bodhi-druma, bodhi-vṛkṣa）。法性寺的菩提树，由刘宋中天竺三藏求那跋陀罗携来种植，至今仍然枝繁叶茂。⑯〔东山法门〕唐释净觉《楞伽师资记》载："唐朝蕲州双峰山幽居寺大师讳弘忍，承信禅师后。忍传法，妙法人尊，时号为东山净门；又缘京洛道俗称叹蕲州东山多有得果人，故（号）东山法门也。"据此，东山法门是弘忍禅法的别称，因禅宗顿教五祖弘忍在蕲州东山弘法，得果者众多，故得此名。此处，东山法门借指六祖开演的禅宗顿教禅法。

◎ **大意** 　一天，惠能想到，应该出世弘法了，不能一直隐藏下去，于是前往广州法性寺，正值印宗法师宣讲《涅槃经》。当时风吹经幡晃动，引起两个僧人议论，一个说是风动，一个说是幡动，争执不休。惠能上前说："不是风动，不是幡动，是你们的心动。"众人一听，大为吃惊！印宗法师将惠能延请到上座，往返征询佛法深义。他见惠能说话不假思索、言简意赅，于是说："您一定不是平常人。早就听说禅宗衣法传到南方来了，莫非是您吗？"惠能说："不敢！"印宗法师于是向惠能施礼，请惠能向大众展示五祖传付的衣钵。

印宗法师又问："五祖付法时，开示了些什么？"惠能说："没有什么开示，只论明心见性，不论禅定解脱。"印宗法师问："为什么不论禅定解脱？"惠能说："因为这是二法，不是佛法，佛法是不二之法。"印宗法师又问："什么是佛法的不二之法？"惠能说："法师讲《涅槃经》，肯定知道佛性是不二之法。如高贵德王菩萨请问佛：'犯四种禁戒、造五逆罪和断尽善根者，会断佛性这种善根吗？'佛说：'善根有两种，一种常恒不变，一种生灭无常，佛性不是常恒不变，也不是生灭无常，因此不会断，称为不二；一种是善，一种是恶，佛性既不是善，也不是恶，因此称为不二；五蕴与十八界，凡夫认为是二法，有智慧者深知其本性无二，无二的本性就是佛性。'"印宗法师听到惠能的开示，欢喜地合掌说："我讲经就像瓦砾，您的见解好比真金。"于是为惠能剃发，愿奉惠能为师。惠能便在菩提树下开演"禅宗顿教禅法"。

◎ **解读** 　世间事业都是因缘和合的结果。内因具足，外缘欠缺，不得成就；外缘具足，内因不足，也不得成就。六祖早已明心见性，得到禅宗顿教传承，成为禅宗顿教一代祖师的内因已经具足，可他并没有立即显山露水，一方面是他要荡涤习气、圆满佛道，另一方面也是在观察出世的机缘。

一天，这样的机缘终于来了——广州最古老、最著名的寺院法性寺（今光孝寺）大德印宗法师开讲佛陀最后垂教《大般涅槃经》。佛教是一种新的生活方式，具有独特的世界观、生命观与价值观，人要按照佛教的三观生活，必须经历"亲近善友""听闻正法""如理思维""如法修证"四个阶段。亲近善友指师事通达佛法的善知识，听闻正法指聆听善知识讲授真正的佛法，如理思维指依佛经宣说的道理进行思考，如法修证指将领会到的佛理付诸实践。讲经属于听闻正法、如理思维阶段的内容，亦即唐道宣律师所谓义解的范畴，是修证佛法的基础。关于其作用，道宣律师曾概括说："或击扬以明其道，幽旨由斯得开；或影响以扇其风，慧业由斯弘树；或抱疑以咨明决，斯要正是当机；或矜伐以冒时贤，安词以拔愚箭。"（《续高僧传》卷十五）讲经是决嫌疑、破愚痴、开智慧的活动，因此，在佛教信仰兴盛的隋唐时代，佛寺特重讲经，每每法筵一开，听众成千上万，六祖借助如此庄严的机会出世，真可以称得上是善识机缘。

六祖在法性寺一出世，便从见地、修行等方面，让世人全面见识了禅宗顿教的殊胜与威力。禅宗顿教的根本见地，究竟说来与大乘佛教其他宗派并无差异，都是"不二之法"，亦即不落常断二边的中道、佛性、自性、诸法实相或不二法门。这"不二之法"本不可思议，若从便于人们理解的角度来说，可分为如如境与如如智，前者是所见境，后者是能见智。不同的是，禅宗顿教不像其他宗派通过教理诠释显现此法，而是直接从众生心中点出此法，指出这"不二之法"正是一切众生自心的本来面目，无论众生现实上如何执着二法，它都不生不灭、不增不减，令学人当下识其自性。

禅师如何向学人指示其自性呢？就地取材，直指人心，是禅师说法的根本特点，六祖对印宗法师的开示就体现了这一特点。印宗法师当时正在讲《大般涅槃经》，六祖就用该经有关佛性的论述来开示。六祖所引原文分别见于该经卷八与卷二十二，文字稍有不同，其思想一样，都旨在显明：有情无情、蕴界处等差别相是凡夫执取的颠倒相，在圣人眼里只有佛性才是其真实的自性；佛性既然是一切法的真实自性，即便是犯了四重五逆、断尽了善根的一阐提，也不会没有这种自性。

为什么呢？这里有必要简要介绍一下佛教的善根与佛性思想。善根有两种：一是无贪、无瞋、无痴三善根，无贪是没有非分之想，无瞋是没有瞋恨之念，无痴是没有迷惑之心；二是信、进、念、定、慧五善根，信是信仰三宝，进是精进修法，念是忆念正法，定是摄心不乱，慧是正知自性。前者是世间善根，后者是出世间善根。佛教的佛性思想，在《大般涅槃经》中得到集中阐述，经中将佛性分成正因、缘因佛性或正因、了因佛性两种，或分成正因、缘因与了因佛性三种。依两种分类法，正因佛性即中道，缘因佛性即布施、持戒、忍辱、精进、禅定、智慧等修证中道佛性的法门。六祖以六波罗蜜指称善根或融摄传统佛教善根的内涵，又基于世出世间的差别区分善根的常与无常、善与不善。世间善根是植根于妄心的善根，不能断烦恼出轮回，为无常与不善的善根；出世间善根是植根于自性的善根，能够断烦恼出轮回，是常与善的善根。犯四重禁、作五逆罪与断尽善根的众生，现前没有的是前述或常或无常、或善或不善的善根，并非没有佛性（自性）这种善根。因为佛性是"无生无灭、无去无来，非过去非未来非现在，非因所作非无因作，非作非作者，非相非无相"（《大般涅槃经》卷十四）的中道，它离一切相，即一切法，一切众生无不具足。

既然一切众生皆有自性、皆能成佛，禅宗顿教就可以不取顺二元对立系统渐修的"禅定解脱"法门（非不坐禅、不求解脱），而取让众生当下现证自性的顿悟法门。六祖在呵斥风幡论争中的僧人时，不取由外到内、由浅到深次第破执的路子，而取直指人心破妄显真的路子，指出偏离不生不灭的本性才是他们陷入风幡之争的根本症结，也是这种顿悟法门的体现。

印宗法师曾师事五祖，在师门中为六祖法兄，但从他听六祖说法的反应看，他在五祖会下尚未明心见性。他闻听六祖妙法，当下受益良多，对六祖大加赞叹，牵头为他举办剃度和受戒法会，还愿礼六祖为师，充分展示了佛教真修行人以法为师、淡泊名利的高风。

[**12**] **惠能于东山得法，辛苦受尽，命如悬丝！今日得与使君、官僚、僧尼、道俗同此一会，莫非累劫**①**之缘**②**，亦是过去生中供养诸佛、同种善根，方始得闻如上顿教得法之因。教是先圣**③**所**

传，不是惠能自智，愿闻先圣教者，各令净心，闻了各自除疑，如先代圣人无别。

一众闻法欢喜，作礼而退。

◎ **注释** ①〔劫〕梵文 kalpa，音译作劫波、劫跛、劫簸、羯腊波，意译作分别时分、分别时节、长时、大时、时，有小劫、中劫与大劫之分。劫的长短，佛教有多种算法，依《大智度论》，小劫（梵文 antara-kalpa）是这样计算的：人寿从八万岁开始，每百年减一年，直至十岁；再从十岁开始，每百年增一年，直到八万岁。这一增一减的时间加在一起就是一小劫，共计 16 800 000 年；二十小劫合为一中劫，共计 336 000 000 年；四个中劫合为一大劫，共计 1 344 000 000 年。②〔缘〕与下文"方始得闻如上顿教得法之因"句中的"因"字并称"因缘"，梵文 hetu-pratyaya。因指产生某一结果的亲因，缘指产生此结果的助缘。③〔圣〕义为正，指初地以上的证道或见性者。《大乘义章》卷一："初地以上，息妄契真，会正名圣。"此处圣指诸佛诸祖，圣教指他们所传教法。

◎ **大意** 惠能蒙五祖传法，受尽辛苦，命如悬丝！今天能够与刺史、官员、僧尼、道俗共聚一会，都是无量劫的因缘，也是过去生中一同供养诸佛、种植善根，才能听闻惠能如上传承顿教心印的因缘。圣教是先圣传授的，不是惠能自创的，愿意听闻圣教的人，希望各自清净自心，听后自除疑惑，便与先圣无别。

大众闻法，心生欢喜，礼拜而退。

◎ **解读** 因缘是理解佛教世界观、生命观与价值观的一个基本概念，因指产生某一结果的亲因，缘指产生此结果的助缘。在佛教眼里，任何现象都由亲因与助缘和合而生，所谓因缘和合而生，从能生一边简称因，从所生一边叫作果。世界万法就是一个因果网络，时间上是无始无终的因果之流，空间上是无边无际的因果之网。

因果网络不是上帝创造的，也不是在众生心外客观存在的，而是众生心显现的相。由于众生心有分别心与智慧心两态，因果网络也相应地显现出两态，依分别心显现为实有态，由此带来心灵的束缚；依智慧心显现为性空（真空）态，由此带来心灵的解脱。因此，如果要想打破此网络对身心的束缚，根本的出路不是劳神向心外改变种种因果关系，而是努力向心内寻求转化自心的状态。

◎ 行由第一

当自心从分别心转化为智慧心、不再造作自缚缚他的业时，便从此网络的束缚中解放出来；当我们进一步将这种转化推而广之，受到此网络束缚的众生就越来越少。如果众生都实现了这种转化，不再受此网络束缚，整个世界就成了一个完全自由自在的世界。佛陀宣称，这不是他创立的理论，而是任何众生自性本具的智慧心都能见到的事实。

要实现这种转化，需要有一套独特的三观与践行此三观的方法。佛陀坚信，他依此事实建立起来的性空幻有（或真空妙有）的世界观、无始无终的生命观与自觉觉他的价值观就是这样的三观，般若波罗蜜则是践行此三观的方法，众生只要遵照其教导闻思修证，就能实现这种转化。佛陀开示，此三观及其践行方法同样为众生自性本具，因众生无始以来受无明遮蔽而觉陌生，即使佛陀以其喜闻乐见的方式将此事实表达了出来，他们也需具备一定善根才能遇到、信受与奉行。换句话说，众生必须修习无贪、无瞋、无痴三善根，待到它们不再阻碍信、进、念、定、慧五善根生起时，才能遭遇佛法并信受奉行。对于人道众生来说，意味着必须修习五戒十善，至少要修到不犯杀生、偷盗、邪淫、妄语四种重罪的高度才有此因缘，这当然是一个漫长的修行过程。

由此可见，无尽缘起与三世轮回依然是六祖与禅宗顿教立教的基础，只是其转化束缚态的缘起与生命的方便法门与传统佛教有所不同，那些认定禅宗顿教淡化乃至否定轮回者，无疑于此有失照察。六祖此处为弟子讲述自己得法之因与大家聚会之缘，其意趣可从两个方面来把握：一是惠能作为一个目不识丁者，能够闻人诵经便悟，未出家就得到禅宗顿教衣钵，只是示现出一个"道不远人"的形象，不能由此产生佛法容易之想，实际上六祖也是经过累劫艰苦修行、受尽磨难才亲证自性、成就佛道的；二是六祖所说"顿教"不是师心自用的东西，而是诸佛诸祖代代相传的圣教，只有"过去生中供养诸佛、同种善根"者才能遇到。因此，凡听闻者都应该珍惜此因缘，净心听受，断疑起信，努力修行，明心见性，将自己变成从因果网络束缚中解脱出来的圣人。

般若第二

般若，全称摩诃般若波罗蜜多，意译作大智慧到彼岸，是如实认知宇宙人生真相的智慧，被佛经尊为诸佛之母。本品集中开显般若的性质、内容和功用，特别强调般若在修行中的根本地位，是《六祖坛经》的枢机。六祖从顿教角度对般若作出新开显，他完全将文字般若和观照般若归结为自性般若，并依之开出直指人心、顿悟成佛的顿悟法门。这样，不仅传统佛教的种种修行法门，就连大千世界的一切诸法都被点化成了顿悟法门，从而令修学者随时随地都能依般若观照法门见色明心、即事明理。

◎ 般若第二

[1] 次日，韦使君①请益。师升座，告大众曰："总净心念'摩诃般若波罗蜜多'。"

复云："善知识！菩提般若之智，世人本自有之，只缘心迷，不能自悟，须假大善知识示导见性。当知愚人智人，佛性本无差别，只缘迷悟不同，所以有愚有智。吾今为说摩诃般若波罗蜜法，使汝等各得智慧，志心谛听，吾为汝说。善知识！世人终日口念般若，不识自性般若，犹如说食不饱。口但说空，万劫不得见性，终无有益。

"善知识！'摩诃般若波罗蜜'是梵语，此言'大智慧到彼岸'。此须心行，不在口念。口念心不行，如幻如化，如露如电；口念心行，则心口相应。本性是佛，离性无别佛。

"何名'摩诃'？'摩诃'是大，心量广大，犹如虚空，无有边畔，亦无方圆大小，亦非青黄赤白，亦无上下长短，亦无瞋无喜，无是无非，无善无恶，无有头尾。诸佛刹土②尽同虚空。世人妙性本空，无有一法可得，自性真空亦复如是。

"善知识！莫闻吾说空，便即著空。第一莫著空，若空心静坐，即著无记空。

"善知识！世界虚空，能含万物色像，日月星宿、山河大地、泉源溪涧、草木丛林、恶人善人、恶法善法、天堂地狱、一切大海、须弥诸山③，总在空中。世人性空亦复如是。

"善知识！自性能含万法是大，万法在诸人性中。若见一切人，恶之与善，尽皆不取不舍，亦不染著，心如虚空，名之为大，故曰'摩诃'。

"善知识！迷人口说，智者心行。又有迷人，空心静坐，百无所思，自称为大。此一辈人，不可与语，为邪见故。

"善知识！心量广大，遍周法界④，用即了了分明，应用便知一切。一切即一，一即一切，去来自由，心体无滞，即是般若。

"善知识！一切般若智皆从自性而生，不从外入。莫错用意，名为真性自用，一真一切真。心量大事，不行小道。口莫终日说空，心中不修此行，恰似凡人自称国王，终不可得，非吾弟子！

"善知识！何名'般若'？'般若'者，唐言'智慧'也。一切处所、一切时中念念不愚，常行智慧，即是般若行。一念愚即般若绝，一念智即般若生。世人愚迷，不见般若，口说般若，心中常愚。常自言：'我修般若。'念念说空，不识真空。般若无形相，智慧心即是，若作如是解，即名般若智。

"何名'波罗蜜'？此是西国语，唐言'到彼岸'。解义离生灭，著境生灭起，如水有波浪，即名为此岸；离境无生灭，如水常通流，即名为彼岸，故号'波罗蜜'。

"善知识！迷人口念，当念之时，有妄有非，念念若行，是名真性。悟此怯者，是般若法；修此行者，是般若行。不修即凡，一念修行，自身等佛。

"善知识！凡夫即佛，烦恼即菩提，前念迷即凡夫，后念悟即佛；前念著境即烦恼，后念离境即菩提。

"善知识！摩诃般若波罗蜜，最尊最上最第一，无住无往亦无来，三世诸佛从中出。当用大智慧打破五蕴烦恼尘劳⑤，如此修行，定成佛道，变三毒⑥为戒定慧⑦。

◎ **注释**　①〔使君〕刺史的尊称。②〔诸佛刹土〕刹的梵文是 kṣetra，音译作差多罗，意译作土田，刹土是梵汉合称，意为国土。释玄应《一切经音义》卷二十："差多罗，此译云土田。经中或云国，或云土者，同其义也。或作刹土者，存二音也。"一佛教化的范围是一个三千大千世界（梵文 tri-sāhasra-mahā-sāhasra-loka-dhātu），据《长阿含经》卷十八，此世界大小如下："如一日月周行四天下，光明所照；如是千世界，千世界中有千日月、千须弥山王、四千天下、四千大天下、四千海水、四千大海、四千龙、四千大龙、四千金翅鸟、四千大金翅鸟、四千恶道、四千大恶道、四千王、四千大王、七千大树、八千大泥犁、十千大山、千阎罗王、千四天王、千忉利天、千焰摩天、千兜率天、千化自在天、千他化自在天、千梵天，是为小千世界；如一小千世界，尔所小千千世界，是为中千世界；如一中千世界，尔所中千千世界，是为三千大千世界。如是世界周匝成败，众生所居，名一佛刹。"以须弥山为中心，周围环绕八山八海与四大部洲，上自色界初禅天，下至大地底下的风轮，包括日、月、须弥山、四天王天、三十三天、夜摩天、兜率天、乐变化天、他化自在天、梵世天等空间在内，叫作一个小千世界；一千个小世界构成一个中千世界，一千个中千世界构成一个大千世界。因大千世界由小、中、大三种千世界构成，故称为三千大千世界。佛教认为这样的世界无量无边，其中皆有佛施行教化，故称诸佛刹土。③〔须弥诸山〕须弥山梵文为 sumeru，又译作苏迷卢山、须弥卢山、须弥留山、修迷楼山，略作弥楼山，意译作妙高山、好光山、好高山、善高山、善积山、妙光山、安明由山，是位于一个小千世界中央的高山，周围有乾陀、伊沙陀、诃罗置、修腾娑、阿沙干那、毗那多、尼民陀、铁围山八山环绕，故称须弥诸山。④〔法界〕梵文 dharmadhātu，音译作达磨驮都，意译作法界，又译为法性或实相。法界的含义很多，可从理事两方面来理解。从事来说，法即诸法，界即分界，诸法各有自体，分界不同，故名法界。因事相无量，法界也广大深远，无量无边。从理来说，界有多义，法界的含义各不相同。法藏《华严经探玄记》卷十八说，界有三义："一是因义，依生圣道故……二是性义，谓是诸法所依性故……三是分齐义，谓诸缘起相不杂故。"据此，界有因、性与分齐三义，法界相应有生圣道因、诸法体性与缘起诸法三义。⑤〔烦恼尘劳〕梵文 kleśa，音译作吉隶舍，又称为惑，指众生心中扰乱心神、障碍佛道的心识作用。《大智度论》卷七："烦恼者，能令心烦，能作恼故，名为烦恼。"贪、瞋、痴为烦恼根本，由此生出种种枝末烦恼。《大智度论》卷二十七："烦恼名，略说则三毒，广说则三界九十八使，是名烦恼。"从修学菩萨道的角度说，烦恼可分为现行与习气两种。烦恼现行从信仰佛教始伏，到见道位始断；烦恼习气从初地始断，到成佛尽。禅宗的修行过程不像教下那么次第分明，但也分明心见性前后两个阶段，明心见性时所断烦恼相当于烦恼现行，此后所断烦恼相当于烦恼习气。尘劳是烦恼的同义词。⑥〔三毒〕又作三火、三垢、三不善根,指贪、瞋、痴三种烦恼。贪,对一切顺心之境贪得无厌;瞋,对一切违心之境瞋恨忿怒;痴,心识暗钝,不知诸法事理真相。痴毒为三毒根本,三毒为烦恼根本。《大智度论》卷三十一:"有利益我者生贪欲,违逆我者则生瞋恚;此结使不从智生,从狂惑生故,是名为痴。三毒为一切烦恼根本。"⑦〔戒定慧〕佛教对治贪、瞋、痴三毒的法门,称为三学。防非止恶为戒,息虑静缘为定,破妄证真为慧。因三学由佛陀清净无漏心中开出,修学三学者可得清净无漏佛果,又称三无漏学。戒学,指防非止恶的法门,有居士戒、声闻戒与菩萨戒的区别;定学,指定心一境的法门,有世间定、声闻定与菩萨定的区别;慧学,指破迷开悟的法门,有小乘析取空观与大乘体空观(般若观)的区别。三学有次第与非次第两种,教下"摄心为戒,因戒生定,因定发慧"者是次第三学,禅宗顿教由自性开出的三学是非次第三学。

◎ **大意** 第二天,韦刺史向六祖请益。六祖登上法座,对大众说:"请大家净心念'摩诃般若波罗蜜多'。"

六祖又说:"善知识!般若智慧人人本有,只因心迷不能自悟,必须求大善知识开示引导,才能证见自性。应当知道,无论愚人智人,自性根本没有差别,只因有迷悟的不同,才有愚智的差别。为了让大家各自得到智慧,我现在说摩诃般若波罗蜜法门,请各位专心一意听闻。善知识!世人成天口头念诵般若,而不认识自性本具的般若,就像说饮食者不得饱足。只是嘴上说空,万劫不见自性,终究毫无利益。

"善知识!'摩诃般若波罗蜜'是梵语,用中土话说叫作'大智慧到彼岸'。般若波罗蜜必须用心修行,不在口头念。口念心不行,如幻化露电,虚假不实;口念并心行,言行相应,则真实不虚。我们的本性是佛,离本性没有其他佛。

"什么是'摩诃'?'摩诃'的意思是'大',指我们的心如虚空广大无边,没有方圆大小、青黄赤白、上下长短,也没有瞋喜、是非、善恶、头尾。三世十方诸佛教化的世界都与虚空一般无二。众生自性本空,没有一法可得。

"善知识!大家不要听我说空,就执着有个空。第一是不要执着空,如果执着空心静坐,便偏执断灭空了。

"善知识!虚空能含森罗万象,举凡日月星宿、山河大地、泉源溪涧、草木丛林、恶人善人、恶法善法、天堂地狱,乃至一切大海、须弥诸山,都在虚空之中。我们的自性真实也一样。

"善知识！自性真空广大无边，含裹万法。如果见到一切人，无论恶人还是善人，既不执取，也不舍弃，心如虚空，所以叫作'摩诃'。

"善知识！迷执者口说般若，智慧者心行般若。有的迷执者，以断灭心静坐，没有任何思想，自称心量广大，这类人深陷邪见，不可与他们谈论般若。

"善知识！我们的心量广大，遍周法界，用时明察秋毫。一切即一，一即一切，去来自由，心体无滞，就是般若。

"善知识！所有般若智慧都从自性生起，不从外面来。在自性般若观照下，一真一切真。大家不要误解，心量很广大，不要行小道。嘴里终日说空，心中不修空行，正如凡夫自称为国王，毕竟不是真国王，终不可得，这种人不是我的弟子。

"善知识！什么是'般若'？'般若'，中土称为智慧。如果念念不愚，常依智慧行，就是般若行。一念愚痴则般若消失，一念智慧则般若生起。世间人愚痴迷执，不见自性般若，口中虽说般若，心中总是愚痴。常常自称：'我修般若。'口中念念说空，却不识自性真空。般若无形相，智慧心即是，若能如是解，即名般若智。

"什么是'波罗蜜'？'波罗蜜'是天竺语，中土叫作'到彼岸'。解义离生灭，著境生灭起，如水有波浪，即名为此岸；离境无生灭，如水常通流，即名为彼岸，故号'波罗蜜'。

"善知识！迷执的人口念般若，念的时候有虚妄心念，如果念念是般若，就是自心真性。觉悟此法，便是般若法；修行此行，便是般若行。不修此行，便是凡夫，一念修此行，自己便与佛无二。

"善知识！凡夫即是佛，烦恼即是菩提，前念迷执即是凡夫，后念觉悟即是佛；前念执着外境即是烦恼，后念远离外境即是菩提。

"善知识！摩诃般若波罗蜜，最尊最上最第一，无住无往亦无来，三世诸佛从中出。应当用大智慧打破色、受、想、行、识五蕴引生的种种烦恼，这样修行必定成佛道，将贪、瞋、痴三毒变为戒、定、慧三学。

◎ **解读** 摩诃般若波罗蜜多，是梵文 mahā-prajñāpāramitā 的音译，简称摩诃般若，意译作大智慧到彼岸，实际上就是般若波罗蜜、般若或智慧，因为这是只有大乘菩萨道修行者才能信奉、修学、现证、践行的智慧，故称为摩诃般若。

般若在佛教中具有总持一切法的地位，一切法离开了般若的总持都不是佛法。佛陀因圆满现证般若而成佛，依圆满现证般若而宣说教法度化众生，众生又依佛陀宣说的教法修行、现证、圆满般若而成佛，所以龙树菩萨说："诸佛及菩萨，能利益一切；般若为之母，能出生养育。佛为众生父，般若能生佛，是则为一切众生之祖母。"（《大智度论》卷十八）当然，唯有以大悲心为基础的智慧才能称为般若，否则就不是般若，所以只有菩萨才能信奉、修学、现证、践行般若。佛教根本上是以般若为灯光的无尽灯，从过去传到现在与未来，为一切众生带来无穷无尽的光明。《六祖坛经》不仅是这百千盏般若灯中的一盏，而且是其中顿开智慧光明的一盏。六祖赞叹"摩诃般若波罗蜜，最尊最上最第一，无住无往亦无来，三世诸佛从中出"，他升座说法前劝信众先净心念诵"摩诃般若波罗蜜多"，都因为他说的是顿见智慧光明的"摩诃般若波罗蜜法"。可以说，如果我们掌握了《六祖坛经》的般若思想，就窥透了此经乃至禅宗顿教一切门庭施设的秘密。

佛教解经家依佛经的开示，将般若的内涵分为实相、观照（或观行）与文字三个方面。实相般若，六祖称为自性般若，指自性本具的智慧，因其根本无分别性与诸法实相无二无别，故称为实相般若，实际上是智慧的空性体性；观照般若，又叫观行般若或体空观，六祖称为般若观照、智慧观照、般若行、无念行等，指菩萨道修行者修行时运用的般若体知方式与能力；文字般若，根本指佛为度化众生、依实相般若宣说的教法，广义包括明心见性的圣者所说的佛法。《般若》品的内容囊括了三种般若："世人本自有之"的"菩提般若之智"，即自性般若，"一切处所、一切时中念念不愚"的"常行智慧"，即观照般若；从自性般若流出、当机施设的"一切修多罗，及诸文字，大小二乘，十二部经"，包括《六祖坛经》本身，都是文字般若。

六祖经常将其顿教法门称为"无相"法门，他每每向弟子开示完法义后还要说"无相"颂总括法义，根本理由就在于般若本身无相。因此，我们也可以将本品经文开为别说"无相"法门与总说"无相"法门两部分。本品别说"无相"法门部分共有四段，总说"无相"法门部分只有以"无相"颂为主体的第五段，但无论别说还是总说"无相"法门的段落，其实都涵盖了三种般若，只是别说部分各有侧重，从第一段到第四段分别侧重开显实相般若、观照般若、文字般若、无念行法。本书下面即依此顺序解读经文，解读时不妨引用其余段落的经文。

◎ 般若第二

关于自性般若，六祖是借助对"摩诃般若波罗蜜多"这个概念的开解来阐述的，充分反映了禅师随缘说法的特点。不过，要完整地认识自性般若，需要回归佛陀经典。依佛陀经典，实相般若应从圣义谛与世俗谛两方面来把握。从圣义谛说，自性般若为佛圆满现证的大智慧，与真空、真如、实际、法界无别，不可言说。如佛经说："真如深妙，但可智知，非言能说。何以故？诸法真如，过诸文字，离语言境，一切语业不能行故；离诸戏论，绝诸分别；无此无彼，离相无相；远离寻伺，过寻伺境；无想无相，超过二境；远离愚夫，过愚夫境；超诸魔事，离诸障惑；非识所了，住无所住寂静圣智及无分别后得智境；无我我所，求不可得，无取无舍；无染无著，清净离垢；最胜第一，性常不变，若佛出世，若不出世，性相常住……是名实相般若波罗蜜多、真如、实际、无分别相、不思议界；亦名真空，及一切智、一切相智、不二法界。"（《大般若波罗蜜多经》卷五六七）从世俗谛说，自性般若是佛为度众生随世俗谛所作的教相施设，因众生常常执着种种实体见，佛陀特显其空性义。如佛经说："甚深般若波罗蜜多以空、无相、无愿为相，甚深般若波罗蜜多以无造作、无生无灭、无染无净、无性无相、非断非常、非一非异、无来无去、虚空为相。甚深般若波罗蜜多有如是等无量诸相……如是诸相，一切如来、应、正等觉依世俗说，不依胜义……甚深般若波罗蜜多如是诸相，世间天、人、阿素洛等皆不能坏。"（《大般若波罗蜜多经》卷五一〇）自性般若虽然有无量相，但根本相是空相，一切相皆依空相得以显现与发挥作用。以空性为根本性质的自性般若本身，主要有恒常、真实、周遍、清净、自在等特性。自性般若，因本性空寂而有恒常不变性，因本性无分别而有真实不虚性，因本性如如而有广大周遍性，因本性没有染污而有清净无染性，因本性毫无挂碍而有自在无碍性。

在《般若》品中，六祖从真俗不二的角度显明自性般若具有的恒常、真实、周遍、清净与自在五大特性。"菩提般若之智，世人本自有之""当知愚人智人，佛性本无差别"等语，贞定自性般若的恒常不变性，与"何期自性本不生灭""何期自性本无动摇"异曲同工；"用即了了分明，应用便知一切"等语，彰显自性般若的真实不虚性，强调只有自性般若才能如实了知诸法性相；"心量广大，犹如虚空，无有边畔""世界虚空，能含万物色像""自性能含万法""心量广大，遍周法界"等语，凸显自性般若的广大周遍性，与"何期自性本自具足""何期自性能生万法"无二无别，都是说万法皆自性般若显现之相；"离境无生灭，如水常通流，即名为彼岸"等语，表彰自性般若的清净无染性，与"本来无一物，何处惹尘埃""何期自性本自清净"同一意趣；"去来自由，心体无滞"等语，昭示自性般若的自在无碍性，众生只有依从自性般若才能自由自在地生活。

六祖提持的实相般若的五大特性，其余四个特性比较好理解，但说"日月星宿、山河大地、泉源溪涧、草木丛林、恶人善人、恶法善法、天堂地狱、一切大海、须弥诸山"都是自性显现之相，却令人费解，弄不好就会引发误解，将以真空妙有为根本思想的禅宗与本体论或本源论等实体学说混为一谈。六祖这是从自性中的一切法圆融不碍行布、行布不碍圆融两面观察的结果：从圆融不碍行布说，自性具足的一切法虽然非染非净、平等一味，但不碍六道凡夫依分别心执着为染污法，也不碍三乘圣人依无分别智显现为清净法；从行布不碍圆融说，一切法尽管随地狱到菩萨凡圣各道显现的相有染净之别，都不碍它们是自性具足的非染非净、平等一味之法。

自性般若的五大特性，空寂性为其体，真实性、周遍性与清净性为其相，自在性为其用，是对自性体相用的如实显现。六祖由自性般若开出体相用，旨在告诉人们，自性般若就是众生的本心本性，本心本性即佛，"离性无别佛"。六祖劝人们相信一切众生本具智慧心、本来是佛，等于要众生相信自己就是大智慧、大自在与大慈悲的源泉，这与那些将智慧、自在与慈悲生命的希望寄托在各种外在偶像身上的神教有云泥之别，是值得当今大力推广和弘扬的大智慧。

[2]"善知识！我此法门，从一般若生八万四千智慧。何以故？为世人有八万四千尘劳[①]。若无尘劳，智慧常现，不离自性。悟此法者，即是无念、无忆、无著，不起诳妄；用自真如性[②]，以智慧观照，于一切法不取不舍，即是见性成佛道。

"善知识！若欲入甚深法界及般若三昧[③]者，须修般若行，持诵《金刚般若经》即得见性。当知此经功德无量无边，经中分明赞叹，莫能具说。此法门是最上乘，为大智人说，为上根人说，小根小智人闻，心生不信。何以故？譬如天龙④，下雨于阎浮提⑤，城邑聚落悉皆漂流，如漂枣叶；若雨大海，不增不减。若大乘人，若最上乘人，闻说《金刚经》，心开悟解。故知本性自有般若之智，自用智慧常观照故，不假文字。譬如雨水，不从天有，元是龙能兴致，令一切众生、一切草木、有情无情悉皆蒙润，百川众流却入大海，合为一体。众生本性般若之智亦复如是。

"善知识！小根之人闻此顿教，犹如草木根性小者，若被大雨，悉皆自倒，不能增长。小根之人亦复如是，元有般若之智与大智人更无差别，因何闻法不自开悟？缘邪见⑥障重，烦恼根深，犹如大云覆盖于日，不得风吹，日光不现。般若之智亦无大小，为一切众生自心迷悟不同，迷心外见，修行觅佛，未悟自性，即是小根。若开悟顿教，不执⑦外修，但于自心常起正见，烦恼尘劳常不能染，即是见性。

"善知识！内外不住，去来自由，能除执心，通达无碍。能修此行，与般若经本无差别。"

◎ **注释** ①〔八万四千尘劳〕尘劳是烦恼的异名，因烦恼染污众生自性，令其烦劳，故称尘劳；众生有烦恼，宛如得病，故也称病。《大乘理趣六波罗蜜多经》卷八："凡夫有情，身口意业恒为八万四千烦恼之所缠缚，不得自在。"这八万四千的数量怎么得来的呢？据《大方广佛华严经》卷四十八："彼诸众生于色、声、香、味、触，其内具有五百烦恼，其外亦有五百烦恼，贪行多者二万一千，嗔行多者二万一千，痴行多者二万一千，等分行者二万一千。"②〔真如性〕梵文 bhūta-tathatā 或 tathatā，又译作真如。真义为真实，如义为如常，万法体性真实不虚为真，常住不变为如，合称真如。自性清净心、佛性、法身、如来藏、实相、法界、法性、圆成实性等是真如的同义词，指的都是佛教所谓宇宙万法的真实性相。《成唯识论》卷九："真谓真实，显非虚妄；如谓如常，表无变易。谓此真实于一切位常如其性故曰真如，即是湛然不虚妄义；亦言显此复有多名，谓名法界及实际等。"③〔三昧〕梵文 samādhi，又称三摩提、三摩帝，意译作定、正受、调直定、正心行处、息虑凝心。心定一境不动，叫作定；正受所观境，称为受；调心暴恶，正心曲折，定心散动，名为调直定；调整心行，合于正法，是为正心行处。《大智度论》："善心一处住不动，是名三昧"（卷七），"一切禅定，亦名定，亦名三昧"（卷二十八），"一切禅定摄心，皆名为三摩提，秦言正心行处。是心从无始世界来常曲不端，得此正心行处，心则端直"（卷二十三）。④〔天龙〕天，梵文 deva；龙，梵文 nāga。天龙指诸天与龙，此处专指龙。龙有四种：一是守宫龙，守天宫殿，令不坠落；二是兴雨龙，兴云致雨，利益人间；三是地龙，决江开渎；四是伏藏龙，守转轮王大福人藏。六祖所说为第二种龙。"天"《大正藏》本作"大"。⑤〔阎浮提〕梵文 jambu 是一种树，dvīpa 义为洲，两者构成复合词 jambu-dvīpa，音译作阎浮提，又作阎浮利、赡部提、阎浮提鞞波；梵汉合译为剡浮洲、阎浮洲、赡部洲、谵浮洲，略称阎浮。此洲因位于须弥山南部，又叫南阎浮提（梵文 dakṣiṇa-jambu-dvīpa）、南阎浮洲、南赡部洲。《长阿含经》卷十八："须弥山南，有天下名阎浮提，其土南狭北广，纵广七千由旬，人面亦尔，像此地形。"玄奘译本《俱舍论》卷十一："唯此洲中有金刚座，上穷地际，下据金轮，一切菩萨将登正觉，皆坐此座上起金刚喻定。"⑥〔邪见〕梵文 mithyā-dṛṣṭi，指不正确的见解，包括诸法本无而妄执为有的增益见和诸法本有而妄取为无的损减见两种。《瑜伽师地论》卷五十八："邪见者，一切倒见于所知事颠倒而转，皆名邪见。当知此见略有二种：一者增益，二者损减。萨迦耶见、边执见、见取、戒禁取，此四见等，一切皆名增益邪见；谤因、谤用、谤果、坏实事等心执增益所有诸见，一切皆名损减邪见。无施无爱，亦无祠祀，是名谤因；无有妙行，亦无恶行，是名谤用；无有妙行、恶行诸业果及异熟，是名谤果。无父无母，无化生有情，亦无世间真阿罗汉诸漏永尽，乃至广说，如是一切，名坏实事。"⑦〔执〕《大正藏》本作"能"。

◎ **大意** "善知识！般若这个法门，从一自性般若生出八万四千智慧。为什么？因为世人有八万四千烦恼。如果没有烦恼，智慧恒常显现，总是不离自性。觉悟此法，不妄想未来，不回忆过去，不执着现在，不起虚妄心念；从真如自性中发起智慧观照，对一切法都不取舍，就是见性成佛。

"善知识！如果希望契入深广法界和般若三昧，必须修般若行，而受持诵读《金刚般若经》便可觉悟自性。我们应当知道，此经功德无量无边，经中有明文赞叹，说都说不完。般若法门是至高无上的教乘，是为上根人说的教乘，小根人听了生不起信心。为什么？譬如天龙，如果降雨到阎浮提洲，城邑聚落都会到处漂流，就像枣叶漂流一样；如果降雨到大海中，海水依然不增不减。如果是堪受大乘、最上乘的上根人，只要听说《金刚经》，当下就能明心见性。我们的自性具足般若智慧，自己能用智慧时常观照，因此不需要借助文字。譬如雨水，不是从天上降下，原本由龙本身变现出来，令一切有情无情都得到滋润，百川众流都汇入大海成为一体。众生的自性般若也如此。

"善知识！小根人听到禅宗顿教，犹如根性弱小的草木，雨水一袭就全部倒伏，不能增长。小根人也如此，本有与上根人一样的智慧，为什么听闻佛法不能开悟？只因邪见障碍重、烦恼根株深，宛如大云覆盖太阳，不得风吹云散，太阳光就显现不出来。智慧也没有大小，只因众生自心有迷有悟，迷执者执取外境，想通过修行到外面寻找佛，未能了悟自性是佛，这就是小根人。如果觉悟顿教，不执着外境修行，自心常生正见，种种烦恼不能染污，这就是明心见性。

"善知识！不执外境，不住内心，去来自由，能除执心，通达无碍。能修这种行，与般若经本来没有差别。"

◎ **解读**　如何现证本心本性？必须真修实证。"口莫终日说空，心中不修此行，恰似凡人自称国王，终不可得"。如何修证？必须依观照般若修证。这样，正确认识观照般若就是头等重要的事情。

什么是观照般若？佛陀说："若诸菩萨远离一切智智心，不以大悲为上首，修空、无相、无愿之法，由不摄受甚深般若波罗蜜多方便善巧，便证实际，堕于声闻或独觉地；若诸菩萨不离一切智智心，复以大悲为上首，修空、无相、无愿之法，复由摄受甚深般若波罗蜜多方便善巧，能入菩萨正性离生，渐次修行诸菩萨行，当得无上正等菩提。"（《大般若波罗蜜多经》卷五一三）"一切智智心"即自性般若，"大悲"即普度众生的慈悲心，"甚深般若波罗蜜多方便善巧"即观照般若。菩萨修习菩萨行，只有以自性般若为起点与归宿、大慈悲心为基础、观照般若为总持，才能超越六道轮回、现证本心本性、获得无上菩提，最终圆满成佛；反之，任何修行都不是般若行，也不能成佛。据此可知，观照般若就是自性般若为所依、大悲心为基础、观照般若为总持的菩萨智慧行。

如何修般若观照？佛经中开示了顿悟与渐修两种法门，两种法门的所依体都是自性般若，但顿悟法门主要是依体空观的方式直接观察自心念头。秉持顿悟法门者在观察自心当下一念时，如果发现念头与本心本性相契就不劳用功，反之则立即进行调整。由于这根本上是依自性般若修行，具有称性起修、全修在性的特点，一方面没有具体修行对境和修行法门，另一方面任何对境和修行法门都可以作为观照的对境和修行法门。这种法门，佛陀在最初宣说《华严经》时就做出了全面开显："菩萨摩诃萨有十种无量修道。何等为十？所谓不来不去修，身、语、意业无动作故；不增不减修，如本性故；非有非无修，无自性故；如幻如梦、如影如响、如镜中像、如热时焰、如水中月修，离一切执著故；空、无相、无愿、无作修，明见三界而集福德不休息故；不可说、无言说、离言说修，远离施设安立法故；不坏法界修，智慧现知一切法故；不坏真如实际修，普入真如实际虚空际故；广大智慧修，诸有所作力无尽故；住如来十力、四无所畏、一切智智平等修，现见一切法无疑惑故。"（唐译八十卷本《大方广佛华严经》卷五十七）

渐修法门则是依唯心识观由外到内、由浅入深、由偏到圆渐次消除烦恼和所知二障的观行方法，也就是在慈悲心与体空观的指导下，借助析空观的方式（实即理性思维方式）次第破除障碍、辗转增进胜境而明心见性的观行方式。就人道而言，这种法门有两路：一路是从人天乘起修，经声闻乘、缘觉乘、菩萨乘多次转进而成佛的路径；另一路则是从菩萨乘起修，经过十信、十住、十行、十回向、十地、等觉六位修行圆满而成佛的路径。这两条成佛路径，许多佛经都有开示，文繁不引。

顿悟法门依体空观（观照般若）起修，明心见性前只需由迷转悟一番超越，修行方法也直截了当，但比较难确立正确见地和坚固信心。渐修法门在明心见性前需经过多番转进与超越，在超越过程中既需要依赖析空观分析每个层次遇到的障碍，又需要在慈悲心与体空观指导下破除障碍，由世间转向出世间、由小乘回向大乘的修行者还需要适时改变见地与发心，否则就达不到成佛的目的，这些关口都不容易过。虽然在慈悲与般若统摄下两种法门都能达到成佛的目的，且实践中修行顿悟法门者也多摄入渐修法门，但顿悟法门究竟以体空观为本，确实较借重析空观的渐修法门殊胜，因为后一种修行者稍不留神就会出现将分别识境误认作无分别智慧境的现象。

如果依《占察善恶业报经》卷下分判，顿悟法门相当于真如实观，渐修法门相当于唯心识观，是分别适合利钝两种根器众生修习的法门："其利根者，先已能知一切外诸境界唯心所作，虚诳不实，如梦如幻等，决定无有疑虑，阴盖轻微，散乱心少，如是等人即应学习真如实观；其钝根者，先未能知一切外诸境界悉唯是心、虚诳不实故，染著情厚，盖障数起，心难调伏，应当先学唯心识观。"六祖秉承禅宗诸祖家法，提持的固然是适合利根者修习的顿悟法门。六祖说，如果是利（大）根人，遇到禅宗顿教法门，只要坚信"一切般若智皆从自性而生，不从外入"，修行时能够"自用智慧常观照"，就能"但于自心常起正见，烦恼尘劳常不能染"，就能顿悟自性成佛；反之，如果是钝（小）根人，由于"邪见障重，烦恼根深"，"闻此顿教，犹如草木根性小者，若被大雨，悉皆自倒，不能增长"。六祖不是看不起钝根人，而是要修行人如实认识自己的真实情况：如果自己总是"迷心外见，修行觅佛"，不能反求诸己，那就应知自己是钝根人，宜从渐修法门入手，待"阴盖轻微，散乱心少"时再修顿悟法门。

六祖顿悟法门的心要是以"无念""无相""无住"为核心内容的"三无"法门，只要依"三无"法门修习，一切对境、一切方法都是顿悟法门，这就是六祖说"我此法门，从一般若生八万四千智慧"的真实义。这个内容且留待《定慧》品再说，此处先看看六祖为什么说"持诵《金刚般若经》即得见性"。

我们知道，六祖与《金刚经》有特别深厚的因缘，他最初因听此经开悟，后来在黄梅又因听此经大悟。那么，此经在观照般若方面与六祖的顿悟法门有什么相契之处？《金刚经》属于《大般若经》第九分《能断金刚分》，可以说是《大般若经》的纲要，全经始终都在阐述般若奥义，从经题就可以看出。此经经题中的金刚是一种宝石，它有坚固不坏、通体光明和无坚不摧三个特点，经中用来譬喻三种般若。自性般若是一切众生的本心、本性，犹如金刚不生不灭；观照般若是众生摧灭烦恼，现证本心、本性的观行法门，犹如金刚无坚不摧；文字般若是引导众生走向解脱智慧彼岸的明灯，犹如金刚通体光明。

就观照般若来讲，《金刚经》主要开显的是顿悟法门，即依非实非虚的自性般若显现的观照般若来修行，典型的表达就是"诸菩萨摩诃萨应如是生清净心，不应住色生心，不应住声、香、味、触、法生心，应无所住而生其心"与"是法平等，无有高下，是名阿耨多罗三藐三菩提；以无我、无人、无众生、无寿者修一切善法，则得阿耨多罗三藐三菩提"。这两句经文的意思是：自性般若的根本特性是无相（即空相），这个无相的世界万法平等，没有凡夫执着的我、人、众生、寿者等相；自性般若的这个特性，体现在观照般若中就是"无住"，菩萨修行时就应该生起无住心。此意可以从遮诠和表诠两方面来把握：从遮诠方面说，菩萨面对任何对境，如果生起任何一念攀缘执着心，知道这是无明之心，顺此心只能走向烦恼、痛苦与轮回的生死世界，就应立刻观空此心，不再顺此心流转；从表诠方面说，如果生起无执无住心，知道这是智慧之心，顺此心便能走向智慧、自在与慈悲的涅槃境界，就应保任此心，随顺此心修一切法。

结合六祖的"三无"法门，可知其顿悟法门与《金刚经》的观照般若一脉相承，只不过增加了契入"无相""无住"的"无念"（展开即此品经文说的"无念、无忆、无著"）因行义而构成了"三无"法门，并将"三无"法门与戒、定、慧三学匹配了起来。

[3]"善知识！一切修多罗，及诸文字，大小二乘①，十二部经②，皆因人置，因智慧性方能建立；若无世人，一切万法本自不有。故知万法本自人兴，一切经书因人说有。缘其人中有愚有智，愚为小人，智为大人，愚者问于智人，智者与愚人说法，愚人忽然悟解心开，即与智人无别。

"善知识！不悟，即佛是众生；一念悟时，众生是佛。故知万法尽在自心，何不从自心中顿见真如本性？《菩萨戒经》③云：'我本性元自④清净。'若识自心见性，皆成佛道。《净名经》⑤云：'即时豁然，还得本心。'

"善知识！我于忍和尚处一闻言下便悟，顿见真如本性。是以将此教法流行，令学道者顿悟菩提。各自观心，自见本性；若不自悟，须觅大善知识、解最上乘法者，直示正路。是善知识有大因缘，所谓化导令得见性，一切善法因善知识能发起故。三世诸佛、十二部经在人性中本自具有，不能自悟，须求善知识指示方见。若自悟者，不假外求。若一向执，谓须他善知识方得解脱者，无有是处。

◎ 般若第二

何以故？自心内有知识自悟，若起邪迷、妄念、颠倒，外善知识虽有教授，救不可得。若起正真般若观照，一刹那间妄念俱灭。若识自性，一悟即至佛地。

◎ **注释** ①〔大小二乘〕乘，义为车。小乘指只能运载一个人的小车，谓声闻与缘觉两个层面的教法宛如小车，只能将自己运到目的地。大乘指能运载所有人的大车，谓菩萨与佛乘两个层面的教法宛如大车，能将众生运到目的地。《大智度论》卷四："声闻乘狭小，佛乘广大；声闻乘自利自为，佛乘益一切。"②〔十二部经〕指佛经包含的十二种体裁，即修多罗、祇夜、受记、伽陀、优陀那、尼陀那、阿波陀那、伊帝目多伽、阇多伽、毗富罗、阿浮多达摩、优波提舍。③〔《菩萨戒经》〕即《梵网经》。《梵网经》全称《梵网经卢舍那佛说菩萨心地戒品》，本与《华严经》同部，全部译出有一百二十卷、六十一品，鸠摩罗什法师只译出第十品两卷。该经以"梵网"为名，是从譬喻得名。智𫖮《菩萨戒义疏》卷一上说："此经题名梵网，上卷文言：佛观大梵天王因陀罗网千重文彩不相障阂，为说无量世界犹如网目，一一世界各各不同。诸佛教门亦复如是，庄严梵身，无所障阂。从譬立名，总喻一部所证参差不同，如梵王网也。"该经上卷说，释迦佛接娑婆世界大众归向第四禅天莲华藏世界紫金刚光明宫中，礼请报身卢舍那佛宣说菩萨所修十住、十行、十回向、十地法门。下卷说，释迦佛听受卢舍那佛说菩萨行地后，由莲华藏世界隐没，先在本源阎浮提树下示现成佛，并在十处说菩萨行地法；最后在娑婆世界阎浮提菩提树下示现成佛，"为此地上一切众生凡夫痴暗之人，说我本卢舍那佛心地中初发心中常所诵一戒——光明金刚宝戒"（《梵网经》卷下），并结示菩萨十重四十八轻戒法。报身卢舍那佛是自性本具清净功德，化身释迦牟尼佛是自性本具无量妙用，其体性是法身毗卢遮那、身相是报身卢舍那，其所说菩萨行地和戒律都是从自性本具的中道性与清净性来说的，因此该经是以自性戒定慧为宗、自行本身为趣的经典。④〔本性元自〕《大正藏》本作"本元自性"。⑤〔《净名经》〕即《维摩诘经》。《维摩诘经》，梵文名 vimalakīrti-Nirdeśa-Sūtra，梵文本今存。梵文 vimalakīrti，音译作维摩诘，意译作净名或无垢称，意谓以身心清净无垢而受称赞；梵文 nirdeśa，义为说。因维摩诘为该经主要说法主，故称《维摩诘所说经》；因该经特显佛、菩萨不可思议解脱境界，又称《不可思议解脱经法门》。该经古代前后有七译，现存三译，分别是后汉支谦译《佛说维摩诘经》，姚秦鸠摩罗什译《维摩诘所说经》，唐释玄奘译《说无垢称经》，以鸠摩罗什译本最流行。鸠摩罗什译本分上、中、下三卷，分为《佛国》《方便》《弟子》《菩萨》《文殊师利问疾》《不思议》《观众生》《佛道》《入不二法门》《香积佛》《菩萨行》《见阿閦佛》《法供养》《嘱累》十四品。全经由序、正宗、流通三分构成，从"如是我闻"到《佛国》品宝积偈赞结束为序分，从《佛国》品偈赞后的长行至《见阿閦佛》品终为正宗分，从《法供养》品至经末为流通分。全经以不二法门为宗、不可思议解脱为趣。其中心思想，吉藏《维摩经义疏》卷一括为二法门、不二法门与二法门三义："第一，从宝积问至《佛道品》，明二法门；次《不二法门品》，明不二法门，三，从《香积》竟《阿閦佛品》，还明二门。所以开此三者，至理无二，为众生故强说二，故初开二门；欲令受化之徒因二教门悟不二理，故明不二法门，既识二表不二，复须从不二起二，故重明二门。"佛、菩萨从不可思议解脱境界（不二自性）中发起善巧智慧，为度化众生而说对治其种种执着的二谛教法；众生听闻二谛教法，悟俗谛不可执而真谛应当求，佛、菩萨则为其说真俗不二的不二法门，令其越俗而不住真，悟入不二自性；众生悟入不二自性成佛后，深知二谛教法是从不二自性开出的度化方便，于是又重新显明二谛教法。总之，《维摩诘经》以不二自性为根本见地，以自性现起的不二法门（观照般若）为根本行门，以回归不二自性为究竟归趣。

◎ **大意** "善知识！一切契经、大小二乘、十二部经，所有文字都因人而建立，也只有依人的智慧本性才能建立；如果没有人，这一切本来没有。因此，万法本从人兴起，一切经书皆因人说而成立。因人有愚有智，愚痴者为小人，智慧者为大人，愚痴者向智慧者请益，智慧者为愚痴者说法，愚痴者一旦明心见性，便与智慧者没有差别。

"善知识！如果不开悟，佛就是众生；一念开悟，众生就是佛。所以知道自性具足万法，为何不依自心顿悟真如本性呢？《菩萨戒经》说：'我的本性本来清净。'如果识自本心、见自本性，就是成就佛道。《净名经》说：'当下豁然开悟，就能见到本心。'

"善知识！我在弘忍和尚那里一听《金刚经》，当下便顿悟自心、顿见自性。因此我愿传授此一教法，令学道者顿悟菩提。大家各观自心，各见本性；若自己不悟，必须求通达最上乘教法的大善知识，开示直指人心、见性成佛的正道。这样的善知识有大智慧和大方便，能教化引导大家证见自性，因为一切善法都要依善知识才能生起。自性中本有三世诸佛、十二部经，因为自己不能觉悟，需求善知识指示才能见到。如果自己能觉悟，则不用向外求觅。如果执着向外求觅，以为必须借助外面的善知识才能得到解脱，那就不对了。为什么？众生心内有自性善知识恒常自悟，如果生起邪迷、虚妄、颠倒等心，外面的善知识虽然有所教授，但是不能救拔。如果发起真正的般若观照，一刹那间就能灭尽妄念。如果见到自性，一悟即可到达佛地。

◎ **解读** 六祖此处是从狭义论文字般若，即以佛陀教法为文字般若。修多罗，梵文 sūtra 的音译，又译作修单罗、修妒路等，本义为线，意译作契经，谓如线贯穿、契理契机的经典。"一切修多罗，及诸文字，大小二乘，十二部经"，即诸佛所说大小二乘所有教法。

佛陀宣说的教法，广说有人天、声闻、缘觉、菩萨和佛五乘教法。如果略说，只有大小二乘教法，人天乘因为世间法故不计入，声闻和缘觉合为小乘，菩萨与佛合为大乘，故称为大小二乘。十二部经指佛经的十二种体裁：一修多罗，梵文 sūtra，译名和含义已如上说，此处特指以散文体裁说法的经文；二祇夜，梵文 geya，译作应颂，又作重颂或重诵偈，指以韵文重宣修多罗法义的经文；三受记，又称授记，梵文 vyākaraṇa，音译作和伽罗，指佛陀为弟子授记成佛的经文；四伽陀，梵文 gāthā，意译作讽颂（偈），又作孤起颂，指直接以偈颂说法的经文；五优陀那，梵文 udāna，意译作自说，指无人请问、佛陀自说的经文；六尼陀那，梵文 nidāna，意译作因缘，指叙述众生见佛闻法及佛说法教化众生等因缘的经文；七阿波陀那，梵文 avadāna，意译作譬喻，指以譬喻说法的经文；八伊帝目多伽，梵文 iti-vṛttaka，意译作本事，指佛陀开示弟子过去世因缘的经文；九阇多伽，梵文 jātaka，意译作本生，指佛陀宣说自身过去世因缘的经文；十毗富罗，梵文 vaipulya，音译作毗佛略，意译作方广，指佛陀宣说方正广大之道的经文；十一阿浮多达摩，梵文 adbhuta-dharma，音译又作阿毗达磨，意译作未曾有，指记载佛陀示现种种不思议神力之事的经文；十二优婆提舍，梵文 upadeśa，意译作论义，指辨名析理的经文。

佛陀所说的教法为什么有大小乘之分？这要从佛陀说法目的与众生根器两方面来认识。《妙法莲华经》卷一说："诸佛世尊唯以一大事因缘故出现于世……云何名诸佛世尊唯以一大事因缘故出现于世？诸佛世尊，欲令众生开佛知见使得清净故出现于世，欲示众生佛之知见故出现于世，欲令众生悟佛知见故出现于世，欲令众生入佛知见道故出现于世。""佛知见"即佛心所知所见世界，也就是自性般若。佛陀为令众生悟入自性般若而出世说法，但是，众生根器有别，佛有必要因材施教，对根器明利的众生，佛陀就宣说直接成佛的教法，由此形成大乘或菩萨乘（含摄佛乘）教法；对根器迟钝的众生，佛陀就宣说辗转成佛的教法，由此形成小乘或声闻乘（含摄缘觉乘）教法。《大般涅槃经》卷六就说："不了义经者，谓声闻乘，闻佛如来深密藏处，悉生疑怪，不知是藏出大智海，犹如婴儿无所别知，是则名为不了义也；了义者名为菩萨，真实智慧随于自心，无碍大智，犹如大人无所不知，是名了义。又声闻乘名不了义；无上大乘乃名了义。"既然如此，佛教徒自然应依止大乘了义教法，而不应依止不了义教法。

需要注意的是，当佛陀这样说时，此中"经"所指实为深浅不同的经法或教法，而不是指一部部佛经。就佛经而言，每部佛经都包含大小二乘教法，只是各有侧重而已。如弥勒菩萨说："隐密教者，谓从多分声闻藏教；显了教者，谓从多分大乘藏教。"（《瑜伽师地论》卷六十四）隐密（即不了义）教法比重大的佛经为小乘经，显了（即了义）教法比重大的佛经为大乘经。更为重要的是，小乘教法本于大乘教法而又归于大乘教法，因此"十方佛土中，唯有一乘法，无二亦无三"（《妙法莲华经》卷一），在佛乘教法总持下，诸乘教法无非佛乘教法。

佛陀宣说的教法为什么被称为文字般若？因为"如来是诸法之王，若有所说皆不虚也；于一切法以智方便而演说之，其所说法皆悉到于一切智地；如来观知一切诸法之所归趣，亦知一切众生深心所行，通达无碍；又于诸法究尽明了，示诸众生一切智慧"（《妙法莲华经》卷三）。既然佛陀如实现证了诸法实相，他依自性般若宣说的教法真实不虚，能够引导众生现证自性般若，那就是智慧之学和智慧之道，称为文字般若名正言顺。

自性般若、观照般若与文字般若是什么关系呢？天台宗的智者大师疏解《金刚经》时说："实相般若理性常住，观照般若破五住惑，文字般若解脱自在。如此三法，不纵不横，非并非别，成秘密藏。"（释智𫖮《金刚般若经疏》）三者是非一非异的关系：自性般若是般若之体性，文字般若是般若之教相，观照般若是般若之行相，所以三者非一；文字般若诠显观照般若与自性般若，观照般若契入实相般若而流出文字般若，所以三者又非异。六祖说，既然实相般若流出观行般若与文字般若，文字般若与观行般若都归趣实相般若，不就意味着"自性具足万法"吗？即"知万法尽在自心，何不从自心中顿见真如本性？"这样，六祖就完全将文字般若和观照般若归结为自性般若，开出了依自性般若"直指人心""顿悟成佛"的顿教法门。禅宗顿教能将传统佛教的种种修行法门化为顿悟法门，乃至能将大千世界的一切法尽数化为顿悟法门，其根本依据就在这里。

六祖不仅将三般若归结为自性般若，而且称自性般若为"内善知识"、文字般若和师长等为"外善知识"，这又是为什么呢？其意趣是为了让佛弟子、特别是禅宗顿教弟子明白修学佛法的根本，所谓"但得本，莫愁末，如净琉璃含宝月"（释玄觉《永嘉证道歌》），"若一向执，谓须他善知识方得解脱者，无有是处"。

在佛教中，善知识是梵文 kalyāna-mitra 的意译，音译作迦罗蜜或迦里也囊蜜怛罗，指有德正直、传授正道的人。善知识的含义有广狭之分，一般分为三类：第一类是外护善知识，指为别人修学佛法提供服务者；第二类是同行善知识，指在参禅学道过程中相互砥砺、共同切磋、共进道业的同参道友；第三类是教授善知识，指能教化、指导参禅者的善知识。第三类善知识可进一步分为未明心见性者与已明心见性者两种，前者是从初发心到十回向位的贤善知识，后者是从初地到佛地的圣善知识，六祖所谓"解最上乘法"，能"直示正路""示导见性"的"大善知识"属于后一种善知识。文字般若是佛、菩萨与祖师等圣善知识所说教法，也是善知识。不过，相对众生自性般若这个"内善知识"来说，前述善知识都是"外善知识"。他们虽然是众生成佛的大因缘，具有化导众生"令得见性"之功，但都不能取代"内善知识"的地位。

六祖这样的开示，毫无疑问是十分透彻的说法，因为佛、菩萨、祖师与文字般若等"外善知识"再慈悲、再丰富，也只能协助而不能取代学者证悟自性这个不生不灭的"内善知识"。六祖的善知识思想，以内为本而内外兼顾，非但没有贬低"外善知识"的地位与价值，反而是对其地位与价值的如实观察和恰当定位。事实上，禅宗顿教正流无不恭敬佛、菩萨和祖师，他们特重祖统便是明证；他们也无不兼重经教，除了宗依经典《六祖坛经》，像《心经》《金刚经》《维摩诘经》《楞伽经》《圆觉经》《楞严经》《梵网经》与《中论》《大乘起信论》等，也都是禅门经常研习的经典。

[4]"善知识！智慧观照，内外明彻，识自本心。若识本心，即本解脱。若得解脱，即是般若三昧，即是无念。何名无念？若见一切法心不染著，是为无念；用即遍一切处，亦不著一切处。但净本心，使六识①出六门②，于六尘中无染无杂，来去自由，通用无滞，即是般若三昧、自在解脱，名无念行。若百物不思，当令念绝，即是法缚，即名边见。

　　"善知识！悟无念法者，万法尽通；悟无念法者，见诸佛境界；悟无念法者，至佛地位。

　　"善知识！后代得吾法者，将此顿教法门，于同见同行，发愿受持，如事佛故，终身而不退者，定入圣位。然须传授，从上以来默传分付，不得匿其正法。若不同见同行，在别法中，不得传付，损彼前人，究竟无益。恐愚人不解，谤此法门，百劫千生，断佛种性③。"

◎ **注释** ①〔六识〕眼、耳、鼻、舌、身、意六识。②〔六门〕眼、耳、鼻、舌、身、意六根。③〔佛种性〕种性是梵文 gotra 的意译，又作种姓。佛种性指成佛的种性。佛乘教法认为，自性是一切众生所依体，一切众生皆具佛种性、皆能成佛。但是，如果从众生一期生命中是否具足通达真如的无漏种子说，则有声闻、缘觉、佛（含菩萨）、不定和无性五种差别种性。《瑜伽师地论》："若于通达真如所缘缘中有毕竟障种子者，建立为不般涅槃法种性补特伽罗；若不尔者，建立为般涅槃法种性补特伽罗。若有毕竟所知障种子布在所依、非烦恼障种子者，于彼一分建立声闻种性补特伽罗，一分建立独觉种性补特伽罗；若不尔者，建立如来种性补特伽罗。"《楞伽经》："不定种性者，谓说彼三种时，随说而入，随彼而成。"具有毕竟障碍通达真如的种子者，则是非涅槃种性；具足毕竟障碍佛智慧的种子者，则分别属于声闻和缘觉两种种性；没有毕竟障碍佛智慧的种子者，则是如来种性；随说声闻、缘觉或佛乘教法而入而成者，便是不定种性。

◎ **大意** "善知识！依智慧观照，内外一片光明，就见到了自己的本心。如果见到本心，便知道众生本来解脱。如果得到解脱，就是般若三昧，就是无念。什么是无念？如果见到任何境界都不染着，就是无念；般若妙用周遍一切处所，也不于一切处所生起执着。只要清净自心，六识就远离六根，就能不染六尘，来去自由，通用无滞，这就是般若三昧、自在解脱，这就是无念行。如果百物不思，心念断绝，便受法束缚，这叫作边执见。

"善知识！觉悟了无念法，便于万法无不通达；觉悟了无念法，便见到了诸佛境界；觉悟了无念法，便达到了诸佛果德境界。

"善知识！后代传承顿教法门者，发愿将此法门在见地、行法相同的同道中受持，像侍奉诸佛一样终身不退，一定会优入圣人之位。但必须有传授，自古以来师资之间一直默传分付，不得隐匿正法。如遇见地有别、行法不同或传承其他法门者，不得传付此法门，这会让先圣蒙羞，终究没什么利益。又担心根性下劣者不理解，反过来诽谤此法门，百劫千生阻断众生的佛种。"

◎ **解读** 六祖告诫弟子，修学"无念"法门时，"莫闻吾说空，便即著空。第一莫著空，若空心静坐，即著无记空"，这是从参禅者的实际做出的劝诫。参禅者对有为法带来的苦迫都深有体会。虽然当初持有中道见，但当他在禅修中体会到不思善恶、百物不思的境界带来的轻松自在时，还是很容易陷入六祖所谓"无记空"的境界。此处"无记"指不辨善恶，"无记空"即百物不思、善恶不辨的空无边处定，或称顽空、断灭空。此空并非自性本来面目，佛教不许佛弟子修习，"云何不应修？谓无记空无边处"（《阿毗达磨品类足论》卷十四），"若不见性，一切时中拟作无作想，是大罪人，是痴人，落无记空中，昏昏如醉人，不辨好恶"（《达摩大师血脉论》）。从观行上讲，其症结正由依相似般若舍有取空，所以六祖力戒学人"著空"。

弄清了般若的真假，知道不著二边的中道才是真正的般若，就应依般若修习空观，而不能停留于口头说空，否则"如人数他宝，自无半钱分"（唐译八十卷本《大方广佛华严经》卷十三），不能断烦恼得菩提、离生死入涅槃。禅宗顿教作为直指人心的教法，更加强调真修实证，如有人就禅宗之道问达摩祖师，他说："明佛心宗，行解相应，名之曰祖。"（《景德传灯录》卷三）六祖呵斥"世人终日口念般若，不识自性般若，犹如说食不饱"，力倡"不修即凡，一念修行，自身等佛"，无非是诸佛诸祖真修实证家风的继承。

据六祖所述，禅宗的观照般若就是用般若观照自心，其所观境是当下一念心。这一念心，在没有修行般若观照前，是被无明遮蔽的识心或妄心。妄心包括阿赖耶识、末那识、意识、前五识及与诸识相应的烦恼心理现象，《六祖坛经》所说的邪迷、恶毒、攀缘、不善、贡高、诳妄等心都属于这种心理。由此妄心显现的八万四千法，都是需依般若观破的颠倒、执着与烦恼之法。佛乘教法都要以般若破妄心，宗门与教下有什么差异？一是教下需依教起观，同时大多需从外到内层层破除执境，直到最后才破除自心妄念而见性，属于渐修法门；禅宗顿教无须依教起观，也无须层层递进破执，唯依实相般若观破自心妄念，顿悟自性本性，属于顿悟法门。二是教下有具体的修行法门，如四念处、八正道、三十七道品、六波罗蜜等；禅宗顿教则以"无门为法门"，没有教下那种具体的观行法门，反过来，一切法门无非顿悟自性的法门。

  禅宗顿教如何依实相般若打破妄心呢？一言以蔽之：无念。关于无念行法，到《定慧》品再做详细论述，这里先略提此法门的要点。最根本的一点是"用自真如性，以智慧观照"，依自性具足的般若观照心念，顺乎般若的心念是正念，应该任运而行，此不待言，偏离般若的心念是妄念，应当照破，此为学人参禅落脚处。这种从心识深处破妄显真的般若观照法门，后人称为"舍识用根"没有问题，但其意思并不是一般人所谓的不用识而用根修行，而是以般若观空妄识、洞见根性。这种修行方法，可借汽车打个譬喻：众生犹如汽车，六根犹如发动机，心识或智慧犹如能源，"舍识用根"犹如直接更换能源。

  六祖说，如果善用般若观照，由迷到悟只是一念的工夫，所谓"若起正真般若观照，一刹那间妄念俱灭。若识自性，一悟即至佛地"，"前念迷即凡夫，后念悟即佛；前念著境即烦恼，后念离境即菩提"。确实，参禅者只要能起般若观照，觉知自心照而常寂、寂而常照的本性，当下一念即可破妄显真、顿悟本来面目而成佛，的确是透顶透底、立竿见影的观法。禅宗顿教此后开出的种种法门，都是此根本观法的随缘运用。

  禅宗顿教虽然始终用般若观修，但以明心见性为标准，可以将观照区分为前后两段功夫：明心见性前，参禅者依信解力为基础，运用佛祖开示的观行般若观照自心，只要自心生起妄念，当下即行观空，直至明心见性；明心见性后，参禅者依自性般若观照自心、断除无明习气，只要泛起无明习气，当下即便荡涤，终归大般涅槃。其中，未明心见性前的功夫最关键。其功夫得力与否，主要看能否依观行般若用功；其功夫纯熟与否，则端看能否"打破五蕴烦恼尘劳"。此处"五蕴烦恼尘劳"内涵很广,既包括凡夫执着的种种外境、心理与五蕴和合身,也包括声闻行者无法打破的色、受、想、行、识五蕴本身,涵盖了我法二执的所有内容。如果功夫纯熟,则意味着打破我法二执而明心见性;如果不能明心见性,则意味着功夫尚未成熟。由此可知,禅宗顿教要达到的目的与其他大乘佛教宗派并无二致,只是修行方法有别而已。

六祖一方面很慈悲,要求弟子"不得匿其正法",必须将禅宗顿教"默传分付"下去;另一方面又很严格,特别强调修学禅宗顿教的根器,要求弟子只能将此教法传给同见、同行并发愿终身受持不退者,而不能传给见地、行法不同者,以免他们反感,导致诽谤顿教、作践祖师、断佛种性的后果。六祖不是从自修禅道,而是从培养禅师的角度提出要求,这个要求严格而必要,只有这样才能培养出有能力续佛种性、荷担禅宗顿教家业的祖师。

[5]"善知识!吾有一'无相[①]'颂,各须诵取,在家出家,但依此修;若不自修,唯记吾言,亦无有益。听吾颂曰:

说通及心通,如日处虚空,
唯传见性法,出世破邪宗。
法即无顿渐,迷悟有迟疾,
只此见性门,愚人不可悉。
说即虽万般,合理还归一,
烦恼暗宅中,常须生慧日。
邪来烦恼至,正来烦恼除,
邪正俱不用,清净至无余[②]。
菩提本自性,起心即是妄,
净心在妄中,但正无三障[③]。
世人若修道,一切尽不妨,
常自见己过,与道即相当。

色类自有道，各不相妨恼，
离道别觅道，终身不见道，
波波度一生，到头还自懊。
欲得见真道，行正即是道，
自若无道心，暗行不见道。
若真修道人，不见世间④过，
若见他人非，自非却是左。
他非我不非，我非自有过，
但自却非心，打除烦恼破，
憎爱不关心，长伸两脚卧。
欲拟化他人，自须有方便，
勿令彼有疑，即是自性现。
佛法在世间，不离世间觉，
离世觅菩提，恰如求兔角。
正见名出世，邪见是世间，
邪正尽打却，菩提性宛然。
此颂是顿教，亦名大法船，
迷闻经累劫，悟则刹那⑤间。"

师复曰："今于大梵寺说此顿教，普愿法界众生言下见性成佛。"

时韦使君与官僚道俗闻师所说，无不省悟，一时作礼，皆叹："善哉！何期岭南有佛出世！"

◎ **注释** ①〔无相〕是梵文 animitta 的意译，与有相相对，义为无任何实体相，指诸法空性没有实体相。佛陀说："一切诸法本性皆空，一切诸法自性无性。若空无性，彼则一相，所谓无相。以无相故，彼得清净。若空无性，彼即不可以相表示，如空无性不可以相表示，乃至一切诸法亦复如是。"（《大宝积经》卷五）②〔无余〕指佛、菩萨证得的无余涅槃。③〔三障〕烦恼障、业障与报障。④〔世间〕梵文 loka，义为可毁灭、可破坏；梵文 laukika，义为世俗或凡俗。汉译皆称世间，指六道众生居住的世界。《大智度论》卷六十三："世间，所谓三界。"⑤〔刹那〕梵文 kṣaṇa，译作一念，佛教计算时间的最小单位。其时间长度，据《俱舍论》说，一百二十刹那为一怛刹那（梵文 ekas tat-kṣaṇa），六十怛刹那为一腊缚（梵文 lava），三十腊缚为一牟呼栗多（梵文 muhūrta，意译作须臾），三十牟呼栗多为一昼夜，可知一刹那相当于 0.013 秒。

◎ **大意** "善知识！我有一首'无相'颂，各位都要诵持，无论在家出家，只要依此颂修行即可；如果不真修实证，仅仅记住我说的颂文，也没有什么利益。请听我说颂文：

教法通与自心通，犹如红日挂虚空，
唯传顿悟自性法，出世遮破偏邪宗。
佛法本来无顿渐，众生迷悟有迟疾，
只此顿悟见性门，愚钝之人不可悉。
语言文字有万般，归根到底总为一，
烦恼黑暗窟宅中，时常应当生慧日。
邪念才生烦恼至，正念一起烦恼除，
邪正二念俱超越，清净涅槃更无余。
菩提本来是自性，生起邪念便成妄，
清净心不离妄念，但存正念无三障。
世人若欲修佛道，一切法门皆无妨，
时常反观自家过，自可与佛道相当。
芸芸万相各有道，相安无事不妨恼，
离此道去别觅道，终身忙碌不见道，
忙忙碌碌度一生，到头依旧徒自懊。
欲得证悟真佛道，心行正大即是道，
自家如无真道心，心行冥暗不见道。
如若是真修道人，不见世间众生过，
若见他人有是非，只此便是自家左。
自己不随人是非，自执是非便有过，

只要自除是非心，即将烦恼悉打破，
憎爱情执不入心，便可长伸两脚卧。
如若打算度他人，自己需得有方便，
勿令当人起狐疑，其人自性即显现。
佛法只在此世间，不离世间求正觉，
远离世间觅菩提，如求龟毛与兔角。
正见名为出世间，邪见相对称世间，
邪正两边尽消除，菩提自性真宛然。
此诸偈颂是顿教，亦可称为大法船，
迷历多生复累劫，开悟只在刹那间。"

大师又说："今天在大梵寺说此顿教法门，普愿法界众生闻者皆见性成佛。"

当时，刺史韦璩与官僚、僧俗聆听大师所说，无不深有省悟，一时稽首作礼，同声赞道："善哉！何曾想岭南竟然有佛出世！"

◎ **解读** 《六祖坛经》中的颂多称"无相"颂，《般若》品的"无相"颂是彰显禅宗顿教宗趣、囊括禅宗顿教无相法门的总颂。无相即无二元对立相，是禅宗直指人心这一宗旨的另一种表达方式，因众生自性无相，自性具足的实相般若无相，依自性而起的观照般若无相，承载实相般若与观照般若的文字般若也即相无相，所以六祖用无相二字命名颂文非常恰当。

第一颂显明禅师的资格与使命。六祖说，禅师必须"说通及心通"。"说"指如来诸乘教法，"说通"即通达如来诸乘教法，能随众生根器当机说法。《楞伽阿跋多罗宝经》卷三说："说通者，谓随众生心之所应，为说种种众具契经。""心"指本心，"心通"指通达本心，亦即禅宗所谓明心见性，《楞伽阿跋多罗宝经》卷三称之为"自宗通"，谓"自宗通者，谓修行者离自心现种种妄想，谓不堕一异，俱不俱品，超度一切心、意、意识，自觉圣境界，离因成见相，一切外道、声闻、缘觉堕二边者所不能知"，实际就是依佛乘教法修行，超越凡夫、外道、声闻、缘觉乃至菩萨而成佛。因此，"说通及心通"即禅教皆通。禅与教的关系，如果从本末论，禅是教之本，教是禅之末，没有禅就没有教，必须通禅才能真正通教；如果从修证论，教是禅之指，禅是教之月，无教则不知心月所在，必须"藉教悟宗"。六祖要求禅师禅教兼通，正是对佛陀出世"一大事因缘"的回归与传承，因为只有禅教兼通者才能续佛慧命。后世有参禅者执禅废教、痴禅暗证，那是人的问题，但除其病不除其法则可，为除其病兼除其法则不可。

禅师如何才能续佛慧命呢？"唯传见性法，出世破邪宗。""邪"是邪见，"邪宗"本指一切以实体见为指导思想、不能证得涅槃的外道宗派。《大乘密严经》卷一就说，外道"于蕴、瓶、衣等，微细而分别，三百有六十，邪宗坏正道，往来生死中，无有涅槃法"。此处"邪宗"所指不是外道，而是禅宗顿教之外的种种不以自性为归趣的教说与禅法。六祖的措辞很严厉，但有经典依据，《大般涅槃经》卷七中，佛宣说不思议常乐我净的大般涅槃法后，迦叶菩萨便深有感慨地说："世尊！我从今日始得正见。世尊！自是之前，我等悉名邪见之人。"这是以佛乘中道见为标准判邪正，深契佛陀本怀。事实上，中国从南北朝到隋唐时代，谈玄说妙或痴禅暗证两种偏颇现象都非常普遍，对此道宣曾痛切指陈道"受学毗昙，行恶戒者，奉为聪慧，听习《楞伽》，乐饮啖者，用为通极……谓邪慧为真解，以乱识为圆智"（《续高僧传》卷十五），"顷世定士，多削义门，随闻道听，即而依学，未曾思择，岂背了经……或复耽著世定，谓习真空。诵念西方，志图灭惑，肩颈挂珠，乱摇而称禅数；纳衣乞食，综计以为心道。又有倚托堂殿，绕旋竭诚；邪仰安形，苟存曲计。执以为是，余学并非；冰想铿然，我倒谁识？"（《续高僧传》卷二十）中国传统佛教虽有八宗，但以禅宗一家超凡入圣者最多，不能不说与禅师这种自觉传佛心印的智慧与担当密切相关。

第二、五、七、十二、十三诸颂阐明禅宗顿教的见地。"法即无顿渐"，谓从自性来看，一切法性相空寂，平等一味，无二无别，故无顿渐。但是，学佛法者根器有上、中、下三等，中、下根器者必须借助佛施设为二元结构的教法逐渐靠近这种见地。佛为度化不知自性真相的众生，称其所处世界为世间，对治世间的佛法及其结果为出世间，引人陷入世间的见地为邪见，导人走向出世间的见地为正见；困于世间的生命为凡夫，超越世间的生命为圣人；凡夫的种种思想感情为烦恼，圣人的种种思想感情为菩提；世间的生活过程为生死，出世间的生活过程为涅槃；出世间的正见、圣人、菩提、涅槃又有深浅的区别。众生从自己相应的世间境界开始修行，转到出世间后，不能停留于出世间的种种境界，必须空掉对治世间的出世间法，超越种种出世间境界，才能破掉所有二法，归于不二自性。如果是信奉禅宗顿教的上根人，他们坚信"法本不生，今则无灭"的"不二法门"(《维摩诘所说经》卷中),能够直接从自性建立信仰,相信世间即出世间、凡夫即佛、烦恼即菩提、生死即涅槃。这种见地,体现在依自性显现的法界万法中,便是"色类自有道,各不相妨恼"。"色类"指法界万法,万法之间是理事无碍、事事无碍的关系,万法之理即空性,万法之事即事相,性即相之性,相即性之相,这是理事无碍。万法都是称空性显现的妙有,它们既在缘起中共同成就一个法界,又不碍各自有其差别性相因果;它们各有差别性相因果,由于此性相因果的本性是空性,故其中一法为主时,其余一切法为伴,主伴圆融无碍。根本上说,因为万法性相皆空,它们之间不但相摄相入,而且一即一切、一切即一,所以"一切法皆是佛法"(《金刚般若波罗蜜经》)。这是事事无碍。如此一切现成之道,非中、下根器者能信,遑论凑泊,故说"愚人不可悉"。六祖因应中国人对不二法门的彰显,为禅宗顿教全面地立足人间施行教化打下了坚实的基础,是禅宗顿教能够长期在中国存在与开展的奥秘。

第三、四、六、八、九、十、十四诸颂开示禅宗顿教的修法与效果,其中第三、四两颂开示修行的心要,第十四颂彰显修行的效果,其余诸颂讲述修行的方法。参禅者虽确立了圆满见地,毕竟尚未亲证自性,因此需要修行,但禅宗顿教的根本行门不是次第破二法最后证悟自性的渐修法门,而是依本于自性般若的观照般若观照自心、顿见自性的顿悟法门。六祖开示的禅法心要是"烦恼暗宅中,常须生慧日。邪来烦恼至,正来烦恼除,邪正俱不用,清净至无余"。"烦恼暗宅"指参禅者之心,因为没有见到自性本具的实相般若,宛如没有光亮的房子,故称暗宅;"慧日"指参禅者观照自心时运用的观照般若,明心见性前是佛祖借文字般若传授的观行般若,明心见性后是自性般若现起的观照般若。参禅者心中只要生起任何二元对立念头,就意味着生起了现行烦恼,就要用观照般若将其观空;如此不停观照,长期熏修,到一念不生之时则本心现前、本性显露,至"邪正俱不用"之际则契入无余涅槃之境。

具体修行时,禅宗以"无门为法门",没有具体的修行法门,行住坐卧、工作学习、待人接物乃至抡刀上阵,都可以作为修行法门,真是"一切尽不妨"。虽然如此,参禅者时刻要有一颗道心,此心即观照般若,它能"常自见己过",观破与自性不相应的邪行,现起与自性相应的正行。邪正二行都包括身、口、意三业,有自处与共处两种状态。自处时观心无所住,共处时更观人我是非本空，久而久之，"与道即相当"，即明见心性。明见心性后，从前种种妄想烦恼不再现前，贪、瞋、痴三心随之消失，便能"长伸两脚卧""随所住处恒安乐"了。

  这种修法的结果如何？六祖说："此颂是顿教，亦名大法船，迷闻经累劫，悟则刹那间。"有人看到六祖此类说法，以为禅宗的修行不过是一念间的事情，这种论断有将禅宗顿教行法简单化之嫌。六祖所谓"悟则刹那间"，主要是从宗门与教下相比较的角度，指禅宗顿教的般若观照法门念念"直指人心"的特点而言，而非指禅观毕其功于一念，实际的修行效果，如前文所述，必须联系参禅者的具体情况来判断。

  第十一颂论述禅宗如何度化众生。大乘佛教以中道见与菩提心为基础，以自度度他、度尽众生为目的，禅宗顿教作为大乘佛教宗派，当然也不例外。佛教中，能度化众生者，教下称为佛、菩萨，禅宗顿教称为禅师，六祖又称为大善知识。关于禅师的能力，六祖说有两个，一是"自须有方便"，二是"勿令彼有疑"，这都是明心见性、得到根本智后才有的能力。"方便"又叫方便善巧或沤和般若，"自须有方便"指禅师具备深观参禅者根器、心行并应机度化的差别智，"疑"即疑惑或不信任，"勿令彼有疑"指禅师要让参禅者不起疑惑、充满信心。根本智是洞见诸法空性的慧眼力，差别智是此后不断增强的深观诸法差别性相因果的法眼力，信心则是由前两者综合体现在禅师身上的状态，后来法眼文益禅师说禅师需"先辨邪正""时节分明""语带宗眼""各不相辜"（《宗门十规论》），要求也是一样的。禅师具有这样的能力，便可"七纵八横，杀活临时"（释文偃《云门匡真禅师广录》卷中）。六祖及其后诸大禅师度化众生的演示，证明事实确实如此。

疑问第三

　　疑者疑惑，问者请问。本品主要是六祖与听众的问答。韦璩听闻六祖说法后，问了三个问题：一是梁武帝为何没有功德？二是念佛能否往生西方？三是在家如何修行？六祖一一作出了回答。六祖说，行善有得福德与功德的区别，以有求心行善只有福德，以无求心行善，既有福德也有功德；净土有自性净土与西方净土的差异，无论什么净土，往生的关键都是净心，只有心净才能往生净土；"若欲修行，在家亦得"，在家人只要依般若法门随缘观照，都能明心见性。

◎ 疑问第三

[1] 一日，韦刺史为师设大会斋①。斋讫，刺史请师升座，同官僚士庶肃容再拜问曰："弟子闻和尚说法，实不可思议，今有少疑，愿大慈悲，特为解说。"师曰："有疑即问，吾当为说。"

韦公曰："和尚所说，可不是达摩大师宗旨乎？"师曰："是。"公曰："弟子闻达摩初化梁武帝②，帝问云：'朕一生造寺、度僧、布施、设斋，有何功德？'达摩言：'实无功德。'弟子未达此理，愿和尚为说。"师曰："实无功德，勿疑先圣之言。武帝心邪，不知正法，造寺、度僧、布施、设斋，名为求福，不可将福便为功德，功德在法身中，不在修福。"

师又曰："见性是功，平等是德。念念无滞，常见本性真实妙用，名为功德。内心谦下是功，外行于礼是德；自性建立万法是功，心体离念是德；不离自性是功，应用无染是德。若觅功德法身，但依此作，是真功德。若修功德之人，心即不轻，常行普敬。心常轻人，吾我不断，即自无功；自性虚妄不实，即自无德，为吾我自大，常轻一切故。

"善知识！念念无间是功，心行平直是德；自修性是功，自修身是德。

"善知识！功德须自性内见，不是布施、供养之所求也。是以福德与功德别。武帝不识真理，非我祖师有过。"

◎ **注释** ①〔大会斋〕寺院大斋会。②〔梁武帝〕萧衍（464—549），字叔达，南北朝时梁朝第一代皇帝，庙号高祖，谥武帝。南兰陵中都里（今江苏武进区）人。原为南齐王族，曾为齐竟陵王萧子良门客，与沈约、谢朓、王融、萧琛、范云、任昉、陆倕游，并称"竟陵八友"。齐和帝即位（501）后，官都督中外诸军事，同年进位相国，封爵梁公，又进梁王。翌年代齐，建立梁朝，在位四十八年。太清三年（549）卒，世寿八十六。他早年信奉道教，与陶弘景关系密切。他即帝位（502）

后，遇国家征讨大事，常遣使咨决于道士陶弘景。天监三年（504）下诏舍事道法，宣布佛教为国教。他平素广做佛教功德，常常讲经说法，谨守佛教戒律，世称"皇帝菩萨"。他所撰佛教著述主要有《制旨大涅槃经讲疏》《净名经义记》《制旨大集经讲疏》《发般若经题》等，惜皆亡佚。

◎ **大意** 一天，韦刺史为六祖大师敬设大斋会。用完斋，刺史请六祖升座，与官僚、士人、百姓庄重礼拜，问道："弟子听和尚说法，感到不可思议。弟子现在有点儿疑惑，希望和尚慈悲，特为解说一下。"大师说："有疑惑就问，我会为你解说。"

韦刺史问："和尚所说的禅法是不是达摩大师的宗旨？"大师说："是。"韦刺史说："弟子听说达摩当初度化梁武帝时，梁武帝问：'朕一生造立寺院、诏度僧众、广兴布施、常设斋供，有什么功德？'达摩说：'没有任何功德。'弟子不懂其中的道理，恳请和尚宣说。"大师说："确实没有功德，不要怀疑达摩祖师的话。梁武帝心有偏邪，不知什么是正法，造立寺院、诏度僧众、广兴布施、常设斋供，这是世间福报，不可与功德混为一谈，功德为法身所有，不同于积累福报。"

大师又说："见到自性是功，心行平等是德。念念没有滞碍，恒常现起本性真实妙用，叫作功德。内心谦和是功，言行如法是德；由自性建立万法是功，心体远离妄念是德；心行不离自性是功，日常应用无染是德。要求法身功德，只要依此教示修行，便是真功德。修行功德的人，内心不怀轻贱，行持中普敬一切。内心常怀轻贱，我执不断，便是无功；不见自性，虚妄不实，便是无德，因为我执自高自大，轻贱一切。

"善知识！念念不生不灭是功，心行平等正直是德；明心见性的修行是功，立身处世的修行是德。

"善知识！功德必须从自性中才能见到，不是执着布施、供养等善法能求得的。因此，福德与功德有区别。梁武帝不了解佛法真义，并不是达摩祖师有过错。"

◎ **解读** 韦刺史听六祖说法后，对功德的内涵产生了疑问，于是启请六祖教示。功德的梵文是 guṇa，音译作惧囊、麌囊、求那，功是善功，德是果德，指善行及其善果。净影寺慧远说："言功德者，功谓功能，善有资润福利之功，故名为功；此功是其善行家德，名为功德。"（《大乘义章》卷九）与此类似的另一个概念是福德,"言福德者,善能资润,福利行人,故名为福;福利是其善行家德,如清冷等是水家德"(《大乘义章》卷九)。佛教认为,成佛需要福德和智慧两种条件,两者"如月能润物,日能熟物,二事因缘故,万物成就;福德道、智慧道亦如是,福德道能生诸功德,智慧道能于福德道中离诸邪见著"(《大智度论》卷二十六),即福德是功德之因,功德是福德之果,智慧是福德与功德始终在正确轨道上增长圆满的正见和正智。在成佛之路上,因为福德与功德是互为因果的关系,即前一阶位的福德是后一阶位的功德之因,后一阶位的功德又是更后阶位的福德之因,因此福德与功德几乎是同义词。同时,由于成佛是一个转识成智的过程,未开智慧前,在分别识支配下修习的善行是不能断除生死烦恼、无法免于轮回的有漏善行;只有开智慧后,在无分别智指导下修习的善行才是远离烦恼、免于轮回的无漏善行。因此,当佛教依福德与智慧两者组织菩萨道的六波罗蜜修行系统时,特别重视般若的根本性,强调"若无般若波罗蜜多,施等不能到彼岸"(《大般若波罗蜜多经》卷一二八),相应地佛教强调只有基于智慧的无漏善行及其果德才是真实不虚的福德或功德,如佛说"菩萨无住相布施"得"不可思量""福德"(《金刚般若波罗蜜经》),"唯有涅槃寂静微妙,具足种种常、乐、我、净真实功德"(《大般若波罗蜜多经》卷三三二)。

六祖秉承初祖宗旨,始终围绕具足智慧的自性来阐述。从见地上讲,参禅者应知自性是真实功德之源,自性能建立清净万法是功,自心本来远离一切妄念是德;从果德上看,只有身、口、意三业始终由自性发出才是功,随缘应用时始终不妄分别、等视万法才是德;从修行上观,只有依般若观照见到自性才是功,内心谦下、外行普敬才是德。反之,如果修行中不知断除我法二执,不能见到自性,而自居其功、轻贱他人,则没有功德。梁武帝不知功德的真实义,在我法二执中行善,凡有善行皆求回报,只有人天福德,而没有智慧功德。需要指出的是,无论达摩还是六祖,都没有指责梁武帝行善,因为行善是佛教修行应有的内容。他们只是批评梁武帝在分别心支配下行善,因为这样的善行再多,也不能断除烦恼、见性成佛。"一言以蔽之",六祖与达摩一样,主张参禅者应"以无我、无人、无众生、无寿者"之心"修一切善法"(《金刚般若波罗蜜经》)。这种功德思想,对形成中国人既重善又不伐善的超功利的美德传统发挥着重要作用。

[2] 刺史又问曰:"弟子常见僧俗念阿弥陀佛①,愿生西方②,请和尚说,得生彼否?愿为破疑。"师言:"使君善听,惠能与说。世尊在舍卫城③中说西方引化,经文分明,去此不远。若论相说,里数有十万八千,即身中十恶八邪④,便是说远。说远为其下根,说近为其上智。人有两种,法无两般,迷悟有殊,见有迟疾。迷人念佛求生于彼,悟人自净其心,所以佛言:'随其心净,即佛土净。'使君!东方人但净心,即无罪;虽西方人,心不净,亦有愆。东方人造罪,念佛求生西方;西方人造罪,念佛求生何国?凡愚不了自性,不识身中净土,愿东愿西;悟人在处一般,所以佛言:'随所住处恒安乐。'使君!心地但无不善,西方去此不遥;若怀不善之心,念佛往生难到。今劝善知识:先除十恶,即行十万;后除八邪,乃过八千。念念见性,常行平直,到如弹指,便睹弥陀。使君!但行十善,何须更愿往生?不断十恶之心,何佛即来迎请?若悟无生顿法,见西方只在刹那;不悟,念佛求生路遥,如何得达?惠能与诸人移西方于刹那间,目前便见,各愿见否?"

众皆顶礼云:"若此处见,何须更愿往生?愿和尚慈悲,便现西方,普令得见。"师言:"大众!世人自色身是城,眼、耳、鼻、舌是门,外有五门,内有意门。心是地,性是王,王居心地上,性在王在,性去王无;性在身心存,性去身心坏。佛向性中作,莫向身外求,自性迷即是众生,自性觉即是佛。慈悲即是观音⑤,喜舍名为势至⑥,能净即释迦,平直即弥陀;人我是须弥,邪心⑦是海水,烦恼是波浪,毒害是恶龙,虚妄是鬼神,尘劳是鱼鳖,贪瞋是地狱,愚痴是畜生。善知识!常行十善,天堂便至。除人我,须弥倒;去邪心,海水竭;烦恼无,波浪灭;毒害除⑧,鱼龙绝。自心地上,觉性如来放大光明,外照六门清净,能破六欲诸天⑨。自性

◎ 疑问第三

内照，三毒即除，地狱等罪一时消灭，内外明彻，不异西方。不作此修，如何到彼？"

大众闻说，了然见性，悉皆礼拜，俱叹善哉，唱言："普愿法界众生，闻者一时悟解。"

师言："善知识！若欲修行，在家亦得，不由在寺。在家能行，如东方人心善；在寺不修，如西方人心恶。但心清净，即是自性西方。"

◎ **注释** ①〔阿弥陀佛〕梵文有三名，一是 Amitābha，译作无量光；二是 Amitāyus，译作无量寿；三是 Amṛta，译作甘露。第三个名号为密教所用，显教仅用前两个名。《阿弥陀经》："彼佛光明无量，照十方国无所障碍，是故号为阿弥陀……彼佛寿命及其人民，无量无边阿僧祇劫，故名阿弥陀。"又作阿弥多佛、阿弭跢佛、阿弭嚲佛，略称弥陀，是西方极乐世界教主。②〔西方〕西方极乐世界阿弥陀净土、西方极乐世界、西方净土的略称，又称极乐净土、阿弥陀佛土、弥陀佛土、弥陀净土，其国教主是阿弥陀佛。《阿弥陀经》："从是西方过十万亿佛土，有世界名曰极乐；其土有佛，号阿弥陀，今现在说法。"③〔舍卫城〕梵文 Śrāvastī，旧译作舍卫城，新译作室罗伐、室罗伐悉底，意译作闻者、闻物、丰德、好道，因此城多出名人、多生宝物。又别名舍婆提城、尸罗跋或舍罗婆悉帝夜城。城内有祇树给孤独园，是佛讲经说法的主要道场之一。④〔十恶八邪〕十恶即十不善业：一杀生，二偷盗，三邪淫，四妄语，五两舌，六恶口，七绮语，八贪欲，九瞋恚，十邪见。八邪指与八正道相反的八种邪法：一邪见，指不信因果、凡圣等见解；二邪思，指贪欲、瞋恚、恼害等思维活动；三邪语，指妄语、两舌、恶口、绮语等语业；四邪业，指杀生、偷盗、邪淫等身业；五邪命，指不符合佛法规定的生活方式；六邪精进，指专注于恶事的精进；七邪念，指不符合佛法的心念；八邪定，指非正定的定境。佛教认为，十恶八邪是凡夫外道常行的内容，佛教徒应该远离。⑤〔观音〕梵文 Avalokiteśvara，旧译作光世音、观世音，略称观音，新译作观世自在、观自在；又名施无畏者。此菩萨观世人称彼名之音而前往救度，故名观世音；此菩萨观世界而自在拔苦与乐，故名观自在；此菩萨于怖畏急难者能施无畏，故名施无畏者。观音菩萨代表慈悲，与大势至菩萨共同襄赞阿弥陀佛教化，并称阿弥陀佛二胁士。⑥〔势至〕梵文 Mahā-sthāma-prāpta，译作摩诃那钵、得大势、大势志、大势至、大精进，简称势至或势志，象征智慧的菩萨。《观无量寿经》："以智慧光普照一切，令离三涂，得无上力，是故号此菩萨名大势至。"⑦〔邪心〕《大正藏》本作"贪欲"。后文"去邪心"句同。⑧〔除〕底本作"忘"，据《大正藏》本改。⑨〔六欲诸天〕欲界六天。佛教依众生心执着的深浅、造业的善恶，将六道由低到高分属欲、色与无色三界。欲界是三界中境界最低的世界，其中包括地狱、饿鬼、畜生、人、阿修罗、天六道众生。其中的天是欲界天，有四王天（梵文 Catur-mahārājika-deva）、忉利天（梵文 Trāyas-trimśa-deva）、夜摩天（梵文 Suyāma-deva）、兜率天（梵文 Tuṣita-deva）、化乐天（梵文 nirmāṇarati-deva）及他化自在天（梵文 Paranirmita-vaśavartin-deva）六种，故叫作六欲天。其中，四王天、忉利天依须弥山住，叫作地居天；其余四天住于虚空，叫作空居天。

◎ **大意** 韦刺史又问："弟子经常见僧俗念阿弥陀佛，发愿往生西方，请和尚开示，能往生西方吗？希望为我破除疑惑。"大师说："使君好好听，惠能为你说。世尊在舍卫城宣说西方净土摄化法门，经文讲得清清楚楚，离我们娑婆世界不远。如果从事相上说，所谓十万八千里即指众生有十恶八邪，有十恶八邪则难生净土，故说很远。说距离远是针对下根人，说距离近是针对上根人。人根有利钝，迷悟有迟速，见性有快慢，佛法无两般。愚迷者念佛求生西方，聪慧者只求清净自心，所以佛说：'只要心清净，即佛土清净。'使君！东方人只要心清净，便没有罪过；即便是西方人，只要心不净，同样有罪过。东方人造恶业，念佛求生西方；西方人造恶业，念佛求生何处？凡愚者不明了自性，不知身中自有净土，发愿往生东方、西方；开悟者在哪里都一样，所以佛说：'无论在何处，身心恒安乐。'使君！只要心无恶念，西方离此不远；如果心怀恶念，念佛往生难到。我劝善知识：先断除十种不善业，就是行十万里；再荡涤八种邪法，就是过八千里。念念明见自性，常行平等正直之行，往生西方犹如弹指之间，当下便见阿弥陀佛。使君！只要行十种善业，哪里还需要发愿往生西方？如果心怀不善，哪尊佛会来迎接呢？如果觉悟无生顿教，刹那间便到西方；不悟无生顿教，念佛求生西方，路途遥远，如何能到达？惠能将西方移到目前，让大家刹那间可见到，各位愿意见吗？"

众人五体投地，齐声说："如果能够在此处见到，哪里还需要发愿往生西方？愿和尚慈悲，将西方显现出来，让大家都见到。"大师说："大众！世人自己的色身是西方的城郭，六根是西方的城门，眼、耳、鼻、舌、身五根是外五门，意根是内一门。自心是西方的土地，自性是西方的国王，国王居住在心地上，自性显现则有国王，自性隐没则无国王；自性显现则身心俱在，自性隐没则身心俱坏。佛由见自性成就，不要到身外求佛，迷执自性就是众生，觉悟自性就是佛。慈悲是观音菩萨，喜舍是大势至菩萨，能净是释迦牟尼佛，平直是阿弥陀佛；我法二执是须弥山，邪见之心是海水，根本烦恼是波浪，害人心行是恶龙，虚假狂妄是鬼神，种种烦恼是鱼鳖，贪瞋二心是地狱，愚痴之心是畜生。善知识！常行十种善业，就能往生净土。断除我法二执，须弥山即倾倒；削落邪见之心，海水即枯竭；没有烦恼，海浪便平静；没有害人心行，鱼龙便绝迹。自己的心地上，自性智慧如来常放光明，将六根照得清清净净，能够照破欲界六天的本来面目。自性般若从心内发起观照，贪、瞋、痴三毒当即断除，地狱等恶道罪业同时消灭，身心内外光明朗彻，与西方没有任何差异。不做这样的修行，怎么能到西方？"

大众听闻六祖说法，明白领悟到自性，一齐礼拜，同声赞叹，发愿高唱："愿法界所有众生，听闻者都能当下领悟。"

大师说："善知识！如果想修行，在家也可以，不一定非要出家。在家能修行，像东方人心地善良；在寺院不修行，如西方人心地邪恶。只要心地清净，就是自性西方。"

◎ **解读** 大乘佛教的目的是成佛，佛居住的地方叫作净土。净土，全称清净土、清净国土、清净佛刹，又作净刹、净界、净国、净方、净域、净世界、净妙土、妙土，相对凡夫居住的秽土而得名；由于净土是佛居住的世界，又称佛刹、佛国、佛国土、佛净土、佛国净土。从下学上达的维度讲，佛身是菩萨道修行者获得的身体（正报），净土是菩萨道修行者居住的生活世界（依报）。究竟而言，佛与净土、正报与依报虽有可表法之名，而无可执着之实，因为佛身是自性显现的身体，是究竟无是无非的实相法身；净土是自性显现的世界，是究竟无是无非的实相（常寂光）净土。这样的佛身与净土，只有圆满觉悟者才能成就，六道凡夫无法想象，乃至十地菩萨也尚未圆满，故佛陀说"三贤十圣住果报，唯佛一人居净土"（《佛说仁王般若波罗蜜经》卷上）。

由于成佛是众生自净其心的过程，净土是心清净后显现的世界，所谓"欲得净土，当净其心，随其心净，则佛土净"（《维摩诘所说经》卷上），佛教又依佛自证实相法身与实相净土方便开出三种佛身与净土：对彻见自性的佛，开出法身佛与常寂光净土；对证见自性的菩萨，开出报身佛与实报庄严净土；对未见自性的凡夫，开出化身佛与凡圣同居土。这三种佛身与净土，对佛来说无非实相法身与常寂光净土，但对于修行菩萨道的众生来说则有圆满与否的区别。未见自性的凡夫，因在我法二执中修行，见到的佛身是化身，感得的国土是凡圣同居土；证见自性的菩萨，虽然已无我法二执现行，但尚未涤尽烦恼习气，因此他们见到的佛身是报身，感得的净土是实报庄严净土；彻证自性的佛，不仅没有我法二执现行，而且涤尽了烦恼习气，因此他们全体是法身，所居净土是常寂光净土。由此可知，就往生净土来说，最关键的一环是从凡圣同居土往生到实报庄严净土，只有往生到实报庄严净土，才意味着证见了自性，实现了转凡成圣的基本目的，超越了生死轮回的束缚。

化身释迦牟尼佛看到娑婆世界学习佛教的凡夫有依法（理）入和依信（仰）入两种类型，于是为他们开出了往生实报庄严净土的不同法门——对前者开出依佛陀教观修学成就的法门，对后者开出依佛陀本愿加持摄化的法门。禅宗顿教出现前，前一条道路主要指大乘各派开出的次第法门，这种法门需要修学两大阿僧祇劫才能契入实报庄严净土，后一条道路即身便可往生实报庄严净土，故龙树菩萨称前者为难行道、后者为易行道。易行道中，与此方众生最有缘者是西方净土法门。净土法门只需念佛名号，报身阿弥陀佛本有大愿称，"十方众生，闻我名号，系念我国，植诸德本，至心回向，欲生我国，不果遂者，不取正觉"（《佛说无量寿经》卷上）；此法门可带业往生，所谓"或有众生作不善业，五逆、十恶，具诸不善""如此愚人，临命终时""具足十念称'南无阿弥陀佛'""如一念顷，即得往生极乐世界"（《佛说观无量寿佛经》）；西方净土是实报庄严净土，只要"如说行者，一切定于阿耨多罗三藐三菩提得不退转，一切定生无量寿佛极乐世界清净佛土"（《称赞净土佛摄受经》）。此法门简单易行、摄受面广、效果显著，是易行道的典型代表。但是易行道与难行道的实报庄严净土并不相等：难行道的实报庄严净土都是报身佛现身施化的净土，修行者只要证入此土便能见到报身佛；易行道的实报庄严净土中，有部分是阿弥陀佛未现身而以愿力摄持的净土，修行者往生其间之后，还需进一步修行才能见到阿弥陀佛。

佛陀灵山拈花付法迦叶之后，依法行的佛教徒便有了顿悟成佛法门的传承，只因此法门尚未成为一宗,故未被人们在宗派意义上进行论述。自六祖创立禅宗顿教,此法门成为与律、教、密、净等宗派并列的一宗,很快便发展为与净土宗并驾齐驱的宗派。禅宗顿教不是教门而是行门,只需"直指人心"便能"顿悟成佛",不必像教下诸家那样需要经历漫长的闻、思、修、证过程。禅宗顿教与净土宗根本见地无别,修法也都简单易行,但有如下几点差异:一是禅宗顿教修行者在净秽不二的中道见基础上修行,净土宗需借助净秽各别的见地修行;二是禅宗顿教主要依对本具自性的信解力修行,净土宗主要依对阿弥陀佛悲愿的信仰力修行;三是禅宗顿教依般若观照法门修行,净土宗依称名念佛法门修行;四是禅宗顿教往生西方是现证净秽不二的自性净土,故所谓往生只是净化染污心、显现清净自性的譬喻说法,实无往生可言,而净土宗只有上品上生者无往生可言,其余往生者都实有往生西方净土之相。

我们发现,六祖完全是从心性上解说净土法门。在《六祖坛经》敦煌本此处,当韦刺史等徒众表示愿现前得见西方净土后,六祖出其不意地说:"一时见西方!无疑即散!"更是尽显禅家截断众流、当体即是的风范。弄清六祖、禅宗顿教与净土宗在净土思想与实践上的这些差异,我们就能对六祖此处的论述做出贴切的解释。例如,关于极乐净土的所在,净土宗的根本经典《佛说阿弥陀经》说"从是西方过十万亿佛土,有世界名曰极乐",这是说距娑婆世界十万亿佛刹之遥的西方存在阿弥陀佛教化众生的极乐净土。而六祖则把"十万亿佛刹"说成"十万八千",并以十万譬喻十恶、八千譬喻八邪,强调只有断除十恶八邪才能往生清净佛土。六祖当然不是忘记了经文所说的数字,而是要借"十万八千"这个数字与十恶业、八邪法相匹配,强调众生断除邪恶心行的重要性。

佛陀将信仰、修学、圆满佛法的系统概括为八正道,即正见、正思、正语、正业、正命、正勤、正念、正定。正见指佛陀宣说的思想,正思指按照此思想思考问题,正语指依照此思想说话,正业指依佛陀制定的戒律行动,正命指远离不正确的谋生方式,正勤指在佛陀思想的指导下努力止恶修善,正念指依佛陀的思想观察诸法性相,正定指通过前述修行成就圣果。佛教认为,只有按照八正道思考与实践,才能成就三乘圣果;反之,如果依八邪法思考与实践,必然背道而驰、南辕北辙。十恶即十恶业,又叫十不善业,指杀生、偷盗、邪淫、妄语、两舌、恶口、绮语、贪、瞋、痴,可归纳为身三恶业(杀生、偷盗、邪淫)、口四恶业(妄语、两舌、恶口、绮语)与意三恶业(贪、瞋、痴),是佛教为人道众生划定的行为底线;与之相反的是十善业,即不杀生、不偷盗、不邪淫、不妄语、不两舌、不恶口、不绮语、不贪、不瞋、不痴,可归纳为身三善业、口四善业与意三善业,是佛教为人道众生规定的修行起点。佛教徒受持的不杀生、不偷盗、不邪淫、不妄语和不饮酒五戒,前三戒与十善业前三善业一样,不妄语包含了十善业中的口四善业,不饮酒虽然只是就身业制定的戒律,但实际上蕴含了十善业中的意三善业,因此也可以说十善业等同佛教徒持守的五戒。

如果以八正道匹配十善业,不贪、不瞋和不痴三种意业相当于正见、正思二道,属于八正道的思想范畴;口四善业等于正语,身三善业相应于正业、正命,正勤、正念则是贯穿十善业修学全过程的努力与品质,三者属于八正道的实践范畴;正定则属于前述理论与实践达到的结果。就大乘佛教的净土法门说,各派建立的根本见地都是不二自性见,但教下各派多是通过层层超越二元对立的方式证入自性,因此依八正道修十善业,需经两大阿僧祇劫方能成就实报庄严土。净土宗虽将十善业摄持到佛号中,但需要通过念佛破除娑婆秽土与极乐净土的二元对立才能证入实报庄严土,除了上品上生者之外,其余往生者均需经历时间长短不同的修行才能证入同样的净土。禅宗将一切法摄归自性,依根本上是自性本具的般若修八正道、十善业,故当下即可证入实报庄严土。正是在这个意义上,六祖说:"先除十恶,即行十万;后除八邪,乃过八千。念念见性,常行平直,到如弹指,便睹弥陀。"

六祖以身心比喻极乐净土,演示禅宗如何当下从秽土证入净土,其要义有五:其一,要认识到,心是身之主,心净则身净,心垢则身垢,所谓"随其心净,则佛土净"。其二,心有真妄之分,真心是自性显现出的心,具足慈悲、喜舍、清净、平等、质直等佛、菩萨的品质;妄心是自性被无明遮蔽后的心,表现出人我、邪恶、烦恼、毒害、虚妄、尘劳、贪瞋、愚痴等六道凡夫的品质。其三,凡夫要证入净土必须将妄心转为真心,具体是将人我乃至愚痴等凡夫的品质转化为慈悲乃至质直等佛、菩萨的品质。其四,修行内容是在般若指导下常行十善业。其五,具体修行方法是,行十善业时,以般若在六根门头观空种种执着、消除三毒障碍,"自性内照,三毒即除,地狱等罪一时消灭,内外明澈,不异西方"。这种以六根为核心、以意根为落脚点清净妄念的法门,就是后世所谓"舍识用根"法门的滥觞。这种净土修法，说白了就是在行善过程中对自己内心深处的妄念施行彻根彻底的空观，如果有具格禅师指导，效果自然快捷明显。因此，六祖说完此法后，在座弟子都有"了然见性"的醒悟，这一点也不奇怪。

不过，六祖的净土思想引起后世净土宗佛教徒颇多非议，他们以为六祖扬禅抑净，甚至否定了西方净土。从文字上看，这种说法似乎有道理，因为"不作此修，如何到彼"之说，好像可以这样理解，但是，这实际上是对六祖思想的误解。第一，我们必须明白，如前文已述，六祖所说净土是依自性说的实报庄严土，与净土宗依净秽相对说的西方净土有同有异。第二，六祖始终是对参禅者开示禅宗的自性净土，他说的"十万八千"是妄心与真心之间的心理距离，因为他不会不知道《佛说阿弥陀经》中所示娑婆世界与西方净土的距离。第三，他所谓"凡愚不了自性，不识身中净土，愿东愿西""东方人造罪，念佛求生西方；西方人造罪，念佛求生何国"之说，不是要否定西方净土，而是要呵斥不知净土真实义是清净自性、往生净土需要善行基础的净土和禅门行者，将西方净土当成心外之境去妄求。

揆诸净土法门，六祖的净土思想不仅没有否定西方净土思想，而且跟西方净土思想是一致的。净土宗根本经典之一《佛说观无量寿佛经》明确指出，修净土法门者必须以"修三福"为基础："一者，孝养父母，奉事师长，慈心不杀，修十善业；二者，受持三归，具足众戒，不犯威仪；三者，发菩提心，深信因果，读诵大乘，劝进行者。"第一福是修十善业，第二福是持守戒律，第三福是通大乘法、发菩提心，可说与六祖依自性本具般若修习"十善"异曲同工。

正因此，当有人向莲池大师表达六祖拨无净土的疑问时，莲池大师才会从法门不同、似毁实赞、不为初机、记录有讹四个方面为六祖做出全面辩护。他说，如果就根本道理论，两家看似相反实则相成，六祖说的是即有之空，空中不存一相，所以连净土相也不留；净土宗说的是即空之有，有中相相具足，因此不会拨无净土。如果就法门施设论，两家各自应机施教，自然互有区别。禅宗提持单传直指之道，故说无佛无众生；净土弘扬弥陀摄化之道，故劝众生趣向弥陀。禅宗以无念为宗，众生举心即错、动念即乖，自然不主张起心念佛；净土宗以念佛往生为宗，必定教人起心念佛。禅宗提倡心境寂灭、处处净土，故不特别凸显任何净土；净土宗以往生西方净土为解脱的基本目标，故必然特显弥陀净土。如果两家同时弘扬对方的法门,一定会导致自相矛盾。总之,"虽理无二致,而门庭施设不同,随时逐机,法自应尔。假使才弘直指,复赞西方,则直指之意终无由明矣。故六祖与净土诸师,易地则皆然也"。这是法门不同。六祖的开示旨在劝人踏实行善、不发空愿,并不是说不存在西方净土,他所谓"不断十恶之心,何佛即来迎请"之说,正是《佛说观无量寿佛经》中"必以多善根得生彼国之谓也,恶得云毁?"这是似毁实赞。禅宗是上根人的法门,初心下劣凡夫毫无智慧,如果拨无净土、空谈智慧,有害无益,"故《坛经》者,慎勿示之初机,苟投非器,便落狂魔,诚可叹惜"。这是不对初机。极乐净土距离娑婆世界十万亿土,《六祖坛经》说西方距离中土十万八千里,那是错把天竺当成极乐净土了。天竺和中土都是娑婆秽土,哪里用得着愿东愿西?可能是《六祖坛经》记录者记错了,这是记录有讹(详见释袾宏《阿弥陀经疏钞》卷四)。莲池大师的辩护,除了"记录有讹"一义未契六祖深心,其余都切中肯綮。

[3] 韦公又问:"在家如何修行?愿为教授。"师言:"吾与大众作①'无相'颂,但依此修,常与吾同处无别;若不依此修,剃发出家,于道何益?"颂曰:

> 心平何劳持戒②?行直何用修禅?
> 恩则孝③养父母,义则上下相怜。
> 让则尊卑和睦,忍④则众恶无喧!
> 若能钻木出火,淤泥定生红莲。
> 苦口的是良药,逆耳必是忠言。
> 改过必生智慧,护短心内非贤。
> 日用常行饶益,成道⑤非由施钱。
> 菩提只向心觅,何劳向外求玄!
> 听说依此修行,西方只在目前。

◎ 疑问第三

师复曰："善知识！总须依偈修行，见取自性，直成佛道。时不相待，众人且散。吾归曹溪，众若有疑，却来相问。"

时刺史官僚，在会善男信女，各得开悟，信受奉行。

◎ **注释** ①〔作〕《大正藏》本作"说"。②〔戒〕是梵文 śīla 的意译，音译作尸罗，意为清凉，为佛教徒防非止恶、离热恼得清凉的规范。《大乘义章》卷一："言尸罗者，此名清凉，亦名为戒。三业炎非（火），焚烧行人，事等如热，戒能防息，故名清凉，清凉之名，正翻彼也。以能防禁，故名为戒。"戒，深浅有五位，即五戒、八戒、十戒、具足戒、菩萨戒；内容有四科，即戒体、戒法、戒行、戒相，戒体是防非止恶的心理功能，戒法是佛陀制定的戒律系统，戒行是依戒体而有的身、口、意三业，戒相是戒律的不同相状。戒居佛教戒、定、慧三学之首，"是一切善法梯磴"（《大般涅槃经》卷三十一）。③〔孝〕底本作"亲"，据《大正藏》本改。④〔忍〕又称忍辱，梵文 kṣānti 的意译，音译羼提、羼底、乞叉底，意为忍耐、安忍，面对违逆境不生瞋心故名忍耐，安住佛法真理不动心故称安忍。《瑜伽师地论》卷四十二："云何名忍？自无愤勃，不报他怨，亦不随眠流注恒续，故名为忍。"忍辱是六波罗蜜之一，分伏忍、信忍、顺忍、无生法忍与寂灭忍五个层面，而以佛的寂灭忍最为圆满。⑤〔道〕梵文 mārga 的意译，音译作末伽，有因果二义，因指达到某个目的地的道路，如十善业道；果指所达到的目的地，如六凡道、四圣道。此处道专指圣道，即以菩萨行为因、现证自性为道。

◎ **大意** 韦刺史又问："弟子在家如何修行？希望您传授有关方法。"六祖说："我为众人作一首'无相'颂，你们只要依此颂修行，如同常常和我在一起；如果不依此颂修行，就算剃发出家，对佛道有什么益处呢？"颂道：

心平等何须持戒？行正直岂用参禅？

报恩则孝养父母，仁义则兄弟爱怜。

礼让则尊卑和睦，忍辱则诸恶不宣！

如若能钻木出火，淤泥中定生红莲。

苦口者实是良药，逆耳者必是忠言。

改过则必生智慧，护短则心里非贤。

日用事常行饶益，成道果非由施钱。

菩提只可向心觅，何必向心外求玄！

听闻此法谨修行，西方净土在目前。

六祖又说："善知识！一定要依此颂修行，证见自家自性，直了成就佛道。时间不等人，大家散了吧。我回曹溪去了，大家如果有疑惑，往后来问吧。"

当时，刺史、官僚和在会善男信女，各自有所开解，信受奉行六祖传授之法。

◎ **解读** 这是六祖为在家人开示的参禅方法，对任何时代与地域的人都有重要意义。禅宗顿教在人们眼里往往显得高深玄妙，后世机缘语句的兴起更加深了这种印象，实在是一种误会。禅宗顿教的机缘语句，多是为对治参禅者的分别心而设，对总想以分别心解读者来说是扪摸不着的玄言，但对参禅者来说是解黏去缚的利剑，对明心见性者来说则无异于哄逗小儿的黄叶。实际上，禅宗顿教最平实不过，无非提倡众生在本位上过一种没有妄想、活在当下的生活。对人来说，什么样的生活才是没有妄想的生活呢？内则三业清净，外则依清净三业处理人与人、人与社会、人与自然等的关系。

六祖指出，参禅人首先要明白参禅的方向："菩提只向心觅，何劳向外求玄！"菩提是智慧，智慧在哪里？众生本具。佛陀说："无一众生而不具有如来智慧。"（唐译八十卷本《大方广佛华严经》卷五十一）六祖也说："菩提般若之智，世人本自有之。"佛教坚持万法唯心所现，心有染污心与清净心两态，染污心即具贪爱、瞋恚、愚痴三毒之心，清净心即具智慧、自在、慈悲三德之心，随染污心显者是烦恼、争斗之境，随清净心显者是智慧、和谐之境。由此，佛教虽不反对通过一切手段改善、净化身外的环境，但认为这些手段的效果决定于自心清净与否，只有从清净心中发出的手段才能真正达到目的，因此特别重视人心的净化。

净化人心，就是将三毒之心转化为三德之心。此心即六祖所谓本心，或马祖道一禅师所谓平常心，亦即破掉人为造作、是非取舍、生灭断常、染净凡圣等二元对立妄念后的平等恒常之心。能证见此心，则心平行直、三业清净，因此无须持戒，因为持戒正是为了证见此心；也无须参禅，因为参禅也是为了证见此心。此心是否可以自然现前呢？当然不可以。凡夫久远以来被无明遮蔽，自然现前的心是三毒之心。有人听到禅师说禅无修无证，以为这是说不用清净的三毒心，结果必定陷入长沙景岑禅师呵斥的妄境："学道之人不识真，只为从

◎ 疑问第三

来认识神；无始劫来生死本，痴人唤作本来身。"（释道原《景德传灯录》卷十）其实，即使是马祖道一禅师一派津津乐道的"起心动念，弹指动目，所作所为，皆是佛性全体之用，更无别用；全体贪嗔痴，造善造恶，受乐受苦，此皆是佛性"（释宗密《中华传心地禅门师资承袭图》），也是就佛性的体性或果德说的话，而非指凡夫当下三业即清净心显现之法。禅师所说无修无证，是不主张通过层层断除烦恼的方式修证，而应通过般若当体顿悟体证。所以能如此修行，因为无明并不是佛性之外的某种东西，只不过是佛性实体化的状态，依般若观见无明根本性质为空性，无明当体就是佛性，所谓"无明实性即法性"。这样的观照必须落实到每一念，所以禅始终要在实际生活中体证。

在家人如何在生活中体证禅呢？主要是依般若处理种种关系，其中经常遇到的是父母子女、兄弟姐妹、尊卑长幼以及朋友关系。这些关系多与儒家重视的家庭、社会伦理关系相通，在会大众不难领会，因此六祖只是简单提出了处理这些关系的修行法门及其相应结果，没有详细阐明其内容。对现代人而言，虽然我们所处社会的基本价值、社会结构和国家形态有所变化，但这几种关系依然存在，只是表现形式有所不同而已。处理不好这些关系，照样会带来困扰乃至痛苦，因此不妨稍作展开。

六祖开示的法义，可以摄入大乘佛教报四恩的范畴，即报父母、师长、众生、国土之恩。人生在世，父母给予我们生命、抚育我们成长，师长传授我们知识、丰富我们的经验，众生改善我们的身心、帮助我们成功，国家提供给我们资源、维护我们的安全，都应该感恩。"恩则孝养父母"即报父母恩，"恩"是报恩，"孝养"是孝敬供养。"让则尊卑和睦"即报师长恩，"让"是礼让，"和睦"是和谐。"义则上下相怜"与"忍则众恶无喧"则可摄入报众生恩与国土恩，因为义即仁义，可视为慈悲在兄弟之伦的表达；忍即忍辱，可说与慈悲是一体的两面；慈悲与忍辱涉及的对象，包括有情与无情一切众生。"相怜"与"众恶无喧"是修行之法，"慈悲"与"忍辱"是修行的结果。每一法门中，前者为根本见地和修行法门，后者则是修行的具体内容与次第，及至明心见性，都归于清净自性。因为每个法门都如此，这里仅以报父母恩一法为例，从次第观修入手进行简述，以显示禅宗顿教行门的特色。

要把握六祖为在家居士开示的报恩法门，需先弄清佛教如何认识父母。大乘佛教从三世因果观出发，主张一切"众生从无始来皆我父母"（《大乘理趣六波罗蜜多经》卷三），根本上要平等报答一切众生恩，但并未因此淆乱具体时空中的人际关系，随缘显现出的父母子女、兄弟姊妹、长幼尊卑、同事朋友等关系是丝毫不乱的。对于长期受三毒之心污染的众生来说，一切众生都是父母的思想只是一个理论，如果不真修实证，就永远达不到此法开显的境界。而要真修实证，最好的入手处就是修习报父母恩的法门。

作为子女，要报父母恩，首先要认识到，没有父母就没有自己的生命，更不会有其他一切，因此必须孝敬父母。《孝经·三才》也说："夫孝，天之经也，地之义也，民之行也。"子女孝敬父母，本是天经地义，别无道理可讲。其次，观父母养育自己的种种辛苦情状："父母恩重，犹如天地，怀抱十月，推干去湿，乳哺养大，教授人事。此身成立，皆由父母，得见日月，生活所作。"知此恩德，便知"假使左肩担父，右肩担母，行至百年，复种种供养，犹不能报父母之恩"（《杂宝藏经》卷二）。《诗经·小雅·蓼莪》也说得很好："父兮生我，母兮鞠我。抚我畜我，长我育我，顾我复我，出入腹我。欲报之德，昊天罔极！"

一旦发起对父母的报恩心，就要将此心落实在孝养父母的具体践履中。孝养父母，要做到"甘露百味以恣其口，天乐众音以娱其耳，名衣上服光耀其身，两肩荷负周流四海，讫子年命以赛养恩"（《佛说孝子经》），即满足父母衣食住行的需要。但佛教徒的孝道不能以此为满足，还应该劝导父母皈依三宝、受持戒律、听闻佛法、乐善好施、追求智慧："若父母无信，教令信，获安隐处；无戒与戒，教授获安隐处；不闻使闻，教授获安隐处；悭贪，教令好施，劝乐教授，获安隐处；无智慧，教令黠慧，劝乐教授，获安隐处。"（《佛说父母恩难报经》）以此为基础，佛教徒要渐次将此心行推及兄弟姊妹、亲戚朋友，以及关系一般乃至互有仇怨者，更将此心行广被一切众生，最后圆满报恩之行。其中最难跨越的是将报恩心推及互有仇怨者，修行者此时若不能生起报恩心，应作如下观行：先观对方对自己的仇怨是自己向对方施行仇怨的果报，消除吃亏或无辜之心；再观施仇怨者、受仇怨者与仇怨本身本性空寂、了不可得，破掉对仇怨的执着；更观在无限生命历程中自他双方曾互为父母，由此生起报恩心。

这是教下修习报恩法门的方法与次第。至于禅宗顿教，则始终在自性显现万法的基础上将一切众生视为父母宗亲，并依般若从现生父母出发修习报恩法门，故一念相应即可明心见性。如果人们自信自性具足智慧，依菩提心修利他行，修行有不到位处，勇于忏悔罪过，乐于听取劝诫，岂非"西方只在目前"？

最后说明一点，有人认为，六祖这个思想受到儒家伦理思想的影响，是佛教中国化的典型体现，有一定道理，因为人伦道德教化正是儒家的着力点。但是，我们不要以为佛教没有这个层面的内容，《十善业道经》就是佛教为人类制定道德行为规范的经典，《善生经》等经典对个体以及父母子女、老师学生、丈夫妻子、主人仆从、亲戚朋友等人际关系应遵循的道德原则的详细阐明，也可看成是十善业道在在家人生活中的具体运用。只因儒家思想在传统中国社会文化中居于主导地位，而且在这个层面的建设卓有成效，佛教才没有大力弘扬类似的内容。同时，从前文可见，一般在家佛教徒修学的伦理内容虽然与儒家大同小异，但两者在指导思想、具体内容与最终目的等方面都有相当的不同。

定慧第四

定者禅定,慧者智慧,有因果二位,因位称止观,果位称定慧。本品开示禅宗顿教的定慧等学和三无行法。定慧等学实际上是戒定慧等学的简称,佛教中戒、定、慧三学有次第与非次第两种修法,前者采取因戒生定、因定发慧的次第修法,后者采取三学相即的等持修法,六祖采取的是后一种修法,具体体现在三无行法之中。"三无"即无相、无念、无住,无相指即定即慧的无相戒律,无念指即戒即慧的无念禅定,无住指即戒即定的般若智慧。无论从哪一学入手,都含摄其余二学而无余,都呈现出称性起修、全修在性的性格。

◎ 定慧第四

[1] 师示众云:"善知识！我此法门,以定慧为本。大众勿迷,言定慧别,定慧一体不是二,定是慧体,慧是定用①,即慧之时定在慧,即定之时慧在定。若识此义,即是定慧等学②。诸学道人,莫言先定发慧、先慧发定各别,作此见者,法有二相。口说善语,心中不善,空有定慧,定慧不等;若心口俱善,内外一种③,定慧即等。自悟修行,不在于诤,若诤先后,即同迷人,不断胜负,却增我法,不离四相④。善知识！定慧犹如何等？犹如灯光。有灯即光,无灯即暗。灯是光之体,光是灯之用,名虽有二,体本同一。此定慧法,亦复如是。"

师示众云:"善知识！一行三昧⑤者,于一切处,行、住、坐、卧常行一直心是也。如《净名经》云:'直心是道场,直心是净土。'莫心行谄曲,口但说直,口说一行三昧,不行直心。但行直心,于一切法勿有执著。迷人著法相,执一行三昧,直言坐不动、妄不起心,即是一行三昧。作此解者,即同无情,却是障道因缘。善知识！道须通流,何以却滞？心不住法,道即通流;心若住法,名为自缚。若言坐⑥不动是,只如舍利弗⑦宴坐林中,却被维摩诘⑧诃。善知识！又有人教坐,看心观静,不动不起,从此置功。迷人不会,便执成颠,如此者众。如是相教,故知大错。"

◎ **注释** ①〔定是慧体,慧是定用〕体,梵文有两个词,一是svabhāva或bhāva,义为实体或体性;二是dhātu,音译作驮都,意译作界、性等。两者都有指称诸法体性的意思,不过,外道以实体为诸法体性,佛教以空性为诸法体性。用,指依体显现的差别作用。六祖依自性论体用,以即慧之定为自性之体,以即定之慧为自性之用。②〔定慧等学〕佛教的定即禅定,梵文dhyāna,音译作禅那或禅,意译为静虑。在因位叫奢摩他(梵文śamatha),指注心一境的能力训练,在果位称三摩地(梵文samādhi),指安住一境的心理状态。慧即智慧,梵文prajñā,音译作般若。

在因位叫毗婆舍那（梵文 vipśyanā），指观察、判断和抉择道理的认知作用；果位即慧，指洞察诸法真相的认知能力。六祖从果位论定慧等学，指定慧相即或定慧不二的境界。③〔种〕《大正藏》本作"如"。④〔四相〕指《金刚经》所谓我相、人相、众生相、寿者相。我相即执着五蕴和合的身心综合体有真实自我的体相，人相即执着人存在有别于其余五道众生的体相，众生相即执着有情众生存在与无情众生相区别的体相，寿者相即执着一期寿命的长短相，归结起来不出我法二执。⑤〔一行三昧〕梵文 eka-vyūha-samāthi，证得诸法如如不二的禅定。《放光般若经》卷四："复有一行三昧，住是三昧者，不见诸法有二。"⑥〔坐〕《大正藏》本作"常坐"。⑦〔舍利弗〕梵文 Śāriputra，音译作舍利弗多、舍利弗罗、舍利子、舍利弗多罗、舍利富多罗、舍利补怛罗，舍利义为母，弗义为子，舍利女的儿子，所以叫舍利弗；舍利弗的父亲叫优婆提舍，他又从父叫优婆提舍。舍利弗为佛陀十大弟子之一，号称智慧第一。⑧〔维摩诘〕梵文 Vimalakīrti，音译作毗摩罗诘利帝、毗摩罗诘、维摩诘、无垢称、净名、灭垢鸣，中印度毗舍离城（梵文 Vaiśālī）的长者，现身为佛陀的在家弟子。维摩诘虽然身在凡尘，实际上是古佛金粟如来化现的菩萨，见地纯正，境界高深，经常纠正佛弟子的偏执，曾与释迦牟尼佛、文殊菩萨演说《维摩诘所说经》。维摩诘居住的房间，因方广一丈而被称为方丈，后来成为汉传寺院法主居室的称谓。

◎ **大意** 六祖大师向大众开示道："善知识！我说的这个法门以禅定与智慧为根本。大家切勿迷惑，以为禅定与智慧各是一法，它们其实是一体两面，不是两个不同的东西：禅定是智慧的体性，智慧是禅定的作用，智慧是禅定的智慧，禅定是智慧的禅定。如果明了这个意思，就知道什么是定慧等学。修学佛道的各位，不要认为禅定与智慧互有区别，说由禅定显发智慧、由智慧得入禅定等话，持这种见地者将佛法执着为有二元对立相的法了。嘴上说善语，心中起恶念，禅定和智慧都是空的，禅定与智慧不平等；如果心口皆善、内外一如，禅定与智慧就平等了。你们要各自领悟、各自修行，不要争论禅定与智慧谁先谁后，如果争论谁先谁后，跟迷执的人一样，不仅不能断除胜负心，反而增加我法二执，不能远离我、人、众生、受者四种偏执相。善知识！禅定与智慧像什么？像灯与灯光。有灯就有光，无灯就无光，灯是光之体，光是灯之用，名字虽然有两个，但灯本来只有一盏。禅定与智慧也一样。"

六祖大师向大众开示道："善知识！一行三昧，指无论何时何地，不拘行、住、坐、卧，都保持一颗直心。如《净名经》说：'直心是道场，直心是净土。'不要扭曲自己的心，嘴上说直心、一行三昧，却不践行直心。只要践行直心，便不会执着一切法。迷执者执着法相，执着一行三昧，只说常坐不动、不起妄心、不生妄念就是一行三昧。这样理解，将有情众生混同于无情众生，却是障碍佛道的因缘。善知识！佛道必须通达流畅，怎么反而滞碍不通？心若不执着法，佛道就通达流畅；心若执着法，就叫自我束缚。如果端坐不动就是一行三昧，像舍利弗在林中端坐修禅，却受到了维摩诘呵斥。善知识！还有人教打坐，从一动不动观察清静心下功夫。迷执者不知这是入手方便，陷入执着而成颠倒，这种人很多。这样教人，是大错特错了。"

◎ **解读** 佛教的学问主要指戒、定、慧三学，有在家与出家、小乘与大乘之分，而以大乘三学为极则。大乘佛教三学，以佛、菩萨持守的戒律为戒学，以佛、菩萨成就的禅定为定学，以佛、菩萨具有的智慧为慧学。戒、定、慧三学都以佛陀经教为根本内容，以菩萨和高僧大德对佛陀经教的疏解、论述为辅助内容。从修行角度说，三学是佛教徒断除三毒和开启智慧必须受持、修行、圆满的三个方面的内容，所谓"摄心为戒，因戒生定，因定发慧"（《大佛顶如来密因修证了义诸菩萨万行首楞严经》卷六），所以又叫增上戒学、增上意（心）学和增上慧学。

佛陀建立三学的根本目的是令众生悟入智慧，而众生根器有上、中、下三等。他们悟入智慧的方法也有所不同，中、下根器者需要次第修学三学才能悟入，上根器者可以从任何一学悟入，佛陀于是开出了次第与非次第（相即）两种三学结构，以便当机者修习。

次第三学即将戒、定、慧三学视为由浅到深不断深化和圆满的三个层次，"增上戒学为依，次生增上心学，增上心学为依，后生增上慧学"（《瑜伽师地论》卷五十二）。在这种三学结构中，戒学重于对身、口、意三业做出规范，是三学的基础；定学重于训练注心一境的能力，是三学的桥梁；慧学重于显示大乘佛教的智慧，类似确立正确三观的内容，是三学的目的。

相即三学即般若波罗蜜融摄下的三学，所谓"无所持故，言增上戒学；无所知故，言增上心学；无所见故，言增上慧学。如是心不分别故、不忆念故、不生殊异故，名最上心学。如心学，戒、慧亦尔"（《大宝积经》卷一〇四）。"无所持"指没有实体性的戒律可持守，"无所知"指没有实体性的法相可了知，

"无所见"指没有实体性的法性可证见，这不过是同一般若体知方式在戒、定、慧三学上的体现。当然，不能将"无所持""无所知""无所见"误解为拨无事法的顽空，从事法边说这实际上正是"遍持""遍知""遍见"，即众生面对的无尽事法，既是戒，也是定与慧，戒、定、慧三学皆无尽："佛戒无尽，因戒发心故不可尽；佛定无尽，因定发心故不可尽；佛慧无尽，因慧发心故不可尽。"（《大方等大集经》卷二十七）这样的三学，就是即戒即定即慧、三一相即的三学。

佛陀虽然开出了两种三学，但传统佛教宗派弘扬的多是次第三学，即便禅宗由于因缘所致，从中土初祖菩提达摩到五祖弘忍，提倡的也主要是次第三学。例如，据传为五祖所述的《最上乘论》就说："好自闲静身心，一切无所攀缘，端坐正念，善调气息，惩其心不在内、不在外、不在中间。好好如如稳看，看熟则了见此心识流动，犹如水流阳焰晔晔不住。既见此识时，唯是不内不外，缓缓如如稳看，看熟则返覆销融、虚凝湛住，其此流动之识飒然自灭。灭此识者，乃是灭十地菩萨众中障惑。此识灭已，其心即虚，凝寂淡泊，皎洁泰然。"这种"闲静身心→端坐正念→调气惩心→销融心识→心虚凝结"成就佛果的方法，与神秀一系"凝心入定，住心看净，起心外照，摄心内证"之路，都是次第三学法门。

六祖开出的三学则完全是即戒即定即慧的三学，联系到接下来的"三无"法门与《顿渐》品中的自性戒定慧说，这是不言而喻的。扩展开去，"万法尽在自性"，因此在六祖那里，万法都是自性显现的一多相即之法。禅师为了度化弟子，可以随缘以任何一法为方便，甚至能够当机"造出"各种事相，实现"直指人心，见性成佛"的目的。这确实是一种新禅法。这是理解《六祖坛经》与禅宗顿教的钥匙，有了这把钥匙，我们就很容易理解六祖此处的定慧等学了。

定慧等学的核心思想有三个方面：一是定慧相即，二是真修实证，三是一行三昧。六祖所谓定慧相即，与佛经所说并无二致，只是在显明两者体性相即的同时，更强调两者功用的差异。"自性本无动摇"是定，"自性能生万法"是慧，定与慧都是同一自性的内容，故体性相即；定是慧所依的性空体，慧是定显现的妙有用，故相用有别。这是从自性把握定慧等学的必有之义。六祖提倡定慧等学，除了"传见性法"，也有"破邪宗"的目的。定慧二学上的"邪宗"，不是指佛陀建立的具有次第结构的三学，而是对其性质与功用的误解。佛陀虽

◎ 定慧第四

然建立了定慧二学的次第结构，但并没有说定与慧是两种各不相同的法，反而很清楚地肯定他们都是空性的法。另一方面，这种结构的定慧二学是度化中、下根众生的法门，而不是度化所有众生的法门。但是，偏执者将这种结构的定慧法门执为"有二相"的法门，以为定与慧有决定性的区别，其次第先后有决定性的差异，所有众生都必须如此修学才能获得智慧。这种见地沦为佛教破斥的实体见，依此见地修行，难以证得菩提，故可归为"邪宗"。佛教中这种偏执者很多，六祖的定慧等学无疑正对其症。

佛法是消除烦恼、获得智慧的工具，因此特别反对空谈理论，非常强调修行实践，如果只说不行，则如唐译八十卷本《大方广佛华严经》卷十三所说："如人设美膳，自饿而不食，于法不修行，多闻亦如是。"禅宗顿教作为特别重行的大乘佛教宗派，更是随处提持修行的重要性。六祖首先指示学人，修行要心口一如，口要诵定慧等学，心要行定慧等学，如果口是心非，便是"空有定慧，定慧不等"；其次告诫学人，如果对定慧等学有信心，就要自修自悟自成佛道，不要向外求佛道，也不要与他人争胜负，否则容易陷入先后、胜负、是非、我法等陷阱。

修行的方法是持一行三昧。一行三昧是佛陀开示的顿悟法门，其基本内涵如《文殊师利所说摩诃般若波罗蜜经》卷下所示："法界一相，系缘法界，是名一行三昧。"这是以智慧心安住自性的境界，是从果上界定的一行三昧，其修行法门是无相念佛或念佛禅。六祖开示的一行三昧不仅是果，而且是行法，是"于一切处，行、住、坐、卧常行一直心"。这直心是什么心？六祖以《维摩诘经》中作为道场、净土的直心为证，表明这直心就是佛心，也就是智慧心。依一行三昧修行，首先要避免对此三昧的误解误修，以为不起一念或起心看净是一行三昧。以不起一念为一行三昧，是不知有情众生自性具足来去自由、通达无碍的智慧，是将有情众生与无情众生混为一谈了，结果必然堕入无记深坑而不能自利利他；以起心看净为一行三昧，则是在智慧心上生起一个净相，净相起则染相随立，智慧心因此异化为分别心，结果必然困于凡夫境界而不能出离生死。排除了这两种误解误修，一行三昧的正解正修便全体显现出来——"但行直心，于一切法勿有执著"，即念念行无住之心。一望而知，这是《金刚经》"应无所住而生其心"一语在修行法门上的落实，其所谓修便是"无修之修"。

[2] 师示众云："善知识！本来正教无有顿渐，人性自有利钝，迷人渐契①，悟人顿修②。自识本心，自见本性，即无差别，所以立顿渐之假名。

"善知识！我此法门，从上已来先立无念为宗、无相为体、无住为本。无相者，于相而离相；无念者，于念而无念；无住者，人之本性。于世间善恶、好丑，乃至冤之与亲，言语触刺、欺争之时，并将为空，不思酬害，念念之中不思前境。若前念、今念、后念，念念相续不断，名为系缚；于诸法上念念不住，即无缚也。此是以无住为本。

"善知识！外离一切相，名为无相，能离于相，即法体清净。此是以无相为体。

"善知识！于诸境上心不染曰无念，于自念上常离诸境，不于境上生心；若只百物不思，念尽除却，一念绝即死，别处受生③，是为大错。学道者思之。若不识法意，自错犹可，更劝④他人；自迷不见，又谤佛经，所以立无念为宗。

"善知识！云何立无念为宗？只缘口说见性，迷人于境上有念，念上便起邪见，一切尘劳妄想从此而生。自性本无一法可得，若有所得，妄说祸福，即是尘劳邪见。故此法门立无念为宗。善知识！无者无何事？念者念何物？无者无二相，无诸尘劳之心，念者念真如本性。真如即是念之体，念即是真如之用；真如自性起念，非眼、耳、鼻、舌能念。真如有性，所以起念；真如若无，眼、耳、色、声当时即坏。善知识！真如自性起念，六根虽有见闻觉知，不染万境，而真性常自在。故《经》云：'能善分别诸法相，于第一义而不动。'"

◎ **注释** ①〔契〕《大正藏》本作"修"。②〔修〕《大正藏》本作"契"。③〔受生〕凡夫在三界六道中感得生命，或佛、菩萨为度化众生而在三界六道中示现感得各种生命。前者是轮回、痛苦的受生，后者则是无我利他的受生。④〔劝〕《大正藏》本作"误"。

◎ **大意** 大师对大众开示道："善知识！如来正教本来没有顿教与渐教的区别，是人的根器有利根与钝根的差异，迷执重的人必须渐次修成，悟性高的人则能够顿悟成就。体知了自己的本心，证见了自己的本性，便没有任何差别，所以顿渐是当机施设的概念，没有决定性的顿教、渐教之分。

"善知识！禅宗这个法门，自古以来就以无念为修行的宗旨、无相为诸法的体相、无住为众生的本性。所谓无相，就是面对诸相而不执取任何相；无念，就是在诸念中而不执取任何念；无住，指众生的本性就是不执着。面对世间的善恶美丑，甚至冤家亲人，言语间出现抵触或伤害、欺瞒或争执的时候，要看得空，不要想着加害对方，要念念放下从前的遭遇。如果前念、今念、后念念念相续不断，就叫作束缚；在各种事相面前念念不执着，就没有束缚。这就是以无住为人的本性。

"善知识！离开对一切外境的执着叫作无相，只要能离开对外境的执着，法体就清净了。这就是以无相为诸法的体相。

"善知识！心不染着种种外境叫作无念，即自己的念头始终离开对种种外境的执着，不在种种外境上生起染着心；如果只是百物不思，断除所有念头，一念断绝就会死，就会到其他地方受生，这就大错特错了。修学佛道者应该好好思考。如果不通达佛法意趣，自己弄错了还情有可原，以讹传讹便增罪过；自己执迷不悟，又诽谤佛经，那怎么行？所以顿教法门将无念确立为修行的宗旨。

"善知识！顿教法门为何将无念确立为修行的宗旨？只因迷执者嘴上说见到自性，实际上一对境便生分别心，依分别心更起种种偏邪见解，一切烦恼妄想便从此产生。自性本来没有一法可得，如果误以为有法可得，乱说灾祥祸福，就是烦恼和邪见。因此顿教法门将无念确立为修行的宗旨。善知识！无是无何事？念是念何物？无是远离二元对立心相，远离种种烦恼心，念是念真如本性。真如是清净心念的体性，清净心念是真如的妙用；真如自性产生清净心念，并非眼、耳、鼻、舌能产生清净心念。真如本有觉照功用，所以能产生清净心念；

真如如果没有觉照功用,眼、耳等六根与色、声等六尘马上就没用了。善知识!因为清净心念从真如自性产生,眼、耳、鼻、舌、身、意六根虽然有见闻觉知,但不染着种种境界,真如自性始终自由自在。所以《维摩诘经》说:'善于辨别种种法相,真如自性如如不动。'"

◎ **解读** 作为禅宗顿教的开创者,六祖从众生根器简单区分顿渐二教之后,将重点落在如何通达和修习顿教法门上,由此开出了无念为宗、无相为体、无住为本的"三无"法门。据宋明教契嵩禅师《坛经赞》说:"'无相为体'者,尊大戒也;'无念为宗'者,尊大定也;'无住为本'者,尊大慧也……以一妙心而统乎三法,故曰大也。"无念指自性具足的禅定,无相指自性具足的戒律,无住指自性具足的智慧。揆诸《六祖坛经》,此解深得其本怀。

"三无"法门的内容即三学等持思想,应当从境、行、果三个方面来立体地把握其相即关系。从境论"三无",无念指自性本具清净心念从来没有杂念、常照常寂,心地恒常处于禅定,所谓"心地无乱自性定",故为大定;无相指自性显现的万法从来法住法位、各不烦扰,所谓"心地无非自性戒",故称大戒;无住指自性本身的性质从来没有任何执着、寂而常照,"心地无痴自性慧",故叫大慧。从行观"三无",便是依自性本具的无念、无相与无住三学起修,因此这种修法就是大珠慧海禅师所谓"从根本修"(《顿悟入道要门论》);既然是"从根本修",当然不会增加任何东西,也不会减少分毫内容,故而这种修法又可说是"不增不减修"(唐译八十卷本《大方广佛华严经》卷五十七)。从果看"三无",便是具足"三无"的自性这个本来面目的彻底显现。其实是自性在境、行、果三个位上的体现,论位则体性无别而事相有别,论性则体、相、用始终无别,这就是戒、定、慧三学等持观的另一种表达。

接下来,六祖侧重从行提持修学"三无"的心要。既然"三无"的修法是"从根本修",连对治的对象都没有,还有法要可说吗?从根本上说确实没有,但从迷执众生这方面来讲又可说有——因为众生有遮蔽其自性的种种虚妄心境。六祖提持的修法,正是为了照破这些念头与境相。虽然从"三无"的任何一门皆可入手修行,但六祖重点传授的是如何"无念"。所以当众生妄念相续不断时,要契入自性的"无住"性和诸法的"无相"性都不可能;而心为万法本,所谓"心生故种种法生,心灭故种种法灭"(《占察善恶业报经》卷下),只有"游心法界如虚空,是人乃知佛境界"(晋译《大方广佛华严经》卷三),即只有心无杂念（如虚空），才能契入佛境界。六祖开示的无念法门，就是显明心无杂念的方法。

修习无念法门，前提是要相信自性本具真如之念，因为"真如即是念之体，念即是真如之用"。真如即自性，真如念即自性本具能了知世界真相的智慧心，自性是智慧心的体性，智慧心是自性的妙用。很多人也想参禅，却死死抓住能知妄心与所知妄境不放，担心舍弃此妄心、妄境便无法认识世界，成为如草木瓦石一样无知无识的无情物，这是不知不信自性本来面目的结果。殊不知此妄心、妄境看似实在可靠，其实虚妄不实，只能见到世界的颠倒相。因此，相信自性本具智慧心是修习禅宗无念法门要过的第一关。为什么自性本具智慧心呢？六祖说，真如本有如实觉照的特性，所以能现起智慧心念；真如如果没有如实觉照的特性，眼、耳等六根与色、声等六尘马上就没用了，因为连虚妄心境也是智慧心境的颠倒相状与作用。人们或许会问："我没有见到过自性本具的智慧心，怎么能信呢？"依佛教看，对处于二元对立世界中的众生，主要不是从理论上说服的问题，而是善根累积到一定程度就会消失的问题。

参禅者过了这一关，实践上首先要明白，无念并不是断除一切念或不起一念。很多人一见禅宗的无念，就理解为断除一切念，这是不对的。这样理解的心念，要么落入外道灭绝心念的断灭境，要么陷于小乘以清净心除断虚妄心念的偏空境，都是大乘佛教呵斥的境界。这样修行不仅不能证得菩提与涅槃，反而会继续在三界六道受生轮回，所以六祖警告说："若只百物不思，念尽除却，一念绝即死，别处受生，是为大错。"众生的生命根本靠心念维系，凡夫是靠虚妄心念维系，菩萨与佛是靠清净心念维系，因此无念不是断一切念。禅门中，如果有人陷入或可能陷入此境，禅师都会严厉呵斥。六祖对卧轮禅师的呵斥自不必说，如有人问云门文偃禅师："不起一念，还有过也无？"禅师云："须弥山。"（《云门匡真禅师广录》卷上）又如同安察禅师"心印偈"说："问君心印作何颜，心印何人敢授传？历劫坦然无异色，呼为心印早虚言。须知本自虚空性，将喻红炉火里莲。莫谓无心云是道，无心犹隔一重关。"（释道原《景德传灯录》卷二十九）教下与宗门中，也有以一念不生指禅宗佛境者，比如华严三祖法藏的"顿教者，一念不生即名为佛"（《华严经探玄记》卷一），张拙居士的"一念不生全体现，六根才动被云遮"（释普济《五灯会元》卷六）等，但他们这里指的都是不起虚妄心念。

因此，无念的本义指的是消除相续不断的虚妄心念。虚妄心念虽然虚妄，但在迷执众生那里实实在在发挥着起惑、造业、受苦的作用，令众生不得自在，所谓"若前念、今念、后念，念念相续不断，名为系缚"正是此意。但是，虚妄心念并非清净心念之外的另一种心念，不过是清净心念被众生执实后显现的假相而已，也就是"迷则菩提即烦恼"。反过来，要消除虚妄心念，不是用清净心念去斩断虚妄心念，这样等于把虚妄心念与清净心念都当成了实体法，是无法真正消除虚妄心念的。正确的做法是，依般若直下照察虚妄心念非实有性而是空性的心念，令其当体转为清净心念，也就是"悟则烦恼即菩提"。这样的断是佛陀所说的"不断而断"（《佛说金刚场庄严般若波罗蜜多教中一分》），我们可以理解为只是将虚妄分别、自私自利的心念转变成了清净无分别、无我利他的心念。修到这一步，清净心念的无住特性与其显现的无相境界就能朗然现前，成就"真如自性起念，六根虽有见闻觉知，不染万境，而真性常自在"的佛果。当然，此成就也是"证无所证""得无所得"（《不退转法轮经》卷二）。

坐禅第五

坐禅即禅观，本品显明禅宗顿教坐禅之理与行，可以视作从禅观入手对前一品中无念法门的具体展开。六祖说"外离相即禅，内不乱即定，外禅内定，是为禅定"，与远离戏论分别的如来禅无二无别，因此他反对在二元对立中做禅观功夫。尽管如此，六祖开出的祖师禅法与如来禅也有不同，如来禅需要藉教悟宗，祖师禅则主要依自己本具自性般若观修；如来禅需要借助因果、阶位、功夫，祖师禅则扫荡一切因果、阶位、功夫，提倡"于念念中自见本性清净"，外不执着相，内不乱于心，一超直入如来地。

[1] 师示众云："此门①坐禅②，元不著心，亦不著净，亦不是不动。若言著心，心元是妄，知心如幻故，无所著也。若言著净，人性本净，由妄念故，盖覆真如；但无妄想，性自清净；起心著净，却生净妄。妄无处所，著者是妄；净无形相，却立净相，言是工夫，作此见者，障自本性，却被净缚。善知识！若修不动者，但见一切人时，不见人之是非、善恶、过患，即是自性不动。善知识！迷人身虽不动，开口便说他人是非、长短、好恶，与道违背；若著心著净，即障道也。"

◎ **注释** ①〔门〕法门的简称。法本众生遵循的佛法，门即门户，喻指佛法为转凡成圣的门户。僧肇《注维摩诘经》卷八："言为世则谓之法，众圣所由谓之门。"此处特指顿教法门。②〔坐禅〕禅是梵文 dhyāna 的音译缩略，意译作静虑、思维修，指通过注心一境的方式达到心一境性的目的。坐禅即通过跌坐修禅，是佛教徒的重要修学法门。《增壹阿含经》卷一："诸有坐禅出入息，心意坚固无乱念，正使地动身不倾，此名禅度不应弃。"

◎ **大意** 大师向大众开示道："顿教禅门坐禅，本来既不执着心念，也不执着清净，也不是不动。如果说执着心念，心念本来虚妄不实，知道心念犹如幻影，所以没有任何执着。如果说执着清净，人的自性本来清净，由于妄念遮蔽真如而有不净，只要没有妄想，自性自然清净；如果起心执着清净，反而生起了清净这个妄念。妄念没有处所，执着就是妄念；清净没有相，却建立清净相，说是参禅功夫，持这种见解的人，障蔽自己的本性，反而被清净束缚了。善知识！若修不动行，只要遇见一切人时，不见他人是非、善恶和过患，即是自性不动。善知识！迷执的人身体虽然不动，但一开口就说他人是非、长短、善恶，与佛道相违背；如果执着心念或清净，便障蔽了佛道。"

◎ **解读** 本品经文先明禅宗顿教坐禅之理，再示禅宗顿教坐禅之行。为了更好地把握禅宗的禅观思想与实践，需要先对佛教的禅观有一个概观。

大乘佛法的根本思想是空性见和菩提心，追求的最高目的是令众生获得智慧、自在与慈悲。以这一思想和目的为标准，佛陀将禅分为四种："谓愚夫所行禅、观察义禅、攀缘如禅、如来禅。云何愚夫所行禅？谓声闻、缘觉、外道修行者，观人无我性，自相共相骨锁，无常、苦、不净相，计著为首。如是相不异观，前后转进，想不除灭，是名愚夫所行禅。云何观察义禅？谓人无我自相共相，外道自他俱无性已。观法无我彼地相义，渐次增进，是名观察义禅。云何攀缘如禅？谓妄想二无我妄想，如实处不生妄想，是名攀缘如禅。云何如来禅？谓入如来地，行自觉圣智相三种乐住，成办众生不思议事，是名如来禅。"（《楞伽阿跋多罗宝经》卷二）

《楞伽阿跋多罗宝经》依佛乘教法的根本思想判断，凡以我空（"人无我"）为思想指导的禅都叫愚夫所行禅，因此声闻禅也属于此类禅。愚夫所行禅的能观智是析取空观，所观境是色、受、想、行、识五蕴以及五蕴和合的身心综合体。其具体禅修方法有多种，"自相共相骨锁，无常、苦、不净相""如是相不异观，前后转进"是四念处观法，即通过整体与个别地观身不净、观受是苦、观心无常、观法（想）无我，转转增进，觉悟有情众生身心无常、痛苦、无我、不净，成就禅定。具体修法如下："以心系心，以心止心，以心住心，如是策勤心寂止故，即得心一境性。心一境故，即成三摩地，三摩呬多由是现前，得离生喜乐，由喜乐心故，即能远离罪不善法，乃能成就有寻有伺离生喜乐初禅定法；次复于诸寻伺悉无对碍，于其喜乐不生味着，作无常观已，还从初禅定心渐次而起，远离寻伺有所著心，即能成就无寻无伺定生喜乐二禅定法；次复于乐观苦，作苦观已，即得舍行，舍念行成，如圣所观，能正觉了妙乐现前，即能成就离喜妙乐三禅定法；次复于三禅定中作空观已，引四禅心，彼四禅中除去我执，我执离故苦乐悉断，苦乐断故如先所起悦意恼意亦悉舍离，即能成就舍念清净四禅定法。"（《佛说除盖障菩萨所问经》卷四）初禅通过观察、舍离欲恶不善法而生起喜乐，但还有寻求欲乐的心行；二禅通过观察、舍离寻求欲恶不善法的心行，从定力中生起喜乐；三禅通过观察、舍离前述喜乐心行，安住于妙乐心境；四禅进一步观察、舍离妙乐心境，脱离了寻、伺、苦、乐、忧、喜、出息、入息等八种扰乱禅定的过患，进入非苦非乐的不动禅境。

成就四禅后，就转入无色界四定的修习："次复于自身相与虚空相等作一解脱，观如是解脱故，于一切处一切种类，过诸色想及离障碍，由过色想离障碍故，彼种种想悉无作意，缘无边虚空而为行相，即能成就空无边处定法；次复于空无边处，俱时观彼识无边处而为行相，即能成就识无边处定法；次复过彼识无边处,缘无所有处而为行相,即能成就无所有处定法;次复过彼无所有处,缘非想非非想处而为行相,即能成就非想非非想处定法;次于上心无复行相,灭诸想受,离诸发悟,名灭尽定。"(《佛说除盖障菩萨所问经》卷四)以色界第四禅为基础,超越色身的种种想象与障碍,依无边虚空为所缘境,成就空无边处定;以空无边处定为基础,观虚空无边实因心识无边,转而依无边心识为所缘境,成就识无边处定;以识无边处定为基础,观无边心识空无所有,转而依无所有处为所缘境,成就无所有处定;以无所有处定为基础,观非有粗想非无细想,转而依微细难觉察之心想为所缘境,成就非想非非想处定。最后,进一步熄灭细想和觉受,成就灭尽定。

这种禅的根本问题倒不是析取空观,而是其析取空观没有得到中道观统摄,因为其根本见地不是我法皆空观,而是以"计著为首"的我空法有观。"计著"即执着,"计著为首"也就是以执着为首。外道、声闻执着什么?执着由五蕴和合的身心综合体定性无常、苦、无我、不净。佛因凡夫多以有为法实有其体、永恒不变、清净无染、能给自己带来快乐而坚执不舍,遂以"诸行无常,诸受是苦,诸法无我"的道理施行教化,目的是令其远离执着、获得解脱,不能因此认为佛主张有为法定性无常、苦、无我、不净。这一点,龙树菩萨讲得很清楚:"以众生多著常、乐,不著无常、苦,是故以无常、苦谛破是常、乐倒,以是故说无常、苦为谛;若众生著无常、苦者,说无常、苦亦空。"(《大智度论》卷三十一)外道未听佛说,或虽听而不信,有此执着固不足怪,小乘人虽然信仰佛教、听闻佛说,但善根未熟,不能善解佛说真实义,也会陷入这种执着。这种执着,从根本见地说就是我空法有观。

其结果就是,外道、声闻修得的禅都有一个共同问题——"想不除灭"。所谓"想不除灭",指无论外道禅的最高境界非想非非想处定,还是声闻禅的最高境界灭尽定,都未能彻底灭尽心识想念,因而也都未能证得菩提和涅槃。佛经中,小乘成就者虽然经常宣称"我生已尽,梵行已立,所作已作,自知不受后有"(《杂阿含经》卷一),肯定自己得到了涅槃,但从菩萨禅的我法皆空观看,小乘禅的我空法有观本身是在烦恼与菩提、生死与涅槃相互对立的法执基础上建立起来的,依此思想指导禅修,固然不能超越此法执。他们既然不能超越此法执,就意味着从根本上并没有彻底超越我执,所以《楞伽阿跋多罗宝经》卷一说:"诸声闻畏生死妄想苦而求涅槃,不知生死、涅槃差别一切性妄想非性，未来诸根境界休息，作涅槃想，非自觉圣智趣藏识转。""诸根境界休息"指六根不攀缘外境，声闻禅只是将六根不再攀缘外境的境界当成涅槃，并没有彻底清净意根。实际上，在"人无我"思想指导下修禅，根本无法清净意根。

当然，应该看到，声闻禅与外道禅虽然有这样的共性，但存在着差异性。这表现在两个方面：一是声闻信仰佛教，价值追求与佛、菩萨一致，只因根器未熟才修习声闻禅，外道不信仰佛教，价值追求与声闻不一致，只因其指导思想与声闻有共同的"人无我"性，才使他们能证得与声闻大同小异的禅境。二是声闻禅与外道禅的最高境界有深浅之别，外道的最高禅境只断粗想而未断细想，声闻的最高禅境已超过无所有处定和非想非非想处定，所断心识想念更加微细。

菩萨禅与如来禅，分则为两种禅，合则为一种禅。菩萨禅与如来禅都是在万法皆空与菩提心指导下修习的禅，实际上是一种禅；菩萨禅是如来禅的因，如来禅是菩萨禅的果，又可以相对分为两种禅。这里，为了凸显如来禅的殊胜性，以及如来禅与六祖顿悟禅的一味性，我们分开来说。

《楞伽阿跋多罗宝经》所说的"攀缘如禅"和"观察义禅"属于菩萨禅的两个方面，可以合为菩萨禅。"攀缘如"主要指菩萨从开始修禅到成佛前观万法皆空的内容，直到最后完全契入真如（"如实处不生妄想"）境界，所以叫作"攀缘如禅"；"观察义"主要指菩萨从初地到十地观察万法差别性相因果（"观法无我彼地相义"）的内容，所以叫作"观察义禅"。其实，"攀缘如禅"与"观察义禅"就是大乘佛教中习见的从假入空和从空入假两种观，成就的是等觉菩萨的禅定智慧功德。

如来禅指佛果位的禅。菩萨圆满等觉位禅定智慧功德后即进入佛地，成就"行自觉圣智相三种乐住，成办众生不思议事"的禅定、智慧圆满境界。"三种乐住"指"无所有相、一切诸佛自愿处相、自觉圣智究竟之相"（《楞伽阿跋多罗宝经》卷一），是如来的智慧三相。无所有相为佛圆满现证的万法空相，自愿处相为佛具足的大慈悲相，圣智究竟相为佛度化众生时显现的不可思议善巧相。

由教下看，众生成就如来禅有三条路径：一是依报身佛所说佛乘圆教契入如来禅的路径，所谓"若诸菩萨能与如是观行相应，于诸法中不生二解，一切佛法疾得现前，初发心时即得阿耨多罗三藐三菩提，知一切法即心自性，成就慧身，不由他悟"即是（唐译八十卷本《大方广佛华严经》卷十七）；二是依化身释迦牟尼佛所说人天、声闻、缘觉、菩萨与佛诸乘教法，从外道禅、声闻禅、菩萨禅辗转增进圆满如来禅的路径，所谓"人无我自相共相，外道自他俱无性已"以及"声闻、缘觉及外道相，彼修习生"（《楞伽阿跋多罗宝经》卷二、一）即是，这也显明外道禅与声闻禅在一定条件下都可以作为如来禅的基础；三是依化身释迦牟尼佛所说佛乘渐教，从菩萨禅渐次圆满如来禅的路径，《法华经》《涅槃经》提供的禅修路径即是。禅宗顿教却不依傍教法，直接依如来禅（智慧）参禅，其教法被称为"教外别传，不立文字，直指人心，见性成佛"的顿悟禅，原因就在这里。

有人会问：六祖创立的禅宗顿教禅法一向被称为祖师禅，不是与如来禅有区别吗？你怎么能够混为一谈呢？如来禅与祖师禅有没有区别？从果位上讲，如来禅与祖师禅无二无别。《大乘理趣六波罗蜜多经》卷九说："无动无静是如来禅，游戏神通，深入实际，不住生死，不入涅槃，不尽有为，不住无为，虽观无相，不舍大悲；虽住三界，而恒出离；知真无染，而不修证；离于戏论，常乐宣说。"这是以定慧等持、动静不住、解脱自在、悲智双运的如来大定为如来禅，与六祖提持的祖师禅不可能有区别，如果此处有区别，祖师禅就不是佛禅了。不过，从修行方法上看，如来禅与祖师禅确有区别，表现在两个方面。其一，如来禅需要"藉教悟宗"，即要借助经教来建立知见、生起观修与印证修行；祖师禅虽然不废经教，但主要依具格禅师开示建立见地，依自己本具自性般若起修，所谓"菩提自性，本来清净，但用此心，直了成佛"。其二，如来禅需要借助因果、阶位、功夫，典型的次第与功夫如菩萨道的五十二个阶位，祖师禅扫荡一切因果、阶位、功夫，提倡一超直入如来地，"若起正真般若观照，一刹那间妄念俱灭，若识自性，一悟即至佛地"，"若能一念返照，全体圣心"（《马祖道一禅师广录》）。六祖就是在与如来禅非一非异的意义上讲祖师禅的。

同时，六祖特别拈出"坐禅"二字，还有将参禅从修行的种种程式中解放出来的意义。传统教下提倡的如来禅有具体的能观心、所观境与观行法门，所以必须规定一定的程式，甚至还对坐禅的身心条件提出种种要求。与祖师禅对论，教下这种禅叫作有相禅，具足修习条件的人相对较少；祖师禅叫作无相禅，既没有需对治的具体问题和需掌握的具体法门，更没有种种有相的条件要求，

◎ 坐禅第五

只需依般若照顾当下一念,脱略了种种宗教性或形式化的程式,从而为更多人提供了接触和修习的机缘。

从六祖的开示可知,禅宗顿教的坐禅之理很简洁,就是"元不著心,亦不著净,亦不是不动",亦即依观照般若觉照一切对境,无论遇到内外与真假、善恶、美丑等相,都能做到"毁誉不动如须弥,于善不善等以慈"(《维摩诘所说经》卷上)。有些人怀疑这种禅法的可操作性,甚至有效性,这是不了解祖师禅的臆测。祖师禅将空性见、菩提心、三学、六度融入对当下一念心的观照之中,不仅具有很强的操作性和有效性,而且是最普适、最快捷的智慧开启法。任何人只要对禅宗顿教有信心,掌握了般若观照法门的要领,就能在任何时间、地点和条件下修习。因此,笔者曾说:"由于禅宗的宗教色彩很淡,可说是非宗教性的快捷获取智慧法……禅宗的这种快捷获取智慧法带给人类的利益,在人类文明中堪称稀有,无论怎么褒扬都不过分。"(冯焕珍《参禅有道——坛经与禅宗十二讲》)

[2] 师示众云:"善知识!何名坐禅?此法门中,无障无碍,外于一切善恶境界心念不起名为坐,内见自性不动名为禅。善知识!何名禅定?外离相为禅,内不乱为定。外若著相,内心即乱;外若离相,心即不乱。本性自净自定,只为见境、思境即乱,若见诸境心不乱者,是真定也。善知识!外离相即禅,内不乱即定,外禅内定,是为禅定,《菩萨戒经》①云:'我本性元自②清净。'善知识!于念念中自见本性清净,自修、自行、自成佛道。"

◎ **注释** ①〔《菩萨戒经》〕即《梵网经》。②〔本性元自〕《大正藏》本作"本元自性"。

◎ **大意** 大师向大众开示道:"善知识!什么是坐禅?顿教禅门中没有任何障碍,外见一切善恶境界不起妄念就是坐,内见自性如如不动就是禅。善知识!什么是禅定?外离境相是禅,内不散乱是定。若外执着境相,内心就会散乱;

外如离境相，心就不散乱。本性自然清净安定，只因见到并思量境相心才散乱，如果见到种种境相心不散乱，那就是真正的禅定。善知识！外离境相就是禅，内不散乱就是定，外禅内定，就是禅定，《梵网经》说：'我的本性本来清净。'善知识！要自己念念现见本性清净，自己修学、自己践行、自己成就佛道。"

◎ **解读** 六祖这里开示的具体参禅法门，与前面讲的"无念"法门大同小异，只需简要解明即可。首先，学人要知道什么是禅定。六祖还是从自性说禅定，这种禅定即自性定。展开来说，自性禅定包括"外离相"与"内不乱"两面，"外离相"就是不执着色、声、香、味、触、法等种种境相，"内不乱"即心中不起二元对立的虚妄心念。两者互为因果，只要外不执着境相，内就不会起虚妄心念；反过来，只要内不起虚妄心念，外就不会执着境相。伶俐者一修此法，分别心当下就能全体转为无分别智慧，与分别心相应的染污世界同时也全体转为清净世界。如果难免起虚妄心念，就要观察此念心及其相应境相，无论是内外、真假、善恶、美丑，乃至其余种种二元对立心念与境相，都要依般若即刻觉察到自性已经被遮蔽。因为般若力量无比，只要能觉察到内心生起了分别心相，此心相立刻就会消失，就怕觉察不到，所谓"不怕念起，只怕觉迟"。学人只要如此修，便能"于念念中自见本性清净，自修、自行、自成佛道"。

忏悔第六

忏悔是佛教徒的一种重要修行方法,为梵文 kṣamā 讹略,新译作忏摩,义为请求他人容忍、绕恕自己的罪过;如果发露自己的罪过,则称为阿钵底钵喇底提舍那(āpatti-pratideśana)。本品以忏悔法门为品题,讲述为在家佛教徒授戒仪式的全部内容。佛教为在家佛教徒授戒的仪式包括供养、发愿、忏悔、皈依、受戒、回向等环节,六祖将回向摄入发愿之中,与教下并没有什么差别。他的特出之处在于,依顿教思想将教下侧重事相的仪轨完全变成了从自性开出的顿悟法门,让受戒者在每一个环节都有可能由事相回归自性。

六祖坛经

[1] 时大师见广、韶洎四方士庶骈集山中听法，于是升座告众曰："来，诸善知识！此事①须从自性②中起，于一切时念念自净其心，自修自行，见自己法身，见自心佛；自度自戒始得，不假到此。既从远来，一会于此，皆共有缘。今可各各胡跪③，先为传自性五分法身香④，次授无相忏悔。"

众胡跪，师曰："一、戒香，即自心中无非、无恶、无嫉妒、无贪瞋、无劫害，名戒香；二、定香，即睹诸善恶境相自心不乱，名定香；三、慧香，自心无碍，常以智慧观照，自性不造诸恶，虽修众善，心不执著，敬上念下，矜恤孤贫，名慧香；四、解脱香，即自心无所攀缘，不思善、不思恶，自在无碍，名解脱香；五、解脱知见香，自心既无所攀缘善恶，不可沉空守寂，即须广学多闻，识自本心，达诸佛理，和光接物，无我无人，直至菩提，真性不易，名解脱知见香。善知识！此香各自内熏，莫向外觅。"

◎ **注释** ①〔事〕底本作"性"，据《大正藏》本改。②〔性〕《大正藏》本作"事"。③〔胡跪〕佛门问讯、屈膝和稽首三种礼仪中的屈膝礼，以右膝着地、左腿弯曲而跪为仪。慧琳《一切经音义》卷三十六："右膝着地，竖左膝危坐，或云互跪也。"《翻译名义集》记载，此礼正名互跪，与双膝着地长跪有别："屈膝者，即互跪也。《音义指归》云：'不合云胡跪。'盖梵世遗种居五竺间，葱岭之北诸戎羌胡。今经律多翻互跪，以三处翘耸故名互跪，即右膝着地也。《涅槃疏》卷四明三义：一、右膝有力，跪能安久；二、右膝有力，起止便易；三、右膝躁动，著地令安。若两膝著地，则名长跪。"④〔五分法身香〕戒、定、慧、解脱与解脱知见是如来法身具足的五种功德，发出的摄受力如世间香气，所以称为五分法身香。《菩萨璎珞经》："如来五根成就法身，戒身、定身、慧身、解脱、解脱知见身"（卷三），"戒香摄身、定香摄意、慧香摄乱、解慧摄倒见、度知摄无明，是谓如来五分法香璎珞其身"（卷二）。

◎ **大意** 当时，大师看到广州、韶州与诸方士庶云集宝林山听闻佛法，于是登

108

上法座，普告大众："诸位善知识近前来！佛法必须从自性中生起，任何时候都要念念清净自己的心念，自己修学自己践行，亲自证见自己的法身，证见自己心中的自性佛；自己救度、自己持戒才成，不用到这里来。既然大家远道而来，共同聚集在这里，都是有缘人。大家可以屈膝跪下，我先为各位传授自性五分法身香，再为大家传授无相忏悔。"

大众屈膝跪在地上，大师说："一、戒香，自心没有邪念、恶念、嫉妒、贪欲、瞋恨、劫掠、伤害等念头，叫作戒香；二、定香，见到各种善恶境相，心不散乱，叫作定香；三、慧香，自心没有障碍，始终以智慧观照，自性不造作种种恶业，虽然修习种种善行，心中不起执念，恭敬长辈、慈念后生、悲悯孤寡、体恤贫困，叫作慧香；四、解脱香，自心没有攀缘外境的念头，不思虑善、不琢磨恶，自由自在、无障无碍，叫作解脱香；五、解脱知见香，自心已不攀缘种种善恶境相，又不能沉沦偏空、株守枯寂，必须广学多闻，觉知自己的本心，通达各种佛法道理，随缘利益世间，没有人我等相，直至圆满菩提，真性没有丝毫变易，叫作解脱知见香。善知识！此香要从各自内心熏习，切莫向心外求觅。"

◎ **解读** 本品以"忏悔"命名，实际是六祖从禅宗顿教宗趣出发为居士举行的一次授戒法会，对授戒内容做出了完整的开示。佛教的戒、定、慧三学都需要落实到实践之中，而要践行三学，首先必须受持佛教戒律，只有受了戒才算真正的佛教徒。

戒是什么？戒的梵文为 śīla，音译尸罗，指行为、习惯、性格、道德、虔敬，其实就是对佛教徒身、口、意三业的规范。戒的内容，可以从理论与实践两方面来把握。戒有广狭二义：从广义说，各种关于善恶的规范都称为戒，好的规范称为善戒（又叫善律仪），恶的规范称为恶戒（又叫恶律仪）；从狭义说，戒只是指善的规范，所以戒有一个名称叫善戒。当然，佛教所说善并不是定性的、实体性的善，而是性空的、缘起性的善，即从众生生活世界共许的有漏善出发，直到圣者的无漏善乃至佛境界的圆满无漏善。比如从有漏善讲，佛教认为，人道众生应遵守的基本善行是五戒十善，畜生、恶鬼与地狱三恶道众生应遵守的基本善行则依次降低，而天道众生遵守的基本善行则逐渐提高。

佛教徒为什么必须首先受戒呢？戒律就像人渡海所依靠的浮囊一样，佛教徒如果要渡过生死大海，只有持守戒律，才能克服种种烦恼，破除我法二执，证得无上菩提。正如晋译本《大方广佛华严经》卷六所言："戒是无上菩提本，应当具足持净戒。"当然，佛教徒受戒完全是个人自愿的行为。除非受了菩萨戒，受其余一切戒律后，如果不想或不能继续持戒，随时可以舍戒。菩萨戒不能舍，不是因为有什么外在强制，而是因为此戒本身就是自性在戒律上的圆满显现。

佛教传授居士五戒的仪式，古今变化不大，一般包括供养、发愿、忏悔、皈依、受戒、回向等环节，六祖举行的授戒仪式将回向环节摄入了发愿之中，因此并没有什么差别。六祖与教下授戒的差别主要体现在内容上——教下所授是有相戒，六祖所授则是无相戒，他实际上是随顺教下的授戒仪式而宣说禅宗顿教无相戒法的。无相戒是菩萨戒，还是一般的居士戒？从授戒仪式看，六祖是在五戒仪式中授戒的，似乎属于居士五戒。但是，如果从所授戒的性质来讲，应该属于菩萨戒。《佛说观佛三昧海经》卷四说："诸佛光中说无相施、说无相戒、说无相忍、说无相精进、说无相定、说无相慧。汝闻此法，慎勿惊怖，过去诸佛系念思维，亦闻是法，亦解是相。解是相已，不畏生死，处大地狱，阿鼻猛火，火不能烧，虽处地狱，如游天宫。是故万字名实相印。诸佛如来无量无边阿僧祇劫学得此印，得此印故，不畏生死，不染五欲。"既然无相戒是诸佛实相印的内容之一，当然属于菩萨戒。明末曹洞宗高僧湛然圆澄禅师也明确说："小乘持戒，作止持犯，事事有为；大乘无作无起，常契道共，所谓持无相戒也。"（《思益梵天所问经简注》卷三）六祖开创的禅宗顿教是大乘佛教的一个宗派，他所授的无相戒固然是菩萨戒，我们不能拘泥于授戒仪式来认识这个问题。话说回来，无相戒并不排除有相戒，而以一切法的真实性相为戒，根本上含摄了种种有相戒。

供养，梵文为 pūjanā，又作供、供施、供给、打供。广义的供养即是布施，狭义的供养指对自己生命成长密切相关者的恭敬与感恩。佛教强调一切世出世间果报都要从恭敬与感恩中求，而供养则是表达恭敬与感恩的重要方法，因此佛教特别注重供养。佛陀教示，大乘佛教徒要想求得居士戒（优婆塞戒），应该施行财、法两种供养。财供养主要是对父母、妻子、师长、善知识、奴婢、沙门、婆罗门的供养，法供养则是修学六波罗蜜。如果集中到供养三宝来说，财供养是供养饮食、衣服、汤药、卧具、香、花、灯、幢幡、宝盖等上妙供具，法供养是信奉受持自利利他的菩萨教法。其中，法供养最胜，"所谓如说修行供养、利益众生供养、摄受众生供养、代众生苦供养、勤修善根供养、不舍菩萨业供养、不离菩提心供养……何以故？以诸如来尊重法故，以如说修行出生诸佛故。若诸菩萨行法供养，则得成就供养如来，如是修行是真供养故"（唐译四十卷本《大方广佛华严经》卷四十）。

从供养方式看，分身、口、意三业供养。供养财物属于身业供养，供养歌颂、赞叹等属于口业供养，恭敬、尊重以及观想佛菩萨功德、相好等属于意业供养。其中，意业供养最胜，所谓"若求出离至无上菩提，修瑜伽者昼夜四时，后夜、日中、黄昏、中夜，运心供养最为上胜"（《仁王护国般若波罗蜜多经陀罗尼念诵仪轨》）。为什么意业供养最胜？因为意业供养决定了前二业供养的品质。如果以身、口、意三业供养融摄财法两种供养，则法供养通于三业，财供养属于身业。而佛法到底由佛心开出，因此凡夫的三业供养都是为了由身、口二业供养回归意业供养，并依意业供养契悟佛心。

香，梵文为 gandha，音译为干陀，是鼻根嗅闻、鼻识了知的能发出香气的色法，具有洁净身体与环境的功用，是佛教徒修供养的重要供具，深为人们喜爱。佛陀开示，三千大千世界中的有情无情各有其香，其中佛身香最胜，"今说佛身香，戒、定、慧、解脱，于亿百千劫，不能尽佛香；若于千万劫，佛赞佛功德，大圣不能尽，佛身戒德香"（《菩萨从兜术天降神母胎说广普经》卷二）。佛身香为什么最胜？佛教说这是众生都追求的最圆满的五分法身香。因佛经中有传授闻香法门的香积如来，还有专门制作种种香的鬻香长者、修习香严法门的香严童子，佛教界于是起而效之，形成了历史悠久、功用广大的香严法门，几乎在任何佛事活动中都要焚香供养，香的种类也多不胜数。佛教徒祈望借此香光庄严道场，与佛感应道交，蒙佛降临引导开悟。正如汉传佛教《炉香赞》赞叹的那样："炉香乍爇，法界蒙熏，诸佛海会悉遥闻，随处结祥云。诚意方殷，诸佛现全身。"

诸佛所现的全身，教下主要指化身佛具足的五分法身。五分法身指佛法身五个方面的佛法、功德与业用，即戒身、定身、慧身、解脱身与解脱知见身，需要在空性见与菩提心指导下经过圆满修学才能获得。"修净戒故，圆满戒身；得禅定故，圆满定身；见谛理故，得智慧、解脱、解脱知见身。"（《大乘理趣六波罗蜜多经》卷十）五分法身香，就是从佛的五种身发出的香气。

香严法门是通过观察香严"去无所著，来无所从，由是意销，发明无漏"

(《大佛顶如来密因修证了义诸菩萨万行首楞严经》卷五），从而明心见性成佛的法门。如果不知此根本目的，或虽知此目的而不能时时照顾，则可能舍本逐末，只在香事上做功夫，甚至沉溺于香事而不知所归。

六祖从自心点化出的香严法门则没有这个问题。我们看他如何说五分法身香："戒香，即自心中无非、无恶、无嫉妒、无贪瞋、无劫害"，这是自心无非无恶的状态，是以心地无非的自性戒为戒香；"定香，即睹诸善恶境相自心不乱"，这是自心如如不动的状态，是以心地无乱的自性定为定香；"慧香，自心无碍，常以智慧观照，自性不造诸恶，虽修众善，心不执著，敬上念下，矜恤孤贫"，这是自心清明在躬的状态，是以心地无痴的自性定为定香；"解脱香，即自心无所攀缘，不思善、不思恶，自在无碍"，这是自心无有挂碍的状态，是以心地无住的自性解脱为解脱香；"解脱知见香，自心既无所攀缘善恶，不可沈空守寂，即须广学多闻，识自本心，达诸佛理，和光接物，无我无人，直至菩提，真性不易"，这是自心无私奉献的状态，是以心地无私的自性慈悲为解脱知见香。学人焚香供养时听到这样的开示，当下心心相印，便能明心见性成佛，确实庆快平生！

有人担心这种法门可能执理废事，以只在心里转念头为供养。应该说，实际修行生活中确实存在这种现象，但这不是禅宗顿教法门的问题，而是具体修行者没有很好地领会此法门的问题。禅宗顿教法门从来都是即心即事、即事即心的"即心即佛"法门，香严法门如此，忏悔、发愿、皈依、观佛、念佛、净土、三学、六度、持咒等其余佛教法门如此；扩展开去，生活中洒扫应对、见色闻声，乃至遭逢任何情境，也莫不如此。

[2]"今与汝等授无相忏悔①，灭三世罪，令得三业清净。善知识！各随语②一时道：'弟子等，从前念、今念及后念，念念不被愚迷染，从前所有恶业、愚迷等罪悉皆忏悔，愿一时销灭，永不复起；弟子等，从前念、今念及后念，念念不被骄诳③染，从前所有恶业、愚迷等罪悉皆忏悔，愿一时销灭，永不复起；弟子等，从前念、今念及后念，念念不被嫉妒④染，从前所有恶业、嫉妒等罪悉

皆忏悔，愿一时销灭，永不复起。'

"善知识！已上是为无相忏悔。云何名忏？云何名悔？忏者，忏其前愆⑤，从前所有恶业、愚迷、骄诳、嫉妒等罪悉皆尽忏，永不复起，是名为忏；悔者，悔其后过，从今以后，所有恶业、愚迷、骄诳、嫉妒等罪，今已觉悟，悉皆永断，更不复作，是名为悔。故称忏悔。凡夫愚迷，只知忏其前愆，不知悔其后过。以不悔故，前愆不灭，后过又生。前愆既不灭，后过复又生，何名忏悔？

◎ **注释** ①〔忏悔〕梵文 kṣamā 的讹略，新译作忏摩，义为请求他人容忍、饶恕自己的罪过，是佛教徒的一种重要修行方法；如果发露自己的罪过，则称为阿钵底钵喇底提舍那（āpatti-pratideśana）。义净《南海寄归内法传》卷二："梵云阿钵底钵喇底提舍那。阿钵底者，罪过也；钵喇底提舍那，即对他说也。说己之非，冀令清净。自须各依局分，则罪灭可期；若总相谈愆，非律所许。旧云忏悔，非关说罪。何者？忏摩乃是西音，自当忍义。悔乃东夏之字，追悔为目。悔之与忍，迥不相干。"理虽如此，但语言因习惯成自然，后来仍以"忏悔"为常名。②〔语〕《大正藏》本作"我语"。③〔骄诳〕狂妄自大、虚诳不实。骄，恃才傲物。诳，伪装道德。《成唯识论》卷六："云何为憍？于自盛事深生染著，醉傲为性；能障不憍，染依为业。谓憍醉者生长一切杂染法故。""云何为诳？为获利誉，矫现有德，诡诈为性；能障不诳，邪命为业。谓矫诳者心怀异谋，多现不实邪命事故。"④〔嫉妒〕嫉贤妒能。唐慧琳《一切经音义》："王逸注《楚辞》云：'害贤曰嫉，害色曰妒。'妒，《说文》：'妇妒夫也。并从女疾。户，声也。'"⑤〔前愆〕指从前的过错。愆，过错。《说文》："愆，过也。从心，衍声。"顾野王《玉篇》："凡物有过，皆谓之愆也。"

◎ **大意** "现在就为你们传授无相忏悔，灭除三世罪过，使三业得到清净。善知识！大家都跟着我念：'弟子某某，从前念、今念到后念，念念不被愚痴迷执污染，过去累积的所有恶业、愚痴迷执等罪过全部忏悔，祈愿当下消除干净，永远不再生起；弟子某某，从前念、今念到后念，念念不被狂妄自大污染，过去累积的所有恶业、愚痴迷执等罪过全部忏悔，祈愿当下消除干净，永远不再生起；弟子某某，从前念、今念到后念，念念不被嫉妒等心污染，过去累积的所有恶业、嫉妒等罪全部忏悔，祈愿当下消除干净，永远不再生起。'

"善知识！上面的法门就是无相忏悔。什么叫作忏？什么叫作悔？忏是断除以前的罪过，以前累积的所有恶业与愚痴迷执、狂妄自大、妒贤嫉能等罪过全部断除，永远不再生起，这就是所谓忏；悔是灭尽今后的过错，从现在到以后的所有恶业与愚痴迷执、狂妄自大、妒贤嫉能等罪过，现在已经觉悟，永远全部灭尽，不会再度造作，这就是所谓悔。因此叫作忏悔。凡夫愚痴迷执，只知道断除从前的罪过，不懂得灭尽今后的过错。因为未灭尽今后的过错，从前的罪过就不会被除灭，今后的过错就会再次生起。从前的罪过没有被断除，今后的过错又再次生起，怎么叫忏悔？

◎ **解读** 佛教戒律有有相戒与无相戒之分。三归五戒到具足戒，因为有开遮持犯的戒相，叫有相戒；菩萨戒以清净自性为戒，受此戒者面对任何境相都要以菩提心或智慧（般若）心观之，只要心中生起违犯此心的念头就是犯戒，因为没有具体的戒相，所以叫作佛性戒、菩提心戒或无相戒。佛教戒律以无相戒为根本，有相戒是无相戒显现于不同众生境界的戒律，是各缘起中的众生健康安宁、和谐幸福生活的内在要求；同时，一切有相戒都统摄于、归结于无相戒。

有相戒是侧重自利的戒律，分为性戒与遮戒两种。性戒指性质上就应持守的戒条，即不杀生、不偷盗、不邪淫（出家人是不淫）、不妄语四戒；遮戒又叫息世讥嫌戒，指为防止他人讥嫌应持守的戒条，即前述四戒外的所有戒。与有相戒相对，无相戒是侧重利他的戒律，由摄律仪戒、摄善法戒与饶益有情戒三部分构成，摄律仪戒是止恶的戒律，摄善法戒是修善的戒律，饶益有情戒是广泛利益众生的戒律。

佛教戒律有如下几个特点：一是内在性。佛教戒律是佛陀从自性开出的戒律，不像现代世俗法律与道德，是从外部为维持个人和社会基本生存做出的相关规定。二是随缘性。佛教戒律是佛陀在实际生活中，因弟子三业偏离自性而制定的戒律，具有突出的随缘性和可操作性。三是系统性。佛教戒律虽然是佛陀随缘制定的，但由于佛教徒的终极追求是成佛，它又是一个由浅到深、从低到高次第圆满的系统。三皈依戒只要求佛教徒信仰三宝，五戒到具足戒进而要求佛教徒在身、口二业持守从少到多不等的有相戒律，菩萨戒更要求从意业上做到秋毫无犯、自利利他，虽不拘于具体戒相（菩萨戒条只是例举），但是无戒无不戒。四是自愿性。佛教徒受戒、持戒与舍戒都是自愿行为，没有丝毫强迫因素，"菩萨戒不可舍"的规定似乎与此精神有矛盾，实际上更好地体现了这一精神，因为发愿受菩萨戒的佛教徒已长期受持有相戒，充分认识到菩萨戒就是自性本身，舍无可舍。

由于佛教戒律比世俗道德要求严格，持守戒律的目的是改变过去的世界、生命与价值三观，达成以前从未见过的三观，因此，佛教徒都会遭遇到犯戒的情形。受戒前，没有戒律可受，犯戒的情形多不胜数；受戒后，或智慧未开，或未成为二地以上菩萨之前，也会犯戒。因犯戒带来的问题，必须通过如法忏悔才能解决。佛陀说："未来之世，若在家、若出家诸众生等欲求受清净妙戒，而先已作增上重罪、不得受者，亦当如上修忏悔法，令其至心，得身、口、意善相已，即应可受。""若未来世诸众生等欲求度脱生、老、病、死，始学发心修习禅定、无相智慧者，应当先观宿世所作恶业多少及以轻重，若恶业多厚者，不得即学禅定、智慧，应当先修忏悔之法。所以者何？此人宿习恶心猛利故，于今现在必多造恶、毁犯重禁。以犯重禁故，若不忏悔令其清净，而修禅定、智慧者，则多有障碍，不能克获；或失心错乱，或外邪所恼，或纳受邪法，增长恶见。是故当先修忏悔法。"（《占察善恶业报经》卷上）佛教徒无论犯了什么戒都要忏悔，犯了有相戒的性戒和无相戒的重戒，不仅需要忏悔，而且必须重新受戒，如"我昔所造诸恶业，皆由无始贪恚痴，从身语意之所生，一切我今皆忏悔"（唐译四十卷本《大方广佛华严经》卷四十）。可见忏悔的重要性。

忏悔，意思是祈求接受悔罪、宽恕、谅解。据义净说，这是糅合"西音""中语"而成的一个词，相当于此词含义的梵文词有两个：一个是 kṣamā，正确译音是忏摩，义为乞求容忍、忍受、宽容；一个是 āpatti-pratideśana，音译作阿钵底钵刺底提舍那，义为悔罪（详见《南海寄归内法传》卷二）。两者合起来，正是忏悔之义。义净法师的训释与忏悔法门的实际内容完全相合，堪为正义。不过，"忏悔"一词早已出现（参见《六度集经》卷四），义净法师的训释具有的更多是文献学意义，我们还是沿用忏悔一词来讲这个法门。

忏悔分有相忏悔与无相忏悔两种。有相忏悔又叫事忏或法忏，是针对所犯有相戒中的具体戒条，依戒律规定进行的有针对性的忏悔；无相忏悔又叫理忏，是犯了无相戒以后，通过观罪性本空进行的忏悔。由于有相忏悔是按照戒律规定对佛教徒所犯戒条进行的忏悔，就有确认所犯戒条、听受忏悔者以及忏悔时间、地点、方法、程序等严格要求，这些要求有时很难齐备。同时，针对具体戒条的忏悔，其目的固然是为了清净三业，但主要是对所犯具体事相的忏悔，往往难以由事入理而清净意业，如果犯戒者教理不太通达，甚至会出现以忏悔抵消罪业的误解。六祖传授的无相戒，因为是从妄心这个犯戒根本因缘来忏悔，对上述事项都没有什么具体要求，正可避免这类问题。

六祖告诉大家，完整的忏悔包括对治过去所造恶业和未来不再造恶业两方面，要做到"所有恶业、愚迷、骄诳、嫉妒等罪，今已觉悟，悉皆永断，更不复作"，而不能只"悔"过去所造的恶业，不"忏"未来将造的恶业。具体忏悔法，体现在六祖领大家念诵的忏悔词之中："弟子等，从前念、今念及后念，念念不被愚迷染，从前所有恶业、愚迷等罪悉皆忏悔，愿一时销灭，永不复起；弟子等，从前念、今念及后念，念念不被骄诳染，从前所有恶业、愚迷等罪悉皆忏悔，愿一时销灭，永不复起；弟子等，从前念、今念及后念，念念不被嫉妒染，从前所有恶业、嫉妒等罪悉皆忏悔，愿一时销灭，永不复起。"

从上述忏悔词可知，六祖提倡的无相忏悔法门集中在心念上做功夫，要在起心动念时不被造作恶业的种种虚妄心念污染，必须"向心中除罪缘"。如何除掉心中的罪缘？"今与汝等授无相忏悔，灭三世罪，令得三业清净"道出了其中奥妙，即依般若观当下一念虚妄心本空，只要能观空当下一念虚妄心，便能彻底清净过去、现在与未来三世的罪业。这种忏悔法门当然不是六祖独创，佛陀本有提倡，如《观普贤菩萨行法经》说："一切业障海，皆从妄想生，若欲忏悔者，端坐念实相，众罪如霜露，慧日能消除。"《维摩诘所说经》卷上也说："妄想是垢，无妄想是净，颠倒是垢，无颠倒是净；取我是垢，不取我是净……一切法生灭不住，如幻如电，诸法不相待，乃至一念不住，诸法皆妄见，如梦、如炎、如水中月、如镜中像，以妄想生。其知此者，是名奉律；其知此者，是名善解。"佛陀还用无相忏悔法门度化了古印度摩羯陀国通过弑父而掌权的阿阇世王（详见北凉天竺三藏昙无谶译《大般涅槃经》卷二十）。

其中蕴含着什么道理和意义？众生造作恶业，都是因为执幻相为"真实"，且想要永久占有此"真实"，结果造出种种罪业。若能观自心所执种种境相空不可得，便不会再有执取的念头，也就不会造成恶业。这种忏悔比有相忏悔更能彻底地断除罪业，因为有相忏悔主要在身、口二业上忏悔具体所犯戒条，既不涉及未犯者，更难忏除心识深处的罪业。无相忏悔因从观妄心空进行忏悔，易于见到自性,一旦见到自性,罪业一断一切断,非常彻底。如果我们了解有相忏悔有时间、地点、场合等条件,这些条件有时甚至很久都难以满足,就知道这会对佛教徒造成很大的心理压力。相比之下,如果能够通过无相忏悔来除罪,当下就可以把心理压力缓解下来,甚至可以消除尽净。

最后必须说明,无相忏悔法门并不排除有相忏悔法门,如果能将两种法门结合在一起修习,效果会更好。

[3]"善知识!既忏悔已,与善知识发四弘誓愿,各须用心正听①:'自心众生无边誓愿度,自心烦恼无边誓愿断,自性法门无尽誓愿学,自性无上佛道誓愿成。'善知识!大家岂不道'众生无边誓愿度'?怎么道,且不是惠能度。善知识!心中众生,所谓邪迷心、诳妄心、不善心、嫉妒心、恶毒心,如是等心尽是众生,各须自性自度,是名真度。何名自性自度?即自心中邪见、烦恼、愚痴众生,将正见度。既有正见,使般若智打破愚痴、迷妄众生,各各自度。邪来正度,迷来悟度,愚来智度,恶来善度。如是度者,名为真度。又,'烦恼无边誓愿断',将自性般若智除却虚妄思想心②是也。又,'法门无尽誓愿学',须自见性,常行正法,是名真学。又,'无上佛道誓愿成',既常能下心行于真正,离迷离觉,常生般若,除真除妄,即见佛性,即言下佛道成;常念修行,是愿力法。"

◎ **注释** ①〔正听〕谛听,以清净心听闻佛法。《合部金光明经》卷四:"是金光明经,正闻正听,有大神力。"②〔思想心〕分别心。释延寿《宗镜录》卷九十八:"若不思量,全归心体;但有微毫之法,皆是思想心生。"

◎ **大意** "善知识!大家忏悔之后,就告诉大家如何发四种大愿,人人都要净心谛听:'誓愿度化自己心中的无边众生,誓愿断除自己心中的无边烦恼,誓愿修学自性具足的无尽法门,誓愿成就自性具足的无上佛道。'善知识!大家不是说

'誓愿度化自己心中的无边众生'吗？这么说，那就不是惠能度化。善知识！心中的众生，就是邪迷之心、诳妄之心、不善之心、嫉妒之心、恶毒之心，这类心全都是众生，都必须依自性自己度化，这才是真正的度化。什么是依自性自己度化？自己心中的邪见、烦恼与愚痴等众生，用正见来度化。既确立了正见，用般若智慧打破愚痴、迷妄等众生，一一自己度化，邪见生起用正见度化，迷执生起用觉悟度化，愚痴生起用智慧度化，恶念生起用善念度化。这样度化，才是真正的度化。其次，'誓愿断除自己心中的无边烦恼'，就是用自性本具的般若消除虚妄不实的分别心。再次，'誓愿修学自性具足的无尽法门'，指必须亲自证见自性，时常践行正法，才是真正的修学。最后，'誓愿成就自性具足的无上佛道'，指始终虚心践行真实不虚的正道，远离迷执与觉悟二边，时常生起般若智慧，消除真实与虚妄两端，便是证见佛性，便是当下成就佛道；时常用心修行，就是生起愿力的方法。"

◎ **解读** 这是禅宗顿教的无相誓愿法门。无相誓愿属于菩提心，为阐明此法门的具体修法，我们有必要先弄清楚什么是菩提心，以及教下如何发菩提心。菩提心，梵文为 bodhi citta，全称阿耨多罗三藐三菩提心 (anuttarasamyaksaṃbodhi citta)，义为无上正等正觉心。无上正等正觉是佛境界，无上正等正觉心就是佛心。佛心没有分别心识，纯粹是无分别智慧，如"如来心、意、识俱不可得，但应以智无量故，知如来心"（唐译八十卷本《大方广佛华严经》卷五十一）。其实就是六祖所谓本心、真心或自性清净心。分开说，佛心包括直心、深心与大悲心三心，直心即举足下足皆是道场的根本智慧心，深心即圆满六度万行的菩萨行心，大悲心即普度众生的大慈悲心。

发菩提心就是发成就佛道、普度众生之心。龙树菩萨从成就佛道定义发菩提心："菩萨初发心，缘无上道，我当作佛，是名菩提心。"（《大智度论》卷四十一）佛陀则从普度众生界定发菩提心："所有一切众生之类，若卵生、若胎生、若湿生、若化生，若有色、若无色，若有想、若无想、若非有想非无想，我皆令入无余涅槃而灭度之。"（鸠摩罗什译《金刚般若波罗蜜经》）发菩提心是菩萨道与声闻道的重要区别之一，声闻道在偏空见指导下，侧重发自度生死的出离心；菩萨道在中道见指导下，特别强调发成就佛道、普度众生的菩提心。菩萨发菩提心，只有以智慧心为总持、慈悲心为上首，才能证得无上菩提，所谓"诸菩萨乘补特伽罗，不离一切智智心，摄受般若波罗蜜多，依方便善巧,大悲心为上首,修空、无相、无愿之法,虽证实际而能入菩萨正性离生位,能证无上正等菩提"(《大般若波罗蜜多经》卷四四七)。由于发菩提心如此重要,佛经中经常大加赞叹:"因菩提心出生一切菩萨行轮,三世十方一切如来从菩提心而出生故……若有能发阿耨多罗三藐三菩提心者,则已出生无量功德,普能摄取一切智道。"(唐译四十卷本《大方广佛华严经》卷三十五)"发心毕竟二不别,如是二心先心难,自未得度先度他,是故我礼初发心。初发已为人天师,胜出声闻及缘觉,如是发心过三界,是故得名最无上。"(《大般涅槃经》卷三十八)甚至说,菩萨"忘失菩提心修诸善根,是为魔业"(唐译八十卷本《大方广佛华严经》卷五十八)。

教下如何说发菩提心呢？这个问题包含两个方便的内容：一是发菩提心的因缘,二是所发菩提心的性质。发心的因缘以求佛智慧、普度众生为主,发心的性质则有世俗与胜义的差别,世俗菩提心为菩萨从发心开始到证入初地前修习的菩提心,胜义菩提心为菩萨从初地到等觉位修习的菩提心,但其存在有佛乘圆教菩萨与佛乘渐教菩萨两种情况。佛乘圆教菩萨主要依报身佛具足的十种智慧发菩提心："此菩萨缘十种难得法而发于心。何者为十？所谓是处非处智、善恶业报智、诸根胜劣智、种种解差别智、种种界差别智、一切至处道智、诸禅解脱三昧智、宿命无碍智、天眼无碍智、三世漏普尽智。"发心时,"若诸菩萨能与如是观行相应,于诸法中不生二解,一切佛法疾得现前,初发心时即得阿耨多罗三藐三菩提,知一切法即心自性,成就慧身,不由他悟"(唐译八十卷本《大方广佛华严经》卷十六、十七)。

佛乘渐教菩萨的发心因缘,《文殊师利问经》卷上有发菩提心文说:"应于佛前至诚礼拜,作如是言：'我某甲,愿诸佛忆念我,如诸佛、世尊、正知以佛智慧无所著,我当发菩萨心,为利益一切众生令得安乐发无上道心,如过去未来现在诸菩萨发无上菩提心,于一切众生,如父母、兄弟、姊妹、男女、亲友等,为彼解脱得出生死,乃至令发三菩提心,勤起精进,随诸众生所须财法,一切施与。以此财法,摄受一切众生,渐渐随宜。为解脱众生出生死故,乃至令安住无上菩提,我当起精进,我当不放逸。'如是再三,是名菩萨摩诃萨初发菩提心。"这段经文,如果换成偈颂,就是汉传佛教界经常念诵的《发菩提心偈》："众生无边誓愿度,烦恼无尽誓愿断,法门无量誓愿学,佛道无上誓愿成。"文中没有提到佛的身相和神通,但实际内容并无不同,差别在于佛乘渐教菩萨是基于其所见化身佛境界发心，因此发心后要历经长时间修习世俗菩提心的过程才能转为胜义菩提心，继而从初地到等觉位地地增进，最终圆满无上菩提。龙树菩萨将这个过程分为五菩提："有五种菩提：一者名发心菩提，于无量生死中发心为阿耨多罗三藐三菩提故，名为菩提，此因中说果；二者名伏心菩提，折诸烦恼，降伏其心，行诸波罗蜜；三者名明心菩提，观三世诸法本末、总相别相，分别筹量，得诸法实相，毕竟清净，所谓般若波罗蜜相；四者名出到菩提，于般若波罗蜜中得方便力故，亦不著般若波罗蜜，灭一切烦恼，见一切十方诸佛，得无生法忍，出三界，到萨婆若；五者名无上菩提，坐道场，断烦恼习，得阿耨多罗三藐三菩提。"（《大智度论》卷五十三）其中发心菩提即初发菩提心，伏心菩提即从初发心到菩萨初地阶段的菩提心，两者属于世俗菩提心，菩萨在此阶段需次第修学十信、十住、十行、十回向等三贤位的佛法；明心菩提指菩萨证入初地时的菩提心，出到菩提指从初地到等觉位的菩提心，无上菩提指佛果位的菩提心，这三者属于胜义菩提心，菩萨在前两个阶段还需次第修学初地到等觉位等十圣位的佛法。

相对而言，六祖提倡的无相誓愿法门属于佛乘顿教的发菩提心法门，其特点是直指菩萨心性发菩提心。与教下相比，他的发愿偈分别多了"自心"与"自性"两字，就彰显了这个特点。六祖有什么理由这样发愿？"自心众生无边誓愿度，自心烦恼无边誓愿断"两愿是普度众生愿。其中自心是凡夫当下一念心，自性是自心的根本性质，众生迷则自性全体现为妄心，因此凡夫需要一悟才能净化此心。"虚妄思想心"即虚妄心念，根本是无明；"邪迷心、诳妄心、不善心、嫉妒心、恶毒心"则是虚妄心念现起的种种心理作用。六祖以它们指代烦恼和众生，正是擒贼擒王之论。为什么凡夫见到的有情都是贪瞋二毒炽盛的众生？原因是凡夫心中充满了羡慕、嫉妒、愤恨等贪瞋二毒的众生心。为什么凡夫心中充满了贪瞋二毒的众生？根本原因是自心中有虚妄思想心。因此，凡夫只要清净了自心的贪、瞋、痴三毒心，自心就全体成为真心、本心、自性清净心，他所见有情也都是自性解脱的圣人。这是佛教的共义，《杂阿含经》就说："心恼故众生恼，心净故众生净。"虽然如此，但六祖度清净三毒心的下手处体现了他一以贯之的佛乘顿教特色，即依般若打破三毒心。如何打破？只要自心生起各种贪、瞋、痴的念头，便依般若波罗蜜当体观空，达到"瞋痴亦无实性""贪瞋痴性即是佛性，贪瞋痴外更无别有佛性"（菩提达摩《悟性论》）的

◎ 忏悔第六

境界，就断尽了烦恼，度尽了众生。

或者以为这只是清净了某个众生个体的心，与其他众生心的清净与否没有关系，这是不了解佛教的门外之谈。佛教的根本思想之一是三界唯心、万法唯识，哪里存在心外的众生呢？遑论现代思想意义上的独立个体了。菩萨虽然度尽了自心中自己的烦恼众生，但自心中其余众生的烦恼无穷无尽，因此菩萨能够也必须尽未来际度化众生，如《大般若波罗蜜多经》卷四五六说："若菩萨摩诃萨能行如是无所分别甚深般若波罗蜜多，便能证得无所分别微妙无上正等菩提，觉一切法无分别性，尽未来际利乐有情。"

"自性法门无尽誓愿学，自性无上佛道誓愿成"两愿是成就佛道愿。其中自性并不是妄心外的另一个心，它本身就是自心的本性，只要众生觉悟妄心的本性，自心全体即是真心或自性。六祖为什么能将无量法门和无上佛道收归自性，以证见自性为修学法门、成就佛道的核心？因为自性本自清净、本不生灭、本自具足、本无动摇、能生万法，三世诸佛、十二部经在人性中本自具有，只要见到自性，具足无量法门、成就无上佛道就是顺理成章的事情。那么，修学成就佛道愿从哪里下手？自性无二无分别，不能作为所观境，还是要从观三毒心的本来面目入手。这样，愿虽有四，观则唯一，都是依般若念念观空三毒心，此即禅师所谓"但尽凡心，别无圣解"（释普济《五灯会元》卷七）的正义。

无相誓愿是集中体现禅宗顿教修习菩提心的法门，但我们不能说禅宗顿教只有在受戒发愿时才修习这个法门。实际上，禅宗顿教与所有大乘佛教宗派一样，无论修习任何法门，都以菩提心为导首。由于禅宗以般若观照自心为根本修行方法，菩提心在此门中更有要求念念落到实处的特点，我们不能因为禅宗顿教少说菩提心，就误认为该宗轻忽菩提心。

[4]"善知识！今发四弘愿了，更与善知识授无相三归依①戒。善知识！归依觉，两足尊②；归依正，离欲尊③；归依净，众中尊④。从今日去，称觉为师，更不归依邪魔外道，以自性三宝常自证明。劝善知识归依自性三宝。佛者觉也，法者正也，僧者净也。自心归依觉，邪迷不生，少欲知足，能离财色，名两足尊；自心归依正，

念念无邪见,以无邪见故,即无人我、贡高⑤、贪爱、执著,名离欲尊;自心归依净,一切尘劳爱欲境界,自性皆不染著,名众中尊。若修此行,是自归依。凡夫不会,从日至夜受三归戒。若言归依佛,佛在何处?若不见佛,凭何所归?言却成妄。善知识!各自观察,莫错用心,经文分明言自归依佛,不言归依他佛,自佛不归,无所依处。今既自悟,各须归依自心三宝,内调心性,外敬他人,是自归依也。

"善知识!既归依自三宝竟,各各志心⑥,吾与说一体三身自性佛⑦,令汝等三身了然,自悟自性。总随我道:'于自色身归依清净法身佛,于自色身归依千百亿化身佛,于自色身归依圆满报身佛⑧。'善知识!色身是舍宅,不可言归。向者三身佛在自性中,世人总有,为自心迷,不见内性,外觅三身如来,不见自身中有三身佛。汝等听说,令汝等于自身中见自性有三身佛,此三身佛从自性生,不从外得。

"何名清净法身佛?世人性本清净,万法从自性生,思量一切恶事即生恶行,思量一切善事即生善行,如是诸法在自性中。如天常清,日月常明,为浮云盖覆,上明下暗,忽遇风吹云散,上下俱明,万象皆现。世人性常浮游,如彼天云。善知识!智如日,慧如月,智慧常明,于外著境,被妄念浮云盖覆,自性不得明朗。若遇善知识,闻真正法,自除迷妄,内外明彻,于自性中万法皆现。见性之人亦复如是。此名清净法身佛。

"善知识!自心归依自性,是归依真佛。自归依者,除却自性中不善心、嫉妒心、谄曲心、吾我心⑨、诳妄心、轻人心、慢他心、邪见心、贡高心,及一切时中不善之行;常自见己过,不说他人好恶,是自归依。常须下心普行恭敬,即是见性通达,更无滞碍,是自归依。

"何名千百亿化身？若不思万法，性本如空；一念思量，名为变化。思量恶事化为地狱⑩，思量善事化为天堂⑪；毒害化为龙蛇⑫，慈悲化为菩萨；智慧化为上界⑬，愚痴化为下方⑭。自性变化甚多，迷人不能省觉，念念起恶，常行恶道；回一念善，智慧即生。此名自性化身佛。

"何名圆满报身？譬如一灯能除千年暗，一智能灭万年愚。莫思向前，已过不可得；常思于后，念念圆明，自见本性。善恶虽殊，本性无二，无二之性，名为实性。于实性中不染善恶，此名圆满报身佛。

"自性起一念恶，灭万劫善因；自性起一念善，得恒沙恶尽，直至无上菩提⑮。念念自见，不失本念，名为报身。善知识！从法身思量，即是化身佛；念念自性自见，即是报身佛。自悟自修自性功德，是真归依；皮肉是色身，色身是舍宅，不言归依也。但悟自性三身，即识自性佛。"

◎ **注释** ①〔三归依〕佛门成为正式佛教徒的仪式。归依，梵文 śaraṇa，又称皈依，有救济、救护的含义。佛教认为，佛是圆满觉者，法是智慧正道，僧是清净典范，如世间珍宝，因此叫作三宝。众生要解脱烦恼、证得菩提、自度度他，应当求三宝救护，求三宝救护则应信仰三宝，而信仰三宝的首要一环便是自愿皈依三宝。②〔两足尊〕佛的尊称。佛教认为，佛在两足有情众生中最尊贵，故叫作两足尊。两足即福德与智慧两足，指佛福德、智慧皆圆满具足，故称为两足尊。《杂阿含经》卷四十四："于诸种姓中，刹利两足尊，明行具足者，天人中最胜。"③〔离欲尊〕能引导众生彻底远离贪、瞋、痴三毒的佛法。《杂阿含经》卷二十八："在家及出家，而起正事者，彼则常心乐，无上之正法。"欲，即贪欲，包括瞋恨和愚痴。离欲，即远离贪、瞋、痴三毒。④〔众中尊〕指已经远离贪、瞋、痴三毒的圣僧是众生解脱的典范和良师。《大般涅槃经》卷十八："诸佛圣僧，如法而住，受正直法，随顺修行，不可睹见，不可捉持，不可破坏，无能娆害，不可思议，一切众生良祐福田。"众，指六道众生。⑤〔贡高〕傲慢心。《维摩诘经》："我心憍慢者，为现大力士，消伏诸贡高，令住无上道。"僧肇注："慢心自高，如山峰不停水。"（《注维摩诘经》卷七）⑥〔志心〕专心、一心。《长者施报经》："施四方一切僧精舍，不如尽形志心归依佛、法、僧；尽形志心归依佛、法、僧，不如尽形不杀生、不偷盗、不淫欲、不妄语、不饮酒；尽形不杀生、不偷盗、不淫欲、不妄语、不饮酒，不如有人于十方世界，遍一切处行大慈心饶益众生。"⑦〔一体三身自性佛〕自性具足的三身佛。佛有法、报、化三身。法身是指佛所悟诸法实相身，又叫如如佛、法性身、真身；报身指佛觉悟法身后报得的功德相好身，又叫相好身、报佛；化身指佛依法身显现的变化身。法身一相无相，湛然常住，不生不灭；报身妙相庄严，为度化地上菩萨的佛身；化身身相无量、妙用无方，是度化地前凡夫的佛身。法身为佛的根本身体，报化二身都是依法身显现的佛身，而法身为自性本具，故说自性具足三身佛。⑧〔"于自色身归依千百亿化身佛"两句〕《大正藏》本作"于自色身归依圆满报身佛，于自色身归依千百亿化身佛"。⑨〔吾我心〕我执心。《中阴经》卷上："吾我心尽断，不有我、无我。"⑩〔地狱〕梵文为 naraka（那落迦）或 niraya（泥犁），指三恶道中地狱道的极苦世界，众生造上品恶业即会转生此土。唐译八十卷本《大方广佛华严经》卷十五："十不善业道，上者地狱因，中者畜生因，下者饿鬼因。"⑪〔天堂〕又叫天宫，指三善道中天道的快乐世界，众生造世间善业即可转生此土。《杂譬喻经》："乘此中阴，既到天宫，受彼生阴，目见天堂种种严饰，乃知追恨往昔不多作也。"⑫〔龙蛇〕瞋恨心很重的恶道众生。《撰集百缘经》卷十："或作龙蛇，罗刹鬼神，心常含毒，更相残害。"⑬〔上界〕又叫天上界，指色、无色诸天界。《佛说如来不思议秘密大乘经》卷十："欲界所现供养事，上界亦现诸供养，遍散最上妙香花，宝严众乐皆吹击。"⑭〔下方〕欲界。⑮〔无上菩提〕菩提有声闻、缘觉与佛三种，其中佛所得菩提至高无上，叫作无上菩提。《杂阿含经》卷三："如来、应、等正觉未曾闻法，能自觉法，通达无上菩提。"

◎ **大意** "善知识！大家已经发了四大愿，再给大家传授无相三皈依戒。善知识！皈依正觉佛，福德智慧之尊；皈依正道法，远离贪欲之尊；皈依清净僧，人天大众之尊。从今以后，以正觉为本师，再不会皈依邪魔外道，时常以自性本具的三宝为自己证明。劝请大家皈依自性本具的三宝。佛是正觉，法是正道，僧是清净。自心皈依正觉，不起邪迷，清心寡欲，知足常乐，远离财色，叫作两足尊；自心皈依正法，念念没有邪见，没有邪见便没有人我是非、贡高我慢、贪欲耽爱、攀缘执着，叫作离欲尊；自心皈依清净，自性不染着一切烦恼贪欲境界，叫作众中尊。如果修习这种佛法，就称为自性皈依。凡夫不懂修习自性皈依，一天到晚受三皈依戒。如果说皈依佛，佛在哪里？如果不见有佛，凭什么皈依？这样说却成了妄语。善知识！各自认真观察，不要错用心，经文分明说皈依自性佛，没有说皈依其他佛，自性佛不皈依，没有皈依处。现在既然明白了这个道理，各人必须皈依自性中的三宝，对内调顺心性，对外恭敬他人，这就是自性皈依。

"善知识！皈依了自性三宝，各自专心一意，我为大家解说一体三身自性佛，使你们明了三身，证悟自己的自性。请随我说：'在自己的色身中皈依清净法身佛，在自己的色身中皈依千百亿化身佛，在自己的色身中皈依圆满报身佛。'善知识！色身只是房舍，不可说皈依色身。刚才说的三身佛在自性中，每个人都有，只因自心迷执，不能见其自性，向外求觅三身如来，见不到自性中本有三身佛。你们听我说，让你们在自己的色身中见自性本有三身佛，三身佛是从自性出生的，不是从心外求得的。

"什么叫清净法身佛？世人自性本来清净，万法都从自性产生，思量恶事就产生恶行，思量善事就产生善行，所有这些法都在自性中。如天空始终清澈，日月始终光明，只因浮云遮蔽，上面光明下面昏暗，忽然风来吹散浮云，上下同样光明，万象炳然显现。世人性情常常浮游不定，就像天上的浮云一样。善知识！智如太阳，慧如月亮，智慧始终光明，一旦执着心外境相，被妄念的浮云遮蔽，自性便无法朗现。如果遇到善知识，听闻真正的佛法，断除自心的妄想迷执，内外一片光明，就能在自性中如实显现万法。证见自性的人同样如此。这就是清净法身佛。

"善知识！自心皈依自性，才是皈依真佛。所谓自皈依，就是要清除遮蔽自性的不善心，即嫉妒心、谄曲心、我执心、诳妄心、轻人心、慢他心、邪见心、贡高心，以及所有不善行。常常照察自己的过错，不说别人的好歹，就是自皈依。时常以谦卑心恭敬一切，了知自性四通八达，没有任何滞碍，就是自皈依。

"什么是千百亿化身？如果心不思量万法，本性犹如虚空；只要一念思虑，就会有变化。思及恶事就化为痛苦世界，思及善事就化为快乐世界；思及毒害就化为龙蛇，思及慈悲就化为菩萨；思及智慧就化为上界，思及愚痴就化为下方。自性变化很多，迷执的人不能省察觉知，念念都是恶念，时常行于恶道；只要转念生起一念善心，就生起智慧了。这就是自性化身佛。

"什么是圆满报身？譬如一盏灯能灭除千年黑暗，一念智慧能灭除万年愚痴。不要老是忧虑过去，过去的事情已经消失，了不可得；要时常关心今后，如何做到念念圆满清明，证见自己的本性。善与恶虽然相上有差别，但其本性都是没有对待的自性，没有对待的自性就叫作实性，实性中善恶都不染着，就叫作圆满报身佛。

"自性生起一个恶念，万劫善因因此毁灭；自性生起一个善念，无量恶因由此消尽，直至圆满无上菩提。念念都能照见，不失自性本念，叫作报身。善知识！从法身思量，就成为化身佛；念念照见自性，就是报身佛。自己参悟、修证自性功德，才是真皈依；皮肉是色身，色身是房舍，不可说皈依。只要证悟自性三身，便认识了自性佛。

◎ **解读**　这是禅宗顿教的无相归依法门。归依，又称"皈依"，这两种写法在佛经里是通用的，基本的意思是投向、归向，就是将整个身心投向某个地方，或者归向某个对象。具体说，就是毫不犹豫、无所畏惧、毫无保留地将自己交给皈依的对象，毫不犹豫指决定无疑，无所畏惧指没有恐惧，毫无保留是指完全彻底，只有做到这三点才是真正的皈依。有所疑惑的皈依会退转，有所畏惧的皈依会自卑，有所保留的皈依会自暴，都不是清净的皈依。

佛教所说的皈依，其内容由所皈依处、能皈依者、皈依行为三部分构成。所皈依处是佛、法、僧三宝，能皈依者最广包括一切有情众生，皈依行为是皈依的具体过程与效果。佛，是梵文 Buddha 音译缩写，全称佛陀，意为自觉觉他、觉行圆满的觉悟者。法，梵文为 Dharma，又译作达磨，有两个层面的含义：一是任持自性，二是轨生物解。任持自性指法能保持自己的差别性质，就是指色、声、香、味、触等法及其法性；轨生物解指言教能范导人理解法与法性。三宝中的法非其他法，特指能够引导众生出离生死、现证涅槃的佛法。僧，梵文 Saṃgha 的译音缩写，全称僧伽、僧佉、僧加、僧企耶，有广狭二义，广义指四名以上出家人组成的佛教共修团体，狭义指依如来教法修行觉悟的贤圣僧。佛教认为，佛法僧出现于世，能令众生转烦恼成菩提、离生死入涅槃，"更无异归依，能救护众生，唯有佛法僧，三宝能救护"（《得无垢女经》），因此借世间珍宝称之为三宝。

由于佛有法、报、化三身，相应地，法与僧也有法、报、化三种，这三个层面的三宝首先是体、相、用的关系。法身三宝是体性，报身三宝是相状，化身三宝是妙用，如果没有法身三宝，根本不可能有报化二身三宝，因为报化二身三宝都依法身三宝得以显现。比如我们人间，法身三宝经由报身三宝显现出来的化身三宝，佛是释迦牟尼佛，法是释迦牟尼佛所说言教，僧是迦叶、阿难等贤圣僧，即古人所谓别体三宝；释迦牟尼佛圆寂后，寺院供奉的佛像、舍利是佛宝，三藏经典是法宝，出家修学的僧伽是僧宝，即古人所谓住持三宝。由此我们看到，没有体则相无以显，没有相则用无以发，三者深浅有别。其次，三宝之间又是一即三、三即一的关系，三位一体，不能割裂。法、报、化三种三宝中的法僧二宝不过是同一自性在不同方面的称谓，以自性的觉悟性为佛宝、中道性为法宝、清净性为僧宝，这是其三即一的关系。正是在这个意义上，《大般涅槃经》卷二十一才说"佛、法、众僧无有差别，三宝性相常乐我净"。正因为三宝具有三即一的关系，当知三宝本性无异，不可开分，离开其中任何一宝，其余一宝或二宝都不是真皈依处，"若言如来异法、僧者，则不能成三归依处"（《大般涅槃经》卷三）；同时，正因为它们具有一即三的关系，必须深入到法身三宝，才能穷尽所皈依的意趣。

佛教特别强调皈依三宝，将其视作成为佛教徒的标志，是积功累德的源头，是成佛作祖的前提："信为道元功德母，长养一切诸善法，断除疑网出爱流，开示涅槃无上道。"（唐译八十卷本《大方广佛华严经》卷十四）不过，教下的皈依相对容易出现两个问题：一是因不理解三宝"同一性相"，仅仅皈依一宝或二宝；二是因不了解三宝有法、报、化身三个层面，仅仅皈依化身三宝或报身三宝。这都会造成皈依不具足或不完整的问题，还会导致偶像崇拜问题。

相对教下的皈依法门，禅宗顿教提倡的无相皈依法门同样有特胜处，我们且先看六祖怎么说三身佛。他首先告诉人们："色身是舍宅，不可言归。"这里的色身既指众生自己的色身，也包括化身释迦牟尼佛的色身。众生本来长期生活在虚妄执着中，如果皈依色身，很容易陷入自恋或偶像崇拜的困境。据阿难说，他曾经就出现过这样的问题："自我从佛发心出家，恃佛威神，常自思维，无劳我修，将谓如来惠我三昧，不知身心本不相代，失我本心，虽身出家，心不入道。"（《大佛顶如来密因修证了义诸菩萨万行首楞严经》卷一）

什么是佛？"佛者觉也。"佛是自性的觉悟性。佛在哪里？在每一个众生的色身中，与色身不一不异。"向者三身佛在自性中，世人总有，为自心迷，不见内性，外觅三身如来，不见自身中有三身佛。"众生的自性具足法报化三身佛，不皈依自性具足的三身如来，而去皈依色相，当然是迷执。因此六祖要求："汝等听说，令汝等于自身中见自性有三身佛，此三身佛从自性生，不从外得。"六祖进一步将众生自性的不同特性称为佛的三身，以具足万法的自性本身为法身佛，以自性清净无漏的功德为报身佛，以自性变化出的种种形象为化身佛。六祖说的法报二身比较容易理解，但化身的含义需要解释一下，否则容易引起误解。化身的"一念"指众生当下一念心，从心可以说一念恶转生三恶道、一念善转生三善道，一念愚痴化为凡夫、一念智慧化为圣人，但六祖说这是自性变化的结果。我们应该如何理解？应该结合迷悟，从转凡成圣的角度来理解。六祖并不是说众生的自性能够直接化现凡夫界的种种作用，而是说如果众生迷失了自性，其一念心当体显现为妄心，能化现凡夫界的种种作用；如果众生觉悟了自性，其一念心当体显现为真心，能化现圣人界的种种作用。否则，就有可能将六祖的佛身思想误会为佛教拒斥的本源论或本体论思想。

　　说到法，六祖直指自性的中道性为法。这种中道性是般若的根本特性，自性的中道性就是指自性般若或实相般若。据《六祖坛经》说，六祖一升座就要求大众念'摩诃般若波罗蜜多'，可见他把般若放到了至关重要的地位。《六祖坛经》里有个般若颂说："摩诃般若波罗蜜，最尊最上最第一，无住无往亦无来，三世诸佛从中出。"摩诃般若即般若，这般若在哪里呢？六祖明确回答："善知识！菩提般若之智，世人本自有之。"不仅如此，"三世诸佛、十二部经"也"在人性中本自具有"，因为三世诸佛正是现证了自性般若才当机说出了度化众生的三乘十二部经。佛说："般若波罗蜜者，是诸佛之母，为世间之大明导。"（《放光般若经》卷十一）六祖以自性的中道性为法，确实直击一切佛法的根本。

　　什么是僧？六祖以自性的清净性为僧，直透教下法身三宝中的僧宝，亦即"第一义僧"，还是从根本意义上界定僧。

　　由此可知，六祖是将法、报、化三种三宝摄归自性而界定三宝，皈依三宝就是皈依自性三宝，因此他开创的皈依法门的确称得上是"自性三归依"或"无相三归依"法门。这样，禅宗顿教的皈依就较少出现皈依不具足或不完整的状况。

六祖强调，真正皈依自性三宝必须知行合一，要时时提起般若观照：起心动念，清清明明，没有迷执，这是皈依佛；起心动念，没有邪见，念念安住中道，这是皈依法；起心动念，不染五欲，随遇而安，这是皈依僧。反过来说，起心动念，如果生起迷执、邪见、贪着心与种种不善行，就以般若当下观空，这就是修习皈依法门，修到念念安住自性三宝，便成就了皈依法门。此后继续依自性般若修习皈依，像普贤菩萨礼敬诸佛那样修习皈依法门，当下进入法法平等不二、诸法相即相入、重重无尽的华严境界，彻透禅宗顿教皈依的本怀，便圆满了皈依法门。

六祖提持自性三皈依法门，自然是由禅宗顿教的宗趣决定的，但也有具体对治的问题。《六祖坛经》就直接说出了此问题所在："凡夫不会，从日至夜受三归戒。若言归依佛，佛在何处？若不见佛，凭何所归？言却成妄。善知识！各自观察，莫错用心，经文分明言自归依佛，不言归依他佛，自佛不归，无所依处。"六祖时代，佛教各派提倡的都是从化身、报身到法身三宝的次第皈依，本来并没有问题，但许多人舍本逐末，仅仅在报身甚至化身三宝层面修习皈依。这种皈依，套用《金刚经》的话说就是"以色见三宝，以音声求三宝，是人行邪道，不能见三宝"的残缺皈依，迷失了皈依法门的旨趣。六祖提倡的自性三皈依，正是为了对治残缺皈依者的良药，让他们知道只有自性三皈依才是具足的皈依。

禅宗顿教的无相皈依必然包含教下有相皈依的内容，否则容易流于浮浅狂妄；教下的有相皈依必定趋向禅宗顿教的无相皈依，否则难免得少为足、半途而废。禅宗顿教虽然以皈依自性三宝为核心，但是并没有舍弃，而是融摄了教下皈依的内容。如果参禅者认为自己皈依的自性三宝是离开报化两种三宝而独立存在的三宝，不免割裂三宝、流于狂妄，同样会堕入残缺皈依的泥坑。

禅宗顿教的无相皈依法门并不像有些学者所说，是变了味甚至是反佛教的修行法，相反它从未离开佛教，而是直契佛陀本怀的妙法。《大般涅槃经》卷八就说："善男子！汝今不应如诸声闻、凡夫之人分别三宝，于此大乘无有三皈分别之相。所以者何？于佛性中即有法僧。"佛陀建立有差别性相的佛、法、僧三宝，那是随顺世间法而说的方便皈依，菩萨道的三宝是一体三宝，一宝中具足三宝，因此皈依也没有皈依佛、法或僧的差别相，是一体三皈依。这与六祖的开示如一鼻孔出气，只是六祖更多用自性代替佛性这个称谓罢了。

禅宗顿教的无相皈依法门极大淡化了教下皈依法门的宗教色彩，能够有效地避免佛教呵斥的偶像崇拜问题，非但没有削弱报化两种三宝的合法性与尊贵性，反而如实肯认了他们应有的地位和价值。同时，此法门既让众生相信自己本来是佛，又让他们知道自己有能力通过皈依自性三宝顿悟成佛，无疑可以为非佛教徒信奉和修习禅宗打开方便之门。

佛禅的皈依与发心，类似儒家所说的信与志。信，《说文》："诚也。"信与诚互训，义为诚实不欺，引申为真实不虚，如朱熹释《论语·学而》篇"为人谋而不忠乎？与朋友交而不信乎"句说："尽己之谓忠，以实之谓信。"（《论语集注》）这就是对真实不虚的对象的确信，也就是皈依或信仰。志，又叫志向，朱熹说是"心之所之"，即人心归趣的所在。心志归趣的所在，就是每个人真实不虚地拥有的所在。这个所在是什么？既可以是感性感知到的对象，也可以是理性证明了的对象，还可以是内心体悟到的某种精神境界。"民无信不立"，人无志不行，人要有所成就，首先必须建立信仰，并发愿追求这种信仰。

人应该信仰什么、追求什么呢？由于人的身心状况互异，所处环境各别，所受熏陶悬殊，这个问题根本没有唯一的答案。但是，如果我们首先确立一个多数人都认可的标准，还是能够比较其高低。一个正常人，起码希望自己能够健康快乐地生活。由此出发，他应该知道其他同类、动物与生物也希望健康快乐地生活，乃至植物、矿物等一切现象莫不希望自己能够如其自身地成长。也许有人会说："我怎么知道其他人希望健康快乐地生活？遑论动物、生物、植物、矿物了。"这是封执于个人中心主义或人类中心主义思想密室中才有的问题。其实，这个道理并不复杂，就是"人同此心，心同此理"。一个人只要突破了个人中心主义与人类中心主义的藩篱，就能够真切地体会到心外无物、万物一体的真实性。比如王阳明也说："人的良知，就是草木瓦石的良知。若草木瓦石无人的良知，不可以为草木瓦石矣。岂唯草木瓦石为然？天地无人的良知，亦不可为天地矣。盖天地万物与人原是一体，其发窍之最精处，是人心一点灵明，风雨露雷、日月星辰、禽兽草木、山川土石，与人原只一体。故五谷、禽兽之类，皆可以养人；药石之类，皆可以疗疾，只为同此一气，故能相通耳。"（《王阳明全集·语录三》）再上一层，空掉对良知本身的执着，就入于佛教、禅宗的万法平等和无我利他的境界了。

◎ 忏悔第六

[5]"吾有一'无相'颂,若能诵①持,言下令汝积劫迷罪一时销灭。"颂曰:

    迷人修福不修道,只言修福便是道,
    布施供养福无边,心中三恶元来造。
    拟将修福欲灭罪,后世得福罪还在,
    但向心中除罪缘②,各③自性中真忏悔。
    忽悟大乘真忏悔,除邪行正即无罪,
    学道常于自性观,即与诸佛同一类。
    吾祖唯传此顿法,普愿见性同一体,
    若欲当来觅法身,离诸法相心中洗。
    努力自见莫悠悠,后念忽绝一世休,
    若悟大乘得见性,虔恭合掌至心求。

师言:"善知识!总须诵取,依此修行,言下见性。虽去吾千里,如常在吾边。于此言下不悟,即对面千里,何勤远来?珍重!好去。"

一众闻法,靡不开悟,欢喜奉行。

◎ **注释** ①〔诵〕《大正藏》本作"师"。②〔罪缘〕罪过的因缘。佛教认为万法由因缘所生,因缘简称为缘,分说有因缘、等无间缘、所缘缘、增上缘,心法生起需要四缘齐备,色法生起只需要因缘和增上缘。同时,佛教主张万法唯心,"心生则种种法生,心灭则种种法灭",心是一切现象生起的因缘。六祖是从心说罪缘,此罪缘实即贪、瞋、痴三心。③〔各〕《大正藏》本作"名"。

◎ **大意** "我有一组'无相'颂,如果能读诵受持,你们历劫的迷执与罪过当下就能消灭尽净。"颂文道:

    迷人修福不修道,只说修福便是道,
    布施供养福无边,心中三毒兀自造。
    欲借修福除罪过,得福报时仍有罪,

>　　只要向内灭三心，自性忏是真忏悔。
>　　了悟大乘真忏悔，除邪行正离贪恚，
>　　学道常向自性观，便与诸佛同一类。
>　　吾祖唯传此顿法，普愿见性归一体，
>　　若欲当来觅法身，芸芸法相心中洗。
>　　精勤观照莫悠悠，一念不来今世休，
>　　若悟大乘能见性，虔恭合掌至心求。

　　大师说："善知识！大家都要读诵取则，如果依此颂修行，当下就能证见自性。即便远隔千里，也像常在我身边。如果不于此颂开悟，如同对面千里，何必辛苦远道而来？大家珍重！好好回家吧。"

　　一众听闻六祖说法，无不心开悟解，欢喜信受奉行。

◎ **解读**　这组偈颂，主要阐明了佛道修行者应该以智慧为根本进行福慧双修的道理。偈颂中的福是福德，道是禅道，亦即智慧或般若。这两者不光是佛教徒追求的目的，可以说也是一般人追求的目的，因为福德即修一切善业带来的福报，类似《尚书·洪范》所谓长寿、富贵、康宁、善德、善终等五福，智慧即修明辨事理的般若带来的洞察力。

　　福德与智慧就像人的两足，两足皆废者是三恶道众生，两足皆跛者是三善道众生，一足健者是声闻，两足皆健者是菩萨，两足圆满者是佛，故佛又叫两足尊。何以见得？三恶道众生贪、瞋、痴三心炽盛，广造恶业，备受苦报，无暇他顾，等于两足皆废者；三善道众生虽然三心渐薄，力行十善，渐修禅定，福德越来越大，但始终受分别心控制，不知宇宙万法真相，福报受尽仍旧堕落，好比两足皆跛者；声闻见地偏空，虽初破我执，而出离心偏盛，缺乏利他心，恰似一足跛一足健者；菩萨既具中道见，又发菩提心，能福慧双修，只是不圆满，犹如两足皆健者；佛陀悲智双美，堪称两足尊。由此可知，只有在菩萨道上才能福慧双修。这就是为什么佛陀虽然随缘说人天、声闻、缘觉等诸乘教法，最后还要苦口婆心地劝诫他们："今为汝等，说最实事，诸声闻众，皆非灭度。汝等所行，是菩萨道，渐渐修学，悉当成佛。"（《妙法莲华经》卷三）希望一切众生都能成为福慧双运的菩萨和悲智双美的佛陀。

　　那么，如何才能福慧双运？必须以智慧为统帅。《大般若经》卷一二八说得好："若无般若波罗蜜多，施等不能到彼岸故。"大乘佛教修心法门的核心内容

◎ 忏悔第六

是布施、持戒、忍辱、精进、禅定、般若六度，前五度修福德，般若一度修智慧。可是，如果没有般若作总持，前五度就类似一般人修学的十善业，累积的都是人天有漏福德。在修行过程中犯了过错，不懂得依般若作无相忏悔，误认为行善可以抵罪，结果必然一直在善恶交攻中起起落落，所谓"迷人修福不修道，只言修福便是道，布施供养福无边，心中三恶元来造""拟将修福欲灭罪，后世得福罪还在"。

这一点，得从佛教的因果观与解脱观略加开解。佛教认为，世界万法之间的基本关系是因果关系。因是产生某现象的原因，包括因缘、次第缘、所缘缘、增上缘四种，果是由因缘和合形成的结果。因保持相对稳定，果也保持相对稳定；因发生变化，果也随之变化；因走向散灭，果也同时走向散灭。两个现象之间的因果关系如此，推而广之，万法相互之间的因果关系也如此，如此则整个世界就是一个无始无终、无边无际的因果网络。加上此因果网络不在众生心外，而是唯众生心所现，因此从现象上看，因果关系实在错综复杂、甚深难解。

虽然如此，对于佛教徒来说有两点是确定的：一是因果平等，丝毫不爽。怀疑或不信这一点，并不意味着因果关系不如此，而是说明其人淆乱了因果或未能深观因果。二是要解脱因果对身、口、意三业的束缚，不能像声闻修行者那样畏惧因果，更不能像凡夫那样执着因果，而应该像菩萨那样不昧因果，即依般若洞察到因果本空的真实性相。罪是造恶业结成的恶果，福是造善业感得的善果，善恶因果报应是因果关系在有情众生世界的体现。要解脱善恶二业的束缚，当然也不能像凡夫那样，在执着二业实有的基础上通过修善止恶灭罪，而应该依般若从根本上清净自心，只有这样才能彻底解脱业缚成佛。所以六祖说："但向心中除罪缘，各自性中真忏悔。忽悟大乘真忏悔，除邪行正即无罪，学道常于自性观，即与诸佛同一类。"

观空善恶二业后，从前所造二业是否还受报呢？毫无疑问，否则就破坏了因果报应的事实。释迦牟尼成佛后，还要受食马麦之报就是明证。不仅如此，佛教圣者既证因果本空，身心已经得到解脱，非但不会逃避因果报应，反而会主动酬答因果报应，安世高到广州酬宿债的故事就说明了这个道理。这么说，众生成为佛、菩萨后是否不造业了呢？不是。佛、菩萨只是不造有漏业，他们为利益众生，会依智慧心行一切无漏善业。

机缘第七

　　机谓根机,缘谓因缘,指众生受教具有何种善根因缘,善知识便应机施教。本品记录六祖随缘度化众生的十三个机缘,其涉及的内容,有呵斥偏颇见解,有摧破我慢自大,有点醒迷执经教,有指示本来面目,有勘验觉悟境界;其说法的方式,有反说有正说,有曲示有直指,内容丰富,形式多样,精彩纷呈。凡此种种机缘,无不淋漓尽致地展现了六祖善观机缘、就地取材、当机接引并令学人当下悟入心性的活般若,开启了后世五家宗风的先河。

◎ 机缘第七

[1] 师自黄梅得法回，至韶州曹侯村，人无知者。有儒士刘志略①，礼遇甚厚。志略有姑为尼，名无尽藏②，常诵《大涅槃经》，师暂听即知妙义，遂为解说。尼乃执卷问字。

师曰："字即不识，义即请问。"

尼曰："字尚不识，焉能会义？"

师曰："诸佛妙理，非关文字。"

尼惊异之，遍告里中耆德云："此是有道之士，宜请供养。"

有魏武侯玄孙曹叔良③及居民竞来瞻礼。时宝林古寺，自隋末兵火已废，遂于故基重建梵宇，延师居之，俄成宝坊。

师住九月余日，又为恶党寻逐，师乃遁于前山。被其纵火焚草木，师隐身挨入石中得免。石今有师趺坐膝痕及衣布之纹，因名"避难石④"。师忆五祖"怀会止藏"之嘱，遂行隐于二邑焉。

◎ **注释** ①〔刘志略〕韶州曹侯村儒士，传为惠能在俗时友人。《曹溪大师别传》："至咸亨元年时，惠能大师……游行至曹溪，与村人刘志略结义为兄弟，时春秋三十。"②〔无尽藏〕在俗时为刘志略姑母，即请惠能讲解《涅槃经》法义者。《曹溪大师别传》："略有姑出家，配山涧寺，名无尽藏，常诵《涅槃经》。大师昼与略役力，夜即听经。至明，为无尽藏尼解释经义。"③〔魏武侯玄孙曹叔良〕据传为魏武帝曹操远孙曹叔良，玄孙系远孙之误。④〔避难石〕六祖避难石，位于今南华寺对面山间，坐北朝南，由三块岩石组成品字形，南面垂直成墙，宽、高均为十米。石墙距地面两米高处有一洞穴，似大足石刻佛龛，洞穴能容纳一人。洞内有六祖坐像，头上眼、鼻，身上臂、膝依稀可见。穴内有金色石纹，与被火烧成炭黑的巨石边缘形成对比。

◎ **大意** 大师自黄梅得到禅宗衣钵，回到韶州曹侯村，人们都不知道。村里有个儒士叫刘志略，对六祖厚加礼遇。刘志略有个姑母出家为比丘尼，法名无尽藏，经常持诵《大般涅槃经》，大师稍微一听就深知经中微妙法义，于是为她解说。

比丘尼手执经卷，向六祖请教其中的文字。

大师说："文字不认识，你可以问经义。"

比丘尼反问："字都不认识，怎么理解经义？"

大师答道："诸佛微妙真实理，本与文字不相干。"

比丘尼大为惊讶，遍告乡里宿儒大德："这位是有道之士，大家应该将他请到家中供养。"

魏武侯远孙曹叔良与附近居民竞相来瞻礼六祖。当时，宝林古寺自隋末战乱后已经被废弃，信士们于是在故基上重建寺宇，延请大师驻锡弘法，这里不久就成了一座宝坊。

大师住下才九个多月，又遭到恶党追杀，遂逃到前山。他们纵火烧山，大师藏身山石中才幸免于难。石头上现在还有大师跌坐时所留膝痕和衲衣布纹，这块石头因此叫"避难石"。大师想起五祖"怀会止藏"的嘱咐，就去怀集和四会两个地区隐藏起来。

◎ **解读**　《机缘》品主要记录六祖随缘度化众生的禅法实践。"机"指众生根器或根机，"缘"指众生信受佛法的因缘。机缘可以从两个方面来界定，从受教者说，指众生信受佛法的因缘；从施教者看，指佛、菩萨与高僧大德施行教化的因缘。

如果从教化的作用看，佛教可以分为理论与实践两方面，理论侧重让受教者改变世界、生命与价值三观，实践则集中在如何让受教者践履佛教三观。而佛教教化的最终目的，无非是彻底净化受教者的身心，因此佛教自古以来就特别注重当机教化或因材施教。

但是，受教者"从本来念念相续，未曾离念"（马鸣菩萨《大乘起信论》），加之其心念速如流水，在无边烦恼中转来转去，他何时何地能信受佛法，能信受五乘教法中的哪一乘佛法，一般施教者是很难把握的。那么，什么样的施教者才能把握众生机缘、应机施教呢？佛乘圆教初发心住位或佛乘渐教菩萨初地以上的菩萨才有此能力。当然，这不是说未到此境界的菩萨不能施行教化，佛乘圆教十信位和佛乘渐教三贤位的菩萨也能施教，但他们与前者相比有凡圣之别，前者是圣师，后者是凡师。

六祖与禅宗顿教历代祖师都是圣师，理由是只有能直指人心、（令弟子）见性成佛者才能称为禅师或祖师。由于禅师随机施教的教法具有这样的效果，禅门非常重视这些教法，将它们譬喻为官府中足供后世效法的公案："公案，乃喻乎公府之案牍也，法之所在，而王道之治乱实系焉。公者，乃圣贤一其辙、天下同其途之至理也；案者，乃记圣贤为理之正文也。凡有天下者未尝无公府，有公府者未尝无案牍，盖欲取以为法，而断天下之不正者也。公案行则理法用，理法用则天下正，天下正则王道治矣。夫佛祖机缘，目之曰公案亦尔，盖非一人之臆见，乃会灵源、契妙旨、破生死、越情量，与三世十方百千开士同禀之至理也。"（释明本《天目中峰广录》卷十一）六祖的随机教法正是这种公案，与后世的公案只有说法方式上的差异，六祖多直指示禅，后世禅师则多绕路说禅。

六祖与无尽藏比丘尼的对话，涉及宗、教以及与此相关的"智慧之学"与"理性之学"的关系问题。六祖说的"诸佛妙理"是佛彻证的诸法实相，是禅宗顿教的禅或宗，也是六祖所说的真心、本心或本性、自性。它是佛智慧照见的实相本身，远离任何分别心念，更远离任何语言文字，自然"非关文字"；教是佛陀依此实相随机宣说的言教，如实传达了此事实，是与"理性之学"相对的"智慧之学"。凡现证此实相的圣者，对"智慧之学"都洞若观火，宛如从源入流，一泻千里、四通八达，所以六祖敢说"字即不识，义即请问"。但是，其余众生就没有这种认识能力，不用说其他人，就算是靠信解力修学佛法的修行者，由于尚未净化现行分别心识，还会受到分别心识及其产生的"理性之学"的阻碍，甚至不得不将"智慧之学"纳入此心此学中加以分别执着。在他们看来，只有识字通经、通经悟道才是入道的唯一门径，不识字而能通经是匪夷所思的事情，无尽藏比丘尼一句"字尚不识，焉能会义"的反问，活画出了这种偏执者的心态。

无尽藏比丘尼虽然处于靠信解力修行阶段，但已届明心见性的转折点，所以六祖才会这样应答，不然定会被她斥为狂妄自大或胡说八道。果然，无尽藏比丘尼一闻六祖教示，深有所悟，大为赞叹。

六祖这直截根源的一句，不仅度化了无尽藏比丘尼，对偏执"理性之学"者也无异顶门一针。它告诉此等人，须知"理性之学"外还有"智慧之学"，"智慧之学"外还有自性心地。仅仅局限于"理性之学"，不能超越二元对立的世界；就算深入了"智慧之学"，也不等于见到自性心地；必须教观双亡、我法皆空，才能见到自性心地；见到自性心地后，才能如实了知"智慧之学"，

六祖坛经

如理对待"理性之学"。

[2] 僧法海①,韶州曲江②人也。

初参祖师,问曰:"即心即佛,愿垂指谕。"

师曰:"前念不生即心,后念不灭即佛;成一切相即心,离一切相即佛。吾若具说,穷劫不尽。听吾偈曰:

即心名慧,即佛乃定;
定慧等持③,意中清净。
悟此法门,由汝习性④;
用本无生,双修是正。"

法海言下大悟,以偈赞曰:

即心元是佛,不悟而自屈;
我知定慧因,双修离诸物。

◎ **注释** ①〔法海〕法海禅师,六祖弟子,敦煌本《六祖坛经》集记者。②〔曲江〕本为汉旧县,属桂阳郡。江流回曲,因以为名。三国吴置始兴郡,曲江属辖县。隋置韶州,县属不改。唐代因之。今为广东韶关市曲江区。③〔持〕底本作"等",据《大正藏》本改。④〔习性〕梵文为 samudānīta gotram,是习种性或习所成种性的简称,与性种性或本性住种性(梵文 prakṛtistham gotram)对称。佛教一方面坚持一切众生皆有佛性、皆能成佛,另一方面又认为众生的佛种性有高低之分,信仰、修行与觉悟佛道有快慢之别。本性住种性指众生先天具有的善根性,习所成种性则指众生后天熏习而成的善根性。具体内涵经论所说互有差异,据《瑜伽师地论》卷三十五:"本性住种性者,谓诸菩萨六处殊胜有如是相,从无始世展转传来法尔所得,是名本性住种性;习所成种性者,谓先串习善根所得,是名习所成种性。"

◎ **大意** 法海和尚,韶州曲江人氏。

他初次参叩六祖,问道:"请师父慈悲教示'即心即佛'的心要。"

大师说:"妄念不生便是心,正念不灭便是佛;显现诸相便是心,不执诸相便是佛。如果要我详细解说,尽未来际劫都说不完。听我说偈:

　　心即是慧,佛即是定;

　　定慧等持,意业清净。

　　悟顿教法,因汝习性;

　　妙用无生,双修为正。"

法海闻言大悟,便说偈赞道:

　　即心本是佛,不悟自受屈;

　　今知定慧因,双修离诸物。

◎ **解读**　"即心即佛"是佛教的根本见地之一,本于《大方广佛华严经》与《观无量寿佛经》。晋译本《大方广佛华严经》卷十有云:"心、佛及众生,是三无差别。"《观无量寿佛经》亦云:"是心作佛,是心是佛。"禅门依此形成了参究"即心即佛"这种参话头的修学方法。参即参究,即离心意识参悟的意思;看即照顾,即如鸡抱卵般照顾的意思。参话头或看话头,就是将"即心即佛"等话语盘桓胸中,参悟或观照这些话语的本来面目是什么,从而打破虚妄心念而明心见性。六祖时代,参话头一法出现不久,参禅者凡参一个话头,都是经过长期真参实证,实在找不到出路,才拈出来向善知识请教。像这个话头,法海禅师肯定已经左参右参,参到了山穷水尽的地步:"即心即佛"是什么意思?如果当下一念心是佛,什么是当下一念心?如果是过去已灭、现在无住、未来未至的这一念心,明明是有为法,怎么会是佛?如果此一念心便是不生灭心,它为什么有生灭?如果此一念心便是不生灭心,人为什么能随不同境缘认知不同的对象,说不同的话,做不同的事?

他参来参去都找不到出路,心中大感疑惑,来向六祖请教,才有了以"即心即佛"这个话头为下手处的公案,因此六祖就用"直指人心"的方式回答。六祖的回答包括三个要点:一是"即心即佛"的真义,二是"即心即佛"的发用,三是保任"即心即佛"的方法。"即心即佛"的真义是什么?佛心即佛。什么是佛心?就是参禅者"前念不生""后念不灭"之心。这里,"前念不生"指从前的虚妄心念不再生起,"后念不灭"指此后的清净心念不再消失。六祖话虽这么说,但我们不能把妄灭真生理解为一灭一生交替出现的现象。这无疑把真心与妄心错会成了两个有实体性的心，或者陷入凡夫真心与妄心对待的境界，或者进入外道、声闻以灭止生的境界，都不是中道观。六祖的意思是，深观当下一念心性相皆空，则从前虚妄心念不再生起，此后清净心念不会消失。这是从转迷开悟说心有前后相，从心的本性说实无前后相，因为众生心的本性就是自性，如《大乘起信论》说："觉心初起，心无初相，以远离微细念故，得见心性，心即常住。"这个佛心有性相两面，体性上离一切相，相状上即一切相，从智说是寂照一如的如如智，从境说是空有不二的如如境。

　　佛心如何发用？用本无生。佛心能够随缘洞察和辨别诸法的性相、内涵、特点及因果关系，看起来好像与凡夫心的作用没有区别，实际上大相径庭：佛心是无分别性的智慧，对诸法的洞察与辨别是随缘体现的差别智，任运而行，如实而知，毫无造作，也无攀缘执着；凡夫心是分别性的心识，对诸法的认知与辨别是随业力体现的分别作用，受贪瞋二心驱使，颠倒而知，起心动念皆是造作，触境即堕攀缘执着深坑。

　　此心如何保任？究竟说来，佛心法尔寂而常照、照而常寂，"恰恰用心时，恰恰无心用，无心恰恰用，常用恰恰无"（释玄觉《禅宗永嘉集》），本来无须任何保任功夫。只是对于初明佛心、初见佛性的圣者，从前妄心遗留的习气未能一时荡涤干净，还是需要做保养圣胎的功夫。不过，这是道后功夫，如顺水行舟，轻松自在，非如道前功夫，如逆水行舟，不进则退。

　　法海一听六祖开示，便朗然大悟，确实不愧为六祖心子。"即心元是佛"是对佛心体、相、用的体悟，"不悟而自屈"，是说参禅者不悟"即心即佛"这个真实，不能怨天尤人，不过是自己冤枉自己；"我知定慧因，双修离诸物"，则是强调自己一直以来都修学定慧等持法门，此后也要一直运用这个法门。

　　同样一个话头，到了后世公案盛行的时代，不少参禅者往往是耳食而来，请教禅师前未曾真实参究，更没有生起疑团。禅师为了让参学者真参实究、悟出言表，就多不用六祖这种直指方式来应答或勘验了。这里仅举一例，以观禅师接引方便的变化：大梅山法常禅师初参马祖（大寂）。"问：'如何是佛？'大寂云：'即心是佛。'"法常禅师言下大悟，即离开马祖到大梅住山。"大寂闻师住山，乃令一僧到问云：'和尚见马师，得个什么便住此山？'师云：'马师向我道即心是佛，我便向遮里住。'僧云：'马师近日佛法又别。'师云：'作么生别？'僧云：'近日又道非心非佛。'师云：'遮老汉惑乱人未有了日！任汝非心非佛，我只管即心即佛。'其僧回，举似马祖，祖云：'大众，梅子熟也。'"（释道原《景德传灯录》卷七）这个公案中几乎不见说理，从头到尾意在言外。有的公案，即便说理，也不能依文解义、依理取解，必须向一理未起前看破。这叫"绕路说禅"。

[3] 僧法达[①]，洪州[②]人，七岁出家，常诵《法华经》[③]。

来礼祖师，头不至地。师呵曰："礼不投地，何如不礼！汝心中必有一物，蕴习[④]何事耶？"曰："念《法华经》已及三千部。"师曰："汝若念至万部，得其经意，不以为胜，则与吾偕行；汝今负此事业，都不知过？听吾偈曰：

　　礼本折慢幢[⑤]，头奚不至地？

　　有我罪即生，亡功福无比。"

师又曰："汝名什么？"曰："法达。"师曰："汝名法达，何曾达法？"复说偈曰：

　　汝今名法达，勤诵未休歇；

　　空诵但循声，明心号菩萨。

　　汝今有缘故，吾今为汝说；

　　但信佛无言，莲华[⑥]从口发。"

达闻偈，悔谢曰："而今而后，当谦恭一切。弟子诵《法华经》，未解经义，心常有疑，和尚智慧广大，愿略说经中义理。"

师曰："法达，法即甚达，汝心不达。经本无疑，汝心自疑。汝念此经，以何为宗？"

达曰："学人根性暗钝，从来但依文诵念，岂知宗趣[⑦]？"

师曰："吾不识文字，汝试取经诵一遍，吾当为汝解说。"

法达即高声念经，至《譬喻品》，师曰："止。此经元来以因缘出世为宗，纵说多种譬喻，亦无越于此。何者因缘？经云：'诸佛世尊唯以一大事因缘出现于世。'一大事者，佛之知见也。世人外迷著相，内迷著空，若能于相离相，于空离空，即是内外不迷。若悟此法，一念心开，是为开佛知见。佛犹觉也，分为四门：开觉知见，示觉知见，悟觉知见，入觉知见。若闻开示，便能悟入，即觉知见，本来真性而得出现。汝慎勿错解经意，见他道开示悟入，自是佛之知见，我辈无分。若作此解，乃是谤经毁佛也。彼既是佛，已具知见，何用更开？汝今当信，佛知见者，只汝自心，更无别佛。盖为一切众生自蔽光明，贪爱尘境，外缘内扰，甘受驱驰，便劳他世尊从三昧起，种种苦口，劝令寝息，莫向外求，与佛无二，故云开佛知见。吾亦劝一切人，于自心中常开佛之知见。世人心邪，愚迷造罪，口善心恶，贪瞋嫉妒，谄佞我慢，侵人害物，自开众生知见；若能正心，常生智慧，观照自心，止恶行善，是自开佛之知见。汝须念念开佛知见，勿开众生知见。开佛知见即是出世，开众生知见即是世间。汝若但劳劳执念以为功课者，何异牦牛爱尾⑧？"

达曰："若然者，但得解义，不劳诵经耶？"

师曰："经有何过，岂障汝念？只为迷悟在人，损益由己，口诵心行，即是转经；口诵心不行，即是被经转。听吾偈曰：

心迷《法华》转，心悟转《法华》；

诵经久不明，与义作仇家。

无念念即正，有念念成邪；

有无俱不计，长御白牛车。"

达闻偈，不觉悲泣，言下大悟而告师曰："法达从昔已来，实未曾转《法华》，乃被《法华》转。"再启曰："经云，诸大声闻，乃至菩萨，皆尽思共度量，不能测佛智。今令凡夫但悟自心，便名佛之知见，自非上根，未免疑谤。又经说三车⁹，羊、鹿、牛车，与白牛之车如何区别？愿和尚再垂开示。"

师曰："经意分明，汝自迷背。诸三乘人不能测佛智者，患在度量也。饶伊尽思共推，转加悬远。佛本为凡夫说，不为佛说。此理若不肯信者，从他退席。殊不知坐却白牛车，更于门外觅三车！况经文明向汝道：唯一佛乘，无有余乘，若二若三。乃至无数方便，种种因缘、譬喻、言词，是法皆为一佛乘故。汝何不省？三车是假，为昔时故；一乘是实，为今时故。只教汝去假归实，归实之后，实亦无名。应知所有珍财尽属于汝，由汝受用，更不作父想，亦不作子想，亦无用想，是名持《法华经》。从劫至劫，手不释卷；从昼至夜，无不念时也。"

达蒙启发，踊跃欢喜，以偈赞曰：

> 经诵三千部，曹溪一句亡；
> 未明出世旨，宁歇累生狂？
> 羊鹿牛权设，初中后善扬；
> 谁知火宅内，元是法中王。

师曰："汝今后方可名念经僧也。"

达从此领玄旨，亦不辍诵经。

◎ **注释** ①〔法达〕法达禅师，六祖弟子。②〔洪州〕唐代为江南西道观察使治所，在今江西南昌市。③〔《法华经》〕梵文题名 Saddharmapuṇḍarīka，梵文本今存。该经古代前后有六个译本，现存三个译本：西晋竺法护译本题名《正法华经》，姚秦鸠摩罗什译本题名《妙法莲华经》，隋阇那崛多共笈多译本题名《添品妙法莲华经》，以罗什译本最为流行。依罗什译本，全经有七卷，分《序》《方便》《譬喻》《信解》《药草喻》《授记》《化城喻》《五百弟子受记》《授学无学人记》《法师》《见宝塔》《提婆达多》《劝持》《安乐行》《从地涌出》《如来寿量》《分别功德》《随喜功德》

《法师功德》《常不轻菩萨》《如来神力》《嘱累》《药王菩萨本事》《妙音菩萨》《观世音菩萨普门》《陀罗尼》《妙庄严王本事》《普贤菩萨劝发》共二十八品。该经在教相上则"会三归一",谓声闻、缘觉二乘教法都是佛为令众生成佛施设的方便教法,只有佛乘才是真实教法,因为"是诸众生皆是我子,等与大乘,不令有人独得灭度,皆以如来灭度而灭度之"(卷二),凸显一切众生皆能成佛的一乘思想;在宗趣上则"开权显实",以佛自行因果为宗、诸法实相为趣。依《法华》为宗经创立天台宗的智者大师说:"今经体者,体化他之权实即是自行之权实,如垢衣内身实是长者;体自行化他之权实即是自行之权实,如衣内系珠即无价宝也。自行之权即自行之实,如一切世间治生产业皆与实相不相违背,一色一香无非中道。"(释智𫖮《妙法莲华经玄义》卷一)权实即经之宗,即佛自行因果,亦即佛化他因果;体即经之趣,即诸法实相,亦即佛自行化他因果之所依。换句话说,该经是以佛知见为宗、佛知见所照诸法实相为趣。六祖提持其宗旨:"此经元来以因缘出世为宗,纵说多种譬喻,亦无越于此。何者因缘?经云:'诸佛世尊唯以一大事因缘出现于世。'一大事者,佛之知见也。"六祖所谓大事因缘,指经中如下经文:"诸佛世尊欲令众生开佛知见使得清净故出现于世,欲示众生佛之知见故出现于世,欲令众生悟佛知见故出现于世,欲令众生入佛知见道故出现于世。"(《妙法莲华经》卷一)佛知见即佛智慧,佛获得了大智慧,深知"无一众生而不具有如来智慧,但以妄想颠倒执著而不证得"(唐译八十卷本《大方广佛华严经》卷五十一),于是出现世间,向众生宣说种种教法,令众生悟入自己本有的佛智慧。六祖以开示悟入佛知见为《法华经》宗旨,与智者大师所说若合符节。④〔蕴习〕即蕴积、积聚的意思。蕴,《说文解字》:"积也。"习,《说文解字》:"数飞也。"引申为练习、习惯、积习。⑤〔慢幢〕比喻我慢高耸如幢。慢为我慢,即执我见而倨傲。幢,即幡幢。《杂阿含经》卷三十六:"如来等正觉,正智心解脱,不为无明覆,亦无爱结系,超出于隐覆,摧灭我慢幢。"⑥〔莲华〕又作莲花,是沼泽地生长的宿根草本植物,通常于夏季开花。印度的莲花主要有优钵罗花(梵文 utpala)、拘物头花(梵文 kumuda)、波头摩花(梵文 padma)、芬陀利花(梵文 puṇḍarīka)四种,分别为青、黄、赤、白四色。加上泥卢钵罗(梵文 nīla-utpala),则为五种。佛教说的莲花通常指白莲花,即芬陀利花。此花有三时,未开时名屈摩罗,盛开时叫芬陀利,将谢时称迦摩罗。因此花有出污泥而不染的特性,佛教常常用来喻指佛法或佛法的觉悟者。《妙法莲华经》卷五:"此诸佛子等,其数不可量,久已行佛道,住于神通力，善学菩萨道，不染世间法，如莲华在水，从地而涌出。"⑦〔宗趣〕宗为宗旨，趣为归趣，分则各指佛教思想的宗旨与归趣，合则唯指诸法实相。⑧〔牦牛爱尾〕牦牛特别贪爱自己的尾巴，因此丧身失命。比喻众生贪爱五欲而虚生浪死。《妙法莲华经》卷一："我以佛眼观，见六道众生，贫穷无福慧，入生死险道，相续苦不断，深著于五欲，如牦牛爱尾，以贪爱自蔽，盲瞑无所见。"⑨〔三车〕羊车、鹿车与牛车，譬喻声闻、缘觉与菩萨三乘教法，与专指佛乘教法的大白牛车对称。《妙法莲华经》卷二："是时长者见诸子等安稳得出，皆于四衢道中露地而坐，无复障碍，其心泰然，欢喜踊跃。时诸子等各白父言：'父先所许玩好之具，羊车、鹿车、牛车，愿时赐与。'……尔时长者各赐诸子等一大车……驾以白牛……是时诸子各乘大车，得未曾有，非本所望。"意思是佛说的声闻、缘觉与菩萨三乘都是接引众生逃出三界火宅的方便教法，实际上只有究竟成佛的佛乘教法。

◎ **大意**　法达禅师，洪州人氏，七岁剃发出家，经常持诵《法华经》。

他来曹溪参礼六祖大师，礼拜时头未触地。大师呵斥道："礼拜头不触地，不如不行礼！你心中一定有个东西，到底藏着什么东西呢？"法达回道："已经念了三千部《法华经》。"大师说："你如果念到一万部，通达了经文意趣，不自以为了不起，可以与我把手同行；你现在辜负了诵经的业行，还不知道罪过？请听我说一首偈：

礼本除骄慢，头何不点地？

有我生罪过，放下德无比。"

大师又问："你怎么称呼？"答："法达。"大师说："你法名法达，何曾通达法？"又说偈道：

仁者法名叫法达，勤奋诵经不休歇；

循声持诵空费力，明心见性是菩萨。

仁者今日有因缘，我为仁者呈一说；

但信诸佛本无言，心莲朵朵从口发。

法达聆听偈颂，忏悔罪过道："从今往后，必当谦虚恭敬地对待一切。弟子读诵《法华经》，未理解经中法义，心中常有疑惑，大师智慧这般广大，诚愿大师简略开阐经中义理。"

大师说："法达呀，佛法甚为通达，你自己心不通达。佛经本无疑惑，你心兀自疑惑。你念诵这部经，该经的宗趣是什么呢？"

法达说:"学人根性暗昧迟钝,从来只是依文诵念,哪里知道宗趣?"

大师说:"我不认识文字,你试着取经来念诵一遍,我可以为你解说。"

法达便高声念经,念至《譬喻品》,大师说:"就念到这里吧。这部经原来是以诸佛应缘出世为宗旨,纵然经中说各种各样的譬喻,也不外乎这个宗旨。什么因缘?经中说:'诸佛世尊唯因一大事因缘出现于世间。'所谓一大事,就是佛知见。世人外迷境而执着幻相,内迷心而执着真空,如果面对幻相而能远离对此相的执着,在真空中而能远离对真空的执着,心内心外都不迷惑。如果觉悟这一妙法,一念本心开显,就叫开显佛知见。佛即觉悟,分开说有四门:开发觉悟知见,显示觉悟知见,体悟觉悟知见,证入觉悟知见。如果听闻开发显示就能体悟证入,就是觉悟佛知见,本具的自性就能显露出来。你千万不要错解佛经的意趣,一见佛说开示悟入,便以为这是佛的知见,我辈凡夫无份。如果这样理解,那是谤经毁佛。佛既然是佛,已经具足佛知见,哪里还需要开显佛知见?如今你应当相信,佛知见只不过是你的本心,再也没有其他的佛了。因为众生自己障蔽了自性光明,贪爱唯心所现的客尘境界,外境反过来扰乱内心,甘心受到外境驱使,于是劳累世尊从禅定中出来,苦口婆心地演说种种教法,劝诫众生息灭妄心,切莫向心外求觅,便与佛无二无别,所以叫作开显佛知见。我也劝一切人常在自心中开显佛知见。世人内心偏邪不正,愚痴迷执,造作罪业,口说善语,心好恶行,贪瞋嫉妒,谄佞我慢,侵人害物,自己开显的自然是众生知见;如果能格正心行,常常生起智慧,用智慧观照自心,止息恶行,力行善道,自己开显的自然是佛知见。你必须念念开显佛知见,不要开显众生知见。开显佛知见就是清净的出世间,开显众生知见就是染污的世间。你如果只以执着勤苦念经为功课,与牦牛贪爱自己的尾巴有什么不同?"

法达说:"如果这样,是不是只要理解法义,无须花功夫诵经呢?"

大师说:"经有什么过错,怎么会阻碍你念?只因迷悟在人,损益由己,口诵经文,心依经法修行,便是人转动佛经;口诵经文,心不依经法修行,便是人被佛经转动。听我说偈:

　　心迷则被《法华》转,心悟则能转《法华》;

　　诵经久久不明了,与经妙义作仇家。

　　无念之念念即正,有念之念念成邪;

　　有无两端俱打却,当来长驾白牛车。"

法达听闻偈诵，言下大悟，不觉悲伤哭泣，向大师禀告说："法达过去实际上从来没有转过《法华经》，都是为《法华经》所转。"又陈述道："经中说，所有大声闻，甚至加上菩萨，一齐思量揣测，也无法度量佛的智慧。您现在说凡夫只要觉悟自心，就叫作佛知见，我自觉不是上根人，不免怀疑和毁谤。再者，经中说的羊、鹿、牛三车，与白牛车怎么区别？恳请大师垂慈，再开示法要。"

　　大师说："经的意趣明明了了，是你自己迷理背道。声闻、缘觉与菩萨三乘人之所以不知佛智慧，过错就在他们用分别心度量。就算他们殚精竭虑共同推测，离佛智慧也只会愈来愈远。佛本来是为凡夫说法，而不是为佛说法。如果有人不坚信这个道理，就听凭他从法华会上退席。殊不知自己坐在白牛车上，反而到火宅门外寻觅三车！何况经文明明对你说：唯有一佛乘，无有其他乘，二乘或三乘。甚至无数方便善巧，种种因缘、譬喻、言词，这些都是为一佛乘施设的教法。你为什么不醒悟？三车是方便教法，为度化过去根器未成熟的众生；一乘是真实教法，为度化现在根器已成熟的众生。佛只教你离开方便教法、回到真实教法，回到真实教法之后，真实教法也没有名相。你应当知道，所有法宝都是你的，随你自在享用，再也没有真实教法、方便教法的想法，甚至也没有享用的想法，这才叫持诵《法华经》。从一劫到一劫，手不离经卷；从白天到夜晚，没有不念经的时候。"

　　法达受到启发，欢欣鼓舞，以偈颂赞叹道：

　　　　　　持诵佛经三千部，曹溪一句执念亡；
　　　　　　未明诸佛出世旨，如何歇得累生狂？
　　　　　　羊鹿牛权巧施设，初中后皆善显扬；
　　　　　　谁知三界火宅内，原来正是法中王。

　　大师说："你从今天起才可以叫作念经僧。"

　　法达从此领会玄奥宗趣，也不中断诵经之业。

◎ **解读**　法达禅师是个念经僧，七岁就开始念经，来向六祖请教前已经念了三千部《法华经》，对经文早已滚瓜烂熟，因不懂经义而向六祖求教。这表明，当时法达的心理有三个显著特点：

　　一是自恃功德、心存骄慢。《法华经》开示，读诵此经者有无量功德："其有读诵《法华经》者，当知是人以佛庄严而自庄严，则为如来肩所荷担。其所至方，应随向礼，一心合掌，恭敬供养，尊重赞叹，华、香、璎珞、末香、涂香、烧香，缯盖、幢幡，衣服、肴馔，作诸伎乐，人中上供而供养之，应持天宝而以散之，天上宝聚应以奉献。"（《妙法莲华经》卷四）法达学修精进，读诵此经已达三千部，但没有明心见性，积累的只是有漏福德。他不懂这个道理，以为具有经中所说功德，不觉居功自傲，实属正常。

二是心颇清净，善根将熟。法达是倾向信行的参禅者，经过长期念诵佛经的熏陶，虽然没有无漏功德，但虚妄心已经比较微薄，证见自性的善根行将成熟。

三是心怀渴慕，师资相扣。法达追求功德心切，而《法华经》说，如果有人能为别人演说此经，功德更大："若是善男子、善女人，我灭度后，能窃为一人说《法华经》乃至一句，当知是人则如来使，如来所遣，行如来事。何况于大众中广为人说？"（《妙法莲华经》卷四）法达不解经义，不能为人宣说，自觉功德有限。他此时抱着渴望通经和仰慕六祖之心前来请教，师资之间容易相契，这也是他听闻六祖开示即能开悟的重要条件。

六祖度化法达的过程，宛如一部由折服法达我慢、借法达法号训示、法达悔过谢罪、开示《法华》宗旨、再释法达疑问、法达说偈感恩六个片段构成的佛教微电影。

佛教讲究礼仪，弟子向师父求法时应该行五体投地之礼，否则有轻慢三宝的罪过。法达自恃具有很多诵经功德，不知不觉我慢山高耸，来向六祖求法也拜不下去。六祖并非一定要他行五体投地大礼，只因知道我慢心是他入道的最大障碍，要以此度化他。所以法达刚平身，六祖便直指其心病所在：你礼拜头不触地，分明是我慢山高。你以为这样诵经有功德吗？心存我慢，诵经非但无功，反而有罪；只有放下诵经功德，才真正功德无量。

法达未及转念，六祖又借其法号对他加以训示：你的法号很好，但是名不副实，从未通达佛法。你虽然时时诵经，精勤不懈，但只知寻声逐响，不知明心见性，根本不配称为学佛法的菩萨；如果你知道佛法意在言外，为契入离言自性而诵经，许你诵经舌灿莲花。佛陀为了遮遣弟子对经教的执着，契入离心缘相、离言说相、离名字相的自性，说自己"始从成佛乃至涅槃，于其中间不说一字，亦不已说，亦不当说"（《大乘入楞伽经》卷四）；维摩诘居士为破斥菩萨对语言的执着，以沉默答问，文殊菩萨许为"真入不二法门"（《维摩诘所说经》卷中)。六祖对治法达的我慢心,用的正是这一法门。

禅师接引人,每每令人所料不及,法达大概也未料到六祖迎面痛击自己最得意之处,当下一定受到了很大冲击。等他回过神来,发现我慢心已然大为减少,才知道刚刚受到了禅师的毒辣钳锤,于是当即倒头礼拜,一边忏悔自己罪过,一边感谢六祖洪恩,发誓以后做一个像常不轻菩萨那样恭敬一切的修行人。

接着,法达十分虔诚地向六祖请教《法华经》义理,六祖遂为他开示该经宗趣。法达问《法华经》义理,六祖却反问他是否知道此经宗趣,这不仅对学习佛经者很重要,对一般学习者也同样重要。宗即中心思想,趣即此思想的归趣,所谓"语之所表曰宗,宗之所归曰趣"(释法藏《华严经探玄记》卷一)。佛教经典的宗趣有总有别。就总而言,佛教所有经典的宗趣都是佛"自所证殊胜之相,离于文字语言分别,入无漏界成自地行,超过一切不正思觉,伏魔外道,生智慧光"(《大乘入楞伽经》卷四),即以佛自证的自性为宗趣;就别而言,不同经典各有其差别宗趣。宗趣相当于头脑,弄清一部经的宗趣,对理解此经有提纲挈领之功;弄清一个宗派、一种宗教或一门学问的宗趣,对理解此宗派、宗教或学问也有以简驭繁之效。六祖之所以为法达讲《法华经》的宗趣,就是要向他传授这个解经法要。

六祖以"因缘出世"为《法华经》的宗趣是佛门正说,但他紧扣自性解释此宗趣中开、示、悟、入佛知见的内涵时,尽显禅师直指人心的风格。他说,佛是觉悟的意思,觉悟就是你法达自心具有的觉悟性,因此你不要以为你心外有个佛。明白了这一点,你就知道,只要一听说开发、显示佛知见,你就觉悟、证入自性天真佛,这就是开、示、悟、入佛知见;反之,如果听说开、示、悟、入佛知见,你以为这是说佛的知见,我等凡夫根本无份,这就是错解经意、谤经毁佛了。六祖进而教示法达,佛正是因为众生遮蔽了自性天真佛,颠倒造业受苦轮回不已,才慈悲应世,苦口婆心地劝导他们开自性佛知见;我也奉劝世人常常回光返照,开自性佛知见,而不要开众生知见,整天心怀贪瞋痴、口说狂妄语、身行杀盗淫。末了,六祖不忘再次鞭策法达:像你这样执着念经功德,与牦牛因贪爱自己的尾巴而丧身失命毫无区别。

听到这里,法达豁然开朗,初见离言自性。但因一下子契入得意忘言境界,尚未能圆融性相理事,于是他又发出了有没有必要继续念经的疑问。这时候,如果没有善知识及时点化,他很可能陷入偏空境界难以自拔。六祖一句"经有何过,岂障汝念"的反问,以四两拨千斤之力,将他从偏空境界中拽了出来。确实,空有不二,理事无碍,万法皆如,唯独佛经有问题、不能念吗?这显示,禅宗顿教的悟道者不会执空废有、执理废事,只会空有相即、理事无碍,乃至事事无碍。法达回归中道后,六祖更向他开示了"有无不计"与"口诵心行"两大念经心要:"有无不计"指念经方法,既不以有心念,也不以无心念,而应以佛心念;"口诵心行"指念经的目的,应将佛经文义消归自性,让《法华经》成为自性具足的经典。

至此,法达闻言大悟,大事已了。法达远来参访,本来主要是请六祖讲解《法华经》的义理,没想到竟然了办大事,不禁悲泣,痛悔长期为《法华经》所转,深庆今日能转《法华经》。但他知道,这不是《法华经》有问题,而是自己以分别心测度佛智慧有问题,于是更请六祖开示经中三车真义,为自己,更为未来众生。

三车是佛教的著名譬喻,出自《妙法莲华经·譬喻品》:有一长者,住宅很宽,只有一道窄门可供出入。一天,住宅失火,危在旦夕,但其诸子兀自在宅中玩乐,浑然不觉危险,没有逃出火宅的念头。长者想:我能顺利出去,孩子们却不能,如何是好?他先直接对儿子们说,房子着火了,如果不逃出去,就会被烧死。孩子们听说,只当耳旁风,根本不相信,仍然无忧无虑地嬉戏娱乐,甚至都不知道什么是火,什么是危险。长者想,这样可不行,得随顺小孩的玩心哄他们才行,于是慈爱地对他们说:"汝等所可玩好,希有难得,汝若不取,后必忧悔。如此种种羊车、鹿车、牛车,今在门外,可以游戏。汝等于此火宅,宜速出来,随汝所欲,皆当与汝。"(卷二)孩子们一听房子外边有更好的玩具,都争先恐后地往外跑。出得门来,他们便迫不及待地向父亲索要羊车、鹿车、牛车,结果长者赐给每个小孩一辆七宝庄严的白牛车,令他们得未曾有,喜出望外。譬喻中的长者指佛,小孩指修学佛法的众生,住宅指三界六道,火指贪、瞋、痴三毒,窄门指佛法,鹿车指声闻乘教法,羊车指缘觉乘教法,牛车指菩萨乘教法,白牛车指佛乘教法,此处即指《妙法莲华经》。佛说完这个譬喻后,将其寓意揭示了出来:"(佛)初说三乘引导众生,然后但以大乘而度脱之。何以故?如来有无量智慧、力、无所畏诸法之藏,能与一切众生大乘之法,但不尽能受……以是因缘,当知诸佛方便力故,于一佛乘分别说三。"(卷二)此处"大乘"即佛乘。这个分说诸乘教法的譬喻旨在显示,声闻、缘觉与菩萨三乘都是接引众生信受佛乘的方便教法，只有佛乘才是真实教法，这就是三车喻中的"开三显一"义；另一方面，只要得到佛乘教法统摄，三乘教法全都归于佛乘教法，这就是三车喻中的"会三归一"义。

六祖针对法达此前的状况，就其提出的问题，从破除众生执着方面做出开示。其要点如下：

一、《法华经》宗趣不可思议。法达与声闻、缘觉、有得菩萨等三乘人不能通达该经宗趣，问题首先出在他们用分别心测度佛智慧。《法华经》明明说，声闻、缘觉"假使满世间，皆如舍利弗，尽思共度量，不能测佛智""不退诸菩萨，其数如恒沙，一心共思求，亦复不能知"（《妙法莲华经》卷一），像他们这样测度佛智慧，只会离佛智慧愈来愈远。

二、佛法是佛为凡夫说的法。法达与三乘人不通佛乘经典、难入诸佛智慧，问题还在于他们以为佛法不是对众生说的，而是对诸佛菩萨说的，这也是为什么华严会上声闻弟子如聋如哑、法华会上五千人退席。佛所说的佛乘教法固然是大智慧，但与三乘教法一样，都不是为佛菩萨说的法，因为除了庄严道场，诸佛无须再听佛法，菩萨也可以依自性般若圆满佛法；佛主要还是为六道凡夫与偏空声闻、缘觉等众生说法，他们没有佛乘教法引导，就不能最终成佛。

三、三乘方便佛乘真实。法达与三乘人不会《法华经》宗趣，第三个问题是不知三乘教法是方便，佛乘教法才是真实。释迦牟尼佛为了让华严会上未能悟入一真法界的众生都能成佛，说了佛乘圆教后，不惜眉毛拖地，随其根性欲乐施设三乘方便教法，无非为了演说佛乘妙法，令他们能依此妙法悟入佛知见。因此，三乘教法是方便教法，佛乘教法是真实教法。如果不明此理，必然会"坐却白牛车，更于门外觅三车"，成为得少为足的增上慢人。

四、自性具足一切教法。法达与三乘人不能悟入诸佛知见，最根本的问题是不信自性具足诸乘教法。如果不信这个事实，学任何妙法都难以向自心求悟，都会向心外求玄，甚至会将转化心性的佛法异化成与心性无关的"理性之学"；只有相信这个事实，才知道即便"智慧之学"也是方便施设，才能将所学消归自心，成为修学无念法门的根苗。最后，六祖回到持念《法华经》的法门，劝他"去假归实，归实之后，实亦无名"，以"万法尽在自性"之心持诵《法华经》。六祖的开示不仅对法达有解黏去缚之功，对后世学习者也有重要的启示意义。

法达再餐法味，欢喜无量，献偈赞叹六祖，六祖随即印可："汝今后方可名念经僧也。"一个度化念经僧的公案至此圆满结束。回过头来，你会发现法达偈中有几句耐人寻味的偈语："经诵三千部，曹溪一句亡；未明出世旨，宁歇累生狂？"我们要问：这令法达"歇累生狂"的"曹溪一句"究竟是哪一句呢？

[4] 僧智通①，寿州安丰②人。初，看《楞伽经》约千余遍，而不会三身四智③，礼师求解其义。

师曰："三身者，清净法身，汝之性也；圆满报身，汝之智也；千百亿化身，汝之行也。若离本性别说三身，即名有身无智；若悟三身无有自性，即明四智菩提。听吾偈曰：

　　　　自性具三身，发明成四智；

　　　　不离见闻缘，超然登佛地。

　　　　吾今为汝说，谛信永无迷；

　　　　莫学驰求者，终日说菩提。"

通再启曰："四智之义，可得闻乎？"

师曰："既会三身，便明四智，何更问耶？若离三身别谈四智，此名有智无身，即此有智还成无智。"复偈④曰：

　　　　大圆镜智性清净，平等性智心无病；

　　　　妙观察智见非功，成所作智同圆镜。

　　　　五八六七果因转，但用名言无实性；

　　　　若于转处不留情，繁兴⑤永处那伽定⑥。

通顿悟性智，遂呈偈曰：

　　　　三身元我体，四智本心明；

　　　　身智融无碍，应物任随形。

　　　　起修皆妄动，守住匪真精；

妙旨因师晓，终亡染污名。

◎ **注释** ①〔智通〕智通禅师，六祖弟子。②〔寿州安丰〕今属安徽寿县安丰镇。③〔四智〕从转识成智角度说佛具有的四种智慧，即大圆镜智、平等性智、妙观察智、成所作智。大圆镜智是转阿赖耶识而成的智慧，因其如镜照万相而称为大圆镜智；平等性智是转末那识而成的智慧，因其观自他平等而称为平等性智；妙观察智是转意识而成的智慧，因其善观诸法而称为妙观察智；成所作智是转眼、耳、鼻、舌、身五识而成的智慧，因其能成办种种佛事而称为成所作智。《大乘本生心地观经》卷二："一、大圆镜智，转异熟识得此智慧。如大圆镜现诸色像，如是如来镜智之中能现众生诸善恶业，以是因缘，此智名为大圆镜智……二、平等性智，转我见识得此智慧，是以能证自他平等二无我性，如是名为平等性智。三、妙观察智，转分别识得此智慧，能观诸法自相共相，于众会前说诸妙法，能令众得不退转，以是名为妙观察智。四、成所作智，转五种识得此智慧，能现一切种种化身，令诸众生成熟善业，以是因缘，名为成所作智。"④〔偈〕《大正藏》本作"说偈"。⑤〔繁兴〕事相纷纭。法藏《起信论疏笔削记》卷一："繁，多；兴，起……繁，则染净多途；兴，则新新生起。"⑥〔那伽定〕那伽，梵文 nāga，意译作龙，那伽定即龙定。龙虽施云布雨、千变万化而常静定，故称龙定。佛如龙，虽有无方妙用而常在定，故喻佛定为龙定。

◎ **大意** 智通禅师，寿州安丰人氏。当初他研习了一千多遍《楞伽经》，但弄不懂三身四智的意思，特来礼拜大师，请求解释其法义。

大师说："三身，清净法身是你的自性，圆满报身是你的智慧，千百亿化身是你的业行。如果离开自心本性而别说三身，那是有佛身而无智慧；如果省悟三身都没有不变的实体性，就明白了四种智慧。听我说偈：

自性具足佛三身，发明显了成四智；

不离见闻觉知缘，一念超然登佛地。

我今为你如实道，谛信无疑永不迷；

莫学心外驰求者，终日空口说菩提。"

智通又禀报道："四智的法义，弟子有幸听闻吗？"

大师说："既然懂了三身，也就通了四智，为什么还要问呢？如果撇开三身而谈论四智，叫作有智无身，如此则有智慧等于无智慧。"又说偈道：

大圆镜智自性净，平等性智心无病；

妙观察智随缘用，成所作智同圆镜。
六七因圆五八果，但转名言无体性；
若在转处不留情，日理万机常在定。

智通顿悟自性智慧，于是向六祖呈偈道：

三身原我自性体，四智本是心光明；
身智圆融无障碍，任运应物随现形。
起念修心皆妄动，守心住净非真精；
妙趣今日因师晓，终得灭尽染污名。

◎ **解读**　智通禅师是以修《楞伽经》为主业的义学僧，经文诵了一千来遍，经义应该也很熟悉，但不通经中三身四智之义，于是向六祖请益。据佛教修行观，通经包括思慧、修慧与证慧三个层面的通。思慧意义上的通经，指修行者见到自性前，依观行般若体解佛经义理。虽然此时也是在修行中领会佛经义理，但又必须依靠先前已解佛经义理来推理、抉择和融通经义。因此，这个层面的通经虽然是佛教徒中的法行人修行成佛必须经过的第一关，但对于从佛智慧流出的经典来说，并没有通达其真实义。思慧在佛乘圆教属于十信位菩萨境界，在佛乘渐教属于加行位菩萨境界，禅宗顿教未论及此义。修慧意义上的通经，指修行者见到自性后，依自性或自性般若融通佛经义理。换句话说，修行者此后不再立足经教义理通经，而只凭般若现量融贯佛经。此时修行者通经所依自性般若虽然不如佛智慧圆满，但属于同样的智慧，因此不仅能够通达经义，而且能够如水投水、以空合空，与经义密合无间。修慧在佛乘圆教属于初发心位以上菩萨的境界，在佛乘渐教属于初地以上菩萨的境界，在禅宗顿教属于明心见性的禅师境界。证慧意义上的通经专指佛的通经，可以说是无通之通意义上的通经，因为一切佛经皆为佛所宣说，佛横说竖说无非是妙义纷呈的佛经。

显然，智通正处于从思慧转入修慧之际，正可接受禅宗顿教顿悟法门的点化。这就是为什么六祖听到智通的问题后，并没有从思慧层面跟他广解三身四智的道理，而是从修慧层面入手，直接依自性点出他请教的义理。六祖开示的大意是：佛不在自心外，心外之佛不是真佛，而是凡夫、外道崇拜的神怪；佛不在道理中，道理中的佛不是真佛，而是凡夫、外道妄心想象的假相；佛不在死寂空境中，死寂空境中的佛不是真佛，而是声闻所堕无为深坑。真佛就是你智通的自性，法身是你自性的真空性，报身是你自性的觉照性，化身是你自性显现的身、口、意三业。三身佛是自性的内涵,离开三身佛就没有自性;同时,如果觉悟自性具足三身佛,也就通达了四种智慧。

智通一时转不过弯来,还是请六祖开显四种智慧的含义。六祖旨在点化智通,必须用直指人心、简明扼要的方法说法,这样才能招招直击其痛处,从而对其理障产生强大冲击力,令其冲出障蔽而见到自性,因此他并未以现代人习惯的方式开阐三身与四智的关系。此处,我们不妨依《楞伽》《密严》等经与《大乘起信》《摄大乘》等论,从教理与次第观行法门上略加论说。

四智即大圆镜智、平等性智、妙观察智、成所作智,是转八识得到的菩提果,故称为四智菩提。众生心本来是如来藏、佛性或自性,具足如来清净体性、智慧德相与不思议业用,只因众生不知此真实性相,将自性颠倒成了阿赖耶识,如《大乘密严经》卷下说:"佛说如来藏,以为阿赖耶,恶慧不能知,藏即赖耶识。"阿赖耶识虽依自性而有,但并非由自性产生,而是"依如来藏故有生灭心,所谓不生不灭与生灭和合,非一非异,名为阿梨耶识"(《大乘起信论》)。此处"生灭心"即无始无明,亦即根本的虚妄心念,"不生不灭"指自性,"和合"指无明遮蔽自性的情形。换句话说,因为无明遮蔽自性,自性才全体显现为阿赖耶识,如果不这么理解,就会将佛教的缘起论异化为本源论或本体论。

阿赖耶识具有觉悟与无记两种性质,觉悟性指阿赖耶识的根本性质,无记性指阿赖耶识在众生位体现出来的性质。阿赖耶识的无记性,使其在众生位能够收藏各种趋向轮回的染污种子和趋向解脱的清净种子。染污种子分为能见(见分)种子与所见(相分)种子,能见种子必然执取所见种子,由此形成我执性(不平等性)明显的末那识、分别性明显的意识和负责传递信息的前五识,以及与意识和前五识相对而立的外在世界。虽然从叙述上看,八识似乎有先后,但佛教强调它们之间根本上是互为因果的缘起关系,"异熟与转识,更互为缘生"(《摄大乘论本》卷中)。众生就是这样在六道中起惑、造业、受苦、轮回的。

如果众生有机缘接触信受佛教,便走上了超越六道轮回的转识成智之路。众生听闻佛陀依佛智慧宣说的教法,就能熏习形成清净解脱种子,将其贮存在阿赖耶识中,用来对治种种烦恼种子;随着闻、思二慧的增长,清净种子愈来愈多,势力也愈来愈盛,到一定程度就能破除意识层面的我法二执,消除意识的分别性,证入菩萨初地,获得如实观察诸法共相的智慧,是为转分别意识为妙观察智；继而加功修行，清净末那识的我执性，获得万法平等的智慧，是为转末那识为平等性智；末那识转为平等性智时，阿赖耶识的无记性同时得到清净，显现出像镜子那样一尘不染的智慧，是为转阿赖耶识为大圆镜智；与此同时，从前随意识、末那识与阿赖耶识转的前五识，现在也随妙观察智、平等性智与大圆镜智转为如实观察诸法别相、成就利他事业的智慧，是为转前五识为成所作智。其中，意识与末那识是在修行的过程中转，阿赖耶识与前五识是在修行的结果上转，故说"五八六七果因转"。

那么，四智与三身是什么关系呢？因为自性具足三身，我们只要弄清四智与自性的关系即可。四智由转众生八识而来，八识依自性而有，因此，转八识的结果是自性得到了显现，正如《大乘起信论》所说："以觉心源故，名究竟觉。"这样，四种智慧实际上就是自性的体、相、用，六祖分别以大圆镜智为自性的清净性，平等性智为自性的平等相，妙观察智与成所作智为自性的无为妙用，正是如理洞见。如此，自性是不是同时具足四智与三身呢？当然可以这么说。也可以换一种说法：众生唯有一自性，就身体则开为三身，就智慧则开为四智。

既然这样，佛陀开出八识理论与转识成智系统，其意趣就可以从两方面来把握。从施行教化角度看，这个系统全面、透彻地揭示了法界的真相与众生轮回和还灭两个维度的过程，值得每一个对佛教感兴趣的人了解与学习。从佛教徒转凡成圣角度说，并不是所有佛教徒都必须按照这个系统修行。理由有二：一是众生唯有一心，此心迷则成为染污凡夫，悟则成为清净圣者，因此可依般若观当下一念心的顿悟法门修行；二是众生根器多种多样，其中有一部分人有能力也有信心依顿悟法门修行。这一法门虽为禅宗顿教所力倡，但弘扬唯识学的弥勒菩萨也曾提持："以阿赖耶识是一切戏论所摄诸行界故略彼诸行，于阿赖耶识中总为一团一积一聚。为一聚已，由缘真如境智修习多修习故而得转依，转依无间，当言已断阿赖耶识；由此断故，当言已断一切杂染。当知转依由相违故，能永对治阿赖耶识。"（《瑜伽师地论》卷五十一）由此可知，佛所谓"归元性无二，方便有多门"（《大佛顶如来密因修证了义诸菩萨万行首楞严经》卷六）的教示的确真实不虚。

六祖还告诫智通，虽然禅宗顿教也说"转"心"转"识，但因为心识本无实体性，所谓"转"只是假名而已，若以为真有心识可"转"，明心见性就遥遥无期；只要观心时能够坚定地做到这一点，就已契入佛境界了。正渴望融会佛经义理的智通，听到六祖直透心源的开示，恰如久旱逢甘霖、他乡遇故知，大悟自性智慧，从今往后，要悟到自性具足一切佛法就只是时间问题了。智通说偈呈心感恩，岂不宜乎！

同样是度化义学僧，"绕路说禅"时代的禅师所用手段又别具一番风采。请看马祖道一禅师度西山亮座主公案："亮座主参祖。祖问曰：'见说座主大讲得经论，是否？'亮云：'不敢。'祖曰：'将甚么讲？'亮云：'将心讲。'祖曰：'心如工伎儿，意如和伎者，争解得经？'亮抗声云：'心既讲不得，虚空莫讲得么？'祖曰：'却是虚空讲得。'亮不肯，便出。将下阶，祖召云：'座主。'亮回首，豁然大悟，便礼拜。祖曰：'这钝根阿师，礼拜作么？'亮归寺，告听众曰：'某甲所讲经论，谓无人及得，今日被马大师一问，平生工夫冰消瓦解。'"（《马祖道一禅师广录》）这充分证明禅师"大用现前，不存轨则"（《云门匡真禅师广录》卷中），我们不能以一门框套学人，更不能以一法拘限禅师。

[5] 僧智常①，信州②贵溪③人，髫年出家，志求见性。

一日参礼，师问曰："汝从何来？欲求何事？"

曰："学人近往洪州白峰山④礼大通和尚⑤，蒙示见性成佛之义，未决狐疑，远来投礼，伏望和尚慈悲指示。"

师曰："彼有何言句？汝试举看。"

曰："智常到彼，凡经三月，未蒙示诲。为法切故，一夕独入丈室请问：'如何是某甲本心本性？'大通乃曰：'汝见虚空否？'对曰：'见。'彼曰：'汝见虚空有相貌否？'对曰：'虚空无形，有何相貌？'彼曰：'汝之本性犹如虚空，了无一物可见，是名正见；无一物可知，是名真知。无有青黄长短，但见本源清净，觉体圆明，即名见性成佛，亦名如来知见。'学人虽闻此说，犹未决了，乞和尚开示。"

师曰："彼师所说犹存见知，故令汝未了。吾今示汝一偈：

不见一法存无见，大似浮云遮日面；

不知一法守空知，还如太虚生闪电。

此之知见瞥然兴，错认何曾解方便？

汝当一念自知非，自己灵光常显现。"

常闻偈已，心意豁然。乃述偈曰：

无端起知见，著相求菩提；

情存一念悟，宁越昔时迷。

自性觉源体，随照枉迁流；

不入祖师室，茫然趣两头。

智常一日问师曰："佛说三乘法，又言最上乘，弟子未解，愿为教授。"师曰："汝观自本心，莫著外法相。法无四乘，人心自有等差。见闻转诵是小乘；悟法解义是中乘；依法修行是大乘；万法尽通，万法俱备，一切不染，离诸法相，一无所得，名最上乘。乘是行义，不在口争，汝须自修，莫问吾也。一切时中，自性自如。"

常礼谢，执侍终师之世。

◎ **注释** ①〔智常〕智常禅师，六祖弟子。②〔信州〕唐乾元元年（758）洪州刺史元载奏置，历为州、郡治所。今属江西上饶。③〔贵溪〕唐为信州属县，今属江西鹰潭。④〔洪州白峰山〕唐属洪州建昌县，今属江西永修。⑤〔大通和尚〕当非六祖师兄神秀和尚，业行不详。

◎ **大意** 智常禅师，信州贵溪人氏，童真离俗出家，立志明心见性。

一天，他前来参礼大师，大师问道："你从哪里来？想求什么？"

智常说："学人最近去洪州白峰山礼拜大通和尚，承蒙和尚开示见性成佛的法义，但未能消除疑惑，远来门下礼拜，请大师慈悲指示。"

大师说："大通和尚怎么说？你且举几句看看。"

智常说："智常到那里住了三个月，还没有得到大通和尚开示训诲。因为求法心切，一天傍晚单独到方丈室请问：'什么是我的本心本性？'他说：'你看见虚空了吗？'我答：'看见了。'他问：'你见虚空有什么形象面貌吗？'我答：'虚空无形，哪有面貌？'他说：'你的本性就像虚空，根本没有一物可见，这才是正见；根本没有一物可知，这才是真知。自性没有青黄等色、长短等相，只有见到自性本源清净、觉照体相圆明，才叫作见性成佛，也才叫作如来知见。'学人虽然听闻此说，还是未能抉择明了，乞求大师慈悲开示。"

大师说："大通和尚的说法还残存着见知，所以不能让你明了。我现在说示一偈与你：

　　不见一法存无见，好似浮云遮日面；
　　不知一法守空知，还如太虚生闪电。
　　此类知见刹那兴，错认何曾识方便？
　　汝当一念自知非，自性灵光常显现。"

智常聆听偈颂，心光豁然开朗，于是呈献了一首偈：

　　无端心中起知见，执着空相求菩提；
　　凡情偏存一念悟，岂能超越昔时迷！
　　自性觉照真源体，有心随照枉迁流；
　　不入曹溪祖师室，举足茫然趣两头。

一天，智常问大师："佛既说声闻、缘觉和大乘三乘法，又说最上乘法，弟子不理解，请您慈悲传授其义。"大师说："你观察自己的本心，不要执着心外的法相。佛法本来无四乘，人心各自有等差。见佛、闻法、诵经是声闻乘；领悟佛法、体解法义是缘觉乘；依六度修行是大乘；万法皆通，万法具足，不染万法，不执法相，了无所得，是最上乘。乘的真义是实行，不在口头争论，你要自己修证，不要问我。一切时中，自性本自如如。"

智常礼拜谢恩，执弟子礼，直到大师圆寂。

◎ **解读**　智常禅师童真出家，且志求明心见性，可见生来就是宗门苗裔。他来参访六祖，是因为听了大通和尚关于明心见性的开示而不能无疑。大通的法号与武则天皇帝赐予神秀大师的尊号一样，似乎是同一个人，但从行迹看，更可能是两个人。神秀大师虽然在黄梅时尚持实体见，但后来应已走出这种偏颇，传为其所述《大乘无生方便门》这样论佛体"虚空无心，离念无心，无心则等虚空无所不遍，有念即不遍，离念即遍，法界一相，则是如来平等法身"，"知六根本不动，觉性顿圆，光明遍照，是报身佛"，"犹心离念，境尘清净，知见无碍，圆应十方，是化身佛"。这也是紧扣清净自性说三身佛，与六祖之见并无多少差异，与本公案中大通和尚的见地却有别。

这个公案有个容易迷惑人的地方，如果孤立地论见地，很难看出大通和尚的问题。以虚空喻自性空性空相很常见，佛经中常常有这种譬喻，六祖也打过同样的比喻；以"本源清净，觉体圆明"指示自性也没问题，禅宗史上能找出许多这样说自性的禅师。既然如此，六祖为什么说"彼师所说犹存见知"呢？问题出在他以"无一物可见"为正见，以"无一物可知"为真知。本来，为了对治执着"有物可见""有物可知"的凡夫，这样开示也没问题，但他面对志求见性、长期修行的智常法师依旧这么说，表明他还不是具格禅师，不会观察因缘，偏执于自性的空性空相。如此自性当然不是六祖提持的自性，最多是声闻执着的偏空。依此见地修行，所谓"无一物可见""无一物可知"，只能是背向万有、依析空观认知的偏空，根本上不出分别识的范围，与禅宗顿教的无念法门悬殊。因此，如果说判断一种思想是否佛教需以三法印或实相印为标准，那么判断某种见地是否禅宗顿教见地则应该将见地与修行法门结合起来才最可靠，只有既持中道见又行无念行者才是禅宗顿教见地。

智常听了大通和尚的开示，依照修行，不得见性，又不知问题所在，便前来向六祖参问。六祖自然知道他与大通和尚要解决的都是舍有取空、沉空守寂的问题，于是直捣其病根：如果一法不立，却立个空相，就像乌云遮蔽太阳一样，在一尘不染的自性中投下了阴影；如果一物不知，却立个知空相之知，如同闪电划过太虚一样，都是以虚妄分别心颠倒了自性般若。这样，既错认了修行法门，又埋没了自性，非但见不到自性，反倒沦为无明根本。"知见立知，即无明本；知见无见，斯即涅槃，无漏真净"（《大佛顶如来密因修正了义诸菩萨万行首楞严经》卷五），岂不然哉！

智常听闻开示，豁然开朗，述偈呈心。他的呈心偈谈到认知方式与禅宗顿教传承两个内容。前者意在显示，只要心存能知的念头，无论是一般人分别实有境界的能知心，还是佛教徒攀缘空境的能知心，都是执迷不悟的认知方式，这在前文多有论及，此处无须赘述；后者旨在表明，传承对学习禅宗顿教一法是很重要的，这一点将在《付嘱》品加以讨论。

智常在日常修行中还向六祖请教了教乘问题，六祖应该是本于《法华经》

的教乘观做出的回答，以小乘、中乘、大乘、最上乘分别指声闻、缘觉、菩萨、佛四乘。但对照该经，你会发现两者差异不小。关于这个问题，《法华经》是这样开示的："若有众生，内有智性，从佛世尊闻法信受，殷勤精进，欲速出三界，自求涅槃，是名声闻乘，如彼诸子为求羊车出于火宅；若有众生，从佛世尊闻法信受，殷勤精进，求自然慧，乐独善寂，深知诸法因缘，是名辟支佛乘，如彼诸子为求鹿车出于火宅；若有众生，从佛世尊闻法信受，勤修精进，求一切智、佛智、自然智、无师智，如来知见、力、无所畏，悯念、安乐无量众生，利益天人，度脱一切，是名大乘，菩萨求此乘故，名为摩诃萨，如彼诸子为求牛车出于火宅"；"初说三乘引导众生，然后但以大乘而度脱之"的大乘，即"正直舍方便，但说无上道"的《法华经》才是最上乘，就像长者在门外赐给诸子的大白牛车。（《妙法莲华经》卷一、二）

没错，两者是有很大差异，但这只是文字上有异同，从佛教修行实践看，两者无二无别。六祖一本禅宗顿教宗趣，将《法华经》的教乘义落实到对治智常心中当时执着的问题，目的是要他知道诸乘教理不过佛陀应机施设的假名，"乘是行义，不在口争，汝须自修"，只有"一切时中，自性自如"才是最上乘。佛同样强调，"若人不能一心观察生死过咎、涅槃安乐，如是之人，虽复惠施、持戒、多闻，终不能得解脱分法。若能厌患生死过咎、深见涅槃功德安乐，如是之人，虽复少施、少戒、少闻，即能获得解脱分法"（《优婆塞戒经》卷一）。如果为差别名相所迷，以为六祖错讲经义，不但不懂禅宗顿教，也不懂佛经。

"实际居于目前，翻为名相之境"（释道原《景德传灯录》卷二十四）的执着教理者，可以读一读瞒庵继成禅师与善华严的公案："有善华严者，乃贤首宗之义虎也。对众问诸禅曰：'吾佛设教，自小乘至于圆顿，扫除空有，独证真常，然后万德庄严，方名为佛。尝闻禅宗一喝能转凡成圣，则与诸经论似相违背。今一喝若能入吾宗五教，是为正说；若不能入，是为邪说。'诸禅视师，师曰：'如法师所问，不足三大禅师之酬，净因小长老可以使法师无惑也。'师召善，善应诺。师曰：'法师所谓愚法小乘教者，乃有义也；大乘始教者，乃空义也；大乘终教者，乃不有不空义也；大乘顿教者，乃即有即空义也；一乘圆教者，乃不有而有、不空而空（或作"空而不有、有而不空"）义也。如我一喝，非唯能入五教，至于工巧技艺、诸子百家，悉皆能入。'师震声喝一喝，问善曰：'闻么？'曰：'闻。'师曰：'汝既闻，此一喝是有，能入小乘教。'须曳又问善曰:'闻么?'曰:'不闻。'师曰:'汝既不闻,适来一喝是无,能入始教。'遂顾善曰:'我初一喝,汝既道有,喝久声销,汝复道无,道无则元初实有,道有则而今实无,不有不无,能入终教。我有一喝之时,有非是有,因无故有,无一喝之时,无非是无,因有故无,即有即无,能入顿教。须知我此一喝不作一喝用,有无不及,情解俱忘,道有之时纤尘不立,道无之时横遍虚空,即此一喝入百千万亿喝,百千万亿喝入此一喝,是故能入圆教。'善乃起再拜。师复谓曰:'非唯一喝为然,乃至一语一默、一动一静,从古至今,十方虚空,万象森罗,六趣四生,三世诸佛,一切圣贤,八万四千法门,百千三昧,无量妙义,契理契机,与天地万物一体,谓之法身。三界唯心,万法唯识,四时八节,阴阳一致,谓之法性。是故《华严经》云:法性遍在一切处,有相无相,一声一色,全在一尘。中含四义,事理无边,周遍无余,参而不杂,混而不一。于此一喝中皆悉具足。犹是建化门庭,随机方便,谓之小歇场,未至宝所。殊不知吾祖师门下,以心传心,以法印法,不立文字,见性成佛,有千圣不传底向上一路在。'善又问曰:'如何是向上一路?'师曰:'汝且向下会取。'善曰:'如何是宝所?'师曰:'非汝境界。'善曰:'望禅师慈悲。'师曰:'任从沧海变,终不为君通。'善胶口而退,闻者靡不叹仰。"(释居顶《续传灯录》卷二十五)执着教理者读完这个公案,如果能像善华严那样"胶口而退",就会知道六祖乃至所有禅师的开示与佛经无二无别了。

[6] 僧志道①,广州南海②人也。

请益曰:"学人自出家,览《涅槃经》十载有余,未明大意,愿和尚垂诲。"

师曰:"汝何处未明?"

曰:"'诸行无常,是生灭法;生灭灭已,寂灭为乐。'于此疑惑。"

师曰:"汝作么生③疑?"

曰:"一切众生皆有二身,谓色身、法身也。色身无常,有生有灭；法身有常，无知无觉。经云'生灭灭已，寂灭为乐'者，不审何身寂灭？何身受乐？若色身者，色身灭时，四大分散，全然是苦，苦不可言乐。若法身寂灭，即同草木瓦石，谁当受乐？又法性是生灭之体，五蕴是生灭之用，一体五用，生灭是常。生则从体起用，灭则摄用归体。若听更生，即有情之类不断不灭；若不听更生，则永归寂灭，同于无情之物。如是则一切诸法被涅槃之所禁伏，尚不得生，何乐之有？"

师曰："汝是释子，何习外道断常邪见而议最上乘法？据汝所说，即色身外别有法身，离生灭求于寂灭。又推涅槃常乐，言有身受用。斯乃执吝生死，耽著世乐。汝今当知，佛为一切迷人认五蕴和合为自体相，分别一切法为外尘相，好生恶死，念念迁流，不知梦幻虚假，枉受轮回，以常乐涅槃翻为苦相，终日驰求。佛悯此故，乃示涅槃真乐，刹那无有生相，刹那无有灭相，更无'生灭'可灭，是则寂灭现前。当现前时，亦无现前之量，乃谓常乐。此乐无有受者，亦无不受者，岂有一体五用之名？何况更言涅槃禁伏诸法，令永不生！斯乃谤佛毁法。听吾偈曰：

　　无上大涅槃，圆明常寂照，
　　凡愚谓之死，外道执为断，
　　诸求二乘人，目以为无作，
　　尽属情所计，六十二见[④]本。
　　妄立虚假名，何为真实义？
　　唯有过量人，通达无取舍。
　　以知五蕴法，及以蕴中我，
　　外现众色象，一一音声相，
　　平等如梦幻，不起凡圣见，

163

　　　　不作涅槃解，二边⁵三际⁶断。
　　　　常应诸根用，而不起用想，
　　　　分别一切法，不起分别想。
　　　　劫火⁷烧海底，风鼓山相击，
　　　　真常寂灭乐，涅槃相如是。
　　　　吾今强言说，令汝舍邪见，
　　　　汝勿随言解，许汝知少分。"
　　志道闻偈大悟，踊跃作礼而退。

◎ **注释** ①〔志道〕志道禅师，六祖弟子。②〔广州南海〕李吉甫《元和郡县图志》卷三十四："南海县，本汉番禺县之地也，属南海郡，隋开皇十年分其地置南海县，属广州。"今属广东广州市。③〔作么生〕干什么，为什么。④〔六十二见〕梵文 dvāṣaṣṭi dṛṣṭi，指外道执持的六十二种错误见解，有几种说法。据《长阿含经·梵动经》，外道所执六十二见有十类，可概分为本劫本见、末劫末见两种。本劫本见即依过去劫所起分别见，有五类十八种，包括常论四种、亦常亦无常论四种、边无边论四种、种种论四种、无因论两种；末劫末见即依未来劫所起分别见，有五类四十四种，包括有想论十六种、无想论八种、非有想非无想论八种、断灭论七种、现在泥洹论五种。⑤〔二边〕偏离中道的断见与常见两种实体见。因两者各执一端，不见中道，故六祖称之为二边。⑥〔三际〕前际、中际、后际，指过去、现在、未来三世。《大宝积经》卷二十一："无来亦无去，无住无前际，后际及中际，无得无所见。"⑦〔劫火〕佛教认为世界是无始无终的成、住、坏、空的过程，其中一个成、住、坏、空的过程为一大劫。在大劫中，世界进入坏劫时，从欲界到色界第三禅天会遭到劫火、劫水和劫风的大三灾毁灭，此后世界便进入空劫。

◎ **大意**　志道禅师，广州南海人氏。

　　志道向大师请益道："学人从出家以来，读诵《涅槃经》十年多了，还没有明白该经大意，请大师垂慈教诲。"

　　大师说："你什么地方不明白？"

　　志道说："'一切流转法，都是生灭法；灭尽生灭相，寂灭为快乐。'对这个偈颂有疑惑。"

大师说："你为什么会有疑惑？"

志道答道："一切众生有两个身体，即色身和法身。四大和合的色身，此身无常，有生与灭；诸法法性的法身，此身恒常，没有知觉。经说'灭尽生灭相，寂灭为快乐'，不知是哪个身体寂灭？哪个身体享受快乐？如果是色身，色身消失的时候，地、水、火、风四大分散，全然是痛苦，不能将痛苦说成快乐。如果是法身寂灭，便同草木瓦石一样，谁能享受快乐？再说法性是生灭的体性，色、受、想、行、识五蕴是生灭的作用，一种体性显示五种作用，生灭本身是恒常法。生就是从体性产生作用，灭就是将作用摄归体性。如果任凭这类作用不断产生，有情众生就持续不断，没有灭尽之时；如果不让这类作用继续产生，有情众生就永远归于寂灭，等同于无情众生了。这样，一切诸法就被涅槃拘限压服，连产生都谈不上，还有什么快乐？"

大师说："你一个佛弟子，为什么以外道断常等邪见来议论最上乘佛法呢？根据你的说法，色身之外另有一个法身，要远离生灭的色身去求寂灭的法身。又揣度涅槃常有一个受用者。这是贪生怕死，沉溺于世俗欲乐。你应当知道，佛陀因为一切迷执众生误认五蕴和合者为自己的真实体相，将六根所对一切法分别执着为外尘相，好生恶死，念念生灭，川流不息，不知这些都是幻相，虚假不实，枉受轮回，将常、乐、我、净的涅槃颠倒为无常、乐、我、净的苦相，终日驰逐求觅。佛陀为怜悯众生这种颠倒，便示现涅槃的真实快乐，哪怕一刹那生灭相都没有，连要灭的'生灭'这个名相也没有，这才是所谓寂灭现前。当寂灭现前时，也没有'现前'的念头，这才是常乐。这种快乐没有享受者，也没有不享受者，哪里有'一体五用'的假名？何况还说涅槃拘限压服诸法，令它们永远不得产生！这是诽谤佛陀，毁坏正法。请听我说偈颂：

　　无上无余大涅槃，光明寂照圆通面，
　　愚痴凡夫称为死，外道空亡执为断，
　　诸求小道二乘人，误认涅槃为无作，
　　是为凡情所计执，六十二见之根本。
　　姑妄建立之假名，何处有其真实义？
　　唯有超越识量者，通达自性无取舍。
　　以此深知五蕴法，并及蕴中种种我，

六祖坛经

> 心外所现众色象，以及种种音声相，
> 平等一味如梦幻，不起凡圣对立见，
> 不作寂静涅槃解，二边不着三际断。
> 常随六根起妙用，而不生起妙用想，
> 善于分别一切法，同时没有分别想。
> 劫火焚烧大海底，劫风鼓动山相击，
> 真常如如寂灭乐，涅槃妙相只如是。
> 吾今勉强寄言说，令你舍离诸邪见，
> 你莫随语妄生解，许你能够知少分。"

志道听闻偈颂，言下大悟，欢喜踊跃，作礼而退。

◎ **解读** 六祖与志道禅师的公案，与《顿渐》品中六祖与张行昌的公案一样，都围绕《大般涅槃经》的宗趣展开，只是《机缘》品中侧重从行持角度切入，此处侧重从见地下手，这是六祖深观两人根器差别而采取的不同的引化方式，两者实有互补相成之功，可以对照参看。

《大般涅槃经》是释迦牟尼佛圆寂前宣说的最后一部经典，与此前宣说的《法华经》同样是佛乘经典，都是为了令根器成熟的众生当体成佛，只是两者显明教义的方式有区别，《法华经》偏重以种种方便、譬喻显明佛理，《大般涅槃经》偏重依佛性思想阐明佛理，又特别注重戒律，被古人称为"扶律谈常"的佛经。《大般涅槃经》的宗旨是什么？佛性。佛性即六祖所谓自性，只不过《大般涅槃经》将其做了正因、了因或正因、缘因二因佛性，或正、缘、了三因佛性的开分。正因佛性即自性本具的中道性；了因佛性即能见正因佛性的般若，根本是自性本具的觉悟性；缘因佛性即布施、持戒、忍辱、精进、禅定等五度，根本是自性本具的清净性。正因佛性为众生本有，故说众生皆有佛性。了因佛性与缘因佛性虽为众生本有，但需善根成熟、信奉佛法且修行到一定阶位才能生起；而佛法是佛为众生宣说的教法，众生福德、智慧、资粮具足都能信奉佛法，故说众生皆可成佛。成佛是如佛性而来，故称如来；因为如来灭除了一切烦恼，又称大般涅槃，简称涅槃。涅槃具有常、乐、我、净四德，分别是佛性的无生性、觉悟性、无我性、清净性显现出来的功德。如果将佛性的清净性摄入无生性，又可说如来具有法身、解脱与般若三德，分别是佛性的无生性、无我性与觉悟性显现出来的功德。一切众生具有的是不生不灭的佛性，成的是常住不变的佛身，证的是四德或三德圆满的涅槃。

那么，众生本具的佛性、法性、自性、佛、涅槃这种法与五蕴等法是什么关系呢？这是很多修习佛法的人都会遇到的问题，志道在修习《大般涅槃经》时也遇到了这个问题，而且问题很严重。他将两者划为众生具有的两种截然不同之法，佛性、法性、自性、佛、涅槃等法是具有不生不灭性却没有知觉能力的常法，四大五蕴等法是具有知觉能力却刹那生灭的无常法，常法是无常法的本体或本源，无常法是以常法为根据或从常法产生的现象。这样，常法与无常法之间就体现为本体与现象或本源与枝叶的关系，必然导致他所说的那些问题。这些问题可以归为两方面：一方面，对佛经法义深表疑惑。如果涅槃指法身，法身无知无觉，根本没有快乐；如果涅槃指色身，四大分散痛苦不堪，何乐之有？佛经却说，"诸行无常，是生灭法；生灭灭已，寂灭为乐"，这是怎么回事？他百思不得其解。另一方面，倒向外道见解。既然佛性是五蕴的体性，五蕴是佛性表现的作用，那么五蕴的生灭就是永恒的现象，生就意味着五蕴的作用从佛性产生，灭就意味着五蕴的作用消归佛性。如果五蕴不断从佛性中产生，就没有灭尽之时，众生就永远生活在痛苦之中；如果人为阻止五蕴从佛性中产生，涅槃就等于禁绝了无常法，这样就连众生都没有，更谈不上享受快乐。

佛性论是佛为度化众生施设的一个方便法门，它的性相如佛所说："我说如来藏，不同外道所说之我……有时说空、无相、无愿、如、实际、法性、法身、涅槃、离自性、不生不灭、本来寂静、自性涅槃，如是等句说如来藏已，如来、应供、等正觉为断愚夫畏无我句故，说离妄想无所有境界如来藏门。"因此，这是"无我如来之藏""未来现在菩萨摩诃萨，不应作我见计著"（《楞伽阿跋多罗宝经》卷二）。由于佛性论在阐明佛性与万法的关系时采用了类似本体论或本源论的结构，常常被人误解为本体论或本源论。本体论认为万法有一个根本体性，万法都是受此根本体性规定的现象，由此展开其一切思想；本源论认为宇宙有一个总根源，万法都产生于这个根源，由此展开其一切思想。从结构上看，两者与佛性论很相似，但其间存在根本差别——本体论与本源论都是有我论，佛性论则是无我论。原因在于，本体论或本源论中的本体或本源是万法的母体，佛性论中的佛性只是万法的所依体。因此，区分佛教与非佛教，根本标准不是看它采用什么样的理论结构，而是看它的宗趣是否与三法印或实相印相合，相合则是佛教，否则不是佛教。"无我"即诸法无我，是三法印或实相印的核心思想，佛陀用"无我"指示佛性思想的佛教属性毫无问题。不过，因为两者貌似相同，很容易被人们误认为本体论或本源论，志道就陷入了这种误解。如此，其任何修行都不可能证得佛教所说的涅槃，所以六祖必须严厉呵斥，让他猛然惊醒，暂停这种念头，再给他开示相关正理。

针对志道二分常法与无常法、无生涅槃与生死五蕴的总病根，六祖说：涅槃是圆明寂照的法身，这个法身既不在你的色身外，也不在你的色身内，它与你的色身根本是一体。关于这个问题，《大宝积经》卷九〇说"了知诸法如实相，常行生死即涅槃"，龙树菩萨《中论》卷四也说"涅槃与世间，无有少分别；世间与涅槃，亦无少分别……涅槃之实际，及与世间际，如是二际者，无毫厘差别"。六祖的开示与佛、菩萨若合符契。当然，这种见地有具体含义，即生死涅槃一定要"平等如梦幻，不起凡圣见，不作涅槃解，二边三际断"。此处"二边"指凡夫执着实有与外道、声闻执着虚无或偏空两种边见，"三际"指过去、现在、未来三个时间。换句话说，只有既空凡夫执又空外道、声闻执的五蕴才是与涅槃相即的五蕴，也只有既空凡夫执又空外道、声闻执的涅槃才是与五蕴相即的涅槃。成立这种中道见的关键在于空掉对五蕴的执着。因为五蕴即是空，故不会像外道、声闻那样在五蕴外建立一个空境；因为空即是五蕴，故既不像外道、声闻那样厌离五蕴，也不像凡夫那样执取五蕴。现证这种中道，才是真正具足四德或三德的不可思议大般涅槃。

这样的涅槃也是佛为对治不正见才宣说的，也不能执定。何以见得？凡夫将五蕴等法执着为有实体性相的法，虚妄心念如瀑布迁流不已，念念攀缘心外境相，在生灭无常世界中好生恶死，造作种种有漏业，轮回于三界六道，痛苦不已；不知当体空掉对五蕴的执着就是涅槃，硬生生将常、乐、我（涅槃真我）、净的自性涅槃颠倒成了无常、苦、无我（无涅槃真我）、不净的生灭法。佛深生悲悯，将辛勤悟到的佛法正告众生："诸行无常，是生灭法；生灭灭已，寂灭为乐。"所谓生灭无常法，是众生执着五蕴显现的颠倒相；众生有此执着，则是因为有生灭心；众生有生灭心，则是因为有无明妄念。因此，佛说"生灭灭已"不是要将五蕴灭掉，也不是有个实在的五蕴可灭，而是要灭掉执着五蕴的根本无明妄念；无明妄念没有实体，同样没有真实的无明妄念可灭，因此佛说"生灭灭已"根本是用般若观空无明妄念，这就是"观自在菩萨行深般若波罗蜜多时，照见五蕴皆空"的真实义。

明白这个道理，不仅知道什么是涅槃，而且当下就能契证涅槃。反之，如果不明白这个道理，当体就会堕入愚痴凡夫、外道与声闻的种种执着中，将涅槃误解为死亡、虚无或没有智慧妙用的偏空，都不是涅槃真义。智通以为色身之外有个法身，又臆想涅槃中有个享乐者，就犯了外道、声闻舍生死求涅槃的毛病。这样的涅槃根本不存在，是凡夫等虚妄心念想象的境界，说白了还是凡夫贪生怕死、贪图享乐思想的流露。由于众生将五蕴与涅槃打为两橛，才导致有涅槃无五蕴、有五蕴无涅槃，涅槃要么不断产生五蕴，要么禁绝五蕴，乃至法身常而无知、色身知而无常等种种奇谈怪论。因此，并不是佛的开示有什么问题，而是智通对佛开示的理解出了问题。

　　六祖的开示，归结起来就是：众生迷自性则五蕴全体沦为生死无常法，众生悟自性则五蕴全体便是常恒涅槃法。涅槃不是死寂之境，而是寂而常照、照而常寂的智慧心与智慧境。这依然是直指众生清净自性为涅槃。六祖虽然直指自性为涅槃，但他还苦口婆心地说理，后世禅师就很少如此了。例如："问：'如何是涅槃心？'师云：'万派悉归源。'"（释克勤《圆悟佛果禅师语录》卷一）如果这个公案还有理路可寻，那么下面这个公案则毫无义路了："'如何是涅槃？'师云：'抬脚不得。''抬脚不得意旨如何？'师云：'三十三天。'"（释善昭《汾阳无德禅师语录》卷上）这当然不是禅师的说法有高下对错，只因他们所对治的参禅者机缘有别。

[7]　行思禅师[①]，生吉州[②]安城[③]刘氏。

闻曹溪法席盛化，径来参礼，遂问曰："当何所务，即不落阶级[④]？"

师曰："汝曾作什么来？"

曰："圣谛亦不为。"

师曰："落何阶级？"

曰："圣谛尚不为，何阶级之有？"

师深器之，令思首众[⑤]。

一日，师谓曰："汝当分化一方，无令断绝。"

思既得法，遂回吉州青原山⑥，弘法绍化。

◎ **注释** ①〔行思禅师〕吉州安城刘氏，高宗咸亨二年（671）生。幼年出家，后往曹溪参礼，受六祖心法。因长期住持吉州青原山净居寺，世称青原行思或净居和尚。开禅宗顿教青原系，为禅宗顿教五家中的曹洞、云门与法眼三家共祖。开元二十八年（740）十二月十三日迁化，塔号归真，唐僖宗谥弘济禅师。②〔吉州〕今属江西吉安市。③〔安城〕即吉州安福，今属江西吉安安福县。④〔阶级〕台阶。佛教中指众生种性高低，《瑜伽师地论》卷三十五："此种性已说名持，亦名为助，亦名为因，亦名为依，亦名阶级，亦名前导，亦名舍宅。"又指渐修法门的阶位，《达摩多罗禅经》卷下："于彼不净身，处处庄严现，阶级次第上，三昧然慧灯。"⑤〔首众〕僧众头首。首，即头首、首座或座元。《百丈清规证义记》卷一："古称头首，今名首座，或号座元。"为寺院西序职位，由德高望重者充任。众，即僧众。⑥〔青原山〕在吉州境内，山上有行思禅师创建的净居寺。

◎ **大意** 行思禅师，吉州安城刘氏。

行思禅师听说曹溪法筵兴盛、道化流行，径直前来参礼，问大师："应该如何修行，才不落入阶位？"

大师说："你干过什么？"

行思禅师答："圣谛也不求。"

大师反问："落入什么阶位？"

行思禅师答："圣谛都不求，还有什么阶位？"

大师非常器重他，请他为僧众头首。

一天，大师对他说："你应当开枝散叶，化导一方，不要让此法断绝。"

行思禅师得到心法，便回到吉州青原山弘扬顿教、绍继禅风。

◎ **解读** 青原行思开启了禅宗顿教青原系，是名震丛林的祖师。在禅宗顿教的五家中，由青原行思启其端者有三宗：经石头希迁、药山惟严、云岩昙晟，到洞山良价、曹山本寂开出曹洞宗；经石头希迁、天皇道悟、龙潭崇信、德山宣鉴、雪峰义存，到云门文偃开出云门宗；经雪峰义存、玄沙师备、罗汉桂琛，到法眼文益开出法眼宗。虽然如此，但他的业行很少见诸载籍，据《青原遗碑略记》引天宝六载碑文,可略见其大端:"七祖,汉长沙定王发后,得旨曹溪,遂住青原。开元二十六载化,寿六十八。时朝议郎、江南西道采访判官朱元,朝议郎、庐陵县令吴自励,僧道莫、如昼等,印山龛于绝顶。"(方以智《青原志略》卷六)

因敦煌本《六祖坛经》所录六祖十大弟子不见行思禅师之名,现代颇有怀疑其法脉传承真实性者,这是只相信敦煌本《六祖坛经》者的结论,事实是否如此却很难说。我们姑且不说许多历史事实因文献资料、考古发掘无征而隐没的现象,行思禅师的名字早已见于五代时编纂的《祖堂集》,仅此便不能轻易怀疑。

行思禅师何时参访六祖不得而知,但从这个公案看,他已经明心见性,此次主要是请六祖印证。这个公案不见于禅宗早期灯录《祖堂集》,但《景德传灯录》《五灯会元》等灯录具载,文字几乎一样。这属于较早的"绕路说禅"公案,其特点是虽然直指心性,但不说破心性。就像绘画中的留白、乐曲间的停顿,可供欣赏者自家体会象外之旨、弦外之音。这种说禅方式,给参禅人留下了自己参究的空间,充分照顾到禅需自己真参实证的特性,具有很大的优点。有人以为,一般人不适合参究这种公案,其实,只要有信心都没问题。参禅人如果掌握了方法,纵然每参一次都如遭到电击,参得精疲力竭、头昏眼花依然不得其门而入,但只要保持信心,屡败屡战,一旦时节到来,便能窥破其秘密,与禅师把手同行。

为了给参禅人保留自悟空间,禅师反对注解这类公案,竭力提倡参究这类公案的大慧宗杲禅师就说:"聪明灵利者,才闻善知识说着个中事,便眼目定动,早将心意识领解了也。似此者,自作障碍,永劫无有悟时。外鬼作殃犹可治,此乃家亲作祟,不可禳祷也。永嘉云,'损法财,灭功德,莫不由兹心意识',此之谓也。"(《大慧普觉禅师语录》卷十九)莲池大师也明确说,转语"盖从真实大彻大悟中自然流出者也。如其向经教中,向古人问答机缘中,以聪明小智模仿穿凿,取办于口,非不语句尖新,其实隔靴抓痒,直饶一刹那下恒河沙数转语,与自己有何交涉?"(释袾宏《竹窗二笔·一转语》)为什么?从参禅实践看,这类公案就如汇聚了诸佛秘密的迷案,真相是自性,破案工具是般若,破案线索是公案中的问答转语,破案者是参禅人,只有参禅人亲自破案,才算得见到自性。如果有人为你讲破案工具如何如何,那不是真正的破案工具,更不是你破案过程中使用的工具;如果有人为你提供线索,只能作为参考,还需自己一一证实;如果有人为你揭开案子真相,不管他见到的是不是真相,跟你亲自逮到贼赃都是两回事。总之,不去亲自参究,就无法见到自性。因此,我们应该尊重古人讲说这类公案时"不说破"的原则,只对这类公案的线索加以提示,供有心人参考。

行思禅师见到六祖,一开问口就有禅家探竿影草的用意,要看六祖怎么回答,答得好就继续酬对,答得狼藉就拔腿走人。六祖没有直接来问,一句"汝曾作什么来"的反问,将问题推了回去,妙不可言。行思禅师"圣谛亦不为"的回答,孤危高峻,大有"丈夫自有冲天志,不向如来行处行"的气概。六祖再行勘验,看他是否未见真章、强作主宰。"圣谛尚不为,何阶级之有"之答,不仅前后回互,而且机教相扣。六祖知道他已登堂入室,遂罢干戈,以心相印,以法相付。行思禅师不负师恩,光大了禅门。

青原行思禅师的禅风,到后世分别开出"敲唱为用""偏正回互"的曹洞宗,"函盖截流""随波逐浪"的云门宗,以及"箭锋相拄""句意合机"的法眼宗,这里且从三家各举一则公案,以见其禅风承传之一斑:

云岩昙晟与洞山良价——师辞云岩。岩曰:"甚么处去?"师曰:"虽离和尚,未卜所止。"曰:"莫湖南去?"师曰:"无。"曰:"莫归乡去?"师曰:"无。"曰:"早晚却回。"师曰:"待和尚有住处即来。"曰:"自此一别,难得相见。"师曰:"难得不相见。"(释良价《筠州洞山悟本禅师语录》)

云门文偃与禅者——问:"如何是透法身句?"师云:"北斗里藏身。"(释文偃《云门匡真禅师广录》卷上)

法眼文益与玄则——玄则禅师,滑州卫南人。初问青峰:"如何是学人自己?"青峰云:"丙丁童子来求火。"后谒师,师问:"甚处来?"云:"青峰来。"师云:"青峰有何言句?"则举前话。师云:"上座作么生会?"则云:"丙丁属火,而更求火,如将自己求自己。"师云:"与么会,又争得?"则云:"某甲只与么,未审和尚如何?"师云:"尔问我,我与尔道。"则问:"如何是学人自己?"师云:"丙丁童子来求火。"则于言下大悟。(释文益《金陵清凉院文益禅师语录》)

[8] 怀让禅师①，金州②杜氏子也。初谒嵩山③安国师④，安发之曹溪参扣。

让至礼拜，师曰："甚处来？"

曰："嵩山。"

师曰："什么物，恁么来？"

曰："说似一物即不中。"

师曰："还可修证否？"

曰："修证即不无，污染即不得。"

师曰："只此不污染，诸佛之所护念。汝既如是，吾亦如是。西天般若多罗⑤谶，汝足下出一马驹⑥，踏杀天下人⑦。应在汝心，不须速说。"

让豁然契会，遂执侍左右一十五载，日臻玄奥。后往南岳⑧，大阐禅宗。

◎ **注释** ①〔怀让禅师〕金州杜氏子，父杜光奇。唐高宗仪凤二年（677）生。年十五，前往荆州玉泉寺，依弘景律师出家，前后历经八年。万岁通天元年（696），于本寺受具足戒。久视元年（700），志求无为法，谒嵩山安和尚，安和尚指参六祖，为六祖得法弟子。后于南岳衡山驻锡般若寺（宋朝改名为福严寺），大弘法化。天宝三载（744）八月十二日圆寂。②〔金州〕今属陕西安康市。③〔嵩山〕属伏牛山系，位于河南省西部，地处登封西北，西邻洛阳，东临郑州。主要由太室山和少室山组成，少室山上有北魏时期创建的少林寺，为禅宗祖庭。④〔安国师〕即慧安禅师（582—709），五祖弘忍弟子，荆州枝江魏氏子，隋开皇二年生。开皇十七年（597），禁束天下私度僧尼，隐于山谷。大业中，强令民丁开通济渠，饿殍相枕，师乞食赈济，获救者甚众。隋炀帝征召不赴，潜入太和山。炀帝幸江都，海内不安，师杖锡登衡岳寺行头陀行。唐贞观中，至黄梅谒五祖，遂得心要。曾短暂住荆州玉泉寺，后驻锡嵩山少林寺。神龙二年（706），中宗赐紫袈裟，延入禁中供养三年，赐磨衲。唐景龙三年圆寂，时称老安国师。⑤〔般若多罗〕禅宗第二十七祖，东天竺人。蒙第二十六祖不如蜜多传法，到南印度弘化，付法与香至国王第三子菩提多罗（后改名为菩提达摩）。⑥〔马驹〕马祖道一禅师（709—788或688—763），南岳怀让禅师弟子，汉州什邡（今四川什邡市）马氏子。幼依资州唐和尚落发，在渝州圆律师座下受具足戒。唐开元中习禅定于衡岳传法院，遇怀让和尚，密受心印。先在福建建阳佛迹岭，辗转到临川，后至南康龚公山。大历中，隶名于开元精舍，四方学者云集。开创禅宗顿教南岳系洪州宗，度化弟子无数，入室弟子一百三十九人，各为一方宗主，行化无穷。因般若多罗尊者曾对菩提达摩预测说，怀让禅师座下会出一"踏杀天下人"的马驹，故得马驹之名；因师俗家姓马，禅门常常称之为马师或马大师。⑦〔踏杀天下人〕喻指马祖道一禅道高妙，能杀死天下人的贪、瞋、痴三心。⑧〔南岳〕著名佛教、道教圣地衡山，又名寿岳、南山。为中国五岳之一。位于湖南省中部偏东南部，绵亘于衡阳、湘潭两盆地间。

◎ **大意**　怀让禅师，金州杜氏子。他参访嵩山慧安国师时，国师劝其前往曹溪惠能大师处参问。

怀让禅师到曹溪礼拜，大师问："从哪里来？"

怀让禅师答道："嵩山。"

大师又问："什么东西，就这么来了？"

怀让禅师答道："说像一个东西就不对了。"

大师问："还可以修证吗？"

怀让禅师答道："当然有修证，但不受污染。"

大师说："诸佛护念的就是这个不受污染者。你护念者如是，我护念者也如是。西天般若多罗尊者授记，你足下会出一匹马驹，将会度化天下人。你自己知道即可，不要早早说出去。"

怀让禅师豁然神会，在六祖大师身边陪侍十五年，禅法日臻玄妙。后来前往南岳，大阐禅宗顿教。

◎ **解读**　南岳怀让禅师是开启禅宗顿教南岳系的禅师，也是大名鼎鼎。在禅宗五家中，由南岳怀让发其祥，经马祖道一、百丈怀海，到沩山灵祐、仰山慧寂开出了沩仰宗；经百丈怀海、黄檗希运，到临济义玄开出了临济宗。与行思禅师一样，怀让禅师的名号虽然也不见于敦煌本《六祖坛经》所录六祖付法弟子名单内，但不能轻易怀疑其法脉传承的真实性。

怀让禅师此前在嵩山慧安国师座下参扣，但机缘不契，特来参请六祖。这是六祖印证他悟境的公案，可以判断他此前已明心见性。这个公案，《景德传灯录》《五灯会元》记载相同，《祖堂集》记载却有别。据《祖堂集》，这是相隔十二年的两个公案：第一个公案发生于怀让禅师初参六祖之时，从六祖问"甚处来"到"说似一物即不中"；第二个公案出现在他礼辞六祖之际，从"还可修证否"到结尾。公案文字也有些差异。这可能是公案材料来源不同的结果。虽然存在这样的差异，但并不影响公案的内容，只是如果按《祖堂集》记载的版本看，怀让禅师是在曹溪参禅十二年后才得到六祖印证的。

"甚处来""哪里来"等语，是禅师初见参禅人时经常用作问候的话，带有试探来机的用意。如果来人随便逞能，就会受到禅师棒喝。如云门文偃禅师"问新到：'甚处来？'僧云：'不敢。'师云：'放尔三十棒。'"（释文偃《云门匡真禅师广录》卷下）新来者故弄玄虚，故文偃禅师说赏他三十棒。

怀让禅师实事求是地汇报，没有授六祖把柄，但六祖不给他喘息的机会，立即再申一问逼他呈心，于是怀让禅师说了这句彪炳丛林的答语："说似一物即不中。"这虽是见道人语，但未见道者灵光一现时也能说出，此即丛林所谓"如虫食木，偶然成字"者。六祖再次勘验他，就是要看他是否也属于这一类。怀让禅师一句"修证即不无，污染即不得"的答语，与六祖自己当年说的"本来无一物，何处惹尘埃"如出一辙，六祖知道他确实已经翻身，就立即将心印传给了他，并且以般若多罗尊者的授记给予加持。怀让禅师后来大畅禅门，用事实证明六祖的确慧眼识人。

值得注意的是，这"说似一物即不中"者虽一尘不染，但不无修证，否则就沦为天然外道。禅家如何修证？请看大珠慧海禅师的开示："源律师问：'和尚修道，还用功否？'师曰：'用功。'曰：'如何用功？'师曰：'饥来吃饭，困来即眠。'曰：'一切人总如是，同师用功否？'师曰：'不同。'曰：'何故不同？'师曰：'他吃饭时不肯吃饭，百种须索；睡时不肯睡，千般计较。所以不同也。'"（释普济《五灯会元》卷三）

南岳怀让禅师心如圆镜，六根应机发用，如珠走盘，圆妙无方。他曾在嘱咐法子时说到这一点："汝等六人，同证吾身，各契一路：一人得吾眉，善威仪；一人得吾眼，善顾盼；一人得吾耳，善听理；一人得吾鼻，善知气；一人得吾舌，善谭说；一人得吾心，善古今。"（释道原《景德传灯录》卷五）其中得其心者就是马祖道一禅师，他大悟"佛语心为宗，无门为法门"的禅宗真谛，接化众生时如明镜当头，胡来胡现，汉来汉现，开出了洪州宗。经弟子百丈怀海传到沩山灵祐、仰山慧寂，便形成了上令下从、方圆默契的沩仰宗；经百丈怀海弟子黄檗希运禅师"阐大机大用，脱罗笼，出窠臼，虎骤龙驰，星飞电激，卷舒擒纵，皆据本分，绵绵的的"（释克勤《圆悟佛果禅师语录》卷十五），至临济义玄禅师，开出了星驰电激、互换为机的临济宗。

此处，我们也分别从沩仰、临济两宗各举一则公案，以显其承继关系：

百丈怀海与沩山灵祐——侍立次，百丈问："谁？"师云："某甲。"百丈云："汝拨炉中有火否？"师拨之云："无火。"百丈躬起深拨，得少火，举以示之云："汝道无，这个聻？"师由是发悟礼谢。（释灵祐《潭州沩山灵祐禅师语录》）

临济义玄与僧——上堂，僧问："如何是佛法大意？"师竖起拂子，僧便喝，师便打。又僧问："如何是佛法大意？"师亦竖起拂子，僧便喝，师亦喝。僧拟议，师便打。师乃云："大众！夫为法者，不避丧身失命。我二十年在黄檗先师处，三度问佛法的的大意，三度蒙他赐杖，如蒿枝拂着相似。如今更思得一顿棒吃，谁人为我行得？"时有僧出众云："某甲行得。"师拈棒与他。其僧拟接，师便打。（释义玄《镇州临济慧照禅师语录》）

[9]　永嘉玄觉禅师①，温州②戴氏子。少习经论，精天台止观法门③，因看《维摩经》发明心地。偶师弟子玄策④相访，与其剧谈，出言暗合诸祖。

策云："仁者得法师谁？"

曰："我听方等⑤经论，各有师承，后于《维摩经》悟佛心宗，未有证明者。"

策云："威音王⑥已前即得，威音王以后，无师自悟，尽是天然外道⑦。"

曰："愿仁者为我证据。"

策云："我言轻。曹溪有六祖大师，四方云集，并是受法者。

若去，则与偕行。"

觉遂同策来参，绕师三匝，振锡而立。

师曰："夫沙门者，具三千威仪，八万细行⑧。大德自何方而来，生大我慢？"

觉曰："生死事大，无常迅速。"

师曰："何不体取无生，了无速乎？"

曰："体即无生，了本无速。"

师曰："如是，如是。"

玄觉方具威仪礼拜，须臾告辞。

师曰："返太速乎？"

曰："本自非动，岂有速耶？"

师曰："谁知非动？"

曰："仁者自生分别。"

师曰："汝甚得无生之意。"

曰："无生岂有意耶？"

师曰："无意，谁当分别？"

曰："分别亦非意。"

师曰："善哉！少留一宿。"

时谓一宿觉。后著《证道歌》，盛行于世。

◎ **注释** ①〔永嘉玄觉禅师〕（665—713），字道明。八岁出家，博探三藏，尤精天台止观。因诵《维摩诘经》发明心性，于温州龙兴寺侧岩下自构禅庵，独居研学，常修禅观。三十一岁时，因左溪玄朗激励，与玄策同往曹溪参礼六祖。才与六祖交接，便蒙其印可，打算当即回去。六祖挽留，遂住一宿，于次日归龙兴寺，时人号称"一宿觉"。玄朗书招山栖，覆书辞谢。先天二年（713）十月十七日跏趺入灭，敕谥"无相"。有《证道歌》《永嘉集》等行世。开法永嘉，学者辐辏，号真觉大师，又称永嘉玄觉。②〔温州〕唐高宗上元元年（674），于永嘉县置温州。雍正《浙江通志》卷八引《图经》说，"其地自温峤山西，民多火耕，虽隆冬恒燠"，因名温州。③〔天台止观法门〕指天台宗的止观法门，有慧思禅师的《大乘止观法门》《诸法无诤三昧法门》《随自意三昧》，智者大师的《释摩诃般若波罗蜜经觉意三昧》、《小止观》（又叫《童蒙止观》或《修习止观坐禅法要》）、《释禅波罗蜜次第法门》、《六妙法门》、《摩诃止观》等著述。④〔玄策〕玄策禅师，婺州金华（今浙江金华市）人氏，六祖弟子，常介绍有缘僧众参礼六祖。⑤〔方等〕梵文 vaipulya，音译作毗佛略、毗富罗、鞞佛略、斐肥俨、为头离，意译作方广、广破、广大、广博、广解、广、无比等，又作大方广、大方等。佛经体裁的十二部经之一，此处指大乘经教，即广说广大甚深之义者。《大般涅槃经》卷五："半字者，谓九部经；毗伽罗论者，所谓方等大乘经典。"⑥〔威音王〕梵文 Bhīṣmagarjitasvararāja，即威音王佛。因《妙法莲华经》称此佛为"最初威音王如来"，禅门借指实际理地。《祖庭事苑》卷五："威音王佛以前，盖明实际理地；威音以后，即佛事门中。此借喻以显道，庶知不从人得。"⑦〔天然外道〕即主张万物自然而生的自然外道。吉藏《中观论疏》卷一："从自然生者，外道推求诸法因义不成故，谓万法自然而生。"此处借以强调佛法传承的合法性、权威性与正统性。⑧〔三千威仪，八万细行〕指佛教的众多微细戒律。

◎ **大意** 永嘉玄觉禅师，温州戴氏子。他自幼即研习经论，精通天台止观法门，因读诵《维摩诘经》证见自心本来面目。他遇大师弟子玄策禅师来访，相与畅谈佛法，发言与历代祖师不谋而合。

玄策问："您的得法师是谁？"

玄觉说："我听闻大乘经论，经师们各有不同的师承，后来因《维摩诘经》悟入诸佛心宗，没有人为我印证。"

玄策说："威音王佛之前，无师自悟说得通，威音王佛后还这样做，那就完全是自然外道了。"

玄觉说："请您给我印证吧。"

玄策说："我说的话分量轻。曹溪有位六祖惠能大师，弟子四海云集，都是去听受佛法的人。你如果想去，我可与你结伴而行。"

玄觉于是与玄策一同来曹溪参礼。玄觉刚来曹溪，便绕着大师转三圈，振动锡杖，相对而立。

大师呵斥道："出家人具足三千威仪、八万细行。大德从哪里来，我慢心这么高？"

玄觉答道："生死才是头等大事，无常来得非常迅疾。"

大师反问："为什么不体证无生，了达无速呢？"

玄觉答道："体证即是无生，了达本来无速。"

大师说："如是，如是。"

玄觉这才依礼参拜，拜过就要告辞。

大师说："回去太快了吧？"

玄觉说："从来没有动，哪里有快慢？"

大师曰："谁知道没有动？"

玄觉说："您妄生分别。"

大师说："你深得无生的意趣。"

玄觉反问："无生哪里有意趣？"

大师也反问："没有意趣，谁会辨别？"

玄觉说："辨别也没有意趣。"

大师赞道："好！留下来住一晚吧。"

当时丛林称之为"一宿觉"。后来玄觉撰写了《证道歌》，盛行于世间。

◎ **解读** 永嘉玄觉禅师精于天台止观法门，而且已通过阅读《维摩诘经》明心见性，他参礼六祖就是求印可。他与六祖结上师徒之缘，得到了六祖弟子玄策禅师的帮助。玄策禅师业行不详，当即《祖堂集》所说的神策或智策禅师。玄策禅师自得到六祖密旨，就"逍遥物外，不拘小节"（《祖堂集》卷三），到处游方，为六祖介绍了玄觉、智隍等弟子。据《祖堂集》，他介绍玄觉禅师参访六祖的因缘如下：玄觉禅师至孝，参礼六祖前住在温州开元寺，供养母亲与姐姐，侍奉唯谨。一天，他在寺院廊下见到老宿神策（即玄策）禅师，请他进寮房喝茶。玄策与玄觉交谈，劝玄觉说："孝顺之事，自是一路，虽明佛理，未得师印。过去诸佛，圣圣相传，佛佛印可，释迦如来，燃灯授记。若不然者，即堕自然矣。南方有大圣，号曰惠能禅师，可往礼足为师。"（《祖堂集》卷三）规劝的内容与《六祖坛经》大同，都强调佛教徒悟道要有师父印可，否则就是自然外道，差异是《祖堂集》只记载了玄策的话，没有提及玄觉因读《维摩诘经》发明心地的事情。

师父印可在佛教中为什么这么重要，以至永嘉玄觉禅师要特地远来求六祖印证？一个原因即是大乘佛教徒要广度众生，而众生是很看重传承的合法性、权威性和正统性的，玄策禅师不愿为他印证而劝他请六祖印证就是这个道理。不过，这个问题还是留待《付嘱》品再说，现在只要知道，他不远千里来曹溪，只为求六祖印证。

玄觉来到曹溪时，正好遇到六祖上堂说法。他手持锡杖，径直走上前去，绕着六祖的法座转三圈，振动锡杖，巍然直立。他在六祖说法时有此表现，在未见性弟子眼里是非常狂悖无礼的行为，六祖必须呵斥。但话说回来，六祖不就是为度化众生而说法吗？如果众生中有一人悟了道，那岂不是求之不得的事情？黄檗希运禅师就说："供养十方诸佛，不如供养一个无心道人。"（释希运《黄檗山断际禅师传心法要》）玄觉禅师已是无心道人，六祖固然洞若观火，但六祖为度化在会大众乃至后世众生，还是要借机演出一个公案，于是便有了下面一段精彩表演。

这段表演可以分成前后两节，前一节是借玄觉作略开显自性，后一节是借玄觉辞行演唱般若。玄觉禅师说"生死事大，无常迅速"，旨在告诉在会大众，修行佛法应当严持戒律，严持戒律的基本目的是了生死，因此只有念念在生死大事上用功的人才是真正持守戒律；六祖的反问则是为了显明，体悟到"无生""无速"者，则生死即涅槃、无常即常；玄觉禅师说体悟本身就是无生，照了本身就是无速，无疑将不生不灭的自性和盘托了出来，因此深得六祖许可。玄觉得到印可，恭恭敬敬地向六祖行弟子礼，并准备马上告辞。六祖从礼节上劝他不要这么快离开，玄觉依旧依本分事应答。玄觉的回答容易让参禅者误解为执理废事、沉空滞寂之论，于是六祖将话题转到般若的作用上来，而玄觉禅师也依自性般若一一酬对了六祖射出的三支利箭。

六祖的第一箭，以时间"早晚"为箭锋，对方无论回答早或晚，都难免为箭锋所伤。玄觉禅师深知早晚的基础是来去（动），有来有去才谈得上早晚，本无来去，何来早晚？遂以"本自非动，岂有速耶"从根上折断了六祖射来的箭，当下就回归远离来去二边的自性，正如佛经中所说："自心取自心，非幻成幻法，不取无非幻，非幻尚不生，幻法云何立？"（《大佛顶如来密因修证了义诸菩萨万行首楞严经》卷五）

六祖的第二箭，以"谁知"为箭锋，也就是以是否存在能知者为箭锋，凡夫更难躲过。"法性本空寂，无取亦无见"（唐译八十卷本《大方广佛华严经》卷十六），自性没有能取能见者，无论答有能知者还是无能知者，都是在分别心中打转。般若不是分别心那样的能知者，而是无分别智慧，不能以分别心思考言说。古人说，般若如大火聚，四边不可触，走近则丧身失命，拟议则陷入分别意识。在宗门内，除非对治参禅人的偏执，都不会思议与言说般若，以免将般若异化为分别心识。玄觉一句"仁者自生分别"，既折断了六祖来锋，又不至于伤锋犯手，洵为妙答。

六祖的第三箭，以"无生"即自性为箭锋，硬生生将玄觉禅师逼到墙角，看他能不能脱身。玄觉禅师的回答显明，自性纯粹是无分别智慧，如果在自性中寻找染污性、分别性的意，那是作践自性，因为意"是觉是观，是分别是种种分别，是忆念是种种忆念，是思维是种种思维，是幻术是眠梦"（唐译八十卷本《大方广佛华严经》卷十七），自性中怎么还会有这些东西？自性般若明辨诸法的功能，看起来像意，却不是意，而是妙观察智；自性中虽然法尔具足无量众生的意，但对明心见性者而言，这是如实空性心中的意，不会引起分别性的作用。这样的回答，与唐译八十卷本《大方广佛华严经》卷十七的相关开示异曲同工："其心广大等法界，无依无变如虚空，趣向佛智无所取，谛了实际离分别。知众生心无生想，了达诸法无法想，虽普分别无分别，亿那由刹皆往诣。"

玄觉禅师回到温州后，开出了影响巨大的永嘉禅。永嘉禅法有两种，一种是《禅宗永嘉集》里提持的禅法，一种是《永嘉证道歌》里提持的禅法。《永嘉证道歌》里的禅法是《维摩诘经》的不二法门，也就是《六祖坛经》里面所说的无念法门，以般若直指自心见性成佛，像"君不见绝学无为闲道人，不除妄想不求真。无明实性即佛性，幻化空身即法身。法身觉了无一物，本源自性天真佛。五阴浮云空去来，三毒水泡虚出没。证实相，无人法，刹那灭却阿鼻业"等歌行，就是这种法门的典型体现。《禅宗永嘉集》里的法门是依天台渐次止观开出的法门，属于次第禅，先空外境，再空心念，空到一定程度就开始次第修奢摩他（止）、毗婆舍那（观）和优毕叉（止观等持），达到"照而常寂故说俗而即真，寂而常照故说真而即俗，非寂非照杜口于毗耶"的菩萨境界。换句话说，这个法门是依天台渐次止观修行，先修由假入空观，次修从空出假观，最后修中道第一义观，通过这三观来明心见性。

[10] 禅者智隍①，初参五祖，自谓已得正受②，庵居长坐积二十年。

师弟子玄策游方③至河朔④，闻隍之名，造庵问云："汝在此作什么？"

隍曰："入定。"

策云："汝云入定，为有心入耶？无心入耶？若无心入者，一切无情草木瓦石应合得定；若有心入者，一切有情含识之流亦应得定。"

隍曰："我正入定时，不见有有无之心。"

策云："不见有有无之心即是常定，何有出入？若有出入，即非大定。"

隍无对，良久问曰："师嗣谁耶？"

策云："我师曹溪六祖。"

隍云："六祖以何为禅定？"

策云："我师所说，妙湛圆寂，体用如如。五阴本空，六尘非有，不出不入，不定不乱。禅性无住，离住禅寂；禅性无生，离生禅想。心如虚空，亦无虚空之量。"

隍闻是说，径来谒师。

师问云："仁者何来？"

隍具述前缘。

师云："诚如所言。汝但心如虚空，不著空见，应用无碍，动静无心，凡圣情忘，能所俱泯，性相如如，无不定时也。"

隍于是大悟，二十年所得心都无影响⑤。其夜，河北士庶闻空中有声云："隍禅师今日得道。"

隍后礼辞，复归河北，开化四众。

◎ **注释** ①〔智隍〕智隍禅师，六祖弟子，先参五祖法席，后于六祖座下开悟。②〔正受〕梵文 samāpatti，为禅定异名。佛教以超越我法二执为正受，唐译八十卷本《大方广佛华严经》卷二十八："愿一切众生得无著三昧，心恒正受，不取二法。"③〔游方〕游行人间，即行脚。出家僧人受具足戒满五年，即可离开本寺，游行人间，一则增长道行，二则度化众生。《释氏要览》卷下："游行人间，今称行脚，未见其典。《毗奈耶律》云：如世尊言，五法成就，五夏已满，得离依止，游行人间。五法者：一、识犯；二、识非犯；三、识轻；四、识重；五、于别解脱经善知通塞，能持能诵。"禅宗顿教内，参禅者悟前悟后都要行脚，悟前行脚主要为参访善知识、了办大事，悟后行脚主要为求禅师印证、圆满差别智或寻访宗门苗裔。④〔河朔〕也称河北，泛指黄河以北地区。⑤〔影响〕影是光的阴影，响是声的回响，有回报与虚幻二义。《菩萨从兜术天降神母胎说广普经》卷六："愚痴本所造，受报如影响。"这是前一义。《佛说阿惟越致遮经》卷中："晓了诸法，譬若幻梦、影响、野马、水月。"这是后一义。此处所用为后一义。

◎ **大意** 参禅者智隍，先向五祖参学，自认为已见到自性，终日跏趺草庵达二十年之久。

大师弟子玄策禅师到河北一带行脚，听到智隍的法名，就到草庵问他："你在这里干什么？"

智隍说："入定。"

玄策问："你说入定，是有心入定，还是无心入定？如果是无心入定，一切无情众生，如草木瓦石等都应该得到了禅定；如果是有心入定，一切有情众生都应该得到了禅定。"

智隍说："我入定的时候，既不见有心，也不见无心。"

玄策说："如果既不见有心，也不见无心，那就是如如不动的禅定，哪里有出有入呢？如果有出有入，便不是如如不动的禅定。"

智隍答不上来，过了很久才问："师父师事哪位？"

玄策说："我的师父是曹溪六祖。"

智隍问："六祖如何论禅定呢？"

玄策说："师父说的禅定，微妙空寂，圆通无碍，体用如如不二。色、受、想、行、识五蕴本性空寂，色、声、香、味、触、法六尘不是实有，没有出入之别，也无定乱之分。禅的本性是无住，远离安住禅的念头；禅的本性是无生，远离生起禅的念头。真心就像虚空，也没有虚空的大小边界等限量。"

智隍听玄策禅师这么说，径直前来曹溪拜谒六祖大师。

大师问："你从哪里来？"

智隍详细讲述了此前的因缘。

大师说："确实如玄策所说。你只要心如虚空，并且不执着于空，就能随缘无碍发用，无论动静都不起分别心，凡圣情执全部消除，我法二执彻底泯灭，真心性相如如不二，没有不定的时候。"

智隍因大师开示而大悟，蕴积二十年的有所得之心一扫而空。当晚，河北的士人百姓听到空中有声音说："智隍禅师今天得道了。"

智隍后来礼辞六祖，又回到河北，广开法筵度化僧俗四众。

◎ **解读** 智隍禅师遇见六祖前，虽然也拜师五祖门下，但由于自己福慧资粮尚未具足，将自性视为偏空境，修习声闻禅，并且自认为已经见到了自性。这样的人类似《解深密经》所说怖畏众苦、慈悲薄弱的趣寂声闻，不遇大因缘是很难转化的。智隍禅师此时虽然住在偏空境中，但他曾长期在五祖门下熏习，心中贮存有禅宗顿教法门的种子，加上遇到早契本心的玄策禅师，所以能够成就这一段盛事。

玄策禅师一见智隍禅师，就向他发起挑战，要他上交真章。智隍禅师的回答给了玄策禅师呵斥他的机缘。玄策禅师的呵斥中，"有心"指有分别心，"无心"指没有一切心。如果智隍所入的禅定有分别心，那就意味着一切有情众生都得到了禅定，因为众生都有分别心。事实上不然，佛说"彼菩提道无杂乱故，即是禅定波罗蜜多"（《佛说如来不思议秘密大乘经》卷六），只有契入无分别心才是禅定，心有分别怎么能叫禅定呢？如果智隍所入的禅定没有任何心，那就意味着一切无情众生都得到了禅定，因为所有无情众生都没有心。实际上也不然，众生需圆满戒、定、慧三学才能成佛。谁能圆满戒、定、慧三学？佛说："凡有心者，定当得成阿耨多罗三藐三菩提。"（《大般涅槃经》卷二十七）既然如此，无情众生就是自性佛，而不能像有情众生一样得定成佛。玄策禅师的用意，当然不是否定智隍禅师此时得到了声闻定，更不是否定声闻定，而是说这些定都不圆满，要他追求自性定。

智隍禅师回应说，我说的"入定"只是一个假名，实际上我在定中既不见有心，也不见无心，正是超越二边对待的自性定。玄策知道他并没有达到这个境界，于是继续施以针砭："不见有有无之心即是常定，何有出入？若有出入，即非大定。"这是从真正的自性定做出的反驳。自性定是什么相？《维摩诘所说经》卷上所谓"夫宴坐者，不于三界现身、意，是为宴坐；不起灭定而现诸威仪，是为宴坐；不舍道法而现凡夫事，是为宴坐；心不住内，亦不在外，是为宴坐；于诸见不动，而修行三十七品，是为宴坐；不断烦恼而入涅槃，是为宴坐"，六祖所说"妙湛圆寂，体用如如""不出不入，不定不乱"，都是对这种定相的描述——自性定是无时不定而没有定相的那伽定。

玄策这番遮表双运的开示，击中了智隍禅师的要害，令他许久沉默不语。但智隍禅师不能深信玄策所说，于是径直前往曹溪请六祖决疑。智隍禅师听六祖开示与玄策禅师如出一辙，顿时大悟，荡尽有所得心，契入了毫无所得的自性。

[11] 一僧问师云："黄梅意旨①甚么人得？"

师云："会佛法人得。"

僧云："和尚还得否？"

师云："我不会佛法。"

◎ **注释** ①〔黄梅意旨〕指五祖心印。因五祖驻锡地在湖北黄梅县东禅寺，故称黄梅意旨。

◎ **大意** 有位僧人问大师："五祖心印什么人能得到？"

大师说："通达佛法的人能得到。"

僧人问："大师得到了吗？"

大师说："我没有通达佛法。"

◎ **解读** 六祖明明亲承五祖心印，来僧偏偏问什么人能得五祖心印，摆明了要将六祖一军：诸佛心印是正法眼藏、涅槃妙心，此心不生不灭、即相离相，说得则堕入我法二执，说不得则诽谤佛祖，只有超出这两边答一句才有望脱困。凡夫未脱离分别心，挖空心思也无法远离二边，唯有明心见性的圣者，已达到"智虽事外，未始无事；神虽世表，终日域中"（释僧肇《肇论·般若无知论》）

的自性般若境界，才能在问答中纵横自在，既圆满酬答问家，又自脱身于陷阱。

问家以事问，六祖以理答，这叫问事答理。六祖一句"会佛法人得"，既巧妙避开了所谓触碰自性般若的大忌，又化解了问家的刁难，还说出了大家共许的道理，具有一箭三雕的效果，堪称完满。这个问家也不好打发，他见六祖轻松过关，就直接打上脸来，问六祖有没有得到。六祖一句"我不会佛法"，以事答事，既透露了自己的本来面目，又堵住了问家继续追逼的余地，可谓妙不可言。学习这样的公案，极有助于开启智慧之门。这里，我们不妨参究一下：六祖真透露了自己的本来面目吗？如果有所透露，六祖为什么说自己不会佛法？如果没有透露，问家为何不能再追逼了？

[12] 师一日欲濯所授之衣而无美泉，因至寺后五里许，见山林郁茂，瑞气盘旋。师振锡①卓地，泉应手而出，积以为池，乃跪膝浣衣石上。

忽有一僧来礼拜云："方辩②是西蜀③人，昨于南天竺④国见达摩大师，嘱方辩：'速往唐土，吾传大迦叶正法眼藏⑤及僧伽梨⑥，见传六代，于韶州曹溪，汝去瞻礼。'方辩远来，愿见我师传来衣钵。"

师乃⑦出示次，问："上人攻何事业？"

曰："善塑。"

师正色曰："汝试塑看。"

辩罔措。

过数日，塑就真相，可高七寸，曲尽其妙。

师笑曰："汝只解塑性，不解佛性。"师舒手摩方辩顶曰："永为人天福田⑧。"

◎ **注释** ①〔振锡〕振动锡杖。锡，梵文 khakkhara，音译作吃弃罗，意译为锡杖、声杖、鸣杖。出家僧人游方时随身携带的十八物之一。因振时作锡之声，故叫作锡。引申为智杖、德杖。《得道梯橙锡杖经》："汝等今当受持锡杖。所以者何？是锡杖者，名为智杖，亦名德杖。彰显圣智，故名智杖；行功德本，故曰德杖。"②〔方辩〕六祖弟子。③〔西蜀〕今四川成都一带。④〔南天竺〕中古时期，印度全境分为东、西、南、北、中五区，称五天竺，又称五印度，略称五天、五竺、五印。《大唐西域记》卷二："五印度之境，周九万余里，三垂大海，北背雪山，北广南狭，形如半月，画野区分，七十余国。时特暑热，地多泉湿。北乃山阜隐轸，丘陵舄卤；东则川野沃润，畴陇膏腴；南方草木荣茂，西方土地硗确。"南天竺即位于五天竺南部地区。⑤〔正法眼藏〕佛陀在灵山亲传摩诃迦叶的禅宗心印。《大梵天王问佛决疑经》："我有正法眼藏，涅槃妙心，实相无相，微妙法门，不立文字，教外别传，总持任持，凡夫成佛第一义谛，今方付嘱摩诃迦叶。"⑥〔僧伽梨〕梵文 saṃghāṭī，新译作僧伽胝、僧伽致、僧伽鵄鵄、僧伽知，意译作重、合、复衣等。比丘三衣之一。是三衣中最大的衣服，故称为大衣；因条数最多，称为杂碎衣；因入王宫聚落乞食说法时必须穿，称为入王宫聚落时衣。有三品不同：九条、十一条、十三条，二长一短，为下品；十五条、十七条、十九条，三长一短，为中品；二十一条、二十三条、二十五条，四长一短，为上品。慧琳《一切经音义》卷五十九："僧伽梨，此音讹也，应云僧伽致，或云僧伽胝。译云合云重，谓割之合成，又重作也。此一衣必割截成，余二衣或割。若法密部、说诸有部等，多则不割；若圣辩部、大众部等，则割之。若不割者，直安帖角，反以钩细而已。"此处指五祖付授六祖以表传承合法性与可靠性的祖衣。据《神会和尚禅话录》："法虽不在衣上，表代代相承，以传衣为信，令弘法者得有禀承，学道者得知宗旨不错谬故。昔释迦如来金兰袈裟见在鸡足山，迦叶今见持此袈裟，待弥勒出世，分付此衣，表释迦如来传衣为信。我六代祖师亦复如是。"⑦〔及〕《大正藏》本作"乃"。⑧〔人天福田〕人天两道众生的福田。佛教认为，六道众生中，地狱、恶鬼与畜生三恶道众生受极苦报，难有余暇接触信受佛法；人、阿修罗与天三善道众生或受极乐报，或苦乐参半报，多有余暇接触信受佛法。佛教因此常以人天为信奉修行佛法之代表，说佛法僧三宝是人天福田。

◎ **大意**　一天，大师想洗五祖付授的袈裟，但没有甘泉，于是来到寺后山距离五里左右的地方。只见此处山林茂密，瑞气环绕。大师振锡凿地，泉水应声涌出，汇聚成池，大师便双膝跪地，在石头上清洗袈裟。

忽然有一名僧人来礼拜道："学人方辩是西蜀人，从前在南天竺国见到达摩大师，他嘱咐方辩：'你赶快到大唐去，大迦叶传授的心印和袈裟，现在传给了中土第六代祖师，如今在韶州曹溪，去瞻礼吧。'方辩远道前来，希望见到达摩传授给您的衣钵。"

大师请出衣钵让他瞻仰，接着问："你做什么营生？"

方辩说："擅长雕塑。"

大师严肃地说："你塑一下试试看。"

方辩不知所措。

过了几天，方辩塑好了六祖塑像，高差不多七寸，栩栩如生，曲尽其妙。

大师笑道："你只懂塑性，不懂佛性。"大师展手摩方辩顶，说："你永远都是人天大众的福田。"

◎ **解读** 禅宗顿教一门别无奇特，只是在日常生活中随时随地点化弟子，令其悟入自性而已。有人不同意，认为包括禅宗顿教在内的佛教经常讲一些神异故事，实在说不上是在日常生活中修行。比如这个公案中，初祖菩提达摩作为北魏时人，早已圆寂，却说他实际是只履西归；方辩是唐代人，与菩提达摩前后相差一两百年，两人却能够在印度见面，菩提达摩还告诉方辩禅宗顿教的心印与衣钵在曹溪，要他前来瞻礼六祖。这涉及神通问题，比较复杂，我们可以忽略不计，此处仅把方辩当作六祖随缘遇到的受化者即可。

六祖听方辩介绍因缘，知道是禅宗顿教种子，又听他说善于雕塑，遂就地取材，请他"试塑看"。六祖既没说为谁塑，也没说塑什么，更没说怎么塑，对于没有参过禅的人来说，面对这句话当然只能不知所措。也许我们会想，六祖这句话是什么意思，问一下他自己不就行了？公案中的话头之所以是话头，就是要让参禅者有水泼不进、针扎不入、不知所措的效果，即使求禅师解释，他也不会理睬，否则就不叫话头了。方辩冥思苦想了几天，以为六祖请他为自己塑像，就塑了一尊栩栩如生的六祖真像。六祖说他"只解塑性，不解佛性"，旨在告诉方辩：我是要你体悟佛性，不是只知塑性。如何体悟佛性？方辩虽未言下得旨，但既受六祖逼拶（zā），又蒙六祖加持，只要一心渴望明心见性，必将找到路头，这是不言而喻的。

［13］　有僧举卧轮禅师偈曰：

卧轮①有伎俩②，能断百思想；
对境心不起，菩提日日③长。

师闻之，曰："此偈未明心地，若依而行之，是加系缚。"因示一偈曰：

惠能没伎俩，不断百思想；
对境心数起④，菩提作么长？

◎ **注释**　①〔卧轮〕或僧人本名，或以地、寺名为名的禅师，具体情况不详。②〔伎俩〕手段，此处指从分别心产生的种种技巧。③〔日〕底本作"月"，据《大正藏》本改。④〔数起〕常常生起，一再生起。《大宝积经》卷三十五："贪著他资财，数起于瞋恚，兴种种邪见，是人趣恶道。"

◎ **大意**　有个僧人举唱卧轮禅师偈道：

卧轮虽钝有伎俩，晨昏能断百思想；
对境心念不生起，菩提智慧日日长。

大师听到，说："此偈没有发明清净心地，若学人依其见地修行，束缚更加严重。"于是为对治此偈而开示一偈：

惠能惭愧无伎俩，晨昏不断百思想；
对境心念常生起，菩提智慧如何长？

◎ **解读**　卧轮禅师应该是丛林中颇有名声的修行人，不然他的偈颂也不会有人传诵。但他没有明心见性，见地不正，如果其偈颂被人到处传诵，势必成为众多参禅者的障道因缘，所以六祖要起而破斥。

卧轮的见地有什么问题？他把参禅中的"无念"错解为"百物不思"了。对此六祖曾明确批驳说："若只百物不思，念尽除却，一念绝即死，别处受生，是为大错。学道者思之。若不识法意，自错犹可，更误他人；自迷不见，又谤佛经，所以立无念为宗。"为什么不能"百物不思"？很简单，"无念"只是除去虚妄念头，而不是除掉所有念头；除掉所有念头其实是用妄想的无念境界来对治所有念头，这无异于将无念执着成一个念，这样不仅不能现证自性，而且会障蔽自性，堕入无想深坑，长劫轮回生死。这种人很有定力，很容易误导别人，卧轮禅师就属于这一类。面对这个影响广泛的偈颂，六祖作为一代祖师，指出其错谬是本分事。

卧轮说自己很有本事，能断除种种念头，根境相对时一个念头都不起，菩提智慧天天都在增长。这是将不增不减的智慧颠倒成有增有减的有为法（"菩提日日长"），而以分别心执着的偏空境（"伎俩"）对治其余一切念头（"百思想"）的外道禅或声闻禅。六祖的偈颂针锋相对，对卧轮的见地一一加以评破，目的是告诉参禅者，只有回到不增不减的自性，达到"不废见闻觉知而不染万境"的境界，才是真正的禅。有人为卧轮打抱不平，说卧轮的偈颂也有可取之处，六祖为什么全盘否定？殊不知就像否定神秀偈一样，六祖这里否定的也是卧轮禅师的见地与境界，而不是他修习的渐修法门。

顿渐第八

顿者顿悟自心本性，渐者渐除烦恼习气，二者为佛教的两种修行方式。本品集中讨论禅宗顿渐二教修行方法的差异。六祖开示，佛法本无顿渐，顿渐因人而有，故顿渐二教不能从教法区分，也不能依地域分判，而应就学人根器利顿判断。神秀法师代表的禅宗渐教侧重于渐修法门，是适应中小根智人的禅法；六祖开创的禅宗顿教侧重顿悟法门，是适应大根智人的禅法。神秀的夫子自道，六祖接引志诚、智彻的作略，都充分证明了顿教启人心智的威力。但六祖并未贬损禅宗渐教法门，根本坚持"法无高下，当机则良"的平等精神。

[1] 时祖师居曹溪宝林，神秀大师在荆南①玉泉寺②。于时两宗盛化，人皆称"南能北秀"，故有南北二宗顿渐之分，而学者莫知宗趣。

师谓众曰："法本一宗，人有南北。法即一种，见有迟疾。何名顿渐？法无顿渐，人有利钝，故名顿渐。"然秀之徒众往往讥南宗祖师："不识一字，有何所长？"

秀曰："他得无师之智③，深悟上乘，吾不如也。且吾师五祖亲传衣法，岂徒然哉！吾恨不能远去亲近，虚受国恩。汝等诸人毋滞于此，可往曹溪参决。"

◎ **注释** ①〔荆南〕荆州之南，泛指南方。②〔玉泉寺〕位于当阳玉泉山东麓，唐属荆州，今属湖北宜昌市。相传东汉建安年间有僧人普净结庐于此。南北朝时，后梁宣帝敕号覆船山寺，隋代改为玉泉寺。隋开皇年间天台宗开宗者智𫖮正式建寺，唐代神秀从黄梅东禅寺来此弘扬禅法，玉泉寺因此成为天台宗、禅宗渐教（传统所谓"北宗"）祖庭。宋真宗明肃皇后扩建，并改额"景德禅寺"，被誉为"荆楚丛林之冠"。明初恢复玉泉寺名，明神宗敕赐"荆楚第一丛林"匾额。③〔无师之智〕佛智慧。此智不生不灭、不增不减、不垢不净，不从师资授受而得，故称无师智。晋译本《大方广佛华严经》卷十："譬如诸世界，劫烧有终败，虚空无损减，无师智亦然。"

◎ **大意** 当时，六祖大师住在韶州曹溪宝林寺，神秀大师住在荆州当阳玉泉寺。两宗禅法盛极一时，时人都称为"南能北秀"，因而有南北二宗、顿教渐教的区分，但学者不知其宗趣。

大师对大众说："佛法本来只有一个宗旨，弘扬佛法的人有南有北。佛法只有一种，明心见性有快有慢。什么叫顿教？什么叫渐教？佛法没有顿教与渐教之分，学法的人却有利根与钝根之别，因此便称为顿教与渐教。"然而，神秀大师的弟子常常讥讽南宗祖师："大字不识一个，有什么特长？"

神秀禅师说："他证得了无师智慧，觉悟了最上乘法，我比不上他。况且先师五祖亲自将衣法传给他，这难道是儿戏吗！我恨自己不能远道前往亲近大师，枉受国家护佑的恩德。你们大家不要待在这里，当前往曹溪参访请益。"

◎ **解读** 六祖在韶州宝林寺弘扬禅法,神秀大师在荆州玉泉寺弘扬禅法,两人一南一北,人们因此称"南能北秀"无可厚非,但以此分禅宗为"南顿北渐"则是皮相之见。这一点,可以用弘辩禅师回答唐玄宗的话来证明:"禅门本无南北,昔如来以正法眼付大迦叶,辗转相传,至二十八祖菩提达摩来游此方,为初祖。暨第五祖弘忍大师在蕲州东山开法,时有二弟子:一名惠能,受衣法,居岭南,为六祖;一名神秀,在北扬化。其后神秀门人普寂立本师为第六祖,而自称七祖。其所得法虽一,而开导发悟有顿渐之异,故曰南顿北渐,非禅宗本有南北之号也。"(释道原《景德传灯录》卷九)

六祖说的顿悟与渐修,是以明心见性为立足点建立的概念,以依般若观照自心为顿悟法门,依次舍妄显真者为渐修法门。到了圭峰宗密禅师,进一步分出渐修顿悟、顿修渐悟、渐修渐悟、顿悟渐修与顿修顿悟五门:第一门"先因渐修功成而豁然顿悟,犹如伐木,片片渐斫,一时顿倒";第二门"因顿修而渐悟,如人学射,顿者箭箭直注,意在中的,渐者日久方始渐亲渐中";第三门"因渐修而渐悟,如登九层之台,足履渐高,所见渐远";第四门"先须顿悟方可渐修","如孩子生即顿具四肢六根,长即渐成志气功业";第五门"说上上智,根性乐欲俱胜,一闻千悟,得大总持,一念不生,前后际断","断障如斩一缕丝万条顿断,修德如染一缕丝万条顿色"。(释宗密《禅源诸诠集都序》卷下之一)五门中,前三门与第五门的悟都是证悟,第四门的悟则是解悟。其实,这是在明心见性前安立解悟一位,并考虑到观心方法不同而来的具体分类,还是以六祖的分类为根本。

对于修行者来说,顿悟与渐修两种法门并不是非此即彼的排斥关系,而是主辅相成、相互为用的相资关系。主修顿悟法门者,明心见性前后都需要渐修;主修渐修法门者,从解悟到证悟也在不断顿悟,即便是宗密所谓一悟即到如来地的"顿修顿悟"者,此前也有渐修顿悟、顿悟渐修的过程。所以,宗密禅师说:"顿渐非唯不相乖,反而乃互相资也。"(释宗密《禅源诸诠集都序》卷上之一)

有些人对禅宗的顿悟法门误解很深,以为参禅者将成佛看得很容易。其实顿悟法门之"顿"只有直指人心这一共义,如果以理事相结合,并考虑到参禅者根器也有上、中、下的差异,顿悟法门落实到修行实际中是比较复杂的,主要有如下四义:从理体说,"前念且不是凡,后念且不是圣;前念不是佛,后念不是众生。所以一切色是佛色，一切声是佛声，举着一理，一切理皆然"（释希运《黄檗断际禅师宛陵录》），全无顿渐；对于上根器者来说，意味着"前念迷即凡夫，后念悟即佛；前念著境即烦恼，后念离境即菩提""一悟即至佛地"，有顿无渐；对于中根器者来说，"须顿见佛性，渐修因缘，不离是生而得解脱"（释神会《菩提达摩南宗定是非论》），有顿有渐，对于下根器者来说，"此宗难得其妙，切须仔细用心，可中顿悟正因，便是出尘阶渐……生生若能不退，佛阶决定可期"（释灵祐《沩山警策》），顿渐交参。参禅者以第一义为见地，以第二、三、四义为用功方式，很多人都以最后一义为正行。可见，修习禅宗顿教实际上是一个需要念念落实、长期坚持的过程。

佛教是否根本没有顿渐之分？不然。但这主要是从修行者的根器而不是从佛陀及其教法做出的区分。佛陀悲智圆满，视众生如一子，自然不会有什么分别念；佛陀因众生根器应机施设教法，一音演说，平等一味，没有什么方便真实、偏浅圆妙乃至顿教渐教等区别。那么，佛为什么又说有人天、声闻、缘觉、菩萨、佛乘等浅深偏圆不同的教法，修行法门也有顿悟渐修等差别？因为众生根器有别，对教理的理解体悟与修行法门的选择存在着差异，一味的佛陀教法在他们的心中显现出相应的差异相，体现在教相与修行上才有浅深偏圆与顿悟渐修的不同。这就是佛经所说，"佛以一音演说法，众生随类各得解，皆谓世尊同其语，斯则神力不共法；佛以一音演说法，众生各各随所解，普得受行获其利，斯则神力不共法；佛以一音演说法，或有恐畏或欢喜，或生厌离或断疑，斯则神力不共法"（《维摩诘所说经》卷上）。既然如此，也不妨从契机角度说佛陀教法有圆、渐、顿等教。

六祖以及力弘六祖禅法的神会，正是从根器说神秀所说是渐修法门的。应该看到，虽然神秀没有得到禅宗顿教衣钵，但他后来纠正了自己的见地，修行境界也很高，不仅坦率承认自己不如六祖，而且遗憾自己不能亲近六祖，劝弟子前往曹溪参学。可是他门下没有断烦恼的徒众难免有门户之见，做出种种不合戒法的行为，比如追杀六祖，说他是文盲、一无所长等。可见，佛教徒要断除烦恼、超越是非也不是那么容易的事情。有的禅宗研究者说，这段话是神会一系编《六祖坛经》时窜入的内容，愿望虽然良好，但恐怕难免臆断。

[2] 一日,命门人志诚①曰:"汝聪明多智,可为吾到曹溪听法。若有所闻,尽心记取,还为吾说。"

志诚禀命至曹溪,随众参请,不言来处。

时祖师告众曰:"今有盗法之人潜在此会。"

志诚即出礼拜,具陈其事。

师曰:"汝从玉泉来,应是细作②。"

对曰:"不是。"

师曰:"何得不是?"

对曰:"未说即是,说了不是。"

师曰:"汝师若为示众?"

对曰:"常指诲大众:住心观静,长坐不卧。"

师曰:"住心观静,是病非禅;长坐拘身,于理何益?听吾偈曰:

　　　　生来坐不卧,死去卧不坐;
　　　　一具臭骨头,何为立功课?"

志诚再拜曰:"弟子在秀大师处学道九年,不得契悟,今闻和尚一说,便契本心。弟子生死事大,和尚大慈,更为教示。"

师云:"吾闻汝师教示学人戒定慧法,未审汝师说戒定慧行相如何?与吾说看。"

诚曰:"秀大师说:'诸恶莫作名为戒,诸善奉行名为慧,自净其意名为定。'彼说如此,未审和尚以何法诲人?"

师曰:"吾若言有法与人,即为诳汝。但且随方解缚,假名三昧。如汝师所说戒定慧实不可思议,吾所见戒定慧又别。"

志诚曰:"戒定慧只合一种,如何更别?"

师曰:"汝师戒定慧接大乘人,吾戒定慧接最上乘人。悟解不同，见有迟疾。汝听吾说，与彼同否？吾所说法，不离自性，离体说法，名为相说，自性常迷。须知一切万法皆从自性起用，是真戒定慧法。听吾偈曰：

　　　　心地无非自性戒，

　　　　心地无痴自性慧，

　　　　心地无乱自性定，

　　　　不增不减自金刚，

　　　　身去身来本三昧。"

诚闻偈悔谢，乃呈一偈曰：

　　　　五蕴幻身，幻何究竟？

　　　　回趣真如，法还不净。

师然之，复语诚曰："汝师戒定慧劝小根智人，吾戒定慧劝大根智人。若悟自性，亦不立菩提涅槃，亦不立解脱知见，无一法可得，方能建立万法。若解此意，亦名佛身，亦名菩提涅槃，亦名解脱知见。见性之人，立亦得，不立亦得，去来自由，无滞无碍；应用随作，应语随答，普见化身，不离自性，即得自在神通③、游戏三昧④，是名见性。"

志诚再启师曰："如何是不立义？"

师曰："自性无非、无痴、无乱，念念般若观照，常离法相，自由自在，纵横尽得，有何可立？自性自悟，顿悟顿修，亦无渐次，所以不立一切法。诸法寂灭，有何次第？"

志诚礼拜，愿为执侍，朝夕不懈。

◎ **注释** ①〔志诚〕吉州太和（今江西太和县）人氏。从学神秀禅师时前往曹溪盗法，后成为六祖弟子。②〔细作〕贼。《摩诃僧祇律》卷二十一："尔时六群比丘入白衣舍，看象，看马，看骆驼，看鸟，看伎儿歌舞，为世人所讥：'云何沙门释子东西顾视，如似细作？'"③〔自在神通〕指证得大般涅槃的如来具有的自在神通。《大般涅槃经》说佛有八自在：一、能示一身为多身；二、能示一尘身满三千大千世界；三、能以三千大千世界之身轻举飞空而无障碍；四、精神自在；五、六根自在；六、得法自在；七、说法自在；八、遍一切处。④〔游戏三昧〕全称狮子游戏三昧。得此三昧者，如狮子自在游戏动物世界，自在出入一切三昧。《摩诃般若波罗蜜经》卷五："云何名师子游戏三昧？住是三昧，能游戏诸三昧中如师子，是名师子游戏三昧。"指佛、菩萨证得心无挂碍、无有恐怖的大定，能自在游化三界六道。

◎ **大意**　一天，神秀大师命门人志诚道："你聪明伶俐，可以替我到曹溪去听法。如果听到什么说法，细心记录下来，回来跟我说。"

志诚秉师教前往曹溪，跟大众一起参学请益，不向大师说明自己的来历。

当时，祖师普告大众："现在有盗法者潜藏在法会中。"

志诚立即出众礼拜大师，详细陈述事情的经过。

大师说："你从玉泉寺来，应该是贼。"

志诚答："不是。"

大师质问："怎么说不是？"

志诚答："没有说明身份时是，说明身份后就不是了。"

大师问："你师父向大众说什么法？"

志诚答："师父常常教示大众：守住真心，观照寂静，长时打坐，不要睡觉。"

大师说："'守住真心，观照寂静'，是一种病，而不是禅；'长时打坐'拘束身体，对禅有什么益处？听我说一首偈：

四大生来坐不卧，色身死去卧不坐；

一具危脆臭骨头，如何于中做功课？"

志诚再拜，说："弟子在神秀大师那里学了九年道，未能证悟，今天听大师一说，就契悟本心了。弟子的生死是头等大事，大师大慈大悲，请再给予教示。"

大师说："我听说你师父向大众传授戒、定、慧法门，不知你师父所说戒、定、慧法门的行相究竟是怎样的？跟我说说吧。"

志诚说："神秀大师说：'戒是不造一切恶，慧是力行一切善，定是清净自心地。'他所说的法是这样，不知您传授的佛法是什么？"

大师说:"我如果说有法传给人,那是骗你。只是随缘解除困缚,方便称为三昧而已。你师父所说的戒、定、慧确实不可思议,我见到的戒、定、慧又有不同。"

志诚问:"戒、定、慧只有一种,还有什么区别?"

大师说:"你师父所说的戒、定、慧是接引大乘人之法,我所说的戒、定、慧是接引最上乘人之法。对佛法的体会不同,明心见性有快有慢。你听我所说,跟他一样吗?我说的法不离自性,离开自性说法,叫作执相而说,自性常常处于迷惑之中。应当知道万法都从自性产生作用,才是真实不虚的戒、定、慧法门。听我说一首偈:

　　　　心无是非自性戒,

　　　　心无愚痴自性慧,

　　　　心无散乱自性定,

　　　　不增不减自金刚,

　　　　任运去来本三昧。"

志诚听闻偈颂,虔诚忏悔谢罪,呈上一偈道:

　　　　五蕴梦幻身,梦幻何究竟?

　　　　转头趣真如,法还成不净。

大师即予印许,又告诫志诚:"你师父所说的戒、定、慧适合度化钝根下智人,我所说的戒、定、慧适合度化利根上智人。如果证悟了自性,既不安立菩提涅槃等名相,也不安立解脱知见等名相,了无一法可得,才能建立一切法。如果善解此处所说意趣,既可以叫作佛身,也可以叫作菩提涅槃,也可以叫作解脱知见。明心见性的人,建立名相也行,不建立名相也行,建立或扫荡都很自在,没有任何滞碍;应机发用,应语作答,示现无量化身,始终不离自性,就是得到了自在神通、游戏三昧,就叫作见性。"

志诚再次请教大师:"不建立名相的意思是什么?"

大师说:"自性本来没有是非、愚痴、散乱,念念从般若生起观照诸法的作用,始终远离对法相的执着,心无挂碍,自由自在,横竖皆可,有什么需要建立?自性本具觉悟性,一念证悟即全体显现,也没有阶级渐次,所以不立任何一法。诸法本来涅槃,哪有什么次第?"

志诚虔诚礼拜,誓愿陪侍大师,朝夕精勤不懈。

◎ **解读** 神秀和尚命志诚听六祖说法，目的应该是学习，并没有盗法之意，但据敦煌本《六祖坛经》记载，他曾叮嘱志诚"莫言吾使汝来"，果真如此，便有盗法之罪。在佛教戒律中，偷盗又名不与取，即拿取主人未同意给予之物。虽然佛教的偷盗戒都是从盗取财物的角度来界定的，但佛教徒受菩萨戒前都要被问及是否盗法，这表明对菩萨道修行者来讲，应从心上持守盗戒，心存偷盗念就是偷盗。为什么？因为菩萨"为求一切佛法故，等心敬奉诸善知识，无异希求，无盗法心，唯生尊重"（唐译八十卷本《大方广佛华严经》卷五十五），这种不尊重善知识的行为非菩萨所应有。所以，六祖呵斥志诚，让他站出来表明身份，免除其盗法的罪过，实际上是摄受他的慈悲之行。

接下来，六祖通过对神秀和尚修心法门和戒、定、慧的批评，将志诚度化了过来。关于神秀和尚的观心法门，志诚"住心观静，长坐不卧"的介绍太简略，我们有必要联系神秀本人的《大乘无生方便门》来说明。《大乘无生方便门》见于敦煌遗书，内容有总彰佛体、开智慧、显示不思议法、明诸法正性与自然无碍解脱道五门，后两门虽已不存，但与此处主题相关的前两门尚称完整，可以反映神秀的思想。他这样说佛心："佛心清净，离有离无，身心不起，常守真心……心不起心真如，色不起色真如，心真如故心解脱，色真如故色解脱，心色俱离即无一物，是大菩提树。"因此他强调六根不动才是智慧："六根不动，诸入不会，即是圆满菩提。"什么是不动？"正用心时，不见有入不见有出，见入亦是动，有亦是动，见不入亦是动，无入无不入是不动。"此处"不起""不动"，指心无妄念，即以自性清净心为佛心、以没有出入为不动，即以不生不灭为不动。可见，神秀论心体、佛果时并没有什么问题。

那么，六祖为何会贬斥他的法门呢？我们看他如何讲观心次第："莫卷缩身心，舒展身心，放旷远看，平等尽虚空看""向前远看，向后远看，四维上下一时平等看，尽虚空看，长用净心眼看。莫间断，亦不限多少看""净细细看，即用净心眼无边无涯际远看""无障碍看""一物不见""看心若净，名净心地""使得者，然身心调用无障碍"。这是由外到内空外境、空心所、空妄心的次第观法。六祖当然不否认这种观法的功用，但他更注意到这种观法可能带来的问题：参禅人容易将所证自性与所空烦恼当作真实不虚的对象，以一种欣厌之心修行，以为"住心观静"就是真修，"长坐不卧"就是不动心。志诚对神秀和尚禅法要点的归纳非常到位，与神会禅师所谓"秀禅师教人'凝心入定，住心看净，起心外照，摄心内证'"（释神会《菩提达摩南宗定是非论》）的概括一致。神会批驳此种功夫说："即如'凝心入定'，堕无记空。出定以后，起心分别一切世间有为，唤此为慧，经中名为妄心……'住心看净，起心外照，摄心内证'，非解脱心，亦是法缚心，不中用"（释神会《南阳和上顿教解脱禅门直了性坛语》）。据此可知，神秀当时所悟属于偏空境。如此观修，"纵灭一切见闻觉知，内守幽闲，犹为法尘分别影事"（《大佛顶如来密因修证了义诸菩萨万行首楞严经》卷一），确实是见不到自性的。事实上也如此，志诚依此观门学了九年，也没有一点自性的消息，所以六祖呵斥这"是病非禅"。

六祖进一步询问神秀和尚的戒、定、慧思想，目的就是要揭示其如此观心的理论基础。观心是戒、定、慧三学在修行上的落实，可以说有什么样的三学就有什么样的观心实践。据志诚介绍，神秀和尚三学思想的核心是"诸恶莫作名为戒，诸善奉行名为慧，自净其意名为定"，这是从"诸恶莫作，众善奉行，自净其意，是诸佛教"的诸佛通偈来显明戒、定、慧，以断除一切恶行为戒，以奉行一切善行为定，以清净一切妄心为慧。神秀和尚如何具体理解三学的内容与相互关系？他也从自性说大乘戒、定、慧三学："菩萨戒是持心戒，以佛性为戒性。心瞥起即违佛性，是破菩萨戒；护持心不起即顺佛性，是持菩萨戒"，"心不动是定、是智、是理，耳根不动是色、是事、是慧，此不动是从定发慧方便"，"眼根清净眼根离障，耳根清净耳根离障，如是乃至六根清净六根离障，一切无碍是即解脱"。（释神秀《大乘无生方便门》）神秀主张，先持守不起妄念的心戒，持好心戒则妄念消而定力起，定力起则真心本具的智慧便能从六根发用出来。这是"摄心为戒，因戒生定，因定发慧"的次第"三无漏学"（《大佛顶如来密因修正了义诸菩萨万行首楞严经》卷六），众多信仰佛乘渐教的佛教徒都如此修行，所以六祖说这是"接大乘人"的戒、定、慧。

但是志诚长期与此法门不相应，一方面说明神秀和尚传的是次第三学，另一方面也显示志诚不适合学此三学，而应该学"接最上乘人"的三学。所谓"接最上乘人"的三学，当然就是禅宗顿教的三学，其核心在六祖为志诚所说偈颂中得到了全部显露："心地无非自性戒，心地无痴自性慧，心地无乱自性定，不增不减自金刚，身去身来本三昧。"这种三学是以自性本身远离是非的清净性为戒，以自性本身本无散乱的坚固性为定，以自性本身没有妄念的觉照性为慧。如此，戒、定、慧三学只是为接引众生安立的假名，它们根本上都是自性的性

◎ 顿渐第八

质和内涵，因此三学在这里是一即三、三即一的相即、平等关系，而不是"接引大乘人"的三学那种次第、因果关系。所以六祖说，如果明白这个道理，就会直接修"直指人心，见性成佛"的戒、定、慧，念念发起般若观照，心心回向诸法不生不灭，不但没有三学的次第，连三学的假名也不安立，一旦明心见性，得到自在神通、游戏三昧，凡有所行都不离自性，便能够自在无碍，普现化身，无我利他，应机接物，应语随答，既可建立一切法，也可以扫荡一切法。

三学上的顿渐之别，根本还是能否认识到戒、定、慧是一即三、三即一的相即、平等关系的问题，认识到这一点便是禅宗顿教的三学，反之则是佛乘渐教的三学。

[3] 僧志彻①，江西人，本姓张，名行昌，少任侠。自南北分化，二宗主虽亡彼我，而徒侣竞起爱憎。时北宗门人自立秀师为第六祖，而忌祖师传衣为天下闻，乃嘱行昌来刺师。师心通②，预知其事，即置金十两于座间。

时夜暮，行昌入祖室，将欲加害，师舒颈就之。行昌挥刃者三，悉无所损。

师曰："正剑不邪，邪剑不正；只负汝金，不负汝命。"

行昌惊仆，久而方苏，求哀悔过，即愿出家。师遂与金，言："汝且去，恐徒众翻害于汝。汝可他日易形而来，吾当摄受。"行昌禀旨宵遁。

后投僧出家，具戒精进。一日，忆师之言，远来礼觐。

师曰："吾久念汝，汝来何晚？"

曰："昨蒙和尚舍罪，今虽出家苦行，终难报德，其唯传法度生乎？弟子常览《涅槃经》，未晓常无常义，乞和尚慈悲，略为解说。"

师曰："无常者，即佛性也；有常者，即一切善恶说法分别心也。"

曰:"和尚所说,大违经文。"

师曰:"吾传佛心印③,安敢违于佛经?"

曰:"经说佛性是常,和尚却言无常;善恶诸④法乃至菩提心皆是无常,和尚却言是常。此即相违,令学人转加疑惑。"

师曰:"《涅槃经》,吾昔听尼无尽藏读诵一遍,便为讲说,无一字一义不合经文;乃至为汝,终无二说。"

曰:"学人识量浅昧,愿和尚委曲开示。"

师曰:"汝知否?佛性若常,更说什么善恶诸法?乃至穷劫无有一人发菩提心者。故吾说无常,正是佛说真常之道也。又,一切诸法若无常者,即物物皆有自性容受生死,而真常性有不遍之处。故吾说常者,正是佛说真无常义。佛比为凡夫、外道执于邪常⑤,诸二⑥乘人于常计无常⑦,共成八倒,故于《涅槃》了义教⑧中破彼偏见,而显说真常⑨、真乐、真我、真净。汝今依言背义,以断灭无常及确定死常而错解佛之圆妙最后微言,纵览千遍,有何所益?"

行昌忽然大悟,说偈曰:

　　因守无常心,佛说有常性;
　　不知方便者,犹春池拾砾。
　　我今不施功,佛性而现前;
　　非师相授与,我亦无所得。

师曰:"汝今彻也,宜名志彻。"彻礼谢而退。

◎ **注释**　①〔志彻〕江西张氏子,名行昌。少任侠,曾修习禅宗渐教禅法,欲行刺六祖,后成为六祖弟子。②〔心通〕五神通或六神通中的他心通,指修行者预知其他众生心念的能力。佛教认为,众生修行到一定境界,身心会发生变化,表现出异乎寻常的能力,即所谓神通。这些神通,如果没有智慧统摄,只有神足、天眼、天

◎ 顿渐第八

耳、宿命与他心五通；如果得到智慧统摄，则更加漏尽通（智慧通）而为六通。前者为外道共有，后者唯有佛教圣者才有。③〔心印〕以心为印，指禅师证悟的本心与佛心无二无别。《佛说大乘随转宣说诸法经》卷下："众生若晓了，勤修大乘行，趣佛菩提道，此非是凡夫。安住于法中，得诸佛心印，圆满功德业，与佛无有异。"④〔诸〕《大正藏》本作"之"。⑤〔邪常〕凡夫与外道所执诸法有常一主宰的常见，因以无常为常，并非涅槃真常，叫作邪常。吉藏《百论疏》卷下："外道所计是于邪常，如来涅槃名为正常。所以称邪者，求外道常义无从，无而谓有，是故名邪。"⑥〔二〕底本作"一"，据《大正藏》本改。⑦〔无常〕梵文 anitya 或 anityatā，音译阿你怛也，谓一切有为法皆由因缘而生，依生、住、异、灭四相，相续不断而刹那生灭，从刹那生灭称之为无常。无常是对治凡夫外道常见、证入万法皆空之初门。《大智度论》卷三十一："无常则是空之初门，若谛了无常，诸法则空。以是故，圣人初以四行观世间无常，若见所著物无常，无常则能生苦，以苦故心生厌离。若无常空相，则不可取，如幻如化，是名为空。外物既空，内主亦空，是名无我。"⑧〔了义教〕了义的梵文是 nītārtha，意思是直接、透彻、圆满地显了法义，反之则是不了义。凡直接、透彻、圆满地显了法义的教法，称为了义经（教），反之则是不了义经（教）。佛教以声闻、缘觉二乘人所学教法为不了义经（教），以大乘人所学教法为了义经（教），劝告佛教徒依了义经（教），不依不了义经（教）。《大般涅槃经》卷六："声闻乘，名不了义；无上大乘，乃名了义。"⑨〔真常〕真实不虚的常住法，指法性、佛性或大般涅槃。法性、佛性是诸法的真实本性，不随因缘变易，故称真常；大般涅槃是佛全体契入法性、佛性的境界，与法性、佛性无二无别，故称真常。《大方广佛华严经》卷二十三："寂静甚深诸佛境，本性真常离分别，非著诸有生死人，入此平等无依法。"

◎ **大意** 志彻禅师，江西人，俗姓张，名行昌，从小行侠仗义。自从南北分头弘化以来，虽然南北二宗的宗主没有人我之争，但门下徒众竟起爱憎之心。当时，北宗门人擅自将神秀大师立为第六代祖师，但又忌惮五祖传衣一事天下皆知，于是叮嘱张行昌前来曹溪刺杀六祖大师。大师有他心通，早就料到此事，便放了十两黄金在禅座上。

那时正值夜晚，张行昌潜入丈室，准备加害大师。大师伸出脖子就戮。张行昌挥刀连砍三次，大师毫发无损。

大师说："正剑无邪气，邪剑无正气；只欠你黄金，不欠你性命。"

203

张行昌大惊扑倒，许久醒过来，恳求大师受他悔罪，他愿意出家为僧。大师把黄金给他，说："你暂且离开这里，担心有徒众反过来加害你。改天你换个装来来，我会收你为徒。"张行昌遵从大师旨意，连夜逃走了。

后来，张行昌投一和尚座下出家，受了具足戒，精进修行。一天，他想起大师的话，远道前来礼觐。

大师问："我挂念你这么久，你怎么这么晚才来？"

张行昌说："从前我承蒙大师舍除罪过，今生虽然出家修习苦行，终究难以报答您的恩德，唯有传承禅法度化众生吧。弟子常常诵读《涅槃经》，不懂常与无常的法义，恳求大师慈悲，为弟子略加解说。"

大师说："佛性是无常，善恶等法和分别心是常。"

张行昌说："您说的意思与经文大相径庭。"

大师反问："我传授诸佛心印，怎么敢违背佛经？"

张行昌说："经中说佛性是常法，您却说是无常法；经中说善恶等法乃至菩提心都是无常法，你却说是常法。这就是违背之处，令弟子疑惑更重了。"

大师说："《涅槃经》，我过去听无尽藏比丘尼读诵一遍就为她讲说，没有一字一义与经文不合；直到现在为你讲解，始终没有任何差异。"

张行昌说："弟子见识肤浅暗昧，请您详细开示吧。"

大师说："你知道吗？佛性如果是定性常法，还说什么善恶等法？直到时劫尽头也不会有一个人发菩提心。因此，我说的无常正是佛说的真常。再者，一切诸法如果是定性无常，意味着每一法都包含有生灭性，这样真常性就不遍诸法。因此，我说的常正是佛说的真无常。佛因凡夫、外道执着诸法有常一主宰性的常见，声闻、缘觉乘人将真常涅槃视为无常，总共造成八种颠倒，因此在《涅槃经》这部了义经典中，破斥他们的种种偏邪之见，直接、透彻、圆满地宣说真实常、乐、我、净的教法。你如今拘执文字、违背经义，用断灭性的无常和确定性的死常错解佛陀最后垂示的圆满微妙言教，纵然诵读千遍，又有什么益处？"

张行昌听闻开示，言下大悟，说了一首偈：

> 因为固守无常心，佛对治说有常性；
> 不知教法为方便，犹如春池拾瓦砾。
> 我今无为不施功，佛性炳然而现前；

◎ 顿渐第八

既非师父相授与，我亦丝毫无所得。

大师说："你如今彻悟本心，法名应该叫志彻。"志彻礼拜谢恩退下。

◎ **解读** 佛乘顿教法门传了三十三代，到了六祖这里，因缘终于成熟，作为大乘佛教一宗的禅宗顿教从地涌出。面对这种情况，虽然年高德劭的神秀和尚不会动心，但他门下那些未断烦恼且瞋恨心较强的弟子不免觉得受到威胁，于是做出各种伤害六祖的行为。他们为了争正统、树权威，曾经在六祖密受五祖衣钵南下时实施追杀，所幸未能得逞；此时，为立神秀和尚为第六祖、普寂禅师为第七祖，他们又派张行昌前来曹溪行刺。据神会禅师记载，此事发生在六祖圆寂的第二年（714）："开〔元〕二年中三月内，使荆州刺客张行昌诈作僧，取能和上头。大师灵质被砍三刀，盛续碑铭经磨两遍。"（释神会《菩提达摩南宗定是非论》）其他灯录史传有说此事发生于"开元十年（722）"（《景德传灯录》）、"开元十一年（723）"（《宋高僧传》）或"开元二十七年（739）"（《曹溪大师别传》）的，《曹溪大师别传》还说刺客叫张净满，是新罗国人，不是禅宗渐教徒众。《曹溪大师别传》中记载六祖说"吾持此衣，三遍有刺客来取吾命"，六祖得法南下、驻锡曹溪九个月各有一次追杀，加上张行昌这次才有三次；考虑到《付嘱》品中还提到张行满，感觉神会与诸家灯录可能将两者混淆了，否则很难设想《六祖坛经》编辑者看不出如此明显的矛盾。当然，《六祖坛经》编辑者为禅门中人，其用意是借这个故事凸显六祖禅宗顿教度化众生的殊胜性，他最关心的并不是故事的真实性，而是禅法本身，因此我们还是按照《六祖坛经》的记载来解读。

禅宗从初祖迦叶尊者到六祖惠能大师，都是一代只立一位嗣法祖师，其他人即使得到祖师印可，也不能成为传法的祖师。这种传承方式，一方面较好地保证了禅宗传承的合法性、权威性与正统性，另一方面却大大限制了禅宗的传播与影响。要改革这种制度，需有祖师出面主持，才具有合法性和证信力。可是，弘忍的弟子、六祖与神秀的师兄法如禅师打破了这种制度，另立了一个祖统（可能是其弟子所为）。据《唐中岳沙门释法如禅师行状》介绍的祖统："菩提达摩……入魏传可，可传粲，粲传信，信传忍，忍传如。"（《金石续编》卷六）中土前五代与传统的祖统一样，都是从菩提达摩到弘忍，但第六代却不是此时已承五祖衣钵的六祖，而是法如自己。不幸，他在中岳弘法四年就圆寂了，没有培养出接班人，临终前嘱咐弟子以后当往荆州玉泉寺请教神秀和尚。神秀本人虽然没有自立六祖之心，还公开承认五祖亲传衣法给惠能，但其弟子普寂（651—739）再理此事，又撇开了法如禅师，直接以神秀为六祖，自立为七祖，受到了神会的指责："秀和上在日，指第六代传法袈裟在韶州，口不自称为第六代数。今普寂禅师自称为第七代，妄树秀和上为第六代。"（释神会《菩提达摩南宗定是非论》）此时正值禅宗渐教盛极一时、禅宗顿教尚局于岭表之际，他们谋划取代六祖成为禅宗正统，因恐行为暴露而派张行昌到曹溪刺杀六祖、磨灭证据，并非不可能的事情。

张行昌刺杀六祖未成，反而成了六祖的得法弟子。张行昌刺杀六祖的过程如经文所述，但其中说"师心通，预知其事，即置金十两于座间"的细节，对张行昌成为六祖的弟子很重要，有必要解释一下。"心通"即佛教六神通中的他心智通，在大乘佛教中指菩萨具有的"于十方无余一切世界诸有情类往昔边际心能了知，及彼现在心亦了知"（《佛说大乘菩萨藏正法经》卷三十二）的差别智慧。六祖具有这种智慧，所以能够预知张行昌行刺之事，并知道自己只欠他十两黄金。这在一般人看来是不可思议的事情，在张行昌那里却是他随六祖出家的重要因缘。何以见得？张行昌此时尚未出家，但与禅宗渐教中人有缘，或许听说过神通之类的事情；他本人与六祖并无直接仇怨，受雇刺杀六祖是图财。杀人放火，在世俗社会也是犯罪，在佛教界为造极恶业，当事人不可能不心虚。所以当六祖说"正剑不邪，邪剑不正；只负汝金，不负汝命"时，张行昌吓得脑袋一片空白；他清醒过来后，不得不佩服六祖的智慧，才甘愿在他座下出家。

张行昌遵六祖叮嘱，先到外地出家，后来再来亲近六祖，遂有机缘在其座下开悟。六祖对他的开示，是《六祖坛经》最难通达的内容之一，也是禅师从自性般若开显佛经义理的典范，有必要做详细的解读。张行昌提的问题与《机缘》品中志道提的问题差不多，而六祖回答问题的角度有别，如果对照参究，定有相得益彰的效果。

禅师为了有效对治弟子的问题，每每会做出弟子意料之外的酬对。六祖也一样，他接到张行昌的问题，知道他的病根是对常法与无常法的实体执着，于是说了两句让张行昌以为大谬不然的话："无常者，即佛性也；有常者，即一切善恶说法分别心也。"不要说张行昌，凡熟悉《大般涅槃经》文字的人听了这两句话，恐怕都会大跌眼镜：经文说"清净佛性常住不变"，佛性当然是不生不灭的常法；善法、恶法乃至菩提心是无常法，这在人们看来更是常识，不然如何发菩提心、断恶修善、见性成佛呢？六祖的见地却正好相反，怎不叫人大惑不解呢？但六祖说他"传佛心印"，与诸佛心心相印，既不敢也不会与佛经相背，并且举出从前为尼无尽藏讲解《大般涅槃经》的例子来证明自己绝不会说错。此时，张行昌虽然愿听六祖开示，但不言而喻，他心中充满了疑惑。这正是六祖此时需要他有的听法心态，只有这样，他才能随六祖开示冰释疑惑、悟入自性。

六祖是大悟自性的圣者，当然知道佛陀并没有说什么定性常法或无常法，都是应机破除执着的方便施设。的确，佛陀无非依自性心海说法，目的都是令众生证入自性。佛陀见凡夫执着诸法常、乐、我、净，由此造业、受苦、轮回，告诉他们诸法无常、苦、无我、不净，自性常、乐、我、净，应该舍离无常、苦、无我、不净的诸法，追求常、乐、我、净的自性（或涅槃）。利根众生一听之下，既放下了对诸法常、乐、我、净的执着，也放下了对自性常、乐、我、净的执着，当下就见到如实空如实不空的自性成佛了。

钝根众生不然，他们听了佛陀教示，通过思维观察见到诸法无常、苦、无我、不净，虽然不再执着诸法常、乐、我、净，但只能接近自性，如经文说："一切众生常为常、乐、我、净四法之所颠倒。以思维故，得见诸法无常、无乐、无我、无净。如是见已，四倒即断。以是义故，思维因缘则得近于大般涅槃。"（《大般涅槃经》卷二十五）为什么呢？因为他们还执着诸法无常、无乐、无我、不净与自性常、乐、我、净。尽管这种执着主要是法执，但只要将空性之法执着为实体性之法，它实际上就异化成了无常、无乐、无我、不净之法。

这一法义，《大般涅槃经》卷七有明确开示："无常常想、常无常想，是名颠倒。无常者，名不修空；不修空故，寿命短促。若有说言'不修空寂得长寿'者，是名颠倒"，"非苦者，名为如来；生苦想者，谓于如来无常、变异。若说如来是无常者，名大罪苦。若言'如来舍此苦身入于涅槃，如薪尽火灭'，是名非苦而生苦想，是名颠倒"。"世间之人亦说有我，佛法之中亦说有我，世间之人虽说有我，无有佛性，是则名为于无我中而生我想，是名颠倒。佛法有我，即是佛性；世间之人说佛法无我，是名我中生无我想。若言'佛法必定无我，是故如来敕诸弟子修习无我'，名为颠倒。""净者即是如来常住，非杂食身，非烦恼身，非是肉身，非是筋骨系缚之身。若有说言'如来无常，是杂食身，乃至筋骨系缚之身；法、僧解脱是灭尽'者，是名颠倒。不净净想名颠倒者,若有说言'我此身中无有一法是不净者,以无不净,定当得入清净之处。如来所说修不净观,如是之言是虚妄说',是名颠倒。"

这是以声闻四种颠倒为重点来说颠倒。他们需进而消除这四种颠倒执着才能证见常、乐、我、净的自性成佛,而能消除这四种颠倒者就是修菩萨道定慧二法的菩萨:"菩萨摩诃萨修是二法,四倒暴风不能吹动,如须弥山虽为四风之所吹鼓,不能令动;不为外道邪师所拔,如帝释幢不可移转;众邪异术不能诳惑,常受微妙第一安乐,能解如来深秘密义,受乐不欣、逢苦不戚,诸天世人恭敬赞叹,明见生死及非生死,善能了知法界、法性,身有常、乐、我、净之法,是则名为大涅槃乐。"(《大般涅槃经》卷三十一)此常、乐、我、净既不是凡夫与外道执着诸法有实体性得到的虚妄常、乐、我、净,也不是声闻执着诸法无常性得到的偏空常、乐、我、净,而是破尽彼等偏邪见才得显现的真实自性常、乐、我、净。

六祖从此亲证自性实相出发,针对张行昌的执着严加破斥:自性的真常被你执着成了定性死常,诸法的无常被你执着成了定性无常,恰恰犯了声闻执文悖理的过错。如果佛性如你所执是定性死常,不要说断恶修善、见性成佛,就连一个发菩提心的众生都不会有。断恶修善、发菩提心等既然是定性无常法,通过无常法如何见到你所说的自性而成佛?因此,我说自性无常,正是佛所说超越常与无常二边的真常,正好能对治你将自性执着为定性死常的毛病;反过来,如果诸法如你所执是定性无常,就意味着自性不能周遍一切法,这是与佛说自性遍一切法(在有情众生称为佛性,在无情众生称为法性)的开示相违背的。因此,我说善恶、菩提心等法常,正是佛所说超越无常与常二边的真无常,正好能对治你将此等法执着为定性无常的问题。同样是破斥对常与无常的执着,后世一个公案则表现为完全不同的形式,颇有益于启人心智,不妨录附于此:"僧问(大随法真禅师):'劫火洞然,大千俱坏,未审这个坏不坏?'师曰:'坏。'曰:'恁么则随他去也?'师曰:'随他去。'僧不肯。后到投子,举前话,子遂装香遥礼曰:'西川古佛出世。'谓其僧曰:'汝速回去忏悔。'僧回,大随师已殁;僧再至投子,子亦迁化。"(释普济《五灯会元》卷四)

张行昌谛听了六祖一番精彩开示,知道佛说真常自性是对治众生固守一切法无常的对治法,并没有任何常一主宰的自性可得,从前的边见与疑惑烟消云散,大悟本来面目,说偈礼谢六祖。六祖不但印可他,还赐其法号"志彻",

他以前的法号反而罕为人知了。

这个公案除充分展示六祖契理契机的大智慧外,还生动显示了大乘佛教圣者"毁誉不动如须弥,于善不善等以慈"(《维摩诘所说经》卷上)的大慈大悲精神。张行昌身为杀人嫌犯,虽然作案未遂,但也应受到惩治,这也符合佛教因果平等、善恶报应的道理。但是,在大乘佛教看来,这样做不能令当事人从贪、瞋、痴等烦恼中解脱出来,不是解决问题的最好方式;解决问题的最好办法是让他们得到度化,不再受到因果报应的束缚。六祖是这样弘法的,也是这样践行的,为参禅者做出了表率。有人认为禅宗说大乘教,行小乘行,看到六祖这番作为,能不感到羞惭吗?

[4] 有一童子,名神会①,襄阳②高氏子。年十三,自玉泉来参礼。

师曰:"知识远来艰辛,还将得本来否?若有本,则合识主。试说看。"

会曰:"以无住为本,见即是主。"

师曰:"这沙弥争合取次语③?"

会乃问曰:"和尚坐禅,还见不见?"

师以柱杖打三下,云:"吾打汝,痛不痛?"

对曰:"亦痛亦不痛。"

师曰:"吾亦见亦不见。"

神会问:"如何是'亦见亦不见'?"

师云:"吾之所见,常见自心过愆,不见他人是非好恶,是以'亦见亦不见'。汝言'亦痛亦不痛'如何?汝若不痛,同其木石;若痛,则同凡夫,即起恚恨。汝向前见不见是二边,痛不痛是生灭。汝自性且不见,敢尔④弄人?"

神会礼拜悔谢。

师又曰:"汝若心迷不见,问善知识觅路。汝若心悟,即自见性,依法修行。汝自迷不见自心,却来问吾见与不见。吾见自知,岂代汝迷?汝若自见,亦不代吾迷。何不自知自见,乃问吾见与不见?"

神会再礼百余拜,求谢过愆。服勤给侍,不离左右。

一日,师告众曰:"吾有一物,无头无尾,无名无字,无背无面。诸人还识否?"

神会出曰:"是诸佛之本源,神会之佛性。"

师曰:"向汝道'无名无字',汝便唤作本源佛性,汝向去有把茅盖头⑤,也只成个知解宗徒。"

祖师灭后,会入京洛,大弘曹溪顿教,著《显宗记》,盛行于世。

◎ **注释** ①〔神会〕神会禅师(684—758),俗姓高,自幼熟读五经、老庄。十四岁为沙弥,广览佛典。曾在玉泉寺神秀和尚门下参学三年。久视(700)或大足(701)年间,神秀和尚应则天皇帝邀前往东京洛阳应供,神会南下曹溪拜在六祖门下。神龙元年(705),到长安受具足戒。景龙年间(707—710),又回到曹溪宝林寺,直到先天二年(713)六祖圆寂。开元八年(720),受敕住南阳(今属河南)龙兴寺,继至洛阳住荷泽寺。开元二十年(732),在滑台(今河南滑县东)大云寺召开无遮大会,宣传禅宗顿教,公开诘难禅宗渐教,指责神秀、普寂"师承是傍,法门是渐",遭到该宗人仇视。三次被谋杀,虽得幸免,但不久被朝廷流放。安禄山陷长安、洛阳,他为朝廷设戒坛度僧,以"香水钱"助军费。肃宗以其有功,召入宫内供养。又为造禅宇于荷泽寺中,号称"荷泽大师"。德宗追立其为禅宗第七祖。有《坛语》《显宗记》《问答》等行世,并弟子独孤沛所撰《菩提达摩南宗定是非论》,皆收入杨曾文先生编校的《神会和尚禅话录》一书。②〔襄阳〕唐贞观元年(627)分天下为十道,属山南道。开元二十一年(733)分天下为十五道,属山南东道。为襄阳大都督府、襄州、襄阳县治所。今属湖北襄阳市。③〔取次语〕随意、轻率的话。《景德传灯录》卷十:"僧乃礼拜曰:'学人取次发言,乞师慈悲。'"④〔敢尔〕竟敢如此。⑤〔有把茅盖头〕有个遮风挡雨的地方,指有个弘扬佛法的道场。

◎ **大意** 有个童子，名字叫神会，襄阳县高氏子。十三岁时，他从玉泉寺来曹溪参礼大师。

大师说："仁者远道而来，备尝辛苦，还能将根本带来吗？如果有根本，就能认识主人翁。你试着说说看。"

神会说："以无住为根本，见无住者是主人翁。"

大师呵斥："这沙弥怎么能随便说话？"

神会于是问道："大师坐禅，有见还是无见？"

大师用拄杖打了他三下，问："我打你，痛还是不痛？"

神会回答道："又痛又不痛。"

大师说："我也是，又见又不见。"

神会问："什么是又见又不见？"

大师说："我常见自己内心的罪过，不见别人的是非善恶，这是'又见又不见'。你说'又痛又不痛'是什么意思？如果没有痛痒，等同草木瓦石；如果感觉痛痒，不异具缚凡夫，就会生起瞋恨心。你刚才所说的见与不见是二边见，痛与不痛是生灭法。你连自性都没有见到，竟敢这样捉弄人！"

神会倒头礼拜，忏悔谢罪。

大师又说："你如果内心迷惑，不能见性，就要向善知识请教见性之道。你如果内心醒悟，自见本性，就依佛法修行。你兀自迷惑，不见自己本性，反过来问我见还是不见。我见自性我自己知道，怎么能代替你的迷惑？你如果自见本性，也代替不了我的迷惑。为什么不自知本心自见本性，反而问我见或不见？"

神会又礼了一百多拜，恳求大师宽宥罪过。他殷勤侍候大师，始终不离大师身边。

一天，大师普告大众："我有一物，无头无尾，无名无字，无背无面。诸位还认识吗？"

神会站出来说："这是诸佛的本源，神会的佛性。"

大师说："跟你说'无名无字'，你却称为本源、佛性，你以后要是有个安身之处，也只能成为一名依文解义的门徒。"

祖师圆寂后，神会到东京洛阳，大力弘扬曹溪顿教，撰著《显宗记》，盛行于世间。

◎ **解读** 禅门力戒口头禅，神会禅师刚拜在六祖门下时，恰恰是一个只会逞口头禅的童子。沩山灵祐禅师曾对仰山慧寂禅师说:"只贵子眼正,不说子行履。"(释灵祐《潭州沩山灵祐禅师语录》)有人遂以为禅宗顿教只贵见地、不贵行持,这是将沩山禅师的临机酬对当成了一般主张,无疑是一偏之见。禅宗顿教号称行门,既贵知见,又贵行履,主张将知见念念落实到行履之中,才有可能见性成佛。因此,禅宗虽不反对学习理论,但反对执着义理,更反对驰骋知解,所谓"说得一丈不如行取一尺,说得一尺不如行取一寸"(释良价《筠州洞山悟本禅师语录》),就是针对此病而言。禅门中,禅师但凡遇到炫义理、逞知解者,都要严加拷治,神会就是被拷治的例子。

在这个公案中,神会两度逞知解,两度被六祖锤炼,第一次是初见六祖时,第二次是在日常修行中。神会初见六祖,六祖抛给他"将得本来否"的问题,希望他从自心真实行履处答一句。谁知神会一上来就讲开了道理,道理固然讲得好,但与自家本分事毫无关系,所以六祖责怪他随便讲话。神会此时执着深厚,非但不知忏悔,反而反问六祖,如同捋虎须。他这般自大无礼,六祖哪里能饶得下?于是几棒打了下去,问他痛还是不痛。神会说"亦痛亦不痛",依然堕在义解窟中。六祖随方就圆,以"亦见亦不见"答其前问。在禅门中,这些都是"废话",差别在于神会的"废话"是自堕鬼窟的"废话",六祖的"废话"是引神会出离鬼窟的方便法门。神会果然上钩了,追问六祖是什么意思,六祖为令他走出鬼窟,也不惜眉毛拖地,讲了一番道理:我说"见"是只见自己罪过,说"不见"是不见他人是非,因此是正理;你说不痛则等于无情,你说痛则如同凡夫,因此是歪理(如果依敦煌本《六祖坛经》,以"若不痛,即同无情木石;若痛,即同凡,即起于恨"为神会答语,也没有改变他当时"口头禅"的状态)。六祖最后大声呵斥他:"汝向前见不见是二边,痛不痛是生灭。汝自性且不见,敢尔弄人?"

神会这时才醒悟过来,赶紧向六祖礼拜感恩,请求六祖饶恕自己的罪过。六祖抓住机会继续施以钳锤,语重心长地告诫他:你的自心如果像黑漆桶一样,应该恭恭敬敬地向善知识学习,请他们为你指示路头,引导你开悟;你如果已经明心见性,就应该踏踏实实地修行,这样才有成佛的希望;你不恭恭敬敬地请教善知识,不踏踏实实地反观自心,自求明心见性,却来跟我讲道理、抖机灵,难道生死大事能相互代替吗?六祖的训示,既显明了禅宗顿教明心见性的目的,又强调了参禅念念反观自心的心要,还不忘提及善知识的作用,不只是

◎ 顿渐第八

对治神会毛病的良药，也是鉴照后人禅病的明镜。神会这下完全明白，自己从前实际上根本不知什么是禅，于是连续向六祖拜了百余拜，成了虔诚侍奉六祖的弟子。

日常生活中的那次机缘，是六祖要勘验门徒境界。勘验弟子境界是禅门发现、培养人才的重要方法，禅师会不时做这种工作。禅师之所以做这项工作，并不是因为自己不知弟子处于什么境界，而是要让弟子自报心得，已明心见性者则教他做保任功夫，未明心见性者则当机施以对治。早期，禅师随缘勘验弟子，师徒之间充满机趣，虽严肃而不失活泼；后世禅师在禅堂里勘验（习称考功），只有了办大事者才能答话，要求倾向于严格。六祖这次勘验是在日常开示时进行的，洋溢着生活情趣。

我们看六祖抛出的问题，就知道他希望弟子离心意识答一句，神会还是在名相、义理中做活计，惹得六祖毫不客气地将他判为不知本分事的"知解宗徒"。神会此时确实是"知解宗徒"，但是否一直是"知解宗徒"呢？非也。从他后来的业行看，无论在禅法修为还是在推动禅宗顿教的发展上，他都是非常重要的人物。禅法上，他一方面以般若为总持（参见释神会《菩提达摩南宗定是非论》），提倡"无念为宗""直了见性""不言阶级"的禅宗顿教禅法（参见释神会《南阳和尚顿教解脱禅门直了性坛语》），深得六祖真传；另一方面强调广读大乘经典、严格持守戒律，又有自己的特点。业行上，"能大师灭后二十年中，曹溪顿旨沉废于荆吴，嵩岳渐门炽盛于秦洛"，禅宗顿教声光隐伏，禅宗渐教盛极一时。神会挺身而出，与禅宗渐教僧人争夺正统，使"曹溪了义大播于洛阳，荷泽顿门派流于天下"（释宗密《圆觉经略疏之钞》卷四）；到楷定禅门宗旨时，更蒙唐德宗敕立为第七祖，奉为禅宗顿教正统。这足以说明神会的禅境与成就都不同凡响。话说回来，如果不是六祖慈悲摄受、苦心磨治，后来也不会有这样一位神会禅师。

[5]　师见诸宗[①]难问，咸起恶心，多集座下，悯而谓曰："学道之人，一切善念恶念应当尽除，无名可名，名于自性，无二之性，是名实性[②]。于实性上建立一切教门，言下便须自见。"

诸人闻说，总皆作礼，请事为师。

◎ **注释** ①〔诸宗〕广义指佛教大小乘各宗派，狭义指六祖与神秀二师分化后形成的禅宗顿教与渐教二宗。此处两义兼顾，而以狭义为主。②〔实性〕有二义：一是诸法实体性，即凡夫、外道妄执诸法具有的实体性，此为佛教所破之义。《大般若波罗蜜多经》卷五十六："若欲界是真如，非虚妄、非颠倒、非假设、是谛是实、有常有恒、无变无易、有实性者，则此大乘非尊非妙，不超一切世间天、人、阿素洛等。"二是诸法的真实体性，即真如、法性、法界、实际或佛性、自性的异名，此为佛教提持之义。《大般若波罗蜜多经》卷三八三："诸法实性即是法界、真如、实际，如是法界、真如、实际皆不可转、不可越故。所以者何？如是法界、真如、实际，皆无自性而可转越。"

◎ **大意** 大师经常见到各宗各执己见、互相驳难，总是生起种种恶念，为此召集门下徒众，以满怀哀悯心教诫大家："修学佛道的人，应当消除一切善念和恶念。没有名相可命名者叫作自性，没有二元对立的体性叫作真实体性。佛、菩萨在真实体性上建立一切教化法门，学人听闻言教必须自见本性。"

大众听闻大师教说，都诚心行礼，恳请师事大师。

◎ **解读** 六祖见教下各派、宗门诸家忽忘自家本业，固执己见，相互争竞，瞋心相向，遂告诫弟子：在语言文字上争是非、善恶，最多赢得一时名声，对修道没有什么意义。修道之人首先要在根本上用功。什么是根本？明心见性。此处六祖论及自性时用的是实性这个概念，但含义是一样的。只有从自性中建立一切教法，才能既利益众生，又不落入争竞。为什么如此？因为自性智慧不住一切法，能真正认识到有情无情的真相，并契理契机地施设种种教法；既然教法都是契理契机施设的，则当机者必然深受教益，非当机者不会受任何负面影响，如"住不可思议解脱菩萨断取三千大千世界，如陶家轮著右掌中，掷过恒河沙世界之外，其中众生不觉不知己之所往，又复还置本处，都不使人有往来想，而此世界本相如故"（《维摩诘所说经》卷中）。

有必要补充一句，六祖虽然如此痛切地教诲弟子，但不能说他心中有欣厌心，或存着希望情况有所好转的念头。因为他依清净自性施教，平等教化执着两端的众生，根本不会认为真有所谓真假、是非、善恶、好坏等心外境相。

宣诏第九

宣诏指皇帝颁布诏书。本品述说武则天和唐中宗下诏迎请六祖前往宫中接受供养之事。六祖心系禅宗顿教的成长，以年老多病和长相矮丑辞谢诏请，仍然慈悲为内侍薛简宣说本宗法要，以便他上达天听。皇帝收到回奏，优诏奖掖六祖。六祖开示的禅宗顿教法要，包括遮破和表显两义。他说禅道是不二之性，只能依靠智慧觉悟，不能通过以灭止生的方式获得，后一种做法并非佛道；他进一步开示，禅道是不生不灭之法，并非实体法，而是"性相如如，常住不迁"的中道。

[1] 神龙元年上元日①,则天②、中宗③诏云:"朕请安、秀二师宫中供养,万机之暇,每究一乘。二师推让云:'南方有能禅师,密授忍大师衣法,传佛心印,可请彼问。'今遣内侍④薛简驰诏迎请,愿师慈念,速赴上京。"

师上表辞疾,愿终林麓。

◎ **注释** ①〔上元日〕元宵节。道教称农历正月十五为上元,七月十五为中元,十月十五为下元,故元宵节又称为上元日。②〔则天〕武曌(624—705),并州文水(今山西文水县)人,唐高宗皇后。天授元年(690)称帝,建立武周,是中国历史上唯一女皇帝。③〔中宗〕李显(656—710),原名李哲,陇西成纪(今甘肃秦安县)人。唐高宗李治第七子,武则天第三子,唐朝第四位皇帝。④〔内侍〕内侍省职官。隋置内侍省,所掌皆宫廷内部事务,司职者主要为宦官,兼用士人。唐沿用不改,司职者则全部是宦官。职官有内侍、殿头内侍、高品内侍、高班内侍诸名。宦官因此被称为内侍。

◎ **大意** 神龙元年正月十五日,武则天、唐中宗发布诏令说:"朕迎请老安、神秀两位大师到宫中供养,俾治国理政之暇,尚能常常参究一乘妙法。两位大师推让道:'南方有惠能禅师,亲承弘忍大师传授衣法,传扬诸佛如来心印,可以将他请来,向他请教佛法。'今遣内侍薛简手持诏书前来迎请,诚愿大师慈悲护念,尽快赶赴京城。"

大师上表辞以疾病,愿意终老山林。

◎ **解读** 佛教传入中国后,曾在一段时间内与中国人有所摩擦。不过,由于其认知方式和价值追求不仅与中国固有思想具有高度相通性,而且具有无我利他的奉献精神和广大深厚的报恩精神,很快就受到中国人的喜爱,到魏晋之后更是成了传统中国文化的重要组成部分。历代统治者,但凡看到佛教有助于稳定国家社会者,都会以礼相待,保护其权利地位,深知佛教长于净化世道人心者,更会发心崇奉,推动其发展壮大。

禅宗顿教兴起的时代,唐太宗、唐高宗、武则天、唐中宗等都是崇奉佛教、推动佛教发展的皇帝。唐太宗、唐高宗、武则天正是六祖成长时代的当政者,他们对中国佛教的推动极为用力。

◎ 宣诏第九

　　唐太宗一登基,就在所有他取胜的战场建庙超度敌对者。譬如,唐太宗战胜过王世充、刘黑闼等人,他都为这些地方势力建立寺庙,并派僧人在那里设斋行道超度他们。同时,他还经常设斋超度跟随自己常年征战牺牲的将士,并专门下诏度三千人出家。长期在印度求法的玄奘大师(602—664)回到中国,唐太宗不仅隆礼迎接,下旨敕建慈恩寺供养他请来的佛经,而且迎请他到玉华宫翻译佛经,并为其翻译的经典撰写《三藏圣教序》。

　　唐高宗为玄奘法师撰写《述圣记》,礼请他为大慈恩寺上座法师,制作《慈恩寺碑》颂扬其功德,还最大限度地支持他在玉华寺译经,煌煌六百卷《大般若波罗蜜多经》就是玄奘在玉华寺主持翻译的。

　　武则天对佛法的崇奉更不用说。作为中国的第一位女皇帝,武则天需要女人有资格做皇帝的经典依据。儒家经典里面找不到这样的依据,而《大云经》这部佛经里却说女人可以成为世界主。武则天一见到这部经典,简直如获至宝,下敕誊写多部,颁布天下各州供养。她在长安建了一座七十多米高的佛塔,还包括明堂。她的名字武曌受到了佛教启发:"曌"的上面左日右月,日月就是明,明就是智慧;下面则是一个空字,寓意以智观空。她的尊号"天册金轮皇帝"中的"金轮皇帝",是佛教对转轮圣王的最高称呼,也来自佛经。武则天对自己信仰佛教很是自豪,在为义净大师(635—713)翻译的佛经写序时说"朕素来奉佛"。其实她奉佛还有一个外缘——她母亲在太原时就是一名虔诚的佛教徒。

　　古人说,"不依国主,则法事难立",因此佛教的兴衰跟国家君主的态度密切相关。在帝制时代,有这样的国主护法,中国佛教走向繁荣是顺理成章的。

　　受到如此奉佛、好学的皇帝这般恭敬礼请,无疑是非常荣耀的礼遇,六祖却以身体有病婉拒了。神龙元年(705),六祖已经年近古稀,身体有病也很正常,但他辞谢有更深层的原因。据《旧唐书·神秀传》,六祖固辞则天皇帝之请后,神秀写信再次邀请,六祖回信说明了拒绝到宫中接受供养的理由:一是"吾形貌矬陋,北土见之,恐不敬吾法";二是"先师以吾南中有缘,亦不可违也"。六祖说自己长得矮小丑陋,担心北方人不恭敬他传的禅法,这当然不是最重要的理由,最根本的理由还是禅宗顿教与岭南有缘。

　　由此可见,六祖本人非常清楚,禅宗顿教作为特重行持的法门,必须扎根民间和大地,不能躲在王公贵族、臣僚士夫的狭小圈子中;同时,禅宗顿教时值初创、力量微弱，只能在传统佛教力量薄弱的岭南才能自由自在地生根发芽、开花结果，如果到传统佛教力量强大的中原去传播，要自由发展就很难了。可以说，六祖辞谢供养是禅宗顿教发展壮大的一个重要因素，反之，如果他前去接受供养，那将是另一番情境了。

武则天遭到拒绝，非但没有责罚六祖，反而褒奖有加，赞扬他是为国家修道的福田，称誉他是传佛心印、善谈不二法门的维摩诘菩萨，赐予他磨衲袈裟及水晶钵，特令韶州刺史修饰宝林寺，敕赐大师旧居为"国恩寺"，也勉强当得起"转轮圣王"的称号了。

[2] 薛简曰："京城禅德皆云：'欲得会道，必须坐禅习定。若不因禅定而得解脱者，未之有也。'未审师所说法如何？"

师曰："道由心悟，岂在坐也？《经》云：'若言如来若坐若卧，是行邪道。'何故？无所从来，亦无所去。无生无灭，是如来清净禅；诸法空寂，是如来清净坐。究竟无证，岂况坐耶？"

简曰："弟子回京，主上必问，愿师慈悲指示心要①，传奏两宫及京城学道者。譬如一灯然百千灯，冥者皆明，明明无尽。"

师云："道无明暗，明暗是代谢之义，明明无尽亦是有尽，相待立名故。《净名经》云：'法无有比，无相待故。'"

简曰："明喻智慧，暗喻烦恼，修道之人倘不以智慧照破烦恼，无始生死凭何出离？"

师曰："烦恼即是菩提，无二无别。若以智慧照破烦恼者，此是二乘见解、羊鹿等机，上智大根悉不如是。"

简曰："如何是大乘见解？"

师曰："明与无明，凡夫见二，智者了达其性无二，无二之性即是实性。实性者，处凡愚而不减，在贤圣而不增，住烦恼而不乱，居禅定而不寂。不断不常，不来不去，不在中间及其内外，不生不灭，性相如如，常住不迁，名之曰道。"

简曰："师说不生不灭何异外道？"

师曰："外道所说不生不灭者，将灭止生，以生显灭，灭犹不灭，生说不生。我说不生不灭者，本自无生，今亦不灭，所以不同外道。汝若欲知心要，但一切善恶都莫思量，自然得入清净心体，湛然常寂，妙用恒沙。"简蒙指教，豁然大悟。礼辞归阙②，表奏师语。

其年九月三日，有诏奖谕师曰："师辞老疾，为朕修道，国之福田。师若净名，托疾毗耶③，阐扬大乘，传诸佛心，谈不二法。薛简传师指授如来知见，朕积善余庆④，宿种善根，值师出世，顿悟上乘。感荷师恩，顶戴无已，并奉磨衲袈裟⑤及水晶钵⑥，敕韶州刺史修饰寺宇，赐师旧居为'国恩寺⑦'。"

◎ **注释** ①〔心要〕本心精髓，或修心法要。《大乘止观法门》："南岳思大禅师曲授心要。" ②〔阙〕本是古代宫廷大门外建的两个对称的台子，台子上建楼观，上圆下方。因两台子间阙然为道，所以称为阙。此处指代皇宫。③〔托疾毗耶〕又叫示疾毗耶。毗耶即毗耶离，梵文 Vaiśālī，又作毗舍离、维耶或维耶离等，新云吠舍厘，意译作广严，中天竺国名或城名。金粟如来曾化身维摩诘居士居住在毗耶离城，为度此方众生而示现疾病。释迦牟尼佛应机弘法，连续派遣声闻、菩萨弟子问疾，最后只有文殊师利菩萨勇担此任，佛法即依此过程展开。托疾毗耶即指维摩诘在毗耶离示现疾病，与佛、文殊菩萨共同演教度众之事。④〔积善余庆〕语本《周易·坤卦·文言》："积善之家，必有余庆；积不善之家，必有余殃。"（《周易正义》卷一）原文谓累积善行的家庭一定泽及后人，此处武则天指自己善有善报。⑤〔磨衲袈裟〕袈裟之一种。磨，即指紫磨，属于绫罗类。相传为高丽所产，以非常精致的织物制成。无著道忠《禅林象器笺》卷二十六："《鸡林志》云：'高丽僧衣磨衲者，为禅法衲，甚精好。'" ⑥〔水晶钵〕水晶制作的钵盂，多产于交州一带。慧琳《音义》引《玉篇》:"《交州杂事记》云:'晋太康四年,临邑国王献钵及白水晶钵。'"(《一切经音义》卷六十六)⑦〔国恩寺〕唐代位于新州龙山,由六祖故居改建,初名"报恩寺",唐中宗神龙三年(707)赐名为"国恩寺"。古有"岭南第一圣域"之称。寺在今广东新兴县城。

◎ **大意** 薛简说:"京城禅门大德都说:'如果想契会佛道,必须打坐修习禅定。如果未得禅定却想得到解脱,根本没有这回事。'不知大师说的佛法是怎样的?"

大师说:"佛道由心契悟,哪里在打坐呢?《金刚经》说:'如果说如来有坐有卧,这人修行的是邪道。'为什么?本来不来不去。不生不灭是如来清净禅,诸法空寂是如来清净坐。根本连证悟都没有,何况打坐呢?"

薛简说:"弟子回到京城,主上一定会问,愿大师慈悲指示禅法心要,以便弟子上达两宫和京城众多学佛道者。譬如一盏灯点燃百千盏灯,暗昧不明者都发出光明,光光交参,无穷无尽。"

大师说:"佛道无明无暗,明与暗是对待代谢现象,光明无穷无尽也有尽时,因为两者是相待建立的名相。《净名经》说:'法与法之间不可比较,因为它们没有对待性。'"

薛简说:"光明比喻智慧,黑暗比喻烦恼。修行佛道的人,倘若不用智慧照破烦恼,凭什么出离无始以来的生死苦海?"

大师说:"烦恼就是菩提,两者无二无别。如果用智慧照破烦恼,这是二乘的见解,是适合中下根器的说法,利根上智者无须如此。"

薛简问:"大乘见解怎么样呢?"

大师说:"智慧与愚痴,凡夫见有两种性质,智者深知其本性无二,这无二本性就是诸法实性。诸法实性,在凡愚那里不减,在贤圣那里不增,住烦恼中不散乱,入禅定时不死寂。不断不常,不来不去,不在中间,不在内外,不生不灭,性相如如,常住不变,就叫作道。"

薛简说:"师父说的不生不灭与外道有什么差异?"

大师说:"外道说的不生不灭是以灭阻止生,以生凸显灭,把灭视同不灭,将生说成不生。我所说的不生不灭是本来无生,现在不灭,因此与外道不同。你如果想知道明心法要,只要一切善恶都不思量,自然契入本性空寂、妙用无穷的清净心体。"薛简蒙受指教,豁然大悟。于是礼辞大师回到皇宫,具表上奏大师法语。

当年九月三日，皇帝下诏褒奖大师道："大师以老病辞请，为朕修习佛道，是国家的福田。大师就像净名，示疾毗耶，阐扬大乘，传佛心印，演不二法。薛简将大师指点的如来知见传来，朕宿种善根，今感善报，恰逢大师出世，顿悟最上乘佛法。蒙受大师深恩，感恩不尽，敬奉磨衲袈裟与水晶钵，敕韶州刺史修饰寺宇，赐大师故居为'国恩寺'。"

◎ **解读**　六祖向内侍薛简宣说的是禅宗顿教的根本见地，这个见地贯穿于《六祖坛经》始终，并且多次集中宣说，如《行由》品的五个"自性""实性"，《般若》与《定慧》品的"真如本性"，《机缘》品的"涅槃""佛性"与"实性"，《付嘱》品的"自性真佛"偈，总摄为一个概念就是自性。如果我们能体会到自性的真义，不仅对学习六祖禅法有纲举目张的功效，而且对参究后世禅宗顿教诸家禅法有莫大的指导作用，因此值得再三致意。

此处"大乘"是相对薛简所说的"二乘见解"而言，实际上指的就是佛乘教法的中道见，其要义体现在如下这句话中："实性者，处凡愚而不减，在贤圣而不增，住烦恼而不乱，居禅定而不寂。不断不常，不来不去，不在中间及其内外，不生不灭，性相如如，常住不迁，名之曰道。"六祖说自性是"无二之性"，没有生灭、动静、往来、常断、内外乃至染净、凡圣、烦恼菩提、世出世间、生死涅槃等分别对待；自性是遍在之性，在无情叫作法性，在有情叫作佛性，无论在有情还是无情，自性都不增不减。需要注意的是，六祖这里主要彰显的是自性离一切相的特性，但我们绝不能将它理解为一切法之外的某种体性，它本身就是一切法的根本特性，并且正因为它彻底远离一切相，才能真正即一切法。

薛简初听此论，根本不解，不免惊骇，目为外道知见。这是《六祖坛经》中第二次有人将六祖的见地与外道见混为一谈，可见确立中道正见不仅仅是一个理论问题。面对薛简的质疑，六祖从生灭与不生灭入手辨析了中道见与外道见的区别。

大乘佛教共许自性具有不生不灭的特性，但很多外道也说其实体有此特性，两者究竟有什么区别呢？六祖说："外道所说不生不灭者，将灭止生，以生显灭，灭犹不灭，生说不生。我说不生不灭者，本自无生，今亦不灭，所以不同外道。"外道在缘起法外设立一个不生不灭的实体，同时将缘起法也当作实体法，从灭尽其缘起相来禁止其产生，而缘起法实际上是幻生幻灭的缘起法，不可能因此被灭尽，这种做法得到的结果只能是"灭犹不灭"；反过来，他们通过灭尽缘起法显示其不生不灭性，是将生灭性的缘起法误执为不生不灭的实体法的结果，是"以生显灭""生说不生"，不过是一种虚假的不生不灭性。简单地说，外道将实体与诸法固执为生灭两种不同性质的法，这两种法都成了生灭性的法，诸法是真实生灭法，实体则是妄心执着的不生灭法，实际上也是随妄心转的生灭法，因此他们所谓不生不灭法是子虚乌有之法。六祖以诸法"本自无生，今亦不灭"作为其见地，自是佛乘教法正义，《维摩诘经》卷中就说："生灭为二，法本不生，今则无灭，得此无生法忍，是为入不二法门。"

薛简至此大悟。但有人不免还要质疑：外道也说其实体不生不灭，与佛教的不生不灭有何差异？我们可以补充说：外道的不生不灭指实体性的不生不灭，佛教的不生不灭则指自性或空性的不生不。从这种见地看，薛简以及类似薛简的诸多佛教徒所谓破烦恼开智慧、离生死入涅槃，乃至转识成智、转凡成圣等说法，都是方便施设语。

那么，禅宗顿教是不是反对"以智慧照破烦恼"的修法呢？非也。这是六祖从见地上破薛简执着有烦恼可破、有智慧可得而作的对治说，从行门上讲，禅宗顿教始终坚持"用大智慧打破五蕴烦恼尘劳"，只是此中所谓"破"并无真实能破所破，唯有"不破而破"之义。否则，要么就会与见修混而不分的颠顸者为伍，要么就会沦为无修无证的外道了。

付嘱第十

付者委付，嘱者叮嘱。本品主要是六祖付嘱弟子相关事宜。其内容非常丰富，大致可分三类：一是付法十大弟子、楷定《坛经》传宗、揭明禅宗祖统；二是如何才能证得佛智慧、后世众生如何得见佛性；三是交代自己圆寂事宜、授记禅宗未来发展。前者开示弟子，禅宗顿教传承有序、立宗有本、说法有则；中者昭示后世，佛智必须真修实证，佛道要在众生中成；后者显示六祖心无挂碍、预知时至、如来如去，智慧、解脱与慈悲济世等功德悉皆圆满。

[1]　师一日唤门人法海、志诚、法达、神会、智常、智通、志彻、志道、法珍①、法如②等，曰："汝等不同余人，吾灭度后，各为一方师。吾今教汝说法，不失本宗。先须举三科法门③，动用三十六对，出没即离两边，说一切法莫离自性。忽有人问汝法，出语尽双，皆取对法，来去相因，究竟二法尽除，更无去处。

"三科法门者，阴、界、入也。阴是五阴，色、受、想、行、识是也。入是十二入，外六尘，色、声、香、味、触、法，内六门，眼、耳、鼻、舌、身、意是也。界是十八界，六尘、六门、六识是也。自性能含万法，名含藏识④。若起思量，即是转识⑤，生六识，出六门，见六尘。如是一十八界，皆从自性起用。自性若邪，起十八邪；自性若正，起十八正。含⑥恶用即众生用，善用即佛用。用由何等？由自性有。

"对法，外境无情五对：天与地对，日与月对，明与暗对，阴与阳对，水与火对，此是五对也。法相语言十二对：语与法对，有与无对，有色与无色对，有相与无相对，有漏⑦与无漏⑧对，色与空对，动与静对，清与浊对，凡与圣对，僧与俗对，老与少对，大与小对，此是十二对也。自性起用十九对：长与短对，邪与正对，痴与慧对，愚与智对，乱与定对，慈与毒对，戒与非对，直与曲对，实与虚对，险与平对，烦恼与菩提对，常与无常对，悲与害对，喜与瞋对，舍与悭对，进与退对，生与灭对，法身与色身对，化身与报身对，此是十九对也。"

师言："此三十六对法，若解用，即道贯一切经法，出入即离两边。自性动用，共人言语，外于相离相，内于空离空。若全著相，即长邪见；若全执空，即长无明。执空之人有谤经，直言不用文字；既云不用文字，人亦不合语言，只此语言便是文字之相。又云直道

◎ 付嘱第十

不立文字，即此'不立'两字亦是文字；见人所说，便即谤他，言著文字。汝等须知，自迷犹可，又谤佛经；不要谤经，罪障无数。

"若著相于外，而作法求真；或广立道场，说有无之过患。如是之人，累劫不可⑨见性。但听依法修行。又莫百物不思，而于道性窒碍。若听说不修，令人变生邪念。但依法修行，无住相法施。

"汝等若悟，依此说，依此用，依此行，依此作，即不失本宗。若有人问汝义，问有将无对，问无将有对，问凡以圣对，问圣以凡对，二道相因，生中道义。如⑩一问一对，余问一依此作，即不失理也。设有人问：'何名为暗？'答云：'明是因，暗是缘，明没即暗。'以明显暗，以暗显明，来去相因，成中道义。余问悉皆如此。汝等于后传法，依此转相教授，勿失宗旨。"

◎ **注释** ①〔法珍〕生平业行不详。②〔法如〕生平业行不详。③〔三科法门〕科，类或聚。《广雅·释言》："科，聚也。"佛教将一切法分为蕴、处、界三类，称为三科。一、五蕴，又作五阴、五众、五聚，指色、受、想、行、识；二、十二处，又作十二入，指眼、耳、鼻、舌、身、意内六入与色、声、香、味、触、法外六入；三、十八界，指眼、耳、鼻、舌、身、意六根界，色、声、香、味、触、法六尘界，以及眼、耳、鼻、舌、身、意六识界。三科法门即对治这三类执着的法门。④〔含藏识〕梵文 ālaya-vijñāna，又叫藏识或识藏，即阿赖耶识。因摄藏诸法种子而有藏识名。《大乘密严经》卷中："如目有瞳子，眼终不自见，藏识住于身，摄藏诸种子，遍持寿暖识，如云覆世间，业用曾不停，众生莫能见。"自性清净性是阿赖耶识的根本性质，无覆无记性是其另一性质，六祖依前义称之为含藏识。⑤〔转识〕梵文 pravṛtti-vijñāna，有广狭二义。广义是末那识、意识与前五识的总称，因从阿赖耶识转起而称为转识。《大乘入楞伽经》卷一："转识、藏识若异者，藏识非彼因；若不异者，转识灭，藏识亦应灭，然彼真相不灭。"狭义专指末那识。此处为狭义。⑥〔含〕《大正藏》本作"若"。⑦〔有漏〕梵文 sāsrava，与无漏相对。漏，梵文 āsrava，义为流失、漏泄，是烦恼的异名。佛教认为，众生因无明生起烦恼，造业受苦，在三界六道中轮回不断，犹如铜壶滴漏，故称有漏。《杂阿含经》卷八：

"云何有漏法？谓眼色、眼识、眼触、眼触因缘生受，内觉若苦、若乐、不苦不乐；耳鼻舌身意法、意识、意触、意触因缘生受，内觉若苦、若乐、不苦不乐，世俗者，是名有漏法。"⑧〔无漏〕梵文 anāsrava。有漏是有烦恼法，反过来，无漏法就是远离烦恼之法。《杂阿含经》卷八："云何无漏法？谓出世间意，若法，若意识、意触、意触因缘生受，内觉若苦、若乐、不苦不乐，出世间者，是名无漏法。"⑨〔可〕《大正藏》作"得"。⑩〔如〕底本作"汝"，据《大正藏》本改。

◎ **大意**　一天，大师将门人法海、志诚、法达、神会、智常、智通、志彻、志道、法珍、法如等叫到身边，说："你们和其他人不同，我灭度之后，要各为一方度人师。我现在教你们说法，如何才不失根本宗旨：必须先给大家举三类法门，运用三十六对法，始终远离二边偏执，说一切法都不偏离自性。忽然有人向你们请教佛法，发言出语都要用成双成对的法相，应答时顾及对待的法相互为因缘，到完全断除法相对待性的境界，让当机者走投无路。

"所谓三类法门，就是阴、界与入。阴是五阴，即色、受、想、行、识。入是十二入，外为色、声、香、味、触、法六尘，内为眼、耳、鼻、舌、身、意六根。界是十八界，即前述六尘界、六根界与眼、耳、鼻、舌、身、意六识界。自性能含万法，叫作含藏识。如果自性生起思量，便转起末那识，产生眼、耳、鼻、舌、身、意六识，沿着六根门而出，与色、声、香、味、触、法六尘接触。十八界都从自性发起作用，自性被遮蔽而陷入偏邪，就生起十八种偏邪的作用；自性如实显现而归于中正，就生起十八种中正的作用。自性含藏恶用就是众生的作用，含藏善用就是佛的作用。作用从哪里来？从自性来。

"所谓对待的法相，无情外境有五对：天与地相对，日与月相对，明与暗相对，阴与阳相对，水与火相对，这是五种相互对待的法相。法相和语言有十二对：语言与对象相对，有与无相对，有色与无色相对，有相与无相相对，有漏与无漏相对，色与空相对，动与静相对，清与浊相对，凡与圣相对，僧与俗相对，老与少相对，大与小相对，这是十二种相互对待的法相。自性生起的作用有十九对：长与短相对，邪与正相对，无知与明慧相对，愚昧与智慧相对，散乱与禅定相对，仁慈与恶毒相对，律仪与毁犯相对，平直与谄曲相对，真实与虚妄相对，危险与平安相对，烦恼与菩提相对，恒常与无常相对，悲悯与伤害相对，喜悦与瞋恨相对，施舍与悭吝相对，前进与后退相对，产生与灭坏相对，法身与色身相对，化身与报身相对，这是十九种相互对待的法相。"

大师说:"这三十六种相互对待的法相,如果善于理解和运用,便知佛道贯穿一切教法,始终能远离二边偏执。自性生起作用,与别人说话,外能直面诸境而不执一相,内能觉悟真空而不住偏空。如果坚执境相,便增长邪见;如果固执偏空,则增长无明。固执偏空者,指有人毁谤佛经,一味说不用文字;既然不用文字,人也不应该说话,因为话语就是文字相。这种人一味说直道不立文字,殊不知这'不立'二字就是文字;这种人见别人有所说,就轻易诽谤他执着文字。你们必须明白,自己迷执也就罢了,还毁谤佛经;不要毁谤佛经,有无边罪障。

"如果执着外境相,在有造作的有为法中求觅真心;或者到处兴建道场,说或实有或虚无等过患深重的偏邪法。这样的人,就算历经多劫也见不到自性。只需依法修行。也不要什么都不想,有碍佛道的本性。如果听说道不用修就不修,那会使人生起邪念。只需依法修行,践行不住相的法布施。

"你们如果有所体悟,依此说法,依此发用,依此起行,依此作为,就不会迷失根本宗旨。如果有人向你们请教法义,问有便以无应对,问无便以有应对,问凡则以圣应对,问圣则以凡应对,让学人从二边相因的张力中体会中道法义。如一问一答,其余一切问题都依此法应答,就不会迷失正理。如果有人问:'什么是黑暗?'答:'光明是因,黑暗是缘,光明消失就是黑暗。'用光明凸显黑暗,用黑暗凸显光明,光明与黑暗相因,成立中道法义。其他问题都依此法处理。你们以后传授佛法,要依此法转相教授,切勿迷失宗旨。"

◎ **解读** 禅宗顿教的见地是自性是佛,修行法门是不二法门。不二法门的运用分自行与化他两面。自行即依般若当体观照自家现前一念心,这在前面《行由》《般若》《疑问》《定慧》《坐禅》《忏悔》诸品已有充分开显;化他即依般若破斥参学人的种种二边执着,这在《机缘》《顿渐》《宣诏》诸品都有生动鲜活的展示。六祖在这里再次集中开示,是为了向即将弘法的弟子付法,以便他们把握禅宗顿教心要。为便于理解,我们将其内容分为迷悟所依、迷执表现、能破执者、破执法门四个方面。

迷悟所依显明众生迷执与觉悟的所依体都是自性。自性是具足一切法的含藏识,这个含藏识不同于唯识学中的阿赖耶识,专指此识的本来面目,即如来藏学中的如来藏或佛性,是清净无染、万法如如的不思议境界。为便于领会,我们将含藏识分为觉悟性、清净性、无分别性的自性般若与清净性的佛身和净土。众生受到无明遮蔽，不能如实了知自性，无分别性的自性般若就被颠倒为无记性的阿赖耶识，转起染污性、分别性的末那识与意识等转识，同时将清净性的佛身与净土颠倒为转识所依六根与所对六尘，由此只能在染污、分别的十八界中造业、受苦和轮回，反之，如果觉悟自性，意识、末那识与阿赖耶识当体即是自性般若，六根与六尘当体即是佛身与净土，由此就能在清净、无分别的十八界中智慧、自在与慈悲地生活。六祖开显自性这个所依体，就是要人们明白，"如是一十八界，皆从自性起用，自性若邪，起十八邪；自性若正，起十八正。含恶用即众生用，善用即佛用"，破众生执着的目的，无非是令其觉悟具足一切法的自性，从自性发起正用。

众生的迷执有哪些表现呢？表现在六根、六尘与六识上。六根、六尘与六识是佛教对世界现象的分类，是佛教徒认识世界现象构成的系统，称为三科法门。三科法门囊括了一切现象。六识中的意识含摄末那识和阿赖耶识，包括六根中的意根，类同精神现象；六根中的眼、耳、鼻、舌、身五根与色、声、香、味、触五尘，以及法尘中的一部分内容，类同物质现象；法尘中的另一部分内容，类似非精神非物质现象。当然，这是一种类比，不能完全反映佛教分类的事实，因为三科法门是从佛陀智慧直观进行的分类，其所见各种现象的性质、内涵、特征以及它们之间的相互关系都独具特色。此处，我们只需知道六祖旨在说明众生会对什么现象产生执着即可。

六祖进一步举出众生执着的对象：有关无情者，有天与地、日与月、明与暗、阴与阳、水与火五对；有关法相语言者，有语与法、有与无、有色与无色、有相与无相、有漏与无漏、色与空、动与静、清与浊、凡与圣、僧与俗、老与少、大与小十二对；有关自性起用者，有长与短、邪与正、痴与慧、愚与智、乱与定、慈与毒、戒与非、直与曲、实与虚、险与平、烦恼与菩提、常与无常、悲与害、喜与瞋、舍与悭、进与退、生与灭、法身与色身、化身与报身十九对。这里的无情相当于物质现象，法相语言与自性起用包括精神与非精神非物质现象，这些相待安立的假名都可能被众生执着。其实，众生执着的二元对立相无量无边，六祖此处只是例举而已。

禅师度化弟子，关键要能及时判断其当下执着的是什么相，当机予以截断。如果施教者没有明心见性，不可能具有如此即时、准确的洞察力，因此六祖语重心长地告诫弟子，具格禅师的条件是"自性动用，共人言语，外于相离相，内于空离空"，即身、口、意三业皆从自性发用，外不执着境相，内不执着空境，如《大般若波罗蜜多经》卷三二七所说："菩萨摩诃萨成就无上菩提作意，常不远离大菩提心，身四威仪往来入出，举足下足心无散乱，行住坐卧进止威仪，所作事业皆住正念。"只有这样，禅师在运用三十六对法接引参禅者时，自己才能做到将不二法门之"道贯一切经法，出入即离两边"，行"不住色布施，不住声、香、味、触、法布施"（《金刚般若波罗蜜经》）的无所住布施。

反之，如果自称善知识，但并未明心见性，外执着境相，内执着空境，起心求悟，或者执着实有增长邪见，或者执着偏空增长无明。堕实有者，误光影为自性，以情识为智慧，执生死为涅槃，目空一切，乃至肆行贪欲；滞偏空者，认顽空为自性，以无用为智慧，执死寂为涅槃，心乏慈悲，甚至废弛经教戒律。这样的人都不是真正的禅师。六祖特别指出执偏空者毁谤佛经的过错：他们不知佛经乃是佛陀彻悟自性而说的文字般若，参禅者只能恭敬受持，不能废弛或毁谤；不知宗门所谓"不立文字"的真义是不执着经教文字，误认为是不需要经教文字，见人闻思经教就斥为执着文字，从而堵塞自己与别人建立正见、证见自性的大门。禅门中的确存在这样的"伪禅师"，但这是人病，不是法病，不能因此怪罪禅宗顿教。六祖的一番解说，不仅为如何判别禅师提供了切实可靠的标准，而且为禅教的良性关系奠定了基调：教外别传即教内真传，无禅之教是纸上谈兵，无教之禅是暗证狂禅。

最后，六祖传授了破执的具体方法。如果参禅者来请教佛法，禅师要借助他执着的法相，从相互对待的两边入手接引，让他明白其执着的法相只有与另一边相对待时才能建立，离开其中任何一边都不可能有另一边，因此这些法相无非是人们为方便交流而建立的假名，没有真实的对象可言。这样，参禅者就能从假名执着中解脱出来，悟入清净自性。六祖这种"二道相因，生中道义"的破执方法就是般若破执法，《维摩诘经》的不二法门、《楞伽经》的"一百八句"与《中论》各品运用的都是这种方法，只不过前述经论侧重开显般若观行之正理，六祖则着重提持其直指人心的大用。

[2] 师于太极元年壬子延和七月①，命门人往②新州国恩寺建

塔③,仍令促工。次年夏末落成。七月一日,集徒众曰:"吾至八月欲离世间,汝等有疑,早须相问,为汝破疑,令汝迷尽。吾若去后,无人教汝。"

法海等闻,悉皆涕泣,唯有神会神情不动,亦无涕泣。

师云:"神会小师却得善不善等,毁誉不动,哀乐不生;余者不得,数年山中竟修何道?汝今悲泣,为忧阿谁?若忧吾不知去处,吾自知去处。吾若不知去处,终不预报于汝。汝等悲泣,盖为不知吾去处;若知吾去处,即不合悲泣,法性本无生灭去来。汝等尽坐,吾与汝说一偈,名曰'真假动静'偈。汝等诵取此偈,与吾意同;依此修行,不失宗旨。"

众僧作礼,请师说偈曰:

> 一切无有真,不以见于真;
> 若见于真者,是见尽非真。
> 若能自有真,离假即心真;
> 自心不离假,无真何处真?
> 有情即解动,无情即不动;
> 若修不动行,同无情不动。
> 若觅真不动,动上有不动;
> 不动是不动,无情无佛种。
> 能善分别相,第一义不动;
> 但作如此见,即是真如用。
> 报诸学道人,努力须用意;
> 莫于大乘门,却执生死智④。
> 若言下相应,即共论佛义;
> 若实不相应,合掌令欢喜。

此宗本无诤，诤即失道意；

执逆诤法门，自性入生死。

时徒众闻说偈已，普皆作礼，直⑤体师意，各各摄心，依法修行，更不敢诤。乃知大师不久住世。

◎ **注释** ①〔太极元年壬子延和七月〕唐睿宗太极元年（712）七月。太极和延和都是唐睿宗李旦的年号，太极这个年号的使用时间为当年正月到五月，延和这个年号的使用时间为当年五月到八月，壬子则是此年干支名。后世多称此年年号为太极。②〔往〕底本作"住"，据《大正藏》本改。③〔塔〕梵文 stūpa，音译作塔婆、兜婆、偷婆、浮屠等，全称窣堵波，又名俱攞；意译作聚、高显、坟、灵庙等，即高磊土石瘞藏遗骨之所。慧琳《一切经音义》卷十三："窣覩波，上苏没反。古译云薮斗婆，又云偷婆，或云兜婆，曰塔婆，皆梵语讹转不正也。此即如来舍利砖塔也。或佛弟子、缘觉、声闻及转轮王等身，皆得作塔。或石或砖，或木塔是也。或曰方坟，或曰庙，皆一义耳也。"另有不瘞藏身骨者，叫作支提或制底（梵文 caitya）。慧苑《音义》："支提者，具云制底耶，谓于佛阇维处置坟及安佛所说经台阁之名也。此翻为积集，谓是人天积集无量福善之所也；又或翻为生净信处也。"（慧苑《新译大方广佛华严经音义》卷下）造石塔或立支提，目的都是纪念佛或佛教圣贤度化众生的功德。④〔生死智〕梵文 cyuty-upapatti-jñāna，本为三明中的生死智证明或如来十力中的生死智力，此处反其意而用之，指轮回生死的分别心。⑤〔直〕《大正藏》本作"并"。

◎ **大意** 太极元年（712）七月，大师命门人前往新州国恩寺造塔，还催促工期。次年（先天二年）夏末塔已落成。七月一日，大师把徒众召集在一起，说："八月份一到，我就要离开世间。你们有疑惑要早点问，我为你们释疑，让你们消除迷惑。我往生之后，就没人教你们了。"

法海等人听了大师的话，都哭泣流泪，只有神会不动声色，没有哭泣。

大师说："神会小师却体会到了善恶平等，毁誉不动，哀乐不生；其他人都没有体会到，你们在山中这么多年究竟修的是什么道？你们如今悲伤流泪，是为谁担心？如果担心我不知去处，我自己当然知道去处。我如果不知道去处，不会预先告诉你们。你们悲伤流泪，大概是不知我的去处；如果知道我的去处，就不会悲伤流泪，法性本来没有生灭或去来。你们大家都坐，我给你们说一首偈，叫'真假动静'偈。你们诵持此偈，便与我同心；依此偈修行，就不迷失根本宗旨。"

一众僧人礼拜，祈请大师说偈。偈语道：

世间一切无有真，不应妄想求见真；
如若妄想见真者，无非执见不是真。
若欲自心朗现真，远离假相即心真；
自心若不离假相，无真何处更有真？
有情众生即解动，无情众生即不动；
如若偏修不动行，便同无情寂不动。
若欲寻觅真不动，动上本来有不动；
不动定性是不动，无情众生无佛种。
能善分别诸法相，于第一义而不动；
只要建立如此见，便是真如含妙用。
报告诸方学道人，努力参究须用意；
莫于大乘妙法门，却执轮回生死智。
若于言下心相应，便共切磋论佛义；
如若实在不相应，合掌令人生欢喜。
此宗本来无争论，争论即失佛道意；
执着违逆诤竞法，迷失自性入生死。

当时，弟子们听大师说完偈颂，全都礼拜，深解意趣，各自摄心，依法修行，不敢再争执。大家知道大师住世时间不久了。

◎ **解读**　如何面对生死？这是一个非常复杂的问题，因为世界观、价值观的不同，生死观就随之不同。从大乘佛教看，生死观实际上是涅槃观，不出六祖在《机缘》品"大般涅槃颂"中所说四种，即"凡愚谓之死，外道执为断，诸求二乘人，目以为无作"，大乘佛教则称为"圆明常寂照"的"无上大涅槃"。前文已从世界观、价值观的角度进行解说，此处再从生死观的角度略加论述。

六祖对前三种生死观采取的是形象化的表达，具体可以依其见地分成断见与常见两类。断见者不相信生命只有智愚差别而没有中断的问题，认为每个生命只有一次，此生之前是虚无，此生之后也归于虚无，因此生命要么没什么意义，要么主要是满足自己的身心需要。常见者的生死观可分为两种：第一种认为，诸法有者定有、无者定无，有不能变为无，无也不能变为有，人的生命同样如此，因此没有生死问题，生命也没有特别意义。这是无因论者或自然论者的生死观，道家郭象与古代印度无因论者大体属于这一类。第二种认为，诸法有本有末，本是支撑现象的本体或本源，末是本体或本源体现或产生的现象，现象无常而本体或本源常住不变；生命也一样，现象无常而本体或本源常住不变，生命的意义就是解脱无常的生命现象而回归其常住不变的本体或本源。这是第一因论的生死观，道家老子、古今种种或有神或无神的本体论、本源论者的生死观多属于此类。佛教声闻行者虽然信仰了佛教，但未能真正领会中道见，将涅槃视为位于生死彼岸的、不动的实体法，认为通过修行断除轮回之链后即可进入这个境界，就此而言也可以归入此类。

这种种生死观，六祖认为"尽属情所计"，都是情识执着的结果，没有了知生死的真相。他们执着什么？执着诸法有实体性。断见者执着诸法有生灭无常性的实体性。常见者中，无因论者执着现有诸法有常住性的实体性；本体论、本源论者将诸法剖为两边，既执着生命现象有无常性的实体性，又执着其本体、本源有常住性的实体性。归根到底，这些生死观的病根都是不能如实了知生死的真相。

生死的真相是什么？六祖说："法性本无生灭去来。"法性即自性，众生的自性没有生灭去来，因此根本无生死这回事。这似乎与无因论者的结论一样，但成立的理由不同，产生的效果也悬殊。无因论者是在执着生命本身具有常住性基础上建立生死观，其生死观并没有反映生命的真相。既然如此，他们不但不能帮助别人解脱生死，甚至连自己被生死束缚也不自知。六祖则是在中道见基础上建立生死观，这实际上是大乘佛教中道观在生死观上的体现，所谓"是诸法空相，不生不灭，不垢不净，不增不减。是故空中无色……乃至无老死，亦无老死尽"（《般若波罗蜜多心经》），完全超越了生死。可见，六祖的生死观破除了生命无常性与常住性二边执着而契入了生命的空性，虽契入生命空性但不执着此空性，是能令自己与他人彻底解脱生死恐惧的生死观。

基于这样的生死观，六祖在"真假动静"偈中劝诫弟子不要在大乘智慧门中横生偏执，陷入生死轮回的小聪明。就真假言，如果以色相存在为真，以色相消失为假，在色相上寻觅真相，见到的不是生命真相，而是自己对生命的执见。只有放下这种执见，见到《金刚般若波罗蜜经》所谓"一切有为法，如梦幻泡影，如露亦如电"的空相，回归到超越真假二边的自性，才能见到生命真相。同时，也不能执着动静的分别，以为有情有动有生死、无情不动无生死，去修"百物不思"的不动行，这依然是不知道生死真相的做法，根本不能见性成佛；如果发起般若观照，深知动静都是相待建立的假名，有情没有凡夫执取的动性，无情也没有凡夫执取的不动性，甚至有情和无情都是方便安立的假名，就能见到超越动静二边的自性，发现真正的动是自性般若任运照了诸法的洞察作用，真正的不动是自性般若照了诸法时的如如不动。当然，对芸芸众生而言，这种真假、动静乃至生死不二的生死观终需一悟，"悟即原无差别，不悟即长劫轮回"。

六祖的生死观既能避免断见生死观导致的或紧张或颓废的生活态度，又能超越常见生死观自身的种种局限，活出一种随缘自在、无我利他的人生，值得现代人借鉴。

[3] 法海上座再拜问曰："和尚入灭之后，衣法当付何人？"

师曰："吾于大梵寺说法，以至于今，抄录流行，目曰《法宝坛经》。汝等守护，递相传授，度诸群生。但依此说，是名正法。今为汝等说法，不付其衣。盖为汝等信根淳熟，决定无疑，堪任大事。然据先祖达摩大师付授偈意，衣不合传。偈曰：

吾本来兹土，传法救迷情①；

一华开五叶②，结果自然成。"

◎ 注释　①〔迷情〕迷执的有情众生。《佛说巨力长者所问大乘经》卷中："观此幻身，及彼资生，金银琉璃，真珠摩尼，砗磲玛瑙，珊瑚琥珀，体无真实，犹如聚沫，愚者迷情，妄生贵重，但增贪欲，杂乱正心，于佛法门，无所趣入。"②〔一华开五叶〕指禅宗从中土初祖菩提达摩到六祖惠能的传承，菩提达摩为一花，慧可、僧璨、道信、弘忍与惠能为五叶。杨亿《景德传灯录序》："首从于达摩，不立文字，直指心源，不践阶梯，径登佛地，逮五叶而始盛，分千灯而益繁。"《缁门警训》卷七："达摩西来，不立文字，直传心印，一花五叶。"

◎ **大意** 法海上座拜了又拜，问道："大师圆寂之后，衣法会传付给谁呢？"

大师说："我在大梵寺说法，直到如今，有法语抄录流行，名为《法宝坛经》。你们好好守护，辗转传授，广度众生。只要依《坛经》说法，就是正法。现在只为你们说法，不付授祖衣。因为你们根器已经淳熟，对顿教法门确信不疑，能够荷担如来家业。据初祖菩提达摩大师付法偈的意趣，祖衣不宜再往下传了。达摩大师的偈语说：

吾自天竺来中土，本为传法救迷情；

一花继开五叶后，枝头果实自然成。"

◎ **解读** 六祖行将圆寂，对禅宗顿教来说，衣钵传承是头等大事，于是法海禅师代表弟子问此问题。法海禅师就是敦煌本《六祖坛经》的结集者，他当时在六祖会下任职首座和尚，可以代表大众问法。六祖决定改变禅宗此前的传法方式——历史上禅宗都是衣法并传，所谓"衣为法信，法是衣宗，唯指衣法相传，更无别法。内传心印印契本心，外传袈裟将表宗旨，非衣不传于法，非法不受于衣"（释神会《荷泽大师显宗记》），但从六祖开始改为只传法不传衣了。

六祖的改革有没有依据呢？他说达摩大师的付法偈就是依据。达摩大师说禅宗经过五代单传，到第六代自然结出硕果，就意味着禅宗顿教此时已兴盛起来，因此"不付其衣"。据《六祖坛经》和《曹溪大师别传》，六祖不传衣还与衣容易引起争执有关。《六祖坛经》中五祖对六祖说："衣为争端，止汝勿传，若传此衣，命如悬丝。"《曹溪大师别转》中六祖对神会说："若传此衣，传法之人短命；不传此衣，我法弘盛。"六祖对传法方式的改革，大大加速了禅宗顿教的推广与普及，以至柳宗元生活的时代能出现天下"凡言禅皆本曹溪"（柳宗元《曹溪大鉴禅师碑》）的胜境。

既然只传法不传衣，谁得到真传根本就是"如人饮水，冷暖自知"的事情，所以当弟子问"正法眼藏，传付何人"时，六祖的回答简洁明了："有道者得，无心者通。"正法眼藏即自性，六祖说无妄念者能通达自性，有禅道者能见到自性，确实是深契佛陀本怀的真实说，当初佛陀在灵山付法迦叶时正是这么说的。另一方面，这种传法方式必然伴随混滥之风，遇到希求名闻利养的师家和懒惰懈怠的弟子，就会将佛法做人情而私相授受。对这种现象，法眼文益禅师曾有无情揭露:"近代之人,多所慢易,丛林虽入,懒慕参求。纵成留心,不择宗匠;邪师过谬,同失指归。未了根尘,辄有邪解;入他魔界,全丧正因。但知急务住持,滥称知识。且贵虚名在世,宁论袭恶于身?不唯聋瞽后人,抑亦雕弊风教。登法王高广之坐,宁卧铁床;受纯陀最后之羞,乍饮铜汁。"(《宗门十规论》)要遏制这种现象,只有靠一代代具格禅师摧邪显正了。

[4] 师复曰:"诸善知识!汝等各各净心听吾说法。若欲成就种智①,须达一相三昧②、一行三昧。若于一切处而不住相,于彼相中不生憎爱,亦无取舍,不念利益成坏等事,安闲恬静,虚融淡泊,此名一相三昧;若于一切处,行住坐卧,纯一直心,不动道场,真成净土,此名一行三昧。若人具二三昧,如地有种,含藏长养,成熟其实。一相一行亦复如是。我今说法,犹如时雨普润大地;汝等佛性,譬诸种子,遇兹沾洽,悉得发生。承吾旨者,决获菩提;依吾行者,定证妙果。听吾偈曰:

心地含诸种,普雨悉皆萌;

顿悟华情已,菩提果自成。"

师说偈已,曰:"其法无二,其心亦然;其道清净,亦无诸相。汝等慎勿观静,及空其心,此心本净,无可取舍。各自努力,随缘好去。"

尔时徒众作礼而退。

大师七月八日忽谓门人曰:"吾欲归新州,汝等速理舟楫。"

大众哀留甚坚。

师曰:"诸佛出现,犹示涅槃。有来必去,理亦常然。吾此形骸,归必有所。"

众曰:"师从此去,早晚可回?"

师曰:"叶落归根,来时无口。"

又问曰:"正法眼藏传付何人?"

师曰:"有道者得,无心者通。"

又问:"后莫有难否?"

师曰:"吾灭后五六年,当有一人来取吾首。听吾记曰:'头上养亲,口里须餐;遇满之难,杨柳为官。'"又云:"吾去七十年,有二菩萨③从东方来,一出家一在家,同时兴化,建立吾宗,缔缉伽蓝④,昌隆法嗣。"

◎ **注释** ①〔种智〕菩萨与佛具有的智慧。佛教说得道圣人有三种智慧:一、一切智,即洞察诸法空性的智慧;二、道种智,即得到根本智后生起的洞察诸法具体性质、内涵、特点以及相互之间因果等关系的智慧;三、一切种智,即根本智与道种智都圆满的智慧。一切智为三乘圣者共有,道种智为佛与菩萨皆有,一切种智唯佛具有。《摩诃般若波罗蜜经》卷二十一:"萨婆若是一切声闻、辟支佛智,道种智是菩萨摩诃萨智,一切种智是诸佛智。"②〔一相三昧〕佛身与众生身平等无二的禅定。唐译《大乘起信论》卷下:"知一切如来法身与一切众生身平等无二,皆是一相,是故说名一相三昧。"③〔二菩萨〕传统认为指马祖道一禅师和庞蕴居士。④〔伽蓝〕梵文 saṃghārāma 略译,全译为僧伽蓝摩,又作僧伽蓝,意译众园。又称僧园、僧院。原指僧众居住的园林,泛指僧侣居住的寺院、庵堂。后世一般伽蓝需具备塔、金堂(佛殿)、讲堂、钟楼、藏经楼、僧房和斋堂七种建筑物,特称七堂伽蓝。禅宗伽蓝,则需具有佛殿、法堂、禅堂(僧堂)、库房、山门(三门)、西净(东司,即厕所)和浴室七堂。其中僧堂、西净和浴室为禁语的场所,总称三默堂。

◎ **大意** 大师又说:"各位善知识!你们各自清净自心,听我说法。如果想成就一切种智,必须证得一相三昧和一行三昧。如果在一切处不执着境相,面对任何境相都不生瞋心或贪心,也没有取舍心,不挂念损益、成败、利衰等情况,安闲恬静,虚融淡泊,就叫一相三昧;如果时时处处、行住坐卧都是一颗直心,都是不动道场和清净国土,就叫一行三昧。如果行人具足这两种三昧,就像田地中有种子，日日含藏长养，果实就能成熟。一相三昧与一行三昧也是如此。我现在说法，就像时雨普润大地，你们的佛性就像种子，得到时雨沾溉，都能发芽、开花、结果。秉承我宗旨不变的人，肯定获得无上菩提；依照我说法修行的人，必定证悟圆妙佛果。听我说偈：

　　心地含藏诸种子，普雨沾溉皆发萌；

　　顿悟一花五叶事，菩提妙果自然成。"

大师说完偈，说："佛法无二，人心亦然；佛道清净，没有诸相。你们慎勿观静与落空，此心本来清净，没有可取舍之处。大家各自努力，好好随缘修去。"

当时，众弟子礼拜退下。

先天二年七月八日，大师忽然对门人说："我想回新州，你们赶紧备办船只。"

众弟子苦苦哀求大师继续住世。

大师说："诸佛出世化众，还要示现涅槃。有所来必有所去，这是亘古常然的道理。我这把朽骨，一定有它的归宿。"

众人说："师父去了以后，早晚可得回来？"

大师说："叶落归根，来时无口。"

众人又问："诸佛心印传授给谁呢？"

大师说："有道者能得，无心者能通。"

众人又问："以后是不是会有难？"

大师说："我入灭后五六年，会有一人来盗我首级。请听我的预记：'头上有亲当养，口里无食须餐；遇满遭逢厄难，时值杨柳为官。'"又说："我入灭后七十年，有两位菩萨从东方来，一为出家菩萨，一为在家菩萨，同时大兴法化，建立本家宗旨，创设禅宗伽蓝，昌隆顿教法嗣。"

◎ **解读**　六祖传给弟子的法是什么？诸佛心印不生不灭，传无可传，能传者只有开显此心印的教法。六祖传给弟子的教法就是当时已经编成流通的《六祖坛经》。六祖说"汝等守护，递相传授，度诸群生。但依此说，是名正法"。同样意思的话，在敦煌本《六祖坛经》中也有，而且说得更详细："若论宗旨，传授《坛经》，以此为依约。若不得《坛经》，即无禀受。须知法、处、年月日、姓名，遍相付嘱。无《坛经》禀承，非南宗弟子也。未得禀承者，虽说顿教法，未知根本，终不免诤。"这表明，以《六祖坛经》为禅宗顿教禀受的经典是六祖亲口所宣，参禅者都应该信受奉行。有人怀疑此非六祖教示，那是不知具体法门、传承对佛教修行者的重要性。

六祖知道，弟子虽然禀受了《坛经》，但如果不真修实证，势必流于形式，明心见性遥不可及，所以他特别强调，"但得法者，只劝修行。诤是胜负之心，与道违背"。修什么行？一相三昧与一行三昧。一行三昧在《定慧》品中已有解读，这里侧重揭示一相三昧以及两种三昧的关系。

在佛陀经教中，一相三昧是以佛身相为所观境的观相法门，"于是佛缘系念，不散不离是缘，是名三昧门……以是一缘了达诸法，见一切法皆悉等相，是名一相三昧"（《佛说华手经》卷十），是通过观佛身相得到万法性相皆空的三昧。六祖借用一相三昧这个名号，充实的是《金刚般若波罗蜜经》般若观法的内容，即"诸菩萨摩诃萨应如是生清净心，不应住色生心，不应住声、香、味、触、法生心，应无所住而生其心"的观法，它与一行三昧互为因果。一相三昧从所观法相入手，依观行般若观色、声、香、味、触、法诸相，只要著相即当体观空，久而久之渐渐不著相，便能契入诸法空相，达到一相三昧境界，见到自性安闲恬静、虚融淡泊的本来面目；见到自性本来面目后，自然能依自性般若践行一行三昧，即于时时处处纯一直心。反过来，一行三昧从起心动念入手，依观行般若观自己面对色、声、香、味、触、法诸法时是否心生妄念，只要心生妄念即当体观空，久而久之渐渐不起妄念，便能于时时处处纯一直心，达到一行三昧境界，见到自性不动道场、真成净土的本来面目；见到自性本来面目后，自然能践行一相三昧，即于时时处处安住无相离相境界。这两种三昧因观行入手处不同而称为两种三昧，实际上只是般若无念法门的具体开分与运用，修学任何一种三昧成就，都融摄了一切三昧。

据敦煌本《六祖坛经》记载，六祖这次传法，还传给大众两个偈颂：一个是"心地邪花放，五叶逐根随；共造无明业，见被业风吹"，另一个是"心地正花放，五叶逐根随；共修般若慧，当来佛菩提"。"根"指心，"业"指依心而起的身、口、意三业，因三业依五根对五尘发起，故称为"五叶"。颂义说：自心开放邪见花，身心随之起邪行；大家共造愚痴业，业力成熟入轮回。自心开放正见花，身心随之起正行；大家同修般若慧，将来共满佛菩提。这依然是浓缩了的禅宗顿教法门。

传完法，六祖告诫弟子，色身有来有去，来去都如梦幻泡影，大家不应执着；自己的色身将到出生地新州落叶归根，再来曹溪就不再说法了。他还作了两个悬记：一、自己灭度五六年后，会有人来割自己的头；二、自己灭度七十年后，有出家与在家两大菩萨出世光大禅宗顿教。对这两个悬记，有必要略做解析，以澄清一些问题。关于割六祖头者，六祖说了一首谶语："头上养亲，口里须餐；遇满之难，杨柳为官。"记载此事者，除《六祖坛经》外，数《曹溪大师别传》最早。该传说，事件发生在开元二十七年（739），刺客"移大师出庭中，刀斩数下，众人唯闻铁声。惊觉，见一孝子奔走出寺，寻迹不获"。稍后，仰山慧寂禅师对六祖谶语做出了解释："'五六年中'者，三十年也；'头上养亲'者，遇一孝子；'口里须餐'者，数数设斋也；'遇满之难'者，是汝州张净满也，被新罗僧金大悲将钱雇，六祖截头兼偷衣钵；'杨柳为官'者，杨是韶州刺史，柳是曲江县令，惊觉后于石角台捉得。"（《祖堂集》卷十八）仰山慧寂说是张净满受新罗金大悲雇佣而为，刘禹锡《佛衣铭》进一步说这是为了带六祖"归海东供养"，其他灯录史传记载也大同小异。可见，这与张行昌刺杀六祖可能是两次不同的事件。

六祖悬记，在他灭度七十年后，会分别有一出家与在家大菩萨光大禅宗顿教。后人按时间推算，正值马祖道一与庞蕴居士时代，而这个时代禅宗顿教确实开始兴盛起来，于是认为六祖指的就是他们两人。其实，与其如此胶柱鼓瑟，不如把经文中的"二"解作两种，把"东方"解作"中土"，意谓在中土出家与在家两种菩萨的共同发心弘扬下，七十年后禅宗顿教一定会繁荣昌盛。

[5] 问曰："未知从上佛祖应现已来，传授几代？愿垂开示。"

师云："古佛应世已无数量，不可计也。今以七佛为始，过去庄严劫①毗婆尸佛②、尸弃佛③、毗舍浮佛④，今贤劫⑤拘留孙佛⑥、拘那含牟尼佛⑦、迦叶佛⑧、释迦文佛⑨，是为七佛。

◎ **注释** ①〔庄严劫〕梵文 vyūha-kalpa，指过去大劫。②〔毗婆尸佛〕梵文名 vipaśyinas-tathāgatasya，又作毗钵尸佛、**鞞**婆尸佛、维卫佛，意译作胜观佛、净观佛、胜见佛、种种见佛。③〔尸弃佛〕梵文名 Śikṣisya-tathāgatasya，又作式佛、式诘佛、式弃佛、式弃那佛，意译作顶髻、有髻、火首、最上。④〔毗舍浮佛〕梵文名 Viśvabhū-tathāgatasya，又作毗湿婆部、毗摄浮、毗摄罗、毗舍符、随叶、毗舍、鞞舍等，意译作遍一切自在、一切有、种种变现、一切胜、一切生、广生、胜尊等。⑤〔贤劫〕梵文 bhadra-kalpa，指现在大劫的住劫。⑥〔拘留孙佛〕梵文名 Krakucchanda-tathāgatasya，又作拘留秦、迦罗鸠村驮、羯句忖那等，意译作所应断已断、灭累、成就美妙等。⑦〔拘那含牟尼佛〕梵文名 Kanaka-muni，又作拘那含佛、迦那迦牟尼佛、迦诺迦牟尼佛、羯诺迦牟尼佛，意译作金色仙、金寂。⑧〔迦叶佛〕梵文名 Bhgavān kāśyapaḥ，又作迦叶波佛、迦摄波佛、迦摄佛，意译作饮光佛。⑨〔释迦文佛〕梵文名 Śākya-muni，又作释迦牟尼、释迦文尼、奢迦夜牟尼、释迦牟曩等名，略称释迦或牟尼、文尼，意译作能仁、能忍、能寂、能寂默、能儒、能满、度沃焦等，全称义为释迦族的圣人，有时梵汉并举称为释迦寂静，或尊称为释尊。

◎ **大意** 众人问："不知从诸佛祖应化以来，已经传授了几代？祈愿垂慈开示。"

大师说："古佛应世无量无边，无法计数。如果从七佛开始，过去庄严劫有毗婆尸佛、尸弃佛和毗舍浮佛，现在贤劫有拘留孙佛、拘那含牟尼佛、迦叶佛、释迦文佛，就是七佛。

◎ **解读** 佛教基于缘起性空这一根本见地，认为"众生无边，世界无边，法界无边，三世无边，诸佛最胜亦无有边，悉现于中成等正觉，以佛智慧方便开悟，无有休息"（唐译八十卷本《大方广佛华严经》卷四十七），法界与众生都无边无际、无始无终，佛自然也无边无际、无始无终，否则世界、众生和佛都会沦为实体法，不成其为佛教眼中的法界、众生和佛。这样，如果将佛身开为法、报、化三身，法身佛是周遍法界的自性、空性、法性、实际、真如、中道这种根本体性，因此无边无际、无始无终；报身佛是法身具足的圆满功德相状，因此无边无际、无始无终；化身是现证法报二身在六道众生世界显现的无量无边妙用，因此也无边无际、无始无终。

佛教为了方便人们理解其佛陀观，往往将空间分成东、南、西、北、东南、西南、西北、东北、上、下十方，将时间分为过去、现在与未来三大劫，并从报身与化身层面列举很多佛来与众生结缘。六祖这是从时间上讲禅宗传承。

过去大劫叫庄严劫，现在大劫叫贤劫，未来大劫叫星宿劫，每个大劫中的住劫都有千佛应世。庄严劫中的千佛，佛名详见《过去庄严劫千佛名经》。其中，毗婆尸佛是过去庄严劫七佛中的第一佛。据《长阿含经》介绍，此佛于过去九十一劫人寿八万岁时出世。刹帝利种，姓拘利若，父名槃头，母槃头婆提，子名方膺。于波波罗树下成道，初会说法度众十六万八千人，次会说法度众十万人，三会说法度众八万人。尸弃佛是过去庄严劫七佛中的第二佛。据《长阿含经》介绍，此佛于过去三十一劫人寿七万岁时出世。刹帝利种，姓拘利若，父名明相，母名光曜。于分陀利树下成正觉，初会说法度比丘十万人，二会说法度众八万人，三会说法度众七万人。毗舍浮佛是过去庄严劫七佛中的第三佛，亦即此劫中的最后佛。依《长阿含经》介绍，此佛过去三十一劫人寿六万岁时出世，刹帝利种姓，姓拘利若，父名善灯，母名称戒，子名妙觉，城名无喻。于娑罗树下成道，初会说法度众七万人，次会说法度众六万人。

关于贤劫，《大悲经》卷三说："此三千大千世界劫欲成时，尽为一水。时净居天以天眼观，见此世界唯一大水，见有千枚诸妙莲华，一一莲华各有千叶，金色金光，大明普照，香气芬熏，甚可爱乐。彼净居天因见此已，心生欢喜，踊跃无量而赞叹言：'奇哉，奇哉！希有，希有！如此劫中当有千佛出兴于世。'以是因缘，遂名此劫号之为贤。"贤劫同样有千佛出世救度众生，佛名详见《现在贤劫千佛名经》。拘留孙佛是过去庄严劫七佛中的第四佛，也是现在贤劫千佛中的最初佛。此佛为婆罗门种姓，父名祀得，母名善枝。于乌暂婆罗门树下成最正觉，一会说法度众四万人。拘那含牟尼佛是过去庄严劫七佛中的第五佛，也是现在贤劫千佛中的第二佛。此佛的族姓及父母、出生时间、出生地、妻子、菩提树、侍者、第一弟子等情况，佛经记载略有差异。据《长阿含经》介绍，此佛于贤劫人寿三万岁时出世。婆罗门种姓，姓迦叶，父名大德，母名善胜。于尸利沙树下成最正觉，一会说法度众三万人。迦叶佛是过去庄严劫七佛中的第六佛，也是现在贤劫千佛中的第三佛。据《长阿含经》介绍，迦叶佛于贤劫人寿二万岁时出世，婆罗门种姓，姓迦叶，父名梵德，母名财主。于尼拘律树下成最正觉，一会说法度众二万人。此佛为释迦牟尼前世本师，曾预言释迦将来必定成佛。释迦文佛，即释迦牟尼佛，是过去庄严劫七佛中的第七佛，也是现在贤劫千佛中的第四佛。据《长阿含经》介绍，此佛于贤劫人寿百岁时出世（约前565—前486），刹帝利种姓，姓乔达摩，父名净饭王，母名摩耶。于钵多树（菩提树）下成最正觉，一会说法度众一千二百五十人。后于北天竺拘尸那城娑罗双树林入灭。

据《大梵天王问佛决疑经》，释迦牟尼佛入灭前在灵山说法，手拈青莲花普示大众，只有摩诃迦叶尊者破颜微笑，佛于是说："我有正法眼藏，涅槃妙心，实相无相，微妙法门，不立文字，教外别传，总持任持，凡夫成佛第一义谛，今方付嘱摩诃迦叶。"佛在《大般涅槃经》卷二中也说："我今所有无上正法，悉以付嘱摩诃迦叶。是迦叶者，当为汝等作大依止。犹如如来为诸众生作依止处，摩诃迦叶亦复如是，当为汝等作依止处。"佛付嘱法藏后，说传法偈曰："法本法无法，无法法亦法；今付无法时，法法何曾法？"（释道原《景德传灯录》卷一）六祖将法源上溯至释迦牟尼佛，向人们昭示：禅宗并非舍弃化身佛而仅皈依自性，而是皈依众生本具而为化身佛圆满现证的自性，不仅具有无可置疑的合法性、权威性与正统性，而且具有透彻性、究竟性与圆满性。

[6]"释迦文佛首传①摩诃迦叶②尊者，第二阿难③尊者，第三商那和修④尊者，第四优波毱多⑤尊者，第五提多迦⑥尊者，第六弥遮迦⑦尊者，第七婆须蜜多⑧尊者，第八佛驮难提⑨尊者，第九伏驮蜜多⑩尊者，第十胁尊者⑪，十一富那夜奢⑫尊者，十二马鸣⑬大士，十三迦毗摩罗⑭尊者，十四龙树⑮大士，十五迦那提婆⑯尊者，十六罗睺罗多⑰尊者，十七僧伽难提⑱尊者，十八伽耶舍多⑲尊者，十九鸠摩罗多⑳尊者，二十阇耶多㉑尊者，二十一婆修盘头㉒尊者，二十二摩拏罗㉓尊者，二十三鹤勒那㉔尊者，二十四师子㉕尊者，二十五婆舍斯多㉖尊者，二十六不如蜜多㉗尊者，二十七般若多罗㉘尊者，二十八菩提达摩㉙尊者，二十九慧可㉚大师，三十僧璨㉛大师，三十一道信㉜大师，三十二弘忍大师，惠能是为三十三祖。"

◎ **注释** ①〔首传〕《大正藏》本作"首传第一"。②〔摩诃迦叶〕梵文名Mahā-kāśyapa，略称迦叶，意为饮光。摩揭陀国人氏，姓婆罗门，父名饮泽，母名香志。

受释迦牟尼佛付法藏，为禅宗西天初祖。③〔阿难〕梵文名 Ānanda，意译作欢喜、庆喜、无染。中天竺王舍城人氏。受迦叶尊者付法藏，为禅宗西天二祖。④〔商那和修〕梵文名 Śāṇaka-vāsin，意译作胎衣、自然衣、麻衣。摩突罗国人氏，姓毗舍多，父名林胜，母名娇奢耶。受阿难尊者付法藏，为禅宗西天三祖。⑤〔优波毱多〕梵文名 Upagupta，意译作大护、近藏、近护、小护等。姓首陀氏，父名善意。咤利国人。受商那和修尊者付法藏，为禅宗西天四祖。⑥〔提多迦〕梵文名 Dhītika，意译作有愧。中天竺摩突罗国（一说摩揭陀国）人氏。受优波毱多尊者付法藏，为禅宗西天五祖。⑦〔弥遮迦〕中天竺人氏，姓氏不详。受提多迦尊者付法藏，为禅宗西天六祖。⑧〔婆须蜜多〕梵文名 Vasumitra，意译作世友、天友、云宝、财。北天竺国人氏，姓颇罗堕。受弥遮迦尊者付法藏，为禅宗西天七祖。⑨〔佛驮难提〕梵文名 Buddhanandi。天竺迦摩罗国人氏。受婆须蜜多尊者付法藏，为禅宗西天八祖。⑩〔伏驮蜜多〕梵文名 Buddhamitra，意译作觉亲，姓毗舍罗。印度提伽国人。受佛驮难提尊者付法藏，为禅宗西天九祖。⑪〔胁尊者〕梵文名 Pārśva，音译作波栗湿缚或波奢。中天竺长者香盖子，初名难生。受伏驮蜜多尊者付法藏，为禅宗西天十祖。⑫〔富那夜奢〕梵文名 Puṇyayaśas，又作富那奢等。中天竺华氏城人氏，姓瞿昙氏，父名宝身。受胁尊者付法藏，为禅宗西天十一祖。⑬〔马鸣〕马鸣大士（100—约160），梵文名 Aśvaghoṣa。中印度舍卫国娑枳多城人氏。受富那夜奢尊者付法藏，为禅宗西天十二祖。⑭〔迦毗摩罗〕梵文名 Kapimala。摩揭陀国华氏城人氏。受马鸣大士付法藏，为禅宗西天十三祖。⑮〔龙树〕龙树菩萨（约150—约250），梵文名 Nāgārjuna，又称龙猛、龙胜，音译作那伽阏剌树那、那伽阿周陀那。南天竺婆罗门种姓。受迦毗摩罗大士付法藏，为禅宗西天十四祖。⑯〔迦那提婆〕梵文名 Kāṇa-deva，又称提婆（梵文 Deva）、圣提婆或圣天（梵文 Ārya-deva）。南天竺婆罗门种姓，或谓执师子国人，姓毗舍罗，生活于三世纪左右。受龙树大士付法藏，为禅宗西天十五祖。⑰〔罗睺罗多〕梵文名 Rāhulata，又称罗睺罗，姓梵摩氏，父名净德。迦毗罗国人氏。受提婆大士付法藏，为禅宗西天十六祖。⑱〔僧伽难提〕梵文名 Saṃghanandi，又作僧迦那提、僧佉难提，刹帝利种姓，父名宝庄严，母名芬陀利。室罗伐国人氏。受罗睺罗多大士付法藏，为禅宗西天十七祖。⑲〔伽耶舍多〕又称僧佉耶舍，姓郁头蓝。摩提国人氏。受僧伽难提大士付法藏，为禅宗西天十八祖。⑳〔鸠摩罗多〕梵文名 Kumaralāta，意译作童受、童首、童寿、童子、豪童。北印度呾叉始罗国（梵文 Takṣa-śīlā）人氏，婆罗门种姓，生活于二至三世纪之间。受伽耶舍多大士付法藏，为禅宗西天十九祖。㉑〔阇耶多〕北天竺人，姓氏不详。受鸠摩罗多大士付法藏，为禅宗西天二十祖。㉒〔婆修盘头〕梵文名Vasubandhu，又作婆薮槃豆、婆薮槃头等，罗阅城人，姓毗舍佉。受阇耶多大士付法藏，为禅宗西天二十一祖。㉓〔摩拏罗〕刹帝利种姓，那提国王常自在次子。受婆修盘头大士付法藏，为禅宗西天二十二祖。㉔〔鹤勒那〕梵文名Haklena-yaśa，又称鹤勒那夜奢、鹤勒。婆罗门种姓，父名千胜，母名金光。月氏国人。受摩拏罗大士付法藏，为禅宗西天二十三祖。㉕〔师子〕梵文名Siṃha，又称师子比丘、师子菩提。婆罗门种姓。中印度人。受鹤勒那大士付法藏，为禅宗西天二十四祖。㉖〔婆舍斯多〕又名婆罗多罗、婆罗多那。婆罗门种姓，父名寂行，母名常安乐。罽宾国（今克什米尔）人氏。受师子尊者付法藏，为禅宗西天二十五祖。㉗〔不如蜜多〕刹帝利种姓，南天竺国王德胜之子（一说为东天竺人）。受婆舍斯多尊者付法藏，为禅宗西天二十六祖。㉘〔般若多罗〕梵文名Prajñātāra，又称璎珞童子。婆罗门种姓。东天竺人。受不如蜜多尊者付法藏，为禅宗西天二十七祖。㉙〔菩提达摩〕菩提达摩尊者（？—536），梵文名Bodhidharma，又称菩提达磨、菩提达摩多罗、达摩多罗、菩提多罗，通称达摩，意译作道法。南天竺香至国（或作婆罗门国、波斯国）国王第三子。受般若多罗尊者付法藏，传"南天竺一乘宗"，为禅宗西天二十八祖、中土初祖。㉚〔慧可〕慧可禅师（487—593），一名僧可，虎牢（今河南荥阳市）人，俗姓姬。受菩提达摩尊者付法藏，为禅宗中土二祖。㉛〔僧璨〕僧璨禅师（？—606），又作僧粲，生年、籍贯皆不详，或谓徐州人。受二祖慧可大师付法藏，为禅宗中土三祖。㉜〔道信〕道信禅师（580—651），蕲州广济（今湖北武穴市）人，俗姓司马。受三祖僧璨大师付法藏，为禅宗中土四祖。

◎ **大意** "释迦牟尼佛传第一代摩诃迦叶尊者，第二代阿难尊者，第三代商那和修尊者，第四代优波毱多尊者，第五代提多迦尊者，第六代弥遮迦尊者，第七代婆须蜜多尊者，第八代佛驮难提尊者，第九代伏驮蜜多尊者，第十代胁尊者，第十一代富那夜奢尊者，第十二代马鸣大士，第十三代迦毗摩罗尊者，第十四代龙树大士，第十五代迦那提婆尊者，第十六代罗睺罗多尊者，第十七代僧伽难提尊者，第十八代伽耶舍多尊者，第十九代鸠摩罗多尊者，第二十代阇耶多尊者，第二十一代婆修盘头尊者，第二十二代摩拏罗尊者，第二十三代鹤勒那尊者，第二十四代师子尊者，第二十五代婆舍斯多尊者，第二十六代不如蜜多尊者，第二十七代般若多罗尊者，第二十八代菩提达摩尊者，第二十九代慧可大师，第三十代僧璨大师，第三十一代道信大师，第三十二代弘忍大师，惠能是第三十三代。"

◎ **解读** 从迦叶尊者到六祖惠能的传承，较早见于《付法藏因缘传》、《六祖坛经》、《宝林传》（残卷）、《祖堂集》等典籍，经北宋道原纂《景德传灯录》与契嵩编《传法正宗记》而成为定说。下面，主要依据这些典籍，先对西天二十七代与中土六代祖师加以介绍，再处理有关问题。这些典籍的相关记载虽然略有出入，但并不影响其思想一致性，因此此处直接据本引用，不烦辨析其中异同。

迦叶尊者，据玄应《音义》介绍："梵言迦叶波。迦叶，此云光；波，此间语名饮光。饮光有二义：一、迦叶波是上古仙人，此仙人身有光明，能饮余光，令不复现。此罗汉是彼种故，因以名焉。二、此阿罗汉人身作金色，常有光明，以阎浮檀金为人，并此阿罗汉身光，余金人光不复现，故名饮光也。"（《一切经音义》卷七十）姿质美茂，身体金色，出家行沙门苦行。归依释迦牟尼佛，深受佛器重，与其分座而坐。出家八日即证得阿罗汉果，是佛陀十大弟子中头陀行第一的阿罗汉。佛陀入灭后，成为教团领袖，于王舍城召集第一次经典结集。付法藏于阿难尊者，付法偈曰："法法本来法，无法无非法；何于一法中，有法有不法？"（《宝林传》卷一）后在鸡足山入灭尽定，等待弥勒菩萨下生成佛。

阿难尊者，全称阿难陀，是佛陀堂弟、提婆达多亲弟，记忆力特强，出家后二十余年间为佛陀侍者，多能记诵佛陀所说法，被誉为多闻第一。容貌端正，面如满月，眼如青莲，身体光净，屡遭妇女诱惑，因志操坚固而保全梵行。佛陀入灭前未开悟，因受摩诃迦叶教诫，发愤用功而开悟。首次经典结集时，被推举为诵经文者，对于佛教赓续功德无量。促成佛陀许可姨母摩诃波阇波提出家，对比丘尼教团的成立厥功至伟。付法藏于商那和修尊者，付法偈曰："本来付有法，付了言无法。各各自须寤，寤了无无法。"（《宝林传》卷二）付法藏毕，由风轮奋迅三昧入灭。

商那和修尊者，初师事雪山仙人，因仙人从阿难求度，也随阿难出家，证阿罗汉果。阿难灭度之后，继续弘宣妙法，饶益众生。阿难所持法门，悉忆念不忘。付法藏于优波毱多尊者，付法偈曰："非法亦非心，非心亦非法。说是心法时，是法非心法。"（《宝林传》卷二）付法藏毕，以三昧火自焚。

优波毱多尊者，据《阿育王经》卷二说，佛授记"如来涅槃百年之后，当有卖香商主名曰笈多，其后生儿名优波笈多。最胜教化，为无相佛，我涅槃后，当作佛事"。十七岁时，遇商那和修尊者前来化导，从之出家。尊者问："汝年几耶？"答曰："我年十七。"又问："汝身十七，性十七耶？"毱多说："师头白耶？心白耶？"尊者说："我自发白，非心白耳。"毱多说："我身十七，性非十七。"深受尊者器重。二十岁证罗汉果，随后广行游化，至摩突罗国说法，大众云集，闻法者皆证道果。后为阿育王门师。付法藏于提多迦尊者，付法偈曰："心自本来心，本心非有法。有法有本心，非心非本法。"（《宝林传》卷二）付法藏毕，踊跃而化。

提多迦尊者，初名香众。遇优波毱多尊者，坚求出家。尊者问："汝身出家，心出家？"对曰："我来出家，非为身心。"尊者问："不为身心，复为谁出家？"对曰："夫出家者，无我我故；无我我故，即心不生灭；心不生灭，即是常道。既是常道，诸佛亦然，心无形相，其体亦然。"尊者曰："汝当明瘖，心自通晓，宜依佛法绍隆三宝。"即从尊者披剃，受具足戒，并赐名提多迦。后游化四方，不久至中天竺。付法藏于弥遮迦尊者，付法偈曰："通达本法心，无法无非法；瘖了同未瘖，无心亦无法。"（《宝林传》卷二）付法藏毕，以火光三昧自焚。

弥遮迦尊者，初修仙道，为八千仙人教主。后与徒众拜提多迦尊者为师，皆得度而证圣果。继而游化诸方。付法藏于婆须蜜多尊者，付法偈曰："无心无可得，说得不名得；若了心非法，始解心心法。"（《宝林传》卷二）付法藏毕，入师子奋迅三昧，化火自焚。

婆须蜜多尊者，慧苑《音义》介绍："婆须蜜多，此云世友，亦曰天友，或云宝，亦曰财。"（《一切经音义》卷二十三）常衣净衣，持酒器游处里巷，吟啸自若，人颇不测，多疑其狂。一天遇弥遮迦尊者，上前问道："何方而来？欲往何处？"尊者答："自从心来，欲往无处。"又问曰："识我手中物不？"尊者曰："此是触器而负净者。"又问曰："识我不？"尊者曰："我即不识，识即不我。"知有凤缘，遂从其出家，并受其法，广行教化。至迦摩罗国，付法藏于佛驮难提，付法偈曰："心同虚空界，示同虚空法；证得虚空时，无是无非法。"（《宝林传》卷二）付法藏毕，由慈三昧而入灭尽定。

佛驮难提尊者，顶有肉髻，聪明博达，日唯一食，常修梵行，年四十遇婆须蜜多尊者，前往诘难："解论议不？"婆须蜜多尊者说："仁者！论即不义，义即不论，若拟论义，终非义论。"叹尊者见地殊胜，礼拜为师。尊者为剃度，特请四果圣人为其授戒。后受法领徒，广为游化。付法藏于伏驮蜜多，付法偈曰："虚空有内外，心法亦如此；若了虚空故，是达真如理。"（《宝林传》卷二）付法藏毕，起座卓然而立，入般涅槃。

伏驮蜜多尊者，初口不言语，足不穿鞋，父母疑惑。遇佛驮难提尊者，为说其因缘："此子往世明达，于佛法中欲为大饶益悲济群生，故尝自愿：'若我生处，当不为父母恩爱所缠，随其善缘即得解脱。其口不言者，表道之空寂也；其足不履者，表法无去来也。'"（《传法正宗记》卷二）其父母之疑涣然冰释。礼佛驮难提为师，禀受其法，广为游化。付法藏于胁尊者，付法偈曰："真理本无名，因名显真理；受得真实法，非真亦非伪。"（《宝林传》卷三）付法藏毕，以灭尽定入般涅槃。

胁尊者，玄奘《大唐西域记》卷二叙其得名因缘说："初，尊者之为梵志师也，年垂八十，舍家染衣。城中少年更诮之曰：'愚夫朽老，一何浅智！夫出家者，有二业焉，一则习定，二乃诵经。而今衰耄，无所进取，滥迹清流，徒知饱食。'时胁尊者闻诸讥议，因谢时人而自誓曰：'我若不通三藏理，不断三界欲，得六神通，具八解脱，终不以胁而至于席！'自尔之后，唯日不足，经行宴坐，住立思维，昼则研习理教，夜乃静虑凝神，绵历三岁，学通三藏，断三界欲，得三明智。时人敬仰，因号胁尊者焉。"伏驮蜜多为其剃度，七位阿罗汉为其授具足戒。受法后，广兴法化。劝迦腻色迦王护持佛典第四次结集，为此次结集上首。付法藏于富那夜奢尊者，付法偈曰："真体自然真，因真说有理；领得真真法，无行亦无止。"（《宝林传》卷三）付法藏毕，即以三昧火自焚而入涅槃。

富那夜奢，生性淡泊，无所好恶，曾说："若遇大士坐于道场，我则至彼亲近随喜。"（《传法正宗记》卷二）后见胁尊者，应对如响，言皆当理，受其法藏。付法藏于马鸣大士，付法偈曰："迷悟如隐显，明暗不相离；今付隐显法，非一亦非二。"（《宝林传》卷三）付法藏毕，于其法座寂然入灭。

马鸣大士，出身婆罗门家族，初习外道。见富那夜奢，致礼问道："我欲识佛，何者即是？"尊者曰："汝欲识佛，不识者是。"曰："佛既不识，焉知是乎？"尊者曰："既不识佛，焉知不是？"曰："此是锯义。"尊者曰："彼是木义。"却问："锯义者何？"马鸣曰："与师平出。"却问："木义者何？"尊者曰："汝被我解。"（《传法正宗记》卷二）遂悟其胜义，欣然出家，受具足戒，证罗汉果，广度大众。博通三藏，明达外典，是古典期梵语文学先驱，将佛陀行持写成叙事诗《佛所行赞》。其他著作尚有《大乘起信论》《金刚针论》《犍稚梵赞》等。付法藏于迦毗摩罗尊者，付法偈曰："隐显即本法，明暗元不二；今付寤了法，非取亦非弃。"（《宝林传》卷三）付法藏毕，入龙奋迅三昧，旋趣寂灭。

迦毗摩罗尊者，初为外道师，曾化魔身娆害马鸣。马鸣问道："汝名谁耶？眷属多少？"魔曰："我名迦毗摩罗，有三千眷属。"师曰："汝尽神力变化若何？"魔曰："我化巨海极为小事。"师曰："汝化性海得否？"魔茫然，乃曰："何谓性海？我未尝知。"大士即为说法曰："山河大地皆依建立，三昧六通由兹发现。"（《景德传灯录》卷一）魔闻法，大起信心，与三千徒属皆求出家。马鸣为剃度，召五百罗汉为其授戒。后得证圣果，赴南天竺大兴法化。付法藏于龙树大士，付法偈曰："非隐非显法，说是真实际；寤此隐显法，非愚亦非智。"（《宝林传》卷三）付法藏毕，以化火自焚。

龙树大士，自幼颖悟，学四吠陀，天文、地理、图纬及幻术等无不通晓。曾惑乱皇帝后宫，后悟欲为苦本，入山修行。遇迦毗摩罗访求贤者，虽出迎而心生轻慢："此师圣不？"迦毗摩罗尊者说："汝虽心语，我已知之。但自出家，何虑吾圣？"于是悔谢，拜之为师。先后学得小乘三藏及大乘教，并入龙宫学习各种方等深经，证入无生法忍。后在南天竺得国王护持，摧伏外道，大弘佛法，为中观学创始人。著有《中论》《大智度论》《十二门论》《十住毗婆沙论》《七十空性论》《回诤论》《六十颂如理论》《大乘破有论》《菩提资粮论》《宝行王正论》《因缘心论颂》《菩提心离相论》《赞法界颂》《广大发愿颂》等数十部论书，以中道见与菩提心为根本思想弘扬大乘佛教，被尊为大乘诸宗共祖。付法藏于迦那提婆尊者，付法偈曰："为明隐显法，方说解脱理；于法心不证，无瞋亦无喜。"（《宝林转》卷三）付法藏毕，入月轮三昧而趣寂定。

提婆尊者，尝挖凿大自在天金像一只眼，后挖取自己一只眼回施大自在天，故又叫迦那提婆或单眼提婆。博闻高见，才辩绝伦。初谒龙树大士，龙树大士以满钵水置其面前，以一针投入水中，欣然契合，遂为龙树大士弟子。游历印度各地，大破各地外道，度人百余万，后为外道所刺。弟子欲报复，尊者教示说："诸法之实，谁冤谁酷？谁割谁截？诸法之实，实无受者，亦无害者，谁亲谁怨？谁贼谁害？汝为痴毒所欺，妄生著见而大号咷，种不善业。彼人所害，害诸业报，非害我也。汝等思之，慎无以狂追狂，以哀悲哀也。"（《提婆菩萨传》）付法藏于罗睺罗多尊者，付法偈曰："本对传法人，为说解脱理；于法实无证，无终复无始。"（《宝林传》卷三）

罗睺罗多尊者，从提婆出家，并受其法，随侍往巴连弗城。付法藏于僧伽难提，付法偈曰："于法实无证，不取亦不离，法非有无相，内外云何起。"（《宝林传》卷三）付法藏毕，于法座上入灭。

僧伽难提尊者，生即能言，与母语，唯说佛事。七岁厌世，依禅利多出家，在石窟中修禅，十九年间未曾懈怠。罗睺罗多尊者至，恰遇其出定，几番论辩，对尊者拜服不已，说偈赞叹："三界一明灯，回光而照我；十方悉开朗，如日虚空住。"投尊者出家，并受其法。付法藏于伽耶舍多，付法偈曰："心地本无生，因种从缘起，缘种不相妨，花果亦复尔。"（《宝林传》卷三）付法藏毕，举右手攀木而化。

伽耶舍多尊者，肌体晶莹，自然香洁，幼好娴静，言语异常。一日持圆镜出游，遇十七祖僧伽难提尊者，从之得度，受具足戒，并受其法。后往月氏国弘化。付法藏于鸠摩罗多尊者，付法偈曰："有种有心地，因缘能发萌；于缘不能碍，当生生不生。"（《宝林传》卷四）付法藏毕，以三昧火于空中自焚。

鸠摩罗多尊者，自幼聪颖，被称为美名童子。出家从僧伽耶舍学法，才学超世，为经部大师。《大唐西域记》卷十二称他"幼而颖悟，早离俗尘，游心典籍，栖神玄旨，日诵三万二千言，兼书三万二千字。故能学冠时彦，名高当世，立正法，摧邪见，高论清举，无难不酬，五印咸见推高。其所制论凡数十部，并盛宣行，莫不玩习，即经部本师也"。付法藏于阇耶多尊者，付法偈曰："性上本无生，为对求人说；于法既无得，何怀决不决。"（《宝林传》卷四）付法藏毕，于法座上入灭。

阇耶多尊者，父母素信三宝，然坎坷多疾，遂疑佛教三世因果报应说。后于中天竺请益鸠摩罗多尊者，尊者以因果罪福之说开解，顿释所疑，承言领旨，萌发宿慧，出家受具足戒。后受鸠摩罗多尊者付法藏，既而历化诸国。至罗阅城，其国素多道众，闻阇耶多尊者来，皆前往师之。付法藏于婆修盘头，付法偈曰："言下合无生，同于法界性；若能如是解，通达事理竟。"（《宝林传》卷四）付法藏毕，于法座上以首倒植象婆罗树枝，奄然而化。

◎ 付嘱第十

婆修盘头尊者，父光盖，母严一，家富无子，母祷佛塔，梦吞明暗二珠有孕，后产一子，即婆修盘头尊者。年十五，礼光度罗汉出家，感毗婆诃菩萨为其授戒。常一食不卧，六时礼佛，清净无欲，为众所归。遇阇耶多说偈："我不求道，亦不颠倒；我不六礼，亦不轻慢；我不长坐，亦不懈怠；我不一食，亦不杂食；我不知足，亦不贪欲。"闻言发无漏智。付法藏于摩拏罗，付法偈曰："泡幻同无碍，如何不悟了；达法在其中，非今亦非古。"（《宝林传》卷四）付法藏毕，于法座入灭。

摩拏罗尊者，生有异迹，父不敢拘。三十岁时，遇婆修盘头尊者，出家受戒，嗣其法藏，旋即游化。初到西天竺，为国王瞿昙得度释疑，得度愿礼拜为师。尊者说："佛法者，能具七事、去三物，乃可学之。"得度曰："事物何者耶？"曰："一去贪，二去爱，三去痴；一具大慈，二具欢喜，三具无我，四具勇猛，五具饶益，六具降魔，七具无证。人所以得其明了不明了，皆由有无此三七者也。王今苟能去三具七，于前后际如视诸掌，成菩提、登佛地，岂远乎哉！"（《传法正宗记》卷四）尊者度之方七日，证阿罗汉果。尊者告别得度，访大法器。时鹤勒那在月氏国九白栖一林间，以诵《大品般若经》为业。尊者前来，鹤勒那与其国王各驾宝象，列御仗远出相迎。尊者为鹤勒那说种种因缘，鹤勒那感而从学。后付法藏于鹤勒那，付法偈曰："心逐万境转，转处实能幽；随流认得性，无喜复无忧。"（《宝林传》卷五）付法藏毕，泊然寂灭。

鹤勒那尊者，因父祈七佛真幢而生。年二十，从罗汉比丘出家，受戒于其山。初，其师使专诵《大品般若经》，如此者三十年。后栖月氏国林间，感群鹤依之。晚遇摩拏罗，于王宫得其付法，开始游化。至中天竺国，遇师子比丘。比丘问："我欲求道，当何用心？"尊者曰："汝若求道，无所用心。"曰："既无用心，争作佛事？"曰："汝若有用，即非功德；汝若无作，即是佛事。何以故？经云：'我所作功德，而无我所作。'"师子闻法开解，列为弟子。尊者寻付法藏于师子，付法偈曰："认得心性时，可说不思议；了了无可得，得时不说知。"（《宝林传》卷五）付法藏毕，于法座寂然迁化。

师子尊者，素来聪颖，有出世智辩。少依婆罗门出家习定，晚师鹤勒那，寻受付法藏。往化于罽宾国，度化偏执小乘禅观者。有禅观上首达摩达不服，与尊者辩难。达摩达始终以有为论禅定，尊者告诉他："诸佛禅定，无有所得，诸佛觉道，无有所证，无得无证，是真解脱。"又说："道无所得，定无所证，于诸相中,悉不能主。行住自在,无所计著,酬因答果,世所业报,于此道中,悉不如是。若言道者,进之不先,退之不后,单之不只,双之不斗,薄而不轻,重而不厚。汝学于定,其道相凑。"(《宝林传》卷五)达摩达欣然奉教。后遇婆舍斯多,知有夙缘,度之出家,圣众为授具足戒。师子尊者嘱咐婆舍斯多:"汝之前身出家已号婆舍,而今复然,宜以兼之,即名婆舍斯多。适观此国,将加难于我,然我衰老,岂更苟免?而我所传如来之大法眼,今以付汝,汝宜奉之,即去自务传化。"(《传法正宗记》卷四)随即付法藏于婆舍斯多,付法偈曰:"正说知见时,知见俱是心;当心即知见,知见即于今。"(《宝林传》卷五)后外道祸乱国家,事败嫁祸佛教,尊者被国王斩首。尊者首坠地之际,白乳涌高丈许。

婆舍斯多尊者,因母梦人授剑而有孕。既诞生,左手紧握不开。一日遇师子尊者,显发宿因,出家为其弟子,密授心印。至中天竺国,大胜外道,受国王迦胜礼遇。继而往南天竺国,受当时国王天德供养。天德崩,新王德胜好咒术,咒者因向王进谗言,谓婆舍斯多无道。王子不如蜜多因护尊者被囚。经国王勘验,知尊者有道,生起大信心,礼敬于尊者,放出不如蜜多。不如蜜多诣尊者所,致弟子礼。尊者问:"汝欲出家,当为何事?"答:"我为佛事。"(《传法正宗记》卷四)尊者以其诚恳,为其剃度。后付法藏于不如蜜多,付法偈曰:"圣人说知见,当境无是非;我今悟真性,无道亦无理。"(《宝林传》卷六)付法藏毕,尊者即于空中化火自焚。

不如蜜多尊者,天性淳懿,少崇佛事。逢婆舍斯多游化本国,请从其出家。王诏许,尊者即在宫中为其剃度,圣僧为其授具足戒。后从尊者出宫,并受其法。游化至东天竺国,大败外道邪术,受国王信奉。东天竺国有婆罗门子,幼无父母,孑然放达,自号璎珞,乡里难测。一日,国王与不如蜜多尊者驾至其国旧城之东,此子特来迎礼。尊者才见,即对国王说:"此子盖大势至菩萨降迹为吾嗣法,然其后复出二大士,其一先化南天竺,而后缘在震旦,然其九年却返本国。"尊者即为其剃度,并赐名般若多罗。尊者世缘将尽,付法藏于般若多罗,付法偈曰:"真性心地藏,无头亦无尾;应缘而化物,方便呼为智。"(《宝林传》卷六)付法藏毕,于王宫法座化形如日,以三昧火自焚。

般若多罗尊者,幼丧父母,常游闾里。有人问他:"汝何姓?"他答:"我与汝同姓。"有人问他:"汝行何急?"他答:"汝行何缓?"迹近济公,令人难测。遇不如蜜多尊者，从其出家，并嗣其法。得法后，至南天竺香至国，见国王三子皆好修行，即以宝珠验其根器利钝。国王长子与次子都说此珠最可宝贵，唯菩提达摩（又称菩提多罗）说："此珠世宝，未足为上，夫诸宝之中，法宝为上；此是世光，诸光之中，智光为上；此是世明，诸明之中，心明为上。然此珠光明不能自照，要假智光明辨于此。既明辨此，即知是珠；既知是珠，即明其宝。若明其宝，宝不自宝；若辨其珠，珠不自珠。珠不自珠者，要假智珠而辨世珠；宝不自宝者，要假智宝而明法宝。"尊者叹其才辩，又问："诸物之中，何物无相？"答："于诸物中，不起无相。"又问："诸物之中，何物最高？"答："于诸物中，人我最高。"又问："诸物之中，何物最大？"答："于诸物中，法性最大。"（《传法正宗记》卷五）尊者知是大法器。国王驾崩，菩提达摩即从尊者出家。尊者许之，后付其法藏，付法偈曰："心地生诸种，因事复因理，果满菩提圆，花开世界起。"（《祖堂集》卷二）未久，尊者自焚其身。

以上禅宗西天诸祖，生平业行中多有神异行迹，如生而异常、多年不语、在禅定中入灭、以三昧火自焚，乃至如迦叶尊者在灭尽定中等待弥勒菩萨下生成佛等事。诸如此类，都是禅宗祖师为摄化众生显示的方便善巧，吾人存而不论可矣。

禅宗的衣钵，在西天从迦叶尊者传到菩提达摩后，便由菩提达摩传给中土二祖慧可，所以菩提达摩既是禅宗西天第二十八祖，又是禅宗中土初祖。菩提达摩祖师，从般若多罗学道，与佛大先并为其门下二甘露门，四十年后得受法藏。梁武帝普通元年（520，一说南朝刘宋末年），泛海至广州，武帝遣使迎至都城建业供养。武帝问："如何是圣谛第一义？"师曰："廓然无圣。"帝曰："对朕者谁？"师曰："不识。"又问："朕自登九五已来，度人造寺，写经造像，有何功德？"师曰："无功德。"帝曰："何以无功德？"师曰："此是人天小果，有漏之因，如影随形，虽有善因，非是实相。"武帝问："如何是实功德？"师曰："净智妙圆，体自空寂，如是功德，不以世求。"（《祖堂集》卷二）武帝憕然不知，成为禅门一大公案。

尊者与梁武帝话不投机，即渡江至北魏，于嵩山少林寺面壁，人称壁观婆罗门。有沙门神光，慕尊者高行，前往师事，虽尽心礼敬，未得与语。一日，神光立雪断臂求法："请和尚安心。"尊者曰："将心来，与汝安心。"进曰："觅心了不可得。"尊者曰："觅得岂是汝心？与汝安心竟。"遂语神光："为汝安心竟，汝今见不？"神光言下大悟，禀师曰："今日乃知一切诸法本来空寂，今日乃知菩提不远。是故菩萨不动念而至萨般若海，不动念而登涅槃岸。"师云："如是，如是。"神光进曰："和尚此法有文字记录不？"师曰："我法以心传心，不立文字。"（《祖堂集》卷二）尊者印可神光，并为其易名慧可。

尊者将返天竺，命门人各呈所见，道副率先说："如我所见，不执文字、不离文字而为道用。"尊者说："汝得吾皮。"尼总持说："我今所解，如庆喜见阿閦佛国，一见更不再见。"尊者说："汝得吾肉。"道育说："四大本空，五阴非有，而我见处无一法可得。"尊者曰："汝得吾骨。"最后，慧可快步走到尊者身前，礼拜毕归位肃立。尊者说："汝得吾髓。"（《景德传灯录》卷三）付慧可衣法，谓："内授法印以契证心，外传袈裟以定宗旨。虽则袈裟不在法上，法亦不在袈裟，于中三世诸佛递相授记。我今以袈裟亦表其信，令后代传法者有禀承，学道者得知宗旨。"（《祖堂集》卷二）又传《楞伽经》印心，说："我观汉地，唯有此经，仁者依行，自得度世。"（《续高僧传》卷十六）又传慧可付法偈曰："吾本来兹土，传法救迷情；一华开五叶，结果自然成。"

菩提达摩于梁大同二年（536，有异说）入寂，葬于熊耳山上林寺，有"只履西归"的神异。梁武帝尊为"圣胄大师"，唐代宗赐号"圆觉大师"，塔名空观。其弟子除慧可外，知名者尚有道育、僧副（一作道副）、昙林等，著作有《二入四行论》《少室六门集》等。

菩提达摩传给慧可的是一种叫作"南天竺一乘宗"（释道宣《续高僧传》卷二十五）的新禅法。依《二入四行论》，这种禅法有理入与行入两方面，理入即见地，行入即修行。理入是通过经教建立起这种见地：众生自性如如不二、清净无染，因客尘烦恼覆障而不能显现，只要通过止观修习就能消除烦恼而与自性相契。行入包括抱怨行、随缘行、无所求行、称法行四种。抱怨行指通过"逢苦不忧""都无怨诉"的修行而"体怨进道"；随缘行指通过"得失从缘，心无增减"的修行而"冥顺于道"，通过观察苦乐等事不动心而与自性相顺；无所求行指通过观察"有求皆苦，无求乃乐"而契入真道行；称法行指依自性本空之理，"为除妄想，修行六度而无所行"（释净觉《楞伽师资记》）。据此可知，菩提达摩的见地与佛乘教法的见地无二无别，其观行则含有主辅两行门，抱怨行、随缘行和无所求行是辅助行门，称法行是主要行门。称法行中，蕴含着顿悟与渐修两种法门，依自性般若行六度即顿悟法门，在自性般若统摄下依析空观行六度即渐修法门。菩提达摩到五祖所传禅法顿渐兼备,到了五祖弟子一代,渐修法门主要由神秀禅师等"楞伽师"继承,顿悟法门则由六祖惠能大师光大,继而创立了大乘佛教中的一大宗派——禅宗顿教。因此可以说,菩提达摩将新禅法传入中土是中国佛教史、中国文化史乃至世界文化史上的里程碑式事件。不过,正因为这是依自性般若起修的新禅法,"玄旨幽赜""理性难通"(《续高僧传》卷二十),人们难以通达,以至在相当长的时期内遭到中土佛教界误解和抵触,历尽艰难困苦。

二祖慧可大师,少为儒生,博览群书,通达易学老庄。年约三十,从洛阳香山宝静禅师出家,后于永穆寺受具足戒,精研三藏。年约四十,遇天竺沙门菩提达摩尊者游化嵩洛,即礼为师。从学六年,精究禅门宗旨。尊者入灭后,慧可大师即在河洛一带晦迹韬光。因驰名京畿,道俗纷纷前往问道,请事为师。天平初年(534),到东魏邺城(今属河北临漳县)弘扬禅法,受到道恒禅师迫害。道恒是当时禅数学的代表人物,"承可说法,情事无寄,谓是魔语","货赇俗府,非理屠害,初无一恨,几其至死"(《续高僧传》卷十六)。后流离邺卫间,直到晚年弟子也不多。北周建德三年(574),武帝灭佛,与同学昙林力护经像。后遇年约四十之居士前来请忏罪:"弟子身患风疾,请和尚为弟子忏悔。"师云:"汝将罪来,为汝忏悔。"居士曰:"觅罪不可见。"师云:"我今为汝忏悔竟,汝今宜依佛法僧宝。"居士问:"但见和尚则知是僧,未审世间何者是佛?云何为法?"师云:"是心是佛,是心是法,法佛无二,汝知之乎?"居士曰:"今日始知,罪性不在内外中间,如其心然,法佛无二也。"(《祖堂集》卷二)即为其剃度,赐名僧璨,付授衣钵,并付法偈:"本来缘有地,从地种花生;当本元无地,花从何处生?"北周武帝灭佛后,大师再度返回邺都,于隋开皇十三年(593)入寂。大师秉持四卷《楞伽》,以"忘言忘念、无得正观为宗"(《续高僧传》卷二十五),著述仅有答向居士书传世。唐德宗谥大祖禅师。

三祖僧璨大师,初谒二祖,受祖器重,为其剃度。受具足戒于光福寺,后又归二祖身边。越两年,二祖付其衣法。二祖避难,大师亦佯狂市肆,后隐遁舒州司空山。北周武帝灭佛时,隐居皖公山十余年,后出世游化。隋开皇十二年(592),沙弥道信来投。问:"如何是佛心?"师答曰:"汝今是什么心?"对曰:"我今无心。"师曰:"汝既无心,佛岂有心耶?"又问:"唯愿和尚教某甲解脱法门。"师云:"谁人缚汝?"对曰:"无人缚。"师云:"既无人缚汝,即是解脱，何须更求解脱？"（《祖堂集》卷二）道信大悟，愿礼事大师。道信往庐陵（今江西吉安）受具足戒回，大师即付与其衣法，付法偈曰："花种虽因地，地上种花生；花种无生性，于地亦无生。"旋往罗浮山优游三载，更归皖公山。大业二年（606）十月十五日，为四众弟子广宣心要毕，合掌立化于树下。有《信心铭》行世。唐玄宗追谥镜智禅师。

四祖道信大师，幼慕空宗而出家，后入舒州皖公山参谒僧璨大师，闻言大悟，侍奉九年（一说十年），受其法藏。大业十三年（617），领徒众至吉州庐陵，遇群盗围城七旬，众皆忧惧，师劝城中道俗念摩诃般若。盗贼遥望城墙上如有天兵守护，弃城而去。欲往衡岳，路经江州，道俗请留庐山大林寺。唐武德七年（624）归蕲州，住破头山三十余年，大弘法化，四方归向如云。破头山改称双峰山，世人称禅师为双峰道信。贞观十七年（643），太宗闻其道风，三诏入京，师均辞不赴召。帝更遣使请，谓若不至，则取首级，师引颈就刃，神色俨然。使者叹异，入奏太宗，太宗叹慕，厚赐珍缯。一日，于黄梅路上遇弘忍，见其出言异常，便问："何姓？"答曰："姓非常姓。"师曰："是何姓？"答："是佛性。"师曰："汝勿姓也。"答曰："其姓空故。"（《祖堂集》卷二）禅师颇器重，求其父母舍之出家，父母应许，遂为剃发，后付法藏弘忍，付法偈曰："花种有生性，因地种花生；先缘不和合，一切尽无生。"禅师另有弟子法融受其法，别开牛头禅一枝。永徽二年（651）闰九月坐化，世寿七十二，建塔于东山黄梅寺。大历（766—779）年间，唐代宗敕谥大医禅师，塔号慈云。有《入道安心要方便法门》等行世。

五祖弘忍大师，七岁从四祖道信出家，年十三剃度为僧。日间劳作，夜即习禅。四祖常验以禅门宗旨，触事解悟，尽受其法。四祖圆寂后，五祖继承法席。四方来学日多，于双峰山东冯茂山另建道场名东禅寺，时人称其禅法为"东山法门"。禅宗由初祖菩提达摩到三祖僧璨，值新禅法初传，信受者不多，徒众皆行头陀行，一衣一钵，随缘而住，并未聚居。及至道信、弘忍，始安禅接众、农禅并作，启后世丛林之风。唐显庆五年（660），高宗遣使召入京，固辞不赴，乃送衣药入山供养。龙朔元年（661），欲传衣法，命徒众作偈呈所见，神秀、惠能各呈一偈，以惠能之偈见解通透，授以衣法，付法偈曰："有情来下种，因地果还生；无情既无种，无性亦无生。"或许有人疑惑：传五祖所著《最上乘论》和《绝观论》提倡的主要是渐修法门，他怎么会将衣钵传给专提顿悟法门的六祖惠能呢？这是将禅师当作固执己见的凡夫了。禅师是当机说法、传法的大善知识，五祖也不例外，当他见到堪受禅宗顿教的众生日益增多，高唱顿悟法门的六祖应运而生时，又怎么会不肯向他传付衣钵呢？咸亨五年（674）十月二十三日，弘忍禅师圆寂，年七十四，建塔于黄梅东山。开元年间（713—741），学士闾丘均为撰塔碑。唐代宗谥号大满禅师。有《最上乘论》《绝观论》等行世。

六祖惠能大师，少年丧父，与母亲相依为命，靠打柴为生。龙朔元年（661），因听《金刚般若波罗蜜经》发明本心，前往黄梅东禅寺礼五祖为师。经八个多月，遇五祖遴选嗣法弟子，以呈心偈得受衣法，为禅宗第六代祖师。得法后南还，于岭南怀集、四会一带隐修十五年。仪凤元年（676），于广州法性寺（今光孝寺）出世，"于菩提树下开'东山法门'"。次年，离开法性寺，驻锡曹溪宝林寺。先天二年（713）八月初三，于国恩寺斋罢，向徒众交代完后事，宣说四句临终偈，端坐至中夜入灭。当年十一月十三日，徒众迁神龛、衣钵等法物于曹溪。次年七月开龛，见真身舍利完好如初，遂供养于寺内祖殿，迄今依然栩栩如生。所说禅法，由法海等弟子集记成帙，名为《法宝坛经》，完成了创立禅宗顿教的伟业。生前则天、中宗二帝屡加褒赐，身后三地争请供养，唐宋帝王皆上尊号，王维、柳宗元、刘禹锡三大文学家继撰碑铭。

［7］"从上诸祖各有禀承①，汝等向后递代流传，毋令乖误。"

◎ **注释** ①〔禀承〕义为领受。《佛本行集经》卷三十八："善语处所精勤求，博闻多智须禀承，其有寂静离欲者，若如是人应亲近。"此处指诸佛心印的递代传承。

◎ **大意** "从开始直到现在，历代祖师都有传承，你们以后代代相传，不要有所乖违。"

◎ **解读** 《付嘱》一品，特别证明禅宗顿教传承诸佛心印的合法性、权威性与正统性。佛教为佛陀创立的宗教，任何传承佛法的宗派，只有溯源到佛陀才具有合法性、权威性与正统性，否则就不能取信于人，更不能令人获得相应的解脱。禅宗作为传佛心宗，自然特别看重此事，契嵩禅师就说："大圣人欲其以正法相

承自我，为万世之宗，以正众证，以别异道，非小事也。"（《传法正宗论》卷上）

禅宗顿教的祖统，前后两段都比较清楚，但从迦叶到般若多罗这一段有些模糊，且曾经引起非议，应该稍作清理。关于这一时期的祖统，早在东晋佛陀跋陀罗所译《达摩多罗禅经》卷上中，就已提到这样的传承："佛灭度后，尊者大迦叶、尊者阿难、尊者末田地、尊者舍那婆斯、尊者优波崛、尊者婆须蜜、尊者僧伽罗叉、尊者达摩多罗，乃至尊者不若蜜多罗，诸持法者，以此慧灯次第传授。"北魏时期，吉迦夜与昙曜所译六卷《付法藏因缘传》，更列出了由释迦牟尼佛到师子二十四世祖统。禅宗内部，祖统最先见于开元二十年至贞元十七年间（732—801）成书的敦煌本《六祖坛经》，经中列举庄严劫至贤劫七佛，以释迦牟尼佛为第七代，到中土六祖共四十代；六祖弟子神会与《曹溪大师别传》（成书于781年前后）也曾提及禅宗祖统，但前者因属辩论时口语，显得简略不清，后者虽然清楚，却过分简略；贞元十七年（801），金陵沙门智炬（或作慧炬）撰《宝林传》（今存残卷），列出一个较为完整的祖统，且说禅宗法脉到师子尊者并未中绝，他被害前已将心印传付婆舍斯多，婆舍斯多一直传到菩提达摩，从而形成一条源源不断、代代相承的法脉。兹将三书从迦叶到菩提达摩的传承列一简表，以观察禅宗顿教三个祖统说在西天传承时期的不同说法，并对相关争论加以说明。

禅宗顿教西天祖统表

代际	《付法藏因缘传》	敦煌本《六祖坛经》	《宝林传》
	称谓	称谓	称谓
1	迦叶	大迦叶	大迦叶
2	阿难	阿难	阿难
3	商那和修	末田地	商那和修
4	优波毱多	商那和修	优波毱多
5	提多迦	优婆掬多	提多迦
6	弥遮迦	提多迦	弥遮迦

◎ 付嘱第十

代际	《付法藏因缘传》称谓	敦煌本《六祖坛经》称谓	《宝林传》称谓
7	佛陀难提	佛陀难提	婆须蜜
8	佛陀蜜多	佛陀蜜多	佛陀难提
9	胁比丘	胁比丘	佛驮蜜多
10	富那奢	富那奢	胁尊者
11	马鸣	马鸣	富那夜奢
12	毗罗	毗罗长者	马鸣菩萨
13	龙树	龙树	毗罗
14	迦那提婆	迦那提婆	龙树菩萨
15	罗睺罗	罗睺罗	迦那提婆
16	僧伽难提	僧伽那提	罗睺罗多
17	僧伽耶舍	僧伽耶舍	僧伽难提
18	鸠摩罗驮	鸠摩罗驮	伽耶舍多
19	阇耶多	阇耶多	鸠摩罗多
20	婆修槃陀	婆修盘陀	阇夜多
21	摩奴罗	摩拏罗	婆修盘头
22	鹤勒那夜奢	鹤勒那	摩拏罗
23	师子	师子比丘	鹤勒
24		舍那婆斯	师子
25		优婆崛	婆舍斯多
26		僧迦罗	不如蜜多
27		须婆蜜多	般若多罗
28		菩提达摩	菩提达摩

由上表可见,《付法藏因缘传》、敦煌本《六祖坛经》与《宝林传》开列的禅宗顿教西天祖统说,主要存在三个方面的差异:一、祖师称谓互有异同,他们有可能是不同的人,也可能是同名异译;二、从末田地、商那和修到菩提达摩,师承代际互有差异;三、《付法藏因缘传》卷六说罽宾国王弥罗掘"以利剑用斩师子,顶中无血,唯乳流出,相付法人于是便绝",而《宝林传》卷六记载婆舍斯多明确证明,"自释尊传教,历于廿四师,我今所学,当继师子",佛法代有传人。因禅宗顿教祖统有如此多异说,唐代神清法师(?—820)曾据《付法藏因缘传》予以指责:"《付法传》止有二十四人,其师子后舍那婆斯等四人,并余家之曲说也;又第二十九名达摩多罗,非菩提达摩也,其传法贤圣间以声闻,如迦叶等虽则回心,尚为小智(迦叶、阿难等灵山虽获授记,尚为小圣尔),岂能传佛心印乎?"(释神清《北山录》卷六)

及至五代南唐保大十年(952),静、筠二禅师编纂《祖堂集》时,首次在灯录中采信《宝林传》的祖统说,只是增加了中土五祖弘忍和六祖惠能;宋真宗景德元年(1004),道原禅师具表上进《景德传灯录》,也沿袭了这个祖统说。但是,他们都没有回应神清法师的指责。再后来,契嵩禅师(1007—1072)以《宝林传》为依据,详细考订《出三藏记集》等佛教典籍,对神清及《付法藏因缘传》所谓"法脉中绝"说做出驳正,并对法脉中祖师名号的异同现象做出了解释:"若《宝林传》者,虽其文字鄙俗,序致烦乱,不类学者著书,然其事有本末,世数名氏亦有所以。虽欲窃取之,及原其所由,或指世书,则时所无有,或指释部,又非藏经目录所存;虽有稍合藏中之云者,亦非他宗之为。余常疑其无证,不敢辄论。会于南屏藏中适得古书号《出三藏记》者,凡十有五卷,乃梁高僧僧祐之所为也。其篇曰《萨婆多部相承传目录记》,祐自序其端云:'唯萨婆多部,偏行于齐土,盖源起天竺,流化罽宾,前圣后贤,重明叠耀。'自大迦叶至乎达摩多罗,凡历二卷,总百余名。从而推之,有曰婆罗多罗者,与乎二十五祖婆舍斯多之别名同也(其义见于本传);有曰弗若蜜多者,与乎二十六祖不如蜜多同其名也;有曰不若多罗者,与乎二十七祖般若多罗同其名也;有曰达摩多罗者,与乎二十八祖菩提达摩法俗合名同也(其义见于本传)。其他祖同者,若曰掬多堀,或上字同而下异,或下字异而上同;或本名反而别名合者,如商那和修曰舍那婆斯之类是也。此盖前后所译梵僧,其方言各异而然也。唯婆舍而下四祖师,其同之尤详。其第一卷目录所列凡五十三人,而此四祖最相联属,而达摩处其末,此似示其最后世之付受者也。"(《传法正宗论》卷上)他说,通过对《出三藏记集》相关记载的查考,肯定该书中婆罗多罗即第二十五祖婆舍斯多,弗若蜜多即第二十六祖不如蜜多,不若多罗即第二十七祖般若多罗,达摩多罗即第二十八祖菩提达摩,表明法脉并未如《付法藏因缘传》所说已经断绝,而是一直传了下来;至于祖师名号或同或异,名号字数或多或少,那是译经僧所操方言各异的结果。

对神清所谓大乘法脉"间以声闻"之说,契嵩更从事理两方面进行了驳斥:"考其讥禅者之说,问难凡数十端,辄采流俗所尚,及援书传,复不得其详。余初谓此非至论,固不足注意。徐思其所谓'迦叶等岂能传佛心印',尤为狂言。恐其荧惑世俗,以增后生未学之相訾不已,乃与正之,非好辩也。大凡万事,理为其本而迹为末也,通其本者故多得之,束其末者故多失之。若传法者数十贤圣,虽示同声闻,而岂宜以声闻尽之哉!《经》曰:'我今所有无上正法,悉已付嘱摩诃迦叶。'《传》曰:'我今所有大慈大悲、四禅三昧无量功德而自庄严,而迦叶比丘亦复如是。'又谓毱多为'无相好佛',又谓僧伽难提者乃过去'婆罗王如来降迹为祖'。如此之类甚众,是岂非圣人欲扶其法、互相尊敬而示为大小耶?"(《传法正宗记》卷二)从事上看,释迦牟尼佛在《大梵天王问佛决疑经》和《大般涅槃经》中都当众宣称将正法眼藏付嘱给了摩诃迦叶;从理上论,佛菩萨已明心见性,外现声闻相内密菩萨行一点都不奇怪,不能以相取人。契嵩除了详细考订禅宗顿教祖统传人,同时撰著《传法正宗定祖图》楷定禅宗顿教法脉传承世系,后世禅宗顿教都遵循他厘定的祖统,宗宝本《六祖坛经》也是如此。

尽管契嵩对禅宗顿教祖统花了这么大考订功夫,考订结果也得到宗门普遍信受,但仍然难堵他宗攻难之口。如天台宗子昉法师就说:"契嵩立二十八祖,妄据禅经,荧惑天下,斥《付法藏》为谬书。此由唐智炬作《宝林传》,因《禅经》有九人,其第八名达摩多罗,第九名般若密多罗,故智炬见达摩两字语音相近,遂改为达摩而增菩提二字,移居于般若多罗之后;又取他处二名婆舍斯多,不如密多以继二十四人,总之为二十八。炬妄陈于前,嵩缪附于后,渎乱正教,瑕玷禅宗。余尝面折之,而嵩莫知愧,又据僧祐《三藏记》传律祖承五十三人,最后名达摩多罗,而智炬取为梁朝达摩。殊不知僧祐所记,乃载小乘弘律之人。炬、嵩既尊禅为大乘,何得反用小乘律人为之祖耶?况《禅经》

且无二十八祖之名，与《三藏记》并明声闻小乘禅耳。炬、嵩既无教眼，才见禅字，认为己宗。是则反贩梁朝达摩但传小乘禅法，厚诬先圣，其过非小。"（释志磐《佛祖统纪》卷二十一）这一反驳，不仅将契嵩的理据全盘推翻，而且给他加上了"厚诬先圣""但传小乘禅法"的罪名。

平心而论，如果从历史事实讨论禅宗顿教祖统，无论契嵩禅师的考订多么周全和详密，都很难得到一个所谓证据确凿、信实可靠、大众共许的结果。那么，六祖为什么列出这么一个祖统呢？他是随便说的吗？契嵩禅师为什么又要孜孜不倦地做这项工作呢？从世俗层面看，祖统主要是一种当机摄受众生的方便法门，目的是强调善知识的合法性与必要性。《华严经》说："亲近供养诸善知识，是具一切智最初因缘。"（唐译八十卷本《大方广佛华严经》卷六十二）禅宗顿教虽然坚信自性是佛，但认为凡夫心迷，不能自悟，还是必须求善知识示导见性。自心迷执的凡夫生活在分别执著的世界，必定执著自己肉眼所见好相，要因好相才能起心信受和追求某个对象，信佛学佛者也不例外。反过来，既然禅师深知佛即是自性，自然可以借助一切相接引众生。当时国人深受宗法性、血缘性、正统性、权威性思想熏陶，建立相应的祖统确实非常必要，否则禅宗顿教很难让更多人生起信心。六祖正是在这种认识基础上随缘建立禅宗顿教祖统说的，契嵩禅师也是在这种认识基础上从事祖统说的艰苦考订工作的，事实证明这一方便确实在中国佛教史上产生了良好的效果。

当然，这不是说禅宗顿教的祖统说子虚乌有，而是强调禅宗顿教建立祖统的宗旨是为了摄化众生。这样，祖统的核心就是善知识是否明心见性、能否传佛心印，而非是否存在一个代代相传的世系，就像血缘宗法世系那样。如果善知识是已明心见性、堪传佛心印的圣者，他即使不是祖统中人，也能引导众生悟入自性，如晚明紫柏尊者；他如果属于祖统中人，甚至还能遥接或遥传宗门法脉，如宋代大阳警玄禅师遥传曹洞宗法脉，现代虚云禅师遥接沩仰、云门和法眼三家法脉。反之，如果他并未明心见性、不堪传佛心印，即便位列祖统之中，也是有名无实，无力荷担如来家业。正是出于这样的考虑，本书并不侧重以历史事实、文献考据研究禅宗顿教，而始终侧重于其宗义，此处对历代祖师的介绍也偏重其悟道与弘法内容，尽管这些内容可能难以考实，却对参禅者发挥着实际影响。

讲到此处，还有必要问一个问题：众生是否必须亲近祖统中的善知识才能明心见性？不一定，永嘉玄觉禅师就是一个典型例子。其中的道理，蕅益大师讲得非常透彻："或曰：'佛祖之道，必师资授受，方有的据，否则法嗣未详，终难取信。'……吾故曰：'执迹以言道，则道隐。譬诸射者，期各中的焉耳。十方三世，唯此一的，常住不变，何俟于传？巧之与力，存乎其人，父不能传之子，子不能得之父，有何所传？或见而知之，或闻而知之，及其知之一也，正知其不可传者也。谓有可传，则不至于戏剧斗诤不止，非佛祖圣贤之道也已。'"（《灵峰蕅益大师宗论》卷五）正如黄龙慧南禅师临终偈所说："得不得，传不传，归根得旨复何言？忆得首山曾漏泄，新妇骑驴阿家牵。"（《黄龙慧南禅师语录》）当然，这并不意味着参禅者无须亲近善知识，更不意味着他们贬低祖统的作用。他们为了广度众生，甚至会主动请求祖统中的善知识为自己印证，如永嘉玄觉禅师求六祖印证一般。

[8] 大师先天二年癸丑岁八月初三日于国恩寺斋罢，谓诸徒众曰："汝等各依位坐，吾与汝别。"

法海白言："和尚留何教法，令后代迷人得见佛性？"

师言："汝等谛听！后代迷人，若识众生，即是佛性；若不识众生，万劫觅佛难逢。吾今教汝识自心众生，见自心佛性，欲求见佛，但识众生。只为众生迷佛，非是佛迷众生。自性若悟，众生是佛；自性若迷，佛是众生。自性平等，众生是佛；自性邪险，佛是众生。汝等心若险曲，即佛在众生中；一念平直，即是众生成佛。我心自有佛，自佛是真佛；自若无佛心，何处求真佛？汝等自心是佛，更莫狐疑。外无一物而能建立，皆是本心生万种法。故经云：'心生种种法生，心灭种种法灭。'吾今留一偈与汝等别，名'自性真佛'偈，后代之人识此偈意，自见本心，自成佛道。"偈曰：

真如自性是真佛，邪见三毒是魔王[①]；

邪迷之时魔在舍，正见之时佛在堂。

性中邪见三毒生，即是魔王来住舍；
正见自除三毒心，魔变成佛真无假。
法身报身及化身，三身本来是一身；
若向性中能自见，即是成佛菩提因。
本从化身生净性，净性常在化身中；
性使化身行正道，当来圆满真无穷。
淫性本是净性因，除淫即是净性身；
性中各自离五欲②，见性刹那即是真。
今生若遇顿教门，忽悟自性见世尊；
若欲修行觅作佛，不知何处拟求真？
若能心中自见真，有真即是成佛因；
不见自性外觅佛，起心总是大痴人。
顿教法门今已留，救度世人须自修；
报汝当来学道者，不作此见大悠悠。

师说偈已，告曰："汝等好住，吾灭度后，莫作世情，悲泣雨泪，受人吊问，身着孝服，非吾弟子，亦非正法。但识自本心，见自本性，无动无静，无生无灭，无去无来，无是无非，无住无往。恐汝等心迷，不会吾意，今再嘱汝，令汝见性。吾灭度后，依此修行，如吾在日；若违吾教，纵吾在世，亦无有益。"复说偈曰：

兀兀不修善，腾腾不造恶；
寂寂断见闻，荡荡心无著。

师说偈已，端坐至三更，忽谓门人曰："吾行矣！"奄然迁化。于时异香满室，白虹属地，林木变白，禽兽哀鸣。

十一月，广、韶、新三郡官僚，洎门人僧俗，争迎真身，莫决所之。乃焚香祷曰："香烟指处，师所归焉。"时香烟直贯曹溪。

◎ 付嘱第十

十一月十三日，迁神龛并所传衣钵而回。次年七月出龛，弟子方辩以香泥上之。门人忆念取首之记，仍以铁叶漆布固护师颈入塔。忽于塔内白光出现，直上冲天，三日始散。韶州奏闻，奉敕立碑，纪师道行。

师春秋七十有六，年二十四传衣，三十九祝发，说法利生三十七载，嗣法四十三人，悟道超凡者莫知其数。达摩所传信衣，中宗赐磨衲宝钵，及方辩塑师真相并道具，永镇宝林道场。留传《坛经》以显宗旨，兴隆三宝、普利群生者。

◎ **注释** ①〔魔王〕梵文 māra，指五阴、烦恼、死、自在天四种魔。《文殊师利问经》卷上："魔者四魔。色、受、想、行、识，此谓阴魔贼；从此有度彼有，息一切事，此谓死魔贼；无明、爱、取，此谓烦恼魔贼；五欲众具为天魔体，此谓天魔贼。"他化自在天魔代表众生的种种欲望，死魔代表死亡，烦恼魔代表贪、瞋、痴三毒心，阴魔代表色、受、想、行、识五阴。佛教认为这四者是扰乱众生走向解脱、证得菩提的障碍，故称之为魔。其中，他化自在天王为众魔之王，故称为魔王。不过，佛教认为万法唯心所现，众生无法超越天魔、阴魔和死魔的扰乱，原因是有贪、瞋、痴三毒心，因此根本上说烦恼魔才是魔王。众生只有信仰和修学智慧，才能消除这四魔。《大方等大集经》卷十五："若菩萨翘勤修习，观五阴如幻，得离阴魔；观诸法性净故，得离烦恼魔；观一切法从缘生、性不成就故，得离死魔；观一切法缘所庄严是无常败坏相故，得离天魔。"②〔五欲〕梵文 pañca kāma，又叫五妙欲、妙五欲、五妙色，指染着色、声、香、味、触五种外境所起五种贪欲。《杂阿含经》卷二十八："欲，谓五欲功德。何等为五？谓眼识明色，可爱、可意、可念、长养欲乐。如是耳、鼻、舌、身识触，可爱、可意、可念、长养欲乐，是名为欲。然彼非欲，于彼贪著者，是名为欲。"另有财、色、名、食、睡五种贪欲：财欲，对世间一切财宝贪恋不舍；色欲，对世间青、黄、赤、白以及男女等色贪恋不舍；饮食欲，对世间美味佳肴贪恋不舍；名欲，对世间声名贪恋不舍；睡眠欲，对睡眠贪恋不舍。五欲都是障碍众生得道因缘，应该呵责。《大智度论》卷十七："当呵责五欲。哀哉众生！常为五欲所恼，而犹求之不已！此五欲者，得之转剧，如火炙疥。五欲无益，如狗咬骨。五欲增诤，如鸟竞肉。五欲烧人，如逆风执炬。五欲害人，如践恶蛇。五欲无实，如梦所得。五欲不久，如假借须臾。世人愚惑，贪著五欲，至死不舍，为之后世受无量苦……五欲法者，与畜生共，有智者识之，能自远离。"

◎ **大意** 先天二年岁在癸丑，八月初三，大师在国恩寺用过斋，对各位门人说："你们各自依位坐好，我跟你们告别。"

法海禅师禀报道："大师！您留下什么教法，能让后世迷执众生见佛性呢？"

大师说："你们用心听！后世迷执者如果认识众生，这就是见佛性；如果不认识众生，一万劫也难见到佛。我现在教你们认识自心众生，见自心佛性，要想见佛，只需认识众生。只因是众生迷佛，不是佛迷众生。如果契悟自性，众生就是佛；如果迷失自性，佛就是众生。自性平等无别，众生就是佛；自性偏邪险恶，佛就是众生。你们的心如果险恶谄曲，就是佛在众生心中；一念平等正直，就是众生成佛。自己心中有佛，自性佛是真佛；自己如果没有佛心，到哪里寻求真佛？你们自心是佛，不要再狐疑不定。心外没有一法能独自成立，都是从众生本心生出各种法。所以佛经说：'心生则种种法生，心灭则种种法灭。'我现在与你们道别，留下一首'自性真佛'偈，后代众生识得此偈意趣，就能自见本心，自成佛道。"偈语曰：

真如自性是真佛，邪见三毒是魔王；
邪迷之时魔在舍，正见之时佛在堂。
性中邪见三毒生，即是魔王来住舍；
正见自除三毒心，魔变成佛真无假。
法身报身及化身，三身本来是一身；
若向性中能自见，即是成佛菩提因。
本从化身生净性，净性常在化身中；
性使化身行正道，当来圆满真无穷。
淫性本是净性因，除淫即是净性身；
性中各自离五欲，见性刹那即是真。
今生若遇顿教门，忽悟自性见世尊；
若欲修行觅作佛，不知何处拟求真？

> 若能心中自见真，有真即是成佛因；
> 不见自性外觅佛，起心总是大痴人。
> 顿教法门今已传，救度世人须自修；
> 告诸未来学道者，不作此见大悠悠。

大师说完偈，普告大众说："你们好好安住下来。我灭度之后，千万不要像俗人那样悲泣，接受吊唁，身上穿着孝服，这不是我的弟子，也不是诸佛正法。只需识得自家本心，现证自家本性没有动静、生灭、去来、是非、住往等二元对立念头。担心你们内心迷执，不善体会我的意趣，现在再付嘱你们，以利你们证见自性。我灭度后，如果依此心要修行，如同我与你们同在；如果违背此教法，纵然我在世，也没有什么益处。"又说偈道：

> 兀兀如愚不修善，腾腾任运不造恶；
> 湛湛寂寂断见闻，坦坦荡荡心无着。

大师说偈毕，端坐到半夜三更，忽然对门人说："我走了！"安然入灭。当时，异香满室，白虹贯地，林木变白，禽兽哀鸣。

当年十一月，广州、韶州和新州三个州郡的官僚，以及僧俗徒众，争相迎请大师真身供养，而无法决定应该送到哪里。于是大家焚香祈祷说："香烟所指的方向，便是大师所归之所。"当时香烟直指曹溪。十一月十三日，大家便将大师神龛和所传衣钵迁回曹溪。次年七月，人们将大师真身请出神龛，弟子方辩用香泥涂身，门人想起有人取大师首级的预言，又用铁叶和漆布将大师脖颈牢固地缠裹好，再将大师真身葬入塔中。忽然，塔内冒出白光，白光直上云天，三天方才散去。韶州奏闻朝廷，奉敕树立石碑，表彰大师道行。

大师世寿七十六岁，二十四岁传承禅宗衣钵，三十九岁剃发出家，说法惠施众生三十七年，嗣法弟子四十三人，转迷开悟者不计其数。菩提达摩大师传付的袈裟、唐中宗御赐的磨衲袈裟和水晶钵、方辩雕塑的大师塑像，以及各种法器，永远留镇宝林道场。留下《坛经》一部，用以显示禅宗顿教宗旨，旨在兴隆三宝、普利群生。

◎ **解读** 六祖大师一期化缘行将圆满，再次向弟子付嘱禅宗顿教心法。他将《坛经》的法要进行简要归纳，要求弟子依教奉行：一、坚信众生自性是佛，不要到众生世间之外寻觅佛，所谓"佛法在世间，不离世间觉，离世觅菩提，恰如求兔角"；二、自性具足法、报、化三身佛，三身佛就是同一个自性，只为便于人们理解，才将其分开说成三身佛，以自性的觉悟体性为法身佛，自性的智慧妙相为报身佛，自性的无量妙用为化身佛；三、心生种种法生，心灭种种法灭，万法唯心，众生心生则自性隐伏而魔王入心、魔法现前，众生心灭则自性开显而真佛现身、佛法现前；四、心佛与众生，是三无差别，识得众生便识得佛，迷失众生就迷失了佛；五、三毒五欲等众生心并不可怕，六十二见及一切烦恼皆是佛种，怕的是有此等心而不自知，所谓"不怕念起，只怕觉迟"；六、远离三毒五欲等众生心的方法，最胜者莫过禅宗顿教的般若观照法门，只有般若观照法门能够照彻众生心，一刹那间灭尽妄念、明心见性，一悟即至佛地；七、如果不以般若为行法、见性为归趣，起心向外求觉悟成佛，便是不折不扣的愚痴者。凡此诸义，前文相关各处均有展开，此处仅提其要。

六祖付嘱法要后，再次告诫弟子：明心见性者已了生死，契入"无动无静，无生无灭，无去无来，无是无非，无住无往"的大般涅槃境界，大千世界刹刹尘尘无非自己的身体。他嘱咐弟子不要被生死假象迷惑，以四大肉身为真身，以肉身解散为死亡，作世间儿女态，又是悲悲戚戚，又是接受吊问，这不是佛教正法；还特别叮嘱弟子，"吾灭度后，依此修行，如吾在日；若违吾教，纵吾在世，亦无有益"，可谓悲心切切。六祖交代完这一切，欣然说了首如实显露自性的临终偈，便端坐入灭了。

六祖早年在家闻经开心，二十四岁以行者身份在东禅寺修行八个月得法受衣，三十九岁剃发出家、开堂说法，七十六岁入大涅槃。说法三十七年，嗣法弟子有堀多、法海、志诚、晓了、智隍、法达、智通、志彻、智常、志道、印宗、行思、怀让、玄觉、本净、玄策、令韬、慧忠、神会、祇陀、净安、嵩山守、定真、坚固、道进、善快、缘素、宗一、善现、梵行、自在、咸空、泰祥、法净、辩才、吴头陀、道英、智本、法真、玄楷、昙璀、韦璩、孙菩萨四十三人，明心见性、领受法益者指不胜屈。

六祖生前皇帝屡加褒赐，身后三地争请供养（真身一直供奉于曹溪南华禅寺）。唐宪宗赐谥大鉴禅师、塔号灵照，宋太宗加谥大鉴真空禅师、诏新师塔曰太平兴国之塔，宋仁宗迎师真身、衣钵入大内供养，并加谥大鉴真空普觉禅师，宋神宗加谥大鉴真空普觉圆明禅师。王维、柳宗元和刘禹锡三大文学家铭碑志纪。对一般人来说，这可谓至极荣哀了，但对六祖来说，这就是生活本身，毫无奇特，毫无挂碍。何以见得？请看其临终偈："兀兀不修善"者，无善可修也;"腾腾不造恶"者,无恶可造也,"寂寂断见闻"者,外不住于相也,"荡荡心无著"者,内不住于空也。不修善、不造恶即"不染万境",不住相、不住空即"心体无滞",不言而喻,六祖即佛所谓"能善分别诸法相,于第一义而不动"与"以无我、无人、无众生、无寿者修一切善法"之大智大悲者。既然如此,六祖真入灭了吗?没有。他不但在大千世界中,也在你我心中,无论你我见还是未见。那么,这不生不灭的六祖是谁呢?

附录

◎附 录

南宗顿教最上大乘摩诃般若波罗蜜经六祖惠能大师于韶州大梵寺施法坛经一卷兼受无相戒弘法弟子法海集记

惠能大师于大梵寺讲堂中升高座,说摩诃般若波罗蜜法,授无相戒。其时座下,僧尼道俗一万余人,韶州刺史韦据及诸官僚三十余人,儒士〔三十〕[①]余人,同请大师说摩诃般若波罗蜜法。刺史遂令门人僧法海集记,流行后代,与学道者承此宗旨,递相传授,有所依约,以为禀承,说此《坛经》。

能大师言:善知识!净心念摩诃般若波罗蜜[②]。

大师不语,自净心神,良久乃言:善知识静听!惠能慈父,本官范阳,左降迁流岭南,新州百姓。惠能幼小[③],父少[④]早亡,老母孤遗,移来南海,艰辛贫乏,于市卖柴。忽有一客买柴,遂领惠能至于官店。客将柴去,惠能得钱。却向门前,忽见一客读《金刚经》,惠能一闻,心明便悟。乃问客曰:"从何处来,持此经典?"客答曰:"我于蕲州黄梅县东冯墓山礼拜五祖弘忍和尚,现今在彼,门人有千余众。我于彼听见大师劝道俗,但持《金刚经》一卷,即得见性,直了成佛。"惠能闻说,宿业有缘,便即辞亲,往黄梅冯墓山礼拜五祖弘忍和尚。

弘忍和尚问惠能[⑤]曰:"汝何方人?来此山礼拜吾,汝今向吾边复求何物?"

惠能答曰:"弟子是岭南人,新州百姓,今故远来礼拜和尚,不求余物,

[①] 三十,敦煌诸本皆无,据宗宝本补。
[②] 波罗蜜,敦博本、英博本作"波罗蜜法"。
[③] 小,敦博本作"少"。
[④] 少,英博本作"小",敦博本作"亦"。
[⑤] 惠能,底本倒作"能惠"。

唯求佛法①。"

大师遂责惠能曰："汝是岭南人，又是獦獠，若为堪作佛！"

惠能答曰："人即有南北，佛性即无南北，獦獠身与和尚不同，佛性有何差别？"

大师欲更共议，见左右在旁边，大师更②不言，遂发遣惠能，令随众作务。时有一行者，遂差惠能于碓坊踏碓。

八个余月，五祖忽于一日唤门人尽来，门人集〔讫〕③。五祖曰："吾向汝说，世人生死事大，汝等门人，终日供养，只求福田，不求出离〔生〕④死苦海。汝等自性迷，福门何可救汝？汝总且归房，自看有智慧者，自取本性般若之知，各作一偈呈吾。吾看汝偈，若悟大意者，付汝衣法，禀为六代。火急急⑤。"

门人得处分，却来各至自房，递相谓言："我等不须呈心，用意作偈，将呈和尚。神秀上座是教授师，秀上座得法后，自可依止，请不用作！"诸人息心，尽不敢呈偈。

时大师堂前有三间房廊，于此廊下供养，欲画楞伽变，并画五祖大师传授衣法，流行后代为记。画人卢珍看壁了，明日下手。

上座神秀思维："诸人不呈心偈，缘我为教授师，我若不呈心偈，五祖如何得见我心中见解深浅？我将心偈上五祖，呈意即善，求法觅祖不善，却同凡心夺其圣位。若不呈心，终不得法。"良久思维，甚难甚难！夜至三更，不令人见，遂向南廊下中间壁上题作呈心偈，欲求衣法。"若五祖见偈，言此偈语，若访觅我，我见和尚，即云是秀作。五祖见偈，言不堪，自是我迷，宿业障重，不合得法。圣意难测，我心自息。"

秀上座三更于南廊⑥中间壁上，秉烛题作偈，人尽不知。偈曰：

身是菩提树，心如明镜台；

---

① 佛法，敦煌诸本皆作"佛法作"，"作"字据文义删。
② 更，底本、敦博本作"更便"，"便"字据英博本删。
③ 讫，敦煌诸本皆作"记"，据文义改。
④ 生，底本无，据敦博本补。
⑤ 急急，敦博本作"急作"。
⑥ 南廊，英博本作"南廊下"。

◎ 附　录

　　　　时时勤拂拭，莫使有尘埃。

　　神秀上座题此偈毕，归房卧，并无人见。

　　五祖平旦遂唤卢供奉来南廊下画楞伽变。五祖忽见此偈，请记。乃谓供奉曰："弘忍与供奉钱三十千，深劳远来，不画变相也。《金刚经》云：'凡所有相，皆是虚妄。'不如留此偈，令迷人诵。依此修行，不堕三恶；依法修行人①，有大利益。"

　　大师遂唤门人尽来焚香偈前。〔众人见已〕②，皆生敬心。"汝等尽诵此偈者，方得见性，依此修行，即不堕落。"门人尽诵，皆生敬心，唤言："善哉。"

　　五祖遂唤秀上座堂内〔问〕③："是汝作偈否？若是汝作，应得我法。"秀上座④言："罪过！实是神秀作。不敢求祖，愿和尚慈悲，看弟子有少⑤智慧，识大意否？"

　　五祖曰："汝作此偈，见〔解〕⑥只到门前，尚未得入。凡夫依此偈修行，即不堕落；作此见解，若觅无上菩提，即未⑦可得。须⑧入得门，见自本性。汝且去，一两日⑨思维，更作一偈来呈吾，若入得门，见自本性，当付汝衣法。"

　　秀上座去，数日作⑩不得。

　　有一童子，于碓坊边过，唱诵此偈。惠能一闻，知未见性，即识大意。能〔问〕⑪童子："适来诵者，是何言偈？"童子答能曰："你不知，大师言，

---

① 人，敦博本无。
② 众人见已，底本作"人众人见"，英博本作"众人见"，据敦博本改。
③ 堂内问，底本、敦博本作"堂内门"，英博本作"于堂内门"，据宗宝本改。
④ 上座，敦博本作"上"。
⑤ 少，英博本作"小"。
⑥ 见解，底本、英博本作"见即来到"，据敦博本改。
⑦ 未，敦博本作"不"。
⑧ 须，敦博本作"要"。
⑨ 日，英博本作"昧"。
⑩ 作，敦博本作"作偈"。
⑪ 问，底本作"闻"，据敦博本、英博本改。

六祖坛经

生死事大,欲传〔衣〕①法,令门人等'各作一偈来呈吾②看,悟大意即付衣法,禀为六代祖'。有一上座名神秀,忽于南廊下书'无相'偈一首,五祖令诸门人尽诵,悟此偈者,即见自性;依此修行,即得出离。"

惠能答曰:"我此踏碓八个余月,未至堂前,望上人引惠能至南廊下,见此偈礼拜,亦愿诵取,结来生缘,愿生佛地。"

童子引能至南廊③,能即礼拜此偈。为不识字,请一人读。惠能〔闻〕④已,即识大意。惠能亦作一偈,又请得一解书人,于西间壁上题着,呈自本心。不识本心,学法无益,识心见性,即悟大意。惠能偈曰:

菩提本无树,明镜亦无台;

佛性常清净,何处有尘埃?

又偈曰:

心是菩提树,身为明镜台;

明镜本清净,何处染尘埃?

院内徒众见能作此偈,尽怪。惠能却入碓坊。

五祖忽来廊下,见惠能偈,即知识大意。恐众人知,五祖乃谓众人曰:"此亦未得了。"

五祖夜至三更,唤惠能堂内说《金刚经》。惠能一闻⑤,言下便悟。其夜受法,人尽不知,便传顿法⑥及衣,以⑦为六代祖。衣将⑧为信禀,代代相传;法以心传心,当令自悟。

五祖言:"惠能!自古传法,气如悬丝!若住此〔间〕⑨,有人害汝,汝即须速去。"

---

① 衣,底本作"依",英博本作"于",据敦博本改。
② 吾,英博本无。
③ 廊,英博本作"廊下"。
④ 惠能闻,底本作"惠能问",英博本作"惠问",据敦博本改。
⑤ 一闻,敦博本作"及一闻"。
⑥ 法,敦博本作"教"。
⑦ 以,英博本作"汝"。
⑧ 衣将,敦博本作"将衣"。
⑨ 间,底本、英博本作"闻",据敦博本改。

◎附 录

能得衣法，三更发去。五祖自送能至①九江驿，登时便别。五祖处分："汝去，努力将法向南，三年勿弘此法，难起。在后弘化，善诱迷人，若得心开，与吾②无别。"辞违已了，便发向③南。

两月中间，至大庾岭，不知向后有数百人来，欲拟捉惠能，夺衣法。来至半路，尽总却回。唯有一僧，姓陈名惠顺，先是三品将军，性行粗恶，直至岭上，来趁把着。惠能即还法衣，又不肯取。"我故远来求法，不要其衣。"能于岭上便传法惠顺。惠顺得闻，言下心开，能使惠顺即却向北化人④。

惠能来于此地，与诸官僚道俗亦有累劫之因。教是先圣所传，不是惠能自知。愿闻先圣教者，各须净心，闻了愿自除迷，如先代悟。下是法

惠能大师唤言："善知识！菩提般若之知，世人本自有之，即缘心迷，不能自悟，须求大善知识示道见性。善知识！〔愚〕人智人，佛性本亦无差别，只缘迷悟，迷即为〔愚〕，悟即成智⑤。

"善知识！我此法门，以定慧为本。第一勿迷，言慧定别。慧定⑥体一不二，即定是慧体，即慧是定用，即慧之时定在慧，即定之时慧在定。善知识！此义即是慧等学⑦。学道之人作意，莫言先定发慧，先慧发定，定慧各别。作此见者，法有二相。口说善，心不善，慧定不等；心口俱善，内外一种⑧，定慧即等。自悟修行，不在口诤。若诤先后，即是迷人，不断胜负，却生法我，不离四相。

"一行三昧者，于一切时中，行、住、坐、卧常行真心是。《净名经》云：真心是道场，真心是净土⑨。莫心行谄曲，口说法直，口说一行三昧，不

---

① 至，英博本作"于"。
② 与吾，敦博本作"与悟"，英博本作"汝悟"。
③ 向，敦博本无。
④ 化人，英博本作"化人来"。
⑤ "愚人智人"到"悟即成智"，底本此处两"愚"字皆作"遇"，据敦博本改；此五句英博本作"遇悟即成智"。
⑥ 慧定，英博本作"定慧"。
⑦ 学，敦博本、英博本无。
⑧ 一种，底本、英博本作"一众种"，"众"字据敦博本删。
⑨ 真心是道场，真心是净土，《维摩诘经》原文是"直心是道场""直心是菩萨净土"。

275

行真心，非佛弟子。但行真心，于一切法上无有执著，名一行三昧。迷人著法相，执一行三昧真心，坐不动，除妄不起心，即是一行三昧。若如是，此法同无情，却是障道因缘。道须通流，何以却滞？心〔不〕①住即通流，住即〔被〕②缚。若坐不动是，维摩诘不合呵舍利弗宴坐林中。

"善知识！又见有人教人坐，看心看净，不动不起，从此置功。迷人不悟，便执成颠③，即有数百般。如此教道者，故知大错。

"善知识！定慧犹如何等？如灯光。有灯即有光，无灯即无光，灯是光之体，光是灯之用。名即有二，体无两般。此定慧法，亦复如是。

"善知识！法无顿渐，人有利钝。迷即渐劝，悟人顿修。识自本心，是见本性。悟即原无差别，不悟即长劫轮回。

"善知识！我自法门，从上以来，顿渐皆立无念为宗、无相为体、无住为本。何名为相无相？于相而离相。无念者，于念而不念。无住者，为人本性，念念不住，前念、今念、后念，念念相续，无有断绝。若一念断绝，法身即离色身。念念时中，于一切法上无住。一念若住，念念即住，名系缚。于一切法上念念不住，即无缚也。以无住为本。

"善知识！外〔离〕④一切相是无相⑤，但能离相，性体清净⑥，是以无相为体。于一切境上不染，名为无念。于自念上〔离〕⑦境，不于法上念生。莫百物不思，念尽除却，一念断即无，别处受生。学道者用心，莫不识法意，自错尚可，更劝他人迷。不自见迷，又谤经法。是以立无念为宗。即缘迷人于境上有念，念上便起邪见，一切尘劳妄念从此而生。然此教门立无念为宗。世人离境⑧，不起于念，若无有念，无念亦不立。无者无何事？念者何物？无者，离二相诸尘劳。真如是念之体，念是真如之用。〔自〕⑨性起念，虽即见闻觉

---

① 不，敦煌诸本皆作"在"，据宗宝本改。
② 被，敦煌诸本皆作"彼"，据文义改。
③ 颠，敦博本作"颠倒"。
④ 离，底本作"杂"，据敦博本、英博本改。
⑤ 是无相，敦博本无。
⑥ 清净，底本作"清净是"，"是"字据敦博本、宗宝本删。
⑦ 离，底本作"杂"，据敦博本、英博本、国图甲本改。
⑧ 离境，底本作"杂境"，英博本作"离见"。
⑨ 自，敦煌诸本作"曰"，据宗宝本改。

◎ 附　录

知，不染万境而常自在。《维摩经》云：外能善分别诸法相，内于第一义而不动①。

"善知识！此法门中，坐禅元不著心，亦不著净，亦不言〔不〕②动。若言③看心，心元是妄，妄如幻故，无所看也。若言看净，人性本净，为妄念故，盖覆真如。离妄念，本性净。不见自性本净，起心④看净，却生净妄，妄无处所。故知看者，看却是妄也。净无形相，却立净相，言是功夫。作此见者，〔障〕⑤自本性，却被净缚。若修⑥不动者，〔不〕⑦见一切人过患，是性不动。迷人自身不动，开口即说人是非，与道违背。看心看净，却是障道因缘。

"今〔既〕⑧如是，此法门中，何名坐禅？此法门中，一切无碍，外于一切境界上念不起为坐，见本性不乱为禅。何名为禅定？外〔离〕⑨相曰禅，内不乱曰定。外若〔无〕⑩相，内性不乱，本性自净自⑪定。只缘境〔解〕，〔解〕即乱⑫，离相不乱即定。外离相即禅，内⑬不乱即定，外禅内定，故名禅定。《维摩经》云：'即时豁然，还得本心。'《菩萨戒》云：'本源自性清净。'善知识！见自性自净，自修自作自性法身，自行佛行，自⑭作自成佛道。

"善知识！总须自听⑮，与授无相戒。一时逐惠能口道，令善知识见自三

---

① 外能善分别诸法相，内于第一义而不动，《维摩诘经》原文是"能善分别诸法相，于第一义而不动"。
② 不，敦煌诸本皆无，据宗宝本补。
③ 言，敦博本无。
④ 起心，英博本作"心起"。
⑤ 障，底本、英博本作"章"，据敦博本、国图甲本改。
⑥ 修，敦博本无。
⑦ 不，敦煌诸本皆无，据宗宝本补。
⑧ 既，敦煌诸本皆作"记"，据文义改。
⑨ 离，底本作"杂"，据敦博本、英博本改。
⑩ 无，底本、敦煌诸本皆作"有"，据文义改。
⑪ 自，敦博本作"曰"。
⑫ 只缘境解，解即乱，此处两个"解"，底本作"触"，据敦博本改。
⑬ 内，敦煌诸本皆作"内外"，"外"字依文义删。
⑭ 自，敦博本、国图甲本无。
⑮ 听，英博本作"体"。

277

身佛①:'于自色身,归依清净法身佛;于自色身,归依千百亿化身佛;于自色身,归依当来②圆满报身佛。'已上三唱色身是舍宅,不可言归。向者三身在自③法性,世人尽有,为迷不见,外觅三圣④如来,不见自色身中三世⑤佛。善知识!听与善知识说,令善知识于自色身,见自法性有三世佛,此三身佛从自⑥性上生。何名清净法身佛?善知识!世人性本自净,万法在自性⑦。思量⑧一切恶事,即行于恶行;思量一切善事,便修于善行。知如是一切法尽在自性,自性⑨常清净,日月常明。只为云覆盖,上明下暗,不能了见日月星辰。忽遇惠风吹散,卷尽云雾,万象森罗,一时皆现。世人性净,犹如青天。慧如日,智如月⑩,智慧常明。于外〔著〕⑪境,妄念浮云盖覆,自性不能明故,遇善知识,开真正⑫法,吹却迷妄,内外明彻,于自性中万法皆现。一切法在自⑬性,名为清净法身。自归依者,除不善心及⑭不善行,是名归依。何名为千百亿化身佛?不⑮思量,性即空寂;思量,即是自化。思量恶法,化为地狱;思量善法,化为天堂;毒害化为畜生,慈悲化为菩萨;智慧化为上界,愚痴化为下方。自性变化甚〔多〕⑯,迷人自不知见。一念善,智慧即生。一灯能除千年暗,一智能灭万年愚。莫思向前,常思于后,常后念善,名为报身。一念恶,报却千年善心;一念善,报却千年恶灭。无常已来,后念善,名为报身。从法身思量,即是化身;念念善,即是报身。自悟自修,即名归依也。皮肉是色

---

① 佛,敦博本无。
② 来,敦博本、国图甲本作"身"。
③ 在自,敦博本、国图甲本作"自在"。
④ 圣,敦博本、国图甲本作"世",英博本无。
⑤ 世,英博本作"性"。
⑥ 自,英博本无。
⑦ 在自性,敦博本作"自性在"。
⑧ 思量,敦博本、国图甲本作"思维"。
⑨ 自性,敦博本、国图甲本无。
⑩ 智如月,国图甲本无。
⑪ 著,敦煌诸本皆作"看",据宗宝本改。
⑫ 正,英博本无。
⑬ 在自,国图甲本、英博本作"自在"。
⑭ 不善心及,英博本无。
⑮ 不,国图甲本作"不可"。
⑯ 多,底本、英博本作"名",据敦博本、国图甲本改。

身，是①舍宅，不在归②也。但悟三身，即识大意。

"今既自归依三身佛已，与善知识发四弘大愿。善知识！一时逐惠能道：'众生无边誓愿度，烦恼无边誓愿断，法门无边誓愿学，无上佛道誓愿成。'三唱善知识！'众生无边誓愿度'，不是惠能度。善知识！心中众生，各于自身自性自度。何名自性自度？自色身中，邪见烦恼，愚痴迷妄，自有本觉性，只本觉性，将正见度。既悟正见般若之智，除却愚痴迷妄众生，各各自度。邪来正度③，迷来悟度，愚来智度，恶来善度，烦恼来菩〔提〕④度。如是度者，是名真度。'烦恼无边誓愿断'，自心除虚妄。'法门无边誓愿学'，学无上正法。'无上佛道誓愿成'，常下心行，恭敬一切，远离迷执，觉智生般若，除却迷妄，即自悟佛道成，行誓愿力。"

"今既发四弘誓愿讫，与善知识无相忏悔三世罪障。"大师言："善知识！前念、后念及今念，念念不被愚迷染，从前恶行，一时自性若除，即是忏悔；前念、后念及今念，念念不被愚痴染，除却从前矫诳心，永断名为自性忏；前念、后念及今念，念念不被疽疾⑤染，除却从前疾垢心，自性若除即是忏。'已上三唱善知识！何名忏悔？忏者，终身不作；悔者，知于前非。恶业恒不离心，诸佛前口说无益，我此法门中，永断不作，名为忏悔。

"今既忏悔已，与善知识授无相三归依戒。"大师言："善知识！归依觉，两足尊；归依正，离欲尊；归依净，众中尊。从今以后，称佛为师，更不归依余⑥邪迷外道，愿自三宝慈悲证明。善知识！惠能劝善知识归依〔自性〕⑦三宝。佛者，觉也；法者，正也；僧者，净也。自心归依觉，邪迷不生，少欲知足，离财离色，名两足尊。自心归〔依〕⑧正，念念无邪故，即无爱著，以无爱著，名离欲尊。自心归〔依〕⑨净，一切尘劳妄念，虽在自性，自性不染

---

① 是，敦博本、国图甲本无。
② 归，英博本作"归依"。
③ 邪来正度，敦博本、国图甲本无，英博本作"邪见正度"。
④ 提，底本、英博本作"萨"，据敦博本、国图甲本改。
⑤ 疾，国图甲本作"疫"。
⑥ 余，敦博本、国图甲本无。
⑦ 自性，底本、敦博本作"身"，国图甲本、英博本无，据宗宝本改。
⑧ 依，据敦博本、国图甲本补。
⑨ 依，据敦博本、国图甲本补。

著，名众中尊。凡夫不解，从日至日受三归依戒。若言归佛，佛在何处？若不见佛，即无所归，既无所归，言却是妄。善知识！各自观察，莫错用意，经中只言自归依佛，不言归〔依〕①他佛。自性不归，〔依〕②无所处。

"今既自归依三宝，总各各至心，与善知识说摩诃般若波罗蜜法。善知识！虽念不解，惠能与说，各各听。摩诃般若波罗蜜者，西国梵语，唐言大智慧彼岸到。此法须行，不在口念。口念不行，如〔幻〕③如化。修行者，法身与佛等也。

"何名摩诃？摩诃者是大。心量广大，犹如虚空。莫定心坐④，即落无记。空能含日月星辰，大地山河，一切草木，恶人善人，恶法善法，天堂地狱，尽在空中。世人性空，亦复如是。性含万法是大，万法尽是自性。见一切人及非人，恶之与善，恶法善法，尽皆不舍，不可染著，犹如虚空，名之为大。此是摩诃行。迷人口念，智者心〔行〕⑤。又有迷人，空心不思，名之为大，此亦不是。心量大，不行是小，莫口空说。不修此行，非我弟子。

"何名般若？般若是智慧。一〔切〕⑥时中，念念不愚⑦，常行智慧，即名般若行。一念愚⑧即般若绝，一念智即般若生。心中常愚，我修〔般若〕⑨。般若无形相，智慧性即是。

"何名波罗蜜？此是西国梵音，唐言彼岸到。解义离生灭，著境生灭起，如水有波浪，即是于此岸。离境无生灭，如水永长流故，即名到彼岸，故名波罗蜜。

"迷人口念，智者心行。当念时有妄，有妄即非真有；念念若行，是名真有。悟此法者，悟般若法，修般若行。不修即凡，一念修行，法身等佛。

"善知识！即烦恼是菩提。前念迷即凡，后念悟即佛。

---

① 依，据敦博本、国图甲本补。
② 依，据国图甲本补。
③ 幻，敦煌诸本皆无，据宗宝本补。
④ 坐，敦博本、国图甲本作"禅"。
⑤ 行，敦煌诸本皆无，据宗宝本补。
⑥ 切，敦煌诸本皆无，据宗宝本补。
⑦ 愚，敦博本、国图甲本作"思"。
⑧ 愚，敦博本、国图甲本作"思"。
⑨ 般若，敦煌诸本皆无，据宗宝本补。

◎ 附　录

"善知识！摩诃般若波罗蜜，最尊最上第一，无住无去无来，三世诸佛从中出。将大智慧到彼岸，打破五阴烦恼尘劳；最尊最上第一，赞最上乘①法，修行定成佛；无去无住无来往，是定慧等；不染一切法，三世诸佛从中变三毒为戒定慧。

"善知识！我此法门，从〔一般若生〕②八万四千智慧。何以故？为世人③有八万四千尘劳。若无尘劳，般若常在，不离自性。悟此法者，即是无念、无忆、无著。莫起〔杂〕④妄，即自是真如性。用智慧观照，于一切法不取不舍，即见性成佛道。

"善知识！若欲入甚深法界⑤、入般若三昧者，直须⑥修般若波罗蜜行，但持《金刚般若波罗蜜经》一卷，即得见性，入般若三昧。当知此人功德无量，经中分明赞叹，不能具说。此是最上乘法，为大智上根人说，少根智人若闻法，心不生信。何以故？譬如大龙，若下大雨，雨于阎浮提，如漂草叶；若下大雨，雨放大海，不增不减。若大乘者，闻说《金刚经》，心开悟解。故知本性自有般若⑦之智，自用智慧观照，不假文字。譬如其雨水，不从天有，元是龙王于江海中将身引此水，令一切众生、一切草木、一切有情无情悉皆蒙润，诸水众流却入大海，海纳众水，合为一体。众生本性般若之智，亦复如是。

"小⑧根之人，闻说此⑨顿教，犹如大地草木根性自小⑩者，若被大雨一沃，悉⑪皆自倒，不能增长。小⑫根之人亦复如是，有般若之智，与⑬大智之人

---

① 乘，国图甲本作"大乘"。
② 一般若生，敦煌诸本皆无，据宗宝本补。
③ 为世人，国图甲本作"世人"，英博本作"为世"。
④ 杂，底本、英博本作"谁"，据敦博本、国图甲本改。
⑤ 法界，国图甲本作"心法界"。
⑥ 须，英博本无。
⑦ 般若，敦博本、国图甲本作"本性"。
⑧ 小，敦博本、英博本、国图甲本作"少"。
⑨ 此，国图甲本无。
⑩ 小，敦博本、英博本、国图甲本作"少"。
⑪ 悉，国图甲本作"速"。
⑫ 小，敦博本、英博本、国图甲本作"少"。
⑬ 与，底本、英博本作"之与"，"之"字据敦博本、国图甲本删。

亦无差别。因何闻法即不悟？缘邪见障重，烦恼根深，犹如大云盖覆于日，不得风吹，日无能现。般若之智亦无大小，为一切众生自有迷心，外修觅佛，未悟自性，即是小根人。闻其顿教，不信外修，但于自心令自本性常起正见，一切邪见烦恼、尘劳众生当时尽悟，犹如大海纳于众流，小水大水合为一体，即是见性。内外不住，来去自由，能除执心，通达无碍。心修此行，即与《般若波罗蜜经》本无差别。

"一切经书及文字，小大二乘、十二部经，皆因人置，因智慧性故，故然能建立。我若无智人，一切万法本亦①不有。故知万法本从人兴，一切经书因人说有。缘在人中有愚有智，愚为小故，智为大人。〔迷人问〕②于智者，智人与愚人说法，令使愚者悟解心开。迷人若悟心开，与大智人无别。故知不悟，即③佛是众生；一念若悟，即众生是④佛。故知一切万法尽在自身心中，何不从于自心顿见真如本性？《菩萨戒经》云：我本源自性清净。识心见性，自成佛道。'即时豁然，还得本心。'

"善知识！我于忍和尚处，一闻言下大悟，顿见真如本性。是故以教法流行后代，令学道者顿悟菩提。各自观心，令自本性顿悟。若〔不〕⑤能自悟者，须觅大善知识示道见性。何名大善知识？解最上乘法，直示正路，是大善知识，是大因缘，所为化道令得见佛，一切善法皆因大善知识能发起故。三世诸佛、十二部经，在⑥人性中本自具有，不能自悟⑦，须得善知识示道见性。若自悟者，不假外⑧善知识。若取外求善知识，望得解脱，无有是处。识自心内善知识，即得解脱。若自心邪迷，妄念颠倒，外善知识即有教授，〔救不可得〕⑨。汝若不得自悟，当起般若观照，刹那间妄念俱灭，即是自真正善

---

① 亦，英博本作"无"。
② 迷人问，敦煌诸本皆作"问迷人"，据文义改。
③ 即，底本、英博本作"即是"，"是"字据国图甲本删。
④ 是，底本作"不是"，"不"字据国图甲本删。
⑤ 不，敦煌诸本皆无，据宗宝本补。
⑥ 在，底本作"云在"，"云"字据敦博本、国图甲本删。
⑦ 自悟，底本作"自性悟"，"性"字据敦博本、国图甲本删。
⑧ 外，敦博本、国图甲本作"外求"。
⑨ 救不可得，敦煌诸本皆无，据宗宝本补。

◎ 附　录

知识，一悟即至佛地①。自性心地，以智慧观照，内外明彻，识自本心。若识本心，即是解脱；既得解脱，即是般若三昧；悟般若三昧，即是无念。何名无念？无念法者，见一切法，不著一切法②；遍一切处，不著一切处。常净自性，使六贼从六门走出，于六尘中不离不染，来去自由，即是般若三昧，自在解脱，名无念行。莫百物不思，当令念绝，即是法缚，即名边见。悟无念法者，万法尽通；悟无念法者，见诸佛境界；悟无念顿法者，至佛位地。

"善知识！后代得吾法者，常见吾法身不离汝左右。善知识！将此顿教法门，同见同行，发愿受持，如事③佛故。终身受持而不退者，欲入圣位，然须传授。从上以来，默然而付〔衣〕④法，发大誓愿，不退菩提，即须分付。若不同见解，无有志愿，在在处处，勿妄宣传，损彼前人，究竟无益。若〔愚〕⑤人不解，谤此法门，百劫⑥千生⑦，断佛种性。"

大师言："善知识！听吾说'无相'颂，令汝迷者罪灭，亦名'灭罪'颂。"颂曰：

愚人修福不修道，谓言修福而⑧是道⑨；
布施供养福无边，心中三业元来在。
若将修福欲灭罪，后世得福罪元造⑩；
若解向心除罪缘，各自性中真忏悔。
若悟大乘真忏悔，除邪行正即无罪；
学道之人能自观，即与悟人同一例。
大师今传此顿教，愿学之人同一体；

---

① 至佛地，英博本作"知佛也"。
② 不著一切法，敦博本、国图甲本无。
③ 事，敦博本、国图甲本、英博本作"是"。
④ 衣，底本、英博本作"于"，据敦博本、国图甲本改。
⑤ 愚，底本、英博本作"遇"，据敦博本、国图甲本改。
⑥ 百劫，《大正藏》本作"百劫万劫"，"万劫"二字据敦博本、国图甲本删。
⑦ 千生，英博本作"万劫"。
⑧ 而，敦博本、国图甲本作"如"。
⑨ 道，英博本无。
⑩ 元造，国图甲本作"元在"，英博本作"无造"。

>若欲当来觅本身，三毒恶缘心〔中〕^①洗。
>
>努力修道莫悠悠，忽然虚度一世休；
>
>若遇大乘顿教法，虔诚合掌志心求。

大师说法了，韦使君、官僚、僧众、道俗赞言无尽，昔所未闻。

使君礼拜，白言："和尚说法实不思议。弟子当有少疑，欲〔问〕^②和尚，望意和尚大慈大悲，为弟子说。"大师言："有疑即问，何须再三？"

"使君闻法，可不^③是西国第一祖^④达摩祖师宗旨？"

大师言："是。"

"弟子见说，达摩大师〔化〕^⑤梁，武帝问达摩：'朕一生以来，造寺、布施、供养，有功德否？'达摩答言：'并无功德。'武帝惆怅，遂遣达摩出境。未审此言，请和尚说。"

六祖言："实无功德，使君勿疑^⑥达摩大师言。武帝著邪道，不识正法。"

使君问："何以无功德？"

和尚言："造寺、布施、供养只是修福，不可将福以为功德，功德在法身，非在于福田。自法性有功德，平直是佛性。佛性者^⑦，外行恭敬；若轻一切人，吾我不断，即自无功德。自性虚妄^⑧，法身无功德。念念行平等真心，德即不轻。常行于敬，自修身即功，自修心即德。功德自心作，福与功德别。武帝不识正理，非祖大师有过。"

使君礼拜，又问："弟子见僧俗^⑨常念阿弥陀佛，愿往^⑩生西方。请和尚说，得生彼否？望为破疑。"

---

① 中，底本作"重"，敦博本、国图甲本作"里"，据英博本改。

② 问，底本、英博本作"闻"，据敦博本改。

③ 不，底本、英博本作"不不"，敦博本、国图甲本作"不如"，据文义删一"不"字。

④ 祖，敦博本、国图甲本作"师"。

⑤ 化，敦煌诸本皆作"代"，据宗宝本改。

⑥ 勿疑，底本、英博本作"朕勿疑"，"朕"字据敦博本、北图本删。

⑦ 佛性者，敦博本、英博本、国图甲本无。

⑧ 虚妄，敦博本、国图甲本作"无功德"。

⑨ 僧俗，底本、敦博本、英博本作"僧道俗"，"道"字据国图甲本删。

⑩ 往，敦博本、国图甲本无。

大师言："使君听，惠能与说。世尊在舍卫城说西方引化，经文分明，去此不远，只为下根，说近说远，只缘上智①。人自两种，法无〔两〕②般。迷悟有殊，见有迟疾。迷人念佛生彼，悟者自净其心。所以佛言：'随其心净，则佛土净。'使君，东方但净心无罪，西方心不净有愆，迷人愿生东方、生③西者。所在处并皆一种，心地④但无不净，西方去此不远；心起不净之心，念佛往生难到。除〔十〕⑤恶即行十万，无八邪即过八千，但行真心，到如弹指。

"使君，但行十善，何须更愿往生？不断十恶之心，何佛即来迎请？若悟无生顿法，见西方只在刹那；不悟顿教大乘，念佛往生路遥⑥，如何得达？"

六祖言："惠能与使君移西方刹那间，目前便见，使君愿见否？"

使君礼拜："若此得见，何须往生？愿和尚慈悲，为现西方，大善！"

大师言："一时见西方！无疑即散！"

大众愕然，莫知何是⑦。

大师曰："大众！大众作意听，世人自色身是城，眼、耳、鼻、舌、身即是城门。外有六门，内有意门。心即是地，性即是王，性在王在，性去王无，性在身心存，性去身坏。佛是自性作，莫向身求。自性迷，佛即⑧众生；自性悟，众生即是佛。慈悲即是观音，喜舍名为势至，能净是释迦，平直即是弥勒，人我即是须弥，邪心即是海水⑨，烦恼即是波浪，毒心即是恶龙，尘劳即是鱼鳖，虚妄即是神鬼⑩，三毒即是地狱，愚痴即是畜生，十善即是天堂。〔无我人〕⑪，须弥自倒；除邪心，海水竭；烦恼无，波浪灭；毒害除，

---

① "只为下根，说近说远，只缘上智"句，文义不通，宗宝本作"说远为其下根，说近为其上智"。
② 两，敦煌诸本皆无，据宗宝本补。
③ 生，敦博本、英博本、国图甲本无。
④ 地，英博本无。
⑤ 十，敦煌诸本皆无，据宗宝本补。
⑥ 遥，敦博本、国图甲本作"远"。
⑦ 是，敦博本、国图甲本作"事"。
⑧ 即，敦博本、国图甲本作"即是"。
⑨ 海水，英博本作"大海"。
⑩ 神鬼，敦博本作"鬼神"。
⑪ 无我人，底本、英博本作"我无人"，据敦博本改。

鱼龙绝。自心地上觉性如来，施大智慧光明，照曜六门清净，照破六欲诸①天，下照三毒若除，地狱一时消灭，内外明彻，不异西方。不作此修，如何到彼？"

座下闻说，赞声彻天，应是迷人，了然便见。

使君礼拜，赞言："善哉！善哉！普愿法界众生，闻者一时悟解。"

大师言："善知识！若欲修行，在家亦得，不由在寺。在寺不修，如西方心恶之人；在家若修行，如东方人修善。但愿自家修，清净即是西方。"

使君问："和尚！在家如何修？愿为指授。"

大师言："善知识！惠能与道俗作'无相'颂，尽诵②取，依此修行，常与惠能说一处无别。"颂曰：

说通及心通，如日处虚空；
唯传顿教法，出世破邪宗。
教即无顿渐，迷悟有迟疾，
若学顿法门③，愚④人不可〔悉〕⑤。
说即虽⑥万般，合理还归一；
烦恼暗宅中，常须生慧日。
邪来因烦恼，正来烦恼除；
邪正悉不用，清净至无余。
菩提本清净，起心即是妄；
净性于妄中，但正除三障。
世间若修道，一切尽不妨；
常见在己过，与道即相当。
色类自有道，离道别觅道；
觅道不见道，到头还自懊。

---

① 诸，敦博本无。
② 尽诵，敦博本无。
③ 顿法门，英博本作"顿教法"。
④ 愚，敦博本作"遇"。偈中"不见世间愚"句同。
⑤ 悉，敦煌诸本皆作"迷"，据宗宝本改。
⑥ 虽，英博本作"须"。

若欲觅真道，行正即是道；

自若无正心，暗行不见道。

若真修道人，不见世间愚；

若见世间非，自非却是左。

他非我不罪，我非自有罪；

但自去非心，打破烦恼碎。

若欲化愚人，事①须有方便；

勿令破彼疑，即是菩提见。

法元在世间，于世出世间；

勿离世间上，外求出世间。

邪见在世间，正见出世间；

邪正悉打却，〔菩提性宛然〕②。

此但是顿教，亦名为大乘；

迷来经累劫，悟即③刹那间。

大师言："善知识！汝等尽诵取此偈④，依偈修行，去惠能千里，常在能边；此不修，对面千里。各各自修，法不相待。众人且散，惠能归漕溪山。众生若有大疑，来彼山间，为彼破疑，同见佛性⑤。"

合座官僚道俗礼拜和尚，无不嗟叹："善哉大悟，昔所未闻。岭南有福，生佛在此，谁能得知？"一时尽散。

大师住漕溪山，韶、广二州行化四十余年。若论门人，僧之与俗，三五千人⑥，说不可⑦尽。若论宗旨，传授《坛经》，以此为依⑧约。若不得《坛

---

① 事，英博本作"是"。
② 菩提性宛然，敦煌诸本皆无，据宗宝本补。
③ 即，英博本作"则"。
④ 此偈，敦博本无。
⑤ 性，英博本作"世"。
⑥ 三五千人，敦博本作"约有三十五千"。
⑦ 可，英博本无。
⑧ 依，敦博本无。

经》，即无禀受。须知法、处、年月日、姓名，遍相付嘱。无《坛经》禀承，非南宗弟子也。未得禀承者，虽说顿教法，未知根本，终不免诤。但得法者，只劝修行。诤是胜负之心，与道违背。

世人尽传南宗能北秀，未知根本事由。且秀禅师于南荆府〔当〕①阳县玉泉寺住持修行，惠能大师于韶州城东三十五里漕溪山住。法即一宗，人有南北，因此便立南北。何以顿渐②？法即一种，见有迟疾，见迟即渐，见疾即顿。法无顿渐③，人有利钝，故名渐顿④。

神秀师常见人说，惠能法疾，直指见路。秀师遂唤门人僧志诚曰："汝聪明多智，汝与吾至漕溪山，到惠能所礼拜。但听，莫言吾使汝来。所听得意旨记取，却来与吾说，看惠能见解与吾谁疾迟。汝第一早来，勿令吾怪。"

志诚奉使欢喜，遂⑤半月中间，即至漕溪山。见惠能和〔尚〕⑥，礼拜即听，不言来处。志诚闻法，言下便悟，即契⑦本心。起立即礼拜，白言："和尚！弟子从玉泉寺来。秀师处不得契⑧悟，闻和尚说，便契本心。和尚慈悲，愿当〔教〕⑨示。"

惠能大师曰："汝从彼来，应是细作。"

志诚曰："不是。"

六祖曰："何以不是？"

志诚曰："未说时即是，说了即不是。"

六祖言："烦恼即是菩提，亦复如是。"

大师谓志诚曰："吾闻汝禅师教人，唯传戒定慧。汝和尚教人戒定慧如

---

① 当，敦煌诸本皆作"堂"，据文义改。
② 顿渐，敦博本、英博本作"渐顿"。
③ 顿渐，英博本作"渐顿"。
④ 渐顿，敦博本作"顿渐"。
⑤ 遂，敦博本作"遂行"。
⑥ 尚，底本作"当"，据敦博本改。
⑦ 契，敦博本作"启"。
⑧ 契，敦博本作"启"。
⑨ 教，底本、英博本作"散"，据敦博本改。

何?当为吾说。"

志诚曰:"秀和尚言戒定慧,诸恶不作名为戒,诸善奉行名为慧,自净其意名为定,此即名为戒定慧。彼作如是说,不知和尚所见如何?"

惠能和尚答曰:"此说不可思议,惠能所见又别。"

志诚问:"何以别?"

惠能答曰:"见有迟疾。"

志诚请和尚说所见戒定惠。大师言:"如汝听吾说,看吾所见处。心地无疑非自性戒,心地无乱是自性定,心地无痴自性是慧。"

大师①言:"汝师戒定慧劝少②根智人;吾戒定慧劝上智人。得悟,自亦不立戒定慧。"

志诚言:"请大师说,不立如何?"

大师言:"自性无非、无乱、无痴,念念般若观照,当离法相③,有何可立?自性顿修,立有渐次,所以不立。"

志诚礼拜,便不离漕溪山,即为门人,不离大师左右。

又有一僧名法达,常诵《妙法莲华经》,七年心迷,不知正法之处。来至漕溪山礼拜,问大师言:"弟子常诵《妙法莲华经》,七年心迷,不知正法之处,经上有疑。大师智慧广大,愿为除疑。"

大师言:"法达,法即甚达,汝心不达!经上无疑,汝心自邪,而求正法;吾心正定,即是持经。吾一生以来不识文字,汝将《法华经》来,对吾读一遍,吾闻即知。"

法达取经到④,对大师读一遍。六祖闻已,即识佛意,便与法达说《法华经》。六祖言:"法达,《法华经》无多语,七卷尽是譬喻因缘。如来广说三乘,只为世人根钝。经文分明,无有余乘,唯一⑤佛乘。"

---

① 大师,英博本作"能大师"。
② 少,敦博本作"小"。
③ 相,敦博本作"照相"。
④ 到,敦博本无。
⑤ 一,敦博本作"有一"。

大师："法达！汝听一佛乘，莫求二佛乘，迷却汝性。经中何处是一佛乘？吾与汝说。经云：'诸佛世尊，唯以一大事因缘故出现于世。'已上十六字是正法法如何解？此法如何修？汝听吾说。人心不思，本源空寂，离却邪见，即一大事因缘。内外不迷，即离两边。外迷〔著〕①相，内迷著空。于相离相，于空离空，即是不②迷。若悟此法，一念心开，出现于世。心开何物？开佛知见。佛犹觉也，分为四门：开觉知见，示觉知见，悟觉知见，入觉知见，开、示、悟、入。上一处入，即觉知见。见自本性，即得出世。"

大师言："法达！吾常愿一切世人，心地常自开佛知见，莫开众生知见。世人心愚迷造恶，自开众生知见；世人心正，起智慧观照，自开佛知见。莫开众生知见，开佛知见，即得出世。"

大师言："法达，此是《法〔华〕③经》一乘法。向下分三，为迷人故。汝但依一佛乘。"

大师言："法达，心行转《法华》，不行《法华》转；心正转《法华》，心邪《法华》转，开佛知见转《法华》，开众生知见被《法华》转。"

大师言："努力依法修行，即是转经。"

法达一④闻，言下大悟，涕泪悲泣，白言："和尚！实未曾转《法华》，七年被《法华》转。以后转《法华》，念念修行佛行。"

大师言："即佛行是佛。"

其时听人，〔无〕⑤不悟者。

时有一僧名智常，来漕溪山礼拜和尚，问四乘法义。

智常问和尚曰："佛说三乘，又言最上乘，弟子不解，望为〔教〕⑥示。"

惠能大师曰："汝自身心见，莫著外法相，元无四乘法，人心量四等，法有四乘。见闻读诵是小乘，悟解义是中乘，依法修行是大乘，万法尽通，万行

---

① 著，底本、英博本作"看"，据敦博本改。
② 不，底本、英博本作"不空"，"空"字据敦博本删。
③ 华，敦煌诸本皆作"达"，据文义改。
④ 一，敦博本无。
⑤ 无，底本作"元"，据敦博本改。
⑥ 教，底本、英博本作"敬"，据敦博本改。

俱备，一切不离①，但离法相，作无所得，是最上乘。乘是最上行义，不在口诤。汝须自修，莫问吾也。"

又有一僧名神会，南〔阳〕②人也。至漕溪山礼拜，问言："和尚坐禅，见不③见？"

大师起，把④打神会三下，却问神会："吾打汝，痛不痛？"

神会答言："亦痛亦不痛。"

六祖言曰："吾亦见亦不见。"

神会又问大师："何以亦见亦不见？"

大师言："吾亦见，常见自过患，故云亦见；亦不见者，不见天地人过罪。所以亦见亦不见也。汝亦痛亦不痛如何？"

神会答曰："若不痛，即同无情木石；若痛，即同凡，即起于恨。"

大师言："神会，向前见不见是两边，痛〔不痛〕⑤是生灭。汝自性且不见，敢来弄人？"

神会礼拜礼拜，更不言。

大师言："汝心迷不见，问善知识觅路；汝心悟自见，依法修行。汝自迷，不见自心，却来问惠能见否？吾不自知，代汝迷不得；汝若自见，代得吾迷？何不自修，问吾见否⑥？"

神会作礼，便为门人，不离漕溪山中，常在左右。

大师遂唤门人法海、志诚、法达、智常、智通、志彻、志道、法珍、法如、神会。大师言："汝等十弟子近前。汝等不同余人，吾灭度后，汝各为一方师⑦。

---

① 不离，底本、敦博本作"不离染"，英博本作"无离"，"染"字据英博本删。
② 阳，敦煌诸本皆作"扬"，据文义改。
③ 不，英博本作"亦不"。
④ 把，敦博本作"犯"。
⑤ 不痛，据敦博本补。
⑥ 问吾见否，敦博本此句前尚有"见否吾不自知"。
⑦ 师，英博本作"头"。

吾教汝说法①，不失本宗。举三科法门，动卅六对，出没即离两边，说一切法莫离于性相。若有人问法，出语尽双，皆取法对，来去相因，究竟二法尽除，更无去处。

"三科法门者，阴、界、入。阴是五阴，界十八界，〔入〕②十二入。何名五阴？色阴、受阴、想阴、行阴、识阴是。何名十八界？六尘、六门、六识。何名十二入？外六尘，中六门。何名六尘？色、声、香、味、触、法是。何名六门？眼、耳、鼻、舌、身、意是。法性起六识：眼识、耳识、鼻识、〔舌识、身识〕③、意识。六门。六尘。自性含万法，名为含藏识。思量即转识，生六识，出六门、六尘，是④三六十八。由自性邪起十八邪，含自性十八正，〔含〕⑤恶用即众生，善用即佛。用由何等？由自性。

"对。外境无情对⑥有五：天与地对，日与月对，暗与明对，阴与阳对，水与火对。

"语与言对、法与相对有十二对：有为无为对，有色无色对，有相无相对，有漏无漏对，色与空对，动与静对，清与浊对，凡与圣对，僧与俗对，老与少⑦对，大与少对⑧，长与短对，高与下对。

"自性居起用对有十九对⑨：邪与正对，痴与慧对，愚与智对，乱与定对，戒与非对，直与曲对，实与虚对，险与平对，烦恼菩提⑩对，慈与害对，喜与〔瞋〕⑪对，舍与悭对，进与退对，生与灭对，常与无常对，法身与色身对，化身与报身对，体与用对，性与相对，有〔情〕与无〔情〕对⑫。

---

① 法，敦博本无。
② 入，底本、英博本作"是"，据敦博本改。
③ 舌识、身识，底本作"身识、舌识"，顺序据敦博本、斯本改。
④ 是，敦博本无。
⑤ 含，底本、敦博本作"合"，据英博本改。
⑥ 对，敦博本无。
⑦ 少，敦博本作"小"。
⑧ 大与少对，敦博本无，英博本作"大少与少大对"。
⑨ 十九对，下文所列共二十对，与此处所言"十九对"不合。
⑩ 菩提，敦博本、英博本作"与菩提"。
⑪ 瞋，敦煌诸本皆作"顺"，据宗宝本改。
⑫ 有情与无情对，前一"情"字，底本、英博本作"清"，据敦博本改；后一"情"字，敦煌诸本皆作"亲"，据宗宝本改。

"言语与法相对有十二对，内外境有无五对，三身有三对，都合成三十六对也①。此三十六对法，解②用通一切经，出入即离两边。如何自性起用三十六对？共人言语，出外于相离相，入内于空离空，著空则唯长无明，著相唯邪见谤法。直言不用文字，既云不用文字，人不合言语，言语即是文字。自性上说空，正语言本性，不空迷自惑，语言除故。暗不自暗，以明故暗；暗不自暗，以明变暗，以暗现明，来去相因。三十六对，亦复如是。"

大师言："十弟子！以后传法，递相教授一卷《坛经》，不失本宗。不禀受《坛经》，非我宗旨。如今得了，递代流行。得遇《坛经》者，如见吾亲授。"

十僧得教授已，写为《坛经》，递代流行，得③者必当见性。

大师先天二年八月三日灭度，七月八日唤门人告别。大师先天元年于〔新〕④州国恩寺造塔，至先天二年七月告别。

大师言："汝众近前。吾至八月欲离世间，汝等有疑早问，为汝破疑，当令迷者尽，使汝安乐。吾若去后，无人教汝。"

法海等众僧闻已，涕泪悲泣，唯有神会不动，亦不悲泣。六祖言："神会小僧却得善等，毁誉不动。余者不得，数年山中，更修何道？汝今悲泣，更有阿谁？忧吾不知去处在？若不知去处，终不别汝。汝等悲泣，即不知吾去处；若知去处，即不悲泣。性⑤无生无灭，无去无来。汝等尽坐，吾与汝一偈，'真假动静'偈，汝等尽诵取，见此偈意，与吾同。依此修行，不失宗旨。"

僧众礼拜，请大师留偈，敬心受持。偈曰：

一切无有真，不以见于真；

若见于真者，是见尽非真。

若能自有真，离假即心真；

---

① 也，英博本作"法也"。
② 解，敦博本作"能"。
③ 得，底本作"得德"，"德"字据敦博本、斯本删。
④ 新，底本、敦博本、英博本皆作"蕲"，据宗宝本改。
⑤ 性，底本、英博本作"性听"，"听"字据敦博本删。

　　　　自心不离假，无真何处真？

　　　　有性即解动，无情①即不②动；

　　　　若修不动行，同无情不动。

　　　　若见真不动，动上有不动；

　　　　不动是不动，无情无佛种。

　　　　能善分别相，第一义不动；

　　　　若悟作此见，则是真如用。

　　　　报诸学道者，努力须用意；

　　　　莫于大乘门，却执生死智。

　　　　前头人相应，即共论佛义③；

　　　　若实不相应，合掌令④劝善。

　　　　此教本无诤，若诤失道意；

　　　　执迷诤法门，自性入生死。

众僧既闻，识大师意，更不敢诤，依法修行。一时礼拜，即知大师不久⑤住世。

上座法海向前言："大师！大师去后，衣法当付何人？"

大师言："法即付了，汝不须问。吾灭后二十余年，邪法缭乱，惑我宗旨，有人出来，不惜身命，定佛教是非，竖立宗旨，即是吾正法。衣不合〔传〕⑥。汝不信，吾与诵先代五祖传衣付法颂，若据第一祖达摩颂意，即不合传衣。听吾与汝诵。"颂曰：

第一祖达摩和尚颂曰：

　　　　吾〔本〕⑦来唐国，传教救迷情；

　　　　一花开五叶，结果自然成。

---

① 情，英博本作"性"。
② 不，敦博本作"无"。
③ 义，英博本作"语"。
④ 令，敦博本作"礼"。
⑤ 久，英博本作"永"。
⑥ 传，底本、英博本作"转"，据敦博本改。
⑦ 本，敦煌诸本皆作"大"，据宗宝本改。

第二祖慧可和尚颂曰：

　　　　本来缘有地，从地种花生；

　　　　当本元①无地，花从何处生？

第三祖僧璨和尚颂曰：

　　　　花种虽②因地，地上种花生；

　　　　花种无生性，于地亦无生。

第四祖道信和尚颂曰：

　　　　花种有生性，因地种花生；

　　　　先缘不和合，一切尽无生。

第五祖弘忍和尚颂曰：

　　　　有情来下种，无情花即生；

　　　　无情又无种，心地亦无生。

第六祖惠能和尚颂曰：

　　　　心地含情③种，法雨即花生；

　　　　自悟花情种，菩提果自成。

能大师言："汝等听，吾作二颂，取达摩和尚颂意，汝迷人依此颂修行，必当见性。"第一颂：

　　　　心地邪花放，五叶逐根随；

　　　　共造无明业，见被业风吹。

第二颂：

　　　　心地正花放，五叶逐根随；

　　　　共修般若慧，当来佛菩提。

六祖说偈已了，放众生散。门人出外思维，即知大师不久住世。

---

① 本元，敦博本作"本来"，英博本作"本愿"。
② 虽，敦博本作"须"。
③ 情，敦博本作"性"。此偈下一"情"字同。

六祖后至八月三日食后，大师言："汝等着①位坐，吾今共汝等别。"

法海问言："此顿教法传授，从上以来至今几代？"

六祖言："初传受七佛，释迦牟尼佛第七，大迦叶第八，阿难第九，〔末〕②田地第十，商那和修第十一，优婆掬多第十二，提多迦第十三，佛陀难提第十四，佛陀蜜多第十五，胁比丘第十六，富那奢第十七，马鸣第十八，毗罗长者第十九，龙树第二十，迦那提婆第廿一，罗睺罗第廿二，僧迦那提第廿三，僧迦耶舍第廿四，鸠摩罗驮第廿五，阇耶多第廿六，婆修盘陀第廿七，摩拏罗第廿八，鹤勒那第廿九，师子比丘第卅，舍那婆斯第卅一，优婆堀第卅二，僧迦罗第卅三，须婆蜜多第卅四，南天竺国王子第三太子菩提达摩第三十五，唐国僧慧可第卅六，僧璨第卅七，道信第卅八，弘忍第卅九，惠能自身③当今受法第四十。"

大师言："今日以后，递相传授，须有依约，莫失宗旨。"

法海又白大师："今去，留付何法，令后代人如何见佛？"

六祖言："汝听！后代迷人，但识众生，即能见佛；若不识众生，觅佛万劫不得④也。吾今教汝识众生见佛，更留'见真佛解脱'颂，迷即不见佛，悟者即见。"

"法海愿闻，代代流传，世世不绝。"

六祖言："汝听！吾与汝说。后代世人，若欲觅佛，但识众生⑤，即能识佛，即缘有众生，离众生无佛心。"

迷即佛众生，悟即众生佛；

愚痴佛众生，智慧众生佛；

心险佛众生，平等众生佛。

一生心若险⑥，佛在众生中⑦；

---

① 着，敦博本作"若"，英博本作"善"。

② 末，底本、英博本作"未"，据敦博本改。

③ 身，敦博本作"今"。

④ 不得，敦博本作"不可得"，英博本作"不得见"。

⑤ 众生，英博本作"佛心众生"。

⑥ 险，英博本作"剑"。

⑦ 中，敦博本作"心"。

　　　　一念悟若平，即众生自佛。
　　　　我心自有佛，自佛是真佛；
　　　　自若无佛心，向何处求佛？
　　大师言："汝等门人好住，吾留一颂，名'自性见真佛解脱'颂。后代〔人闻〕①此颂意，意即见自心自性真佛。与汝此颂，吾共汝别。"颂曰：
　　　　真如净性是真佛，邪见三毒是真魔；
　　　　邪见之人魔在舍，正见之人佛即过。
　　　　性中邪见三毒生，即是魔王来住舍；
　　　　正见忽除三毒心，魔变成佛真无假。
　　　　化身报身及净身，三身元本是一身；
　　　　若向性②中觅自见，即是成佛菩提因。
　　　　本从化身生净性，净性常在化身中；
　　　　性使化身行正道，当来圆满真无穷。
　　　　淫性本身净性因，除淫即无净性身；
　　　　性中但自离五欲，见性刹那即是真。
　　　　今生若悟顿教门，悟即眼前见世③尊；
　　　　若欲修行云④觅佛，不知何处欲觅⑤真？
　　　　若能身中自有真，有真即是成佛因；
　　　　自不求真外觅佛，去觅总是大痴人。
　　　　顿教法者是西流，救⑥度世人须自修；
　　　　今〔报〕⑦世间学道者，不于此是⑧大悠悠。
　　大师说偈已了，遂告门人曰："汝等好住，今共汝别。吾去以后，莫作世

---

① 人闻，底本、敦博本作"迷问"，英博本作"迷门"，据宗宝本改。
② 性，敦博本、英博本作"身"。
③ 世，英博本作"性"。
④ 云，敦博本作"求"。
⑤ 觅，英博本作"求"。
⑥ 救，英博本作"求"。
⑦ 报，敦煌诸本皆作"保"，据宗宝本改。
⑧ 不于此是，宗宝本作"不作此见"。

297

情悲泣，而受人吊〔问〕①钱帛，着孝衣，即非圣法，非我弟子。如吾在日一种，一时端坐，但无动无静，无生无灭，无去无来，无是无非，无住，〔坦〕②然寂静，即是大道。吾去后③，但依法修行，共吾在日一种；吾若在世，汝违教法，吾住无益。"大师云此语已，夜至三更，奄然迁化。大师春秋七十有六。

大师灭度之日，寺内异香氛氲，经数日不散。山崩地动，林木变白，日月无光，风云失色。八月三日灭度，至十一月迎和尚神座于漕溪山，葬在龙龛之内。白光出现，直上冲天，三日始散。韶州刺史韦据立碑，至今供养。

此《坛经》，法海上座集。上座无常，付同学道际。道际无常，付门人悟真。悟真在岭南漕溪山法兴寺，现今传授此法。如付此法，须得上根智，深④信佛法，立〔于〕⑤大悲，持此经以为禀承，于今不绝。和尚本是韶州曲江县人也。

    如来入涅槃，法教流东土；
    共传无住，即我心无住。
    此真菩萨说，真实示行喻；
    唯教大智人，示旨于凡度。

誓修行，遭难不退，遇苦能忍，福德深厚，方授此法。如根性⑥不堪，林量不得，虽求此法，建立不得者，不得妄付《坛经》。告诸同道者，令知密意。

南宗顿教最上大乘坛经一卷

---

① 问，敦煌诸本皆作"门"，据宗宝本改。
② 坦，底本、英博本作"但"，据敦博本改。
③ 后，敦博本、英博本作"以后"。
④ 深，英博本作"心"。
⑤ 于，据敦博本、英博本补。
⑥ 根性，敦博本作"眼"。